21世纪清华MBA精品教材

生产与运作管理

（第五版）

刘丽文 著

Production and
Operation Management

清华大学出版社
北京

本书封面贴有清华大学出版社防伪标签,无标签者不得销售。

版权所有,侵权必究。举报:010-62782989,beiqinquan@tup.tsinghua.edu.cn。

图书在版编目(CIP)数据

生产与运作管理 / 刘丽文著. --5 版. --北京:清华大学出版社,2016(2024.8重印)
(21 世纪清华 MBA 精品教材)
ISBN 978-7-302-43650-8

Ⅰ. ①生… Ⅱ. ①刘… Ⅲ. ①企业管理—生产管理—研究生—教材 Ⅳ. ①F273

中国版本图书馆 CIP 数据核字(2016)第 076111 号

责任编辑:王　青
封面设计:汉风唐韵
责任校对:宋玉莲
责任印制:刘海龙

出版发行:清华大学出版社
　　　　　网　　址:https://www.tup.com.cn, https://www.wqxuetang.com
　　　　　地　　址:北京清华大学学研大厦 A 座　　　邮　编:100084
　　　　　社 总 机:010-83470000　　　　　　　　　　邮　购:010-62786544
　　　　　投稿与读者服务:010-62776969,c-service@tup.tsinghua.edu.cn
　　　　　质量反馈:010-62772015,zhiliang@tup.tsinghua.edu.cn
印 装 者:三河市人民印务有限公司
经　　销:全国新华书店
开　　本:185mm×260mm　　印　张:23.5　　插　页:1　　字　数:527 千字
版　　次:1998 年 9 月第 1 版　　2016 年 4 月第 5 版　　印　次:2024 年 8 月第 11 次印刷
印　　数:23501~24300
定　　价:59.00 元

产品编号:064313-03

21世纪清华MBA精品教材 生产与运作管理

PRODUCTION AND OPERATION MANAGEMENT

编委会名单

主 任 委 员 赵纯均

副主任委员 陈国青　仝允桓

委　　　员（以拼音排序）

陈　剑　　陈　晓　　陈章武

李子奈　　钱小军　　钱颖一

宋逢明　　吴贵生　　魏　杰

夏冬林　　张　德　　赵　平

朱武祥　　朱玉杰

序言

生产与运作是将人力、物料、设备、技术、信息、能源等生产要素（投入）变换为有形产品和无形服务（产出）的过程。生产与运作管理学的研究对象是企业生产运作系统的设计以及生产运作过程的计划、组织与控制。其中"运作"主要是指服务的"生产"过程。生产与运作管理学的前身是生产管理学，其研究对象主要是制造业企业生产有形物质产品的过程。随着各国国民经济中第三产业所占比重越来越大，生产管理学的注目点突破了传统的制造业企业的生产管理，扩大到了各种非制造业的服务过程和服务提供系统的设计，这就是"生产与运作"这一名称的由来。

生产与运作管理是企业管理的基本职能之一，生产与运作管理绩效的好坏对于企业有重要意义。这主要体现在：第一，在一个企业的各项活动中，生产运作活动是其创造价值、服务社会和获取利润的主要环节。第二，生产运作职能往往占用了一个企业组织的绝大部分财力、设备和人力资源，因此生产与运作管理绩效的好坏对一个企业组织的经济效益具有至为关键的影响。第三，在当今市场竞争日益激烈、竞争手段日趋增多的环境下，虽然企业的组织结构、营销策略、资本运作都有可能成为企业成功的关键要素之一，但是从最终市场的角度来说，消费者和用户只关心企业所提供的产品服务对他们的效用，而只有产品和服务持续得到消费者的认可，企业才有可能持续获得收入，维持生存。从这个意义上说，企业和企业之间的竞争最终必须体现在企业所提供的产品和服务上。而这很大程度上取决于生产与运作管理的绩效：能否用最低成本、在最准确的时间，向市场提供合理质量的柔性化产品和服务。

近二三十年来,随着经济的发展、技术的进步,现代企业的生产经营规模不断扩大,产品本身的技术和知识密集程度不断提高,产品的生产过程和服务运作过程日趋复杂,再加上市场需求的日益多变和竞争的日趋激烈,所有这些因素促使生产与运作管理本身不断发生变化,不断产生新的管理理念和管理方法。再加上近十几年来信息技术和网络技术突飞猛进的发展,更为生产与运作管理增添了新手段,使其内容更加丰富,范围更加扩大,体系更加完整。因此,生产与运作管理是现代工商管理学科中最活跃的一个分支,是新思想、新理论不断涌现的一个分支。

本书按照生产与运作管理三个层次的决策内容,即生产运作战略决策、生产运作系统设计决策以及生产运作系统运行决策,一层层展开论述。在概括生产与运作管理学基本理论和方法的同时,力图全面反映生产与运作管理学这些年来的新进展,强调生产与运作管理对企业整体竞争力所作的贡献,突出生产运作战略、供应链管理、流程设计、服务运作、信息技术应用、全球运作等现代生产与运作管理的新热点。本书既注重理论与方法的系统介绍,同时也适当穿插一些应用事例。书中还使用大量的图表来说明问题,以加强直观理解。本书是为工商管理硕士(MBA)的相关课程而写,也可用作其他管理类专业和企业培训的教材或参考书。此外,本书还可用作实务工作者了解现代生产与运作管理的理论和方法的参考书。

本书第一版出版于1998年,其后的第二、三、四版分别于2002年、2006年和2011年出版。这次第五版的主要修改之处是:重写了前两章,这是全书提纲挈领的一部分;调整了一些章节的章次、题目,对其中的内容作了必要的增删,使全书的逻辑更加清晰;新增了互联网环境下生产运作技术的新发展、市场需求预测、供应链管理基本策略等内容;对全书各章都逐一进行了审视,再次核对了全部文字、图表和有关数据,修改了不适当之处。

在本书写作过程中,崔海涛参加了第十六章的编写,于瑞峰参加了第十三章、第十四章的编写。此外,在全书的图表制作和打字排版上,崔海涛做了大量的工作,在此表示衷心的感谢。

本书在编写过程中参考了大量的国内外文献。由于篇幅有限,书的最后仅列出了其中的一小部分。在此向国内外的有关著作者表示深切感谢。

本书难免有不当和疏漏之处,望广大读者批评指正。

作 者

2016 年 1 月

目录

第一章 绪论 …… 1
  第一节 生产与运作管理的基本概念 …… 1
    一、企业的生产与运作活动 …… 1
    二、各种类型的生产与运作活动 …… 3
    三、生产与运作管理概念的发展过程 …… 6
  第二节 生产与运作管理的范围和内容 …… 7
    一、生产与运作管理的两大对象 …… 7
    二、生产与运作管理的目标和基本问题 …… 8
    三、生产与运作管理决策内容框架 …… 10
    四、生产与运作管理的集成性 …… 11
  第三节 生产与运作管理及企业竞争力 …… 12
    一、企业的盈利逻辑 …… 12
    二、生产与运作是企业创造价值的主要环节 …… 12
    三、企业之间的竞争最终体现在产品和服务上 …… 12
  第四节 现代生产与运作管理的新挑战 …… 13
    一、生产与运作管理学的发展过程 …… 13
    二、新环境下生产与运作管理的新挑战 …… 14
  思考题 …… 16

第二章 生产运作战略 …… 17
  第一节 生产运作战略的基本概念与制定思路 …… 17
    一、生产运作战略的含义 …… 17

二、生产运作战略与企业经营战略 …………………………………………… 17
　　三、制定生产运作战略的基本思路与框架 …………………………………… 18
第二节　产品与服务竞争策略 ……………………………………………………… 19
　　一、产品服务竞争要素分析 …………………………………………………… 20
　　二、竞争重点选择权衡 ………………………………………………………… 23
　　三、竞争重点的转移和改变 …………………………………………………… 24
第三节　企业资源配置策略 ………………………………………………………… 25
　　一、高度纵向集成 ……………………………………………………………… 26
　　二、降低纵向集成度，专注于自己的核心业务 ……………………………… 27
　　三、虚拟集成 …………………………………………………………………… 29
第四节　生产运作组织方式 ………………………………………………………… 30
　　一、推动式与拉动式生产 ……………………………………………………… 30
　　二、大量生产与大规模定制 …………………………………………………… 32
　　三、服务运作的一些特殊组织方式 …………………………………………… 33
　　四、服务运作组织方式的动态性及其变化趋势 ……………………………… 34
思考题 ………………………………………………………………………………… 36

第三章　产品服务的选择组合与设计 ……………………………………………… 38
第一节　产品服务的选择与组合 …………………………………………………… 38
　　一、产品服务选择与组合的含义 ……………………………………………… 38
　　二、新产品选择 ………………………………………………………………… 38
　　三、产品组合决策的支持方法 ………………………………………………… 39
　　四、生产进出策略 ……………………………………………………………… 41
第二节　产品设计流程与方法 ……………………………………………………… 42
　　一、产品设计流程概述 ………………………………………………………… 42
　　二、产品设计的新方法——并行工程 ………………………………………… 43
　　三、产品设计与制造工艺设计的结合——DFM ……………………………… 45
　　四、产品设计中需要考虑的新问题——DFE ………………………………… 47
　　五、产品设计与附加服务设计的同时重视 …………………………………… 47
第三节　服务设计流程与方法 ……………………………………………………… 48
　　一、完整服务产品的构成要素 ………………………………………………… 48
　　二、服务设计的特殊性——服务产品与服务提供系统的综合设计 ………… 49
　　三、服务设计流程及其要点 …………………………………………………… 50
　　四、几种不同的服务设计方法 ………………………………………………… 51
思考题 ………………………………………………………………………………… 53

第四章　生产运作技术的选择与管理 ……………………………………………… 54
第一节　生产运作技术的选择决策 ………………………………………………… 54
　　一、技术的含义和分类 ………………………………………………………… 54

二、技术选择的三个方面 ……………………………………………… 55
　　三、如何看待自动化 …………………………………………………… 56
　　四、技术选择中的新技术评价和人的因素问题 ……………………… 57
第二节　制造业中的新技术选择与管理 …………………………………… 58
　　一、现代制造技术的发展趋势和特点 ………………………………… 58
　　二、制造业中的新技术——AMT ……………………………………… 59
　　三、技术与管理的集成 ………………………………………………… 61
第三节　服务业中的新技术选择与管理 …………………………………… 63
　　一、现代服务业的发展趋势和特点 …………………………………… 63
　　二、信息技术在服务业的应用 ………………………………………… 64
　　三、如何发挥新技术的威力——技术与管理革新的结合 …………… 65
　　四、如何发挥新技术的威力——具体应用策略 ……………………… 66
第四节　互联网环境下生产运作技术的新发展 …………………………… 67
　　一、德国的工业4.0与智能工厂 ……………………………………… 68
　　二、美国的再工业化与工业互联网 …………………………………… 68
　　三、《中国制造2025》与率先行动的中国企业 ……………………… 69
　　四、企业在生产运作技术选择与管理上面临的新挑战 ……………… 70
思考题 …………………………………………………………………………… 70

第五章　生产运作能力 ……………………………………………………… 72
第一节　基本概念 …………………………………………………………… 72
　　一、生产运作能力的定义 ……………………………………………… 72
　　二、生产运作能力的度量 ……………………………………………… 72
　　三、生产运作能力的重要性 …………………………………………… 73
第二节　能力计划 …………………………………………………………… 74
　　一、能力的利用率 ……………………………………………………… 74
　　二、规模经济原理在能力计划中的运用 ……………………………… 74
　　三、能力扩大的时间与规模 …………………………………………… 75
　　四、能力计划决策与其他决策之间的关系 …………………………… 76
第三节　能力计划的决策方法 ……………………………………………… 76
　　一、未来能力需求的估计方法 ………………………………………… 76
　　二、能力计划的决策步骤 ……………………………………………… 78
　　三、能力计划的辅助决策工具——决策树 …………………………… 79
第四节　学习曲线 …………………………………………………………… 81
　　一、学习效应 …………………………………………………………… 81
　　二、学习曲线的建立 …………………………………………………… 83
　　三、学习率的确定 ……………………………………………………… 84
第五节　服务能力计划与管理 ……………………………………………… 85
　　一、服务能力计划的特殊性 …………………………………………… 85

二、服务能力的五个要素 ………………………………………………… 86
　　三、增加服务能力弹性 …………………………………………………… 87
　　四、扩大服务能力 ………………………………………………………… 88
　思考题 ……………………………………………………………………………… 89

第六章　生产运作流程设计与分析 …………………………………………… 90
第一节　生产运作流程设计的基本问题 ………………………………………… 90
　　一、生产运作流程的基本概念 …………………………………………… 90
　　二、生产运作流程的构成要素 …………………………………………… 91
　　三、几种基本的流程形式 ………………………………………………… 93
　　四、流程设计中需要考虑的几个重要问题 ……………………………… 95
第二节　生产运作流程的具体设计与分析 ……………………………………… 98
　　一、流程的节拍、瓶颈与空闲时间 ……………………………………… 98
　　二、流程的生产能力及其平衡 …………………………………………… 99
　　三、流程时间 ……………………………………………………………… 100
　　四、生产批量与作业交换时间 …………………………………………… 102
第三节　生产运作流程的绩效度量与改进 ……………………………………… 103
　　一、流程分析改进的基本步骤 …………………………………………… 103
　　二、流程绩效的度量指标及其相互关系 ………………………………… 103
　　三、流程图的运用 ………………………………………………………… 105
　　四、流程分析和改进的其他工具 ………………………………………… 107
第四节　业务流程重构（BPR） ………………………………………………… 109
　　一、BPR 的含义 …………………………………………………………… 109
　　二、BPR 的出发点——对劳动分工论的反思 …………………………… 110
　　三、BPR 的具体方法 ……………………………………………………… 110
　　四、信息技术在 BPR 中的重要作用 ……………………………………… 112
　思考题 ……………………………………………………………………………… 112

第七章　工作设计与工作研究 …………………………………………………… 114
第一节　工作设计 ………………………………………………………………… 114
　　一、历史的回顾——泰勒的管理思想及其方法 ………………………… 114
　　二、工作专业化 …………………………………………………………… 115
　　三、工作设计中的社会技术理论 ………………………………………… 116
　　四、工作设计中的行为理论 ……………………………………………… 116
　　五、团队工作方式 ………………………………………………………… 120
第二节　工作标准 ………………………………………………………………… 122
　　一、什么是工作标准 ……………………………………………………… 122
　　二、工作标准的作用 ……………………………………………………… 122
　　三、使用工作标准的利弊 ………………………………………………… 123

四、工作标准与报酬制度 …………………………………………………… 123
　第三节　作业测定 ……………………………………………………………… 124
　　　一、时间研究 ………………………………………………………………… 124
　　　二、标准要素法 ……………………………………………………………… 128
　　　三、PTS法 …………………………………………………………………… 129
　　　四、样本法 …………………………………………………………………… 131
　　　五、自动化对作业测定的影响 ……………………………………………… 133
　第四节　工作研究 ……………………………………………………………… 134
　　　一、工作研究概述 …………………………………………………………… 134
　　　二、工作研究的步骤 ………………………………………………………… 134
　　　三、流程图分析 ……………………………………………………………… 136
　　　四、人机联合分析 …………………………………………………………… 138
　思考题 …………………………………………………………………………… 141

第八章　设施选址 …………………………………………………………… 142
　第一节　设施选址的基本问题和影响因素 …………………………………… 142
　　　一、设施选址的基本问题及其重要性 ……………………………………… 142
　　　二、设施选址的影响因素 …………………………………………………… 143
　　　三、影响因素之间的权衡与取舍 …………………………………………… 144
　　　四、服务设施选址的特殊考虑因素 ………………………………………… 144
　第二节　企业生产运作全球化的趋势及其对设施选址的影响 ……………… 145
　　　一、企业生产运作全球化的趋势 …………………………………………… 145
　　　二、企业生产运作全球化的发展动因 ……………………………………… 146
　　　三、全球运作背景下设施选址的考虑因素 ………………………………… 147
　　　四、生产运作全球化趋势在中国的体现 …………………………………… 148
　第三节　单一设施选址 ………………………………………………………… 148
　　　一、单一设施选址的不同情况 ……………………………………………… 148
　　　二、单一设施选址的一般步骤与方法 ……………………………………… 149
　　　三、单一设施选址的方法之一——负荷距离法 …………………………… 150
　　　四、单一设施选址的方法之二——选址度量法 …………………………… 152
　第四节　设施网络中的新址选择 ……………………………………………… 154
　　　一、两种不同的设施网络 …………………………………………………… 154
　　　二、选择分析要点 …………………………………………………………… 154
　　　三、基于运输表法的新址选择 ……………………………………………… 156
　　　四、设施选址的几类不同方法 ……………………………………………… 157
　思考题 …………………………………………………………………………… 158

第九章　设施布置 …………………………………………………………… 160
　第一节　基本问题与基本分类 ………………………………………………… 160

	一、基本问题	160
	二、影响企业经济活动单元构成的因素	161
	三、设施布置的基本类型及其选择	162
	四、设施类型选择中的其他影响因素	163
第二节	工艺对象专业化和产品对象专业化的布置方法	164
	一、工艺对象专业化布置的基本方法	164
	二、工艺对象专业化布置的其他方法	167
	三、产品对象专业化的布置方法	168
第三节	混合布置的布置方法	168
	一、一人多机	168
	二、成组技术	169
第四节	非制造业的设施布置	170
	一、仓库布置	170
	二、办公室布置	172
思考题		173

第十章 库存管理 … 175

第一节 库存管理的基本问题 … 175
一、库存的基本概念 … 175
二、库存的不同类型 … 175
三、库存利弊分析 … 177

第二节 库存管理的基本策略 … 178
一、库存管理的衡量指标 … 179
二、库存的放置位置 … 180
三、降低库存的基本策略 … 181
四、ABC 分类法的应用 … 183

第三节 独立需求的库存管理 … 184
一、独立需求的特点 … 184
二、独立需求库存的控制机制 … 184
三、经济订货批量(EOQ)模型 … 185
四、EOQ 模型的应用意义 … 187
五、数量折扣 … 188

第四节 几种不同的独立需求库存控制系统 … 190
一、定量控制系统(Q 系统) … 190
二、定期控制系统(P 系统) … 194
三、Q 系统与 P 系统的比较 … 196
四、混合控制系统 … 197

第五节 单期库存控制问题 … 198
一、单期库存产品的基本特征 … 198

         二、单期库存问题的基本模型 ……………………………………………………… 199
         三、单期库存模型的其他应用 ……………………………………………………… 200
    思考题 …………………………………………………………………………………… 201

第十一章　供应链管理 …………………………………………………………………… 202
   第一节　供应链管理的基本思想 …………………………………………………… 202
         一、供应链管理的基本概念 ………………………………………………………… 202
         二、供应链管理思想的产生背景 …………………………………………………… 203
         三、供应链管理的主要对象——三种"流" ……………………………………… 203
         四、供应链管理的本质——跨企业的集成管理 …………………………………… 204
   第二节　供应链管理基本策略 ……………………………………………………… 205
         一、实现战略匹配的两种基本策略 ………………………………………………… 205
         二、灵活运用不同策略 ……………………………………………………………… 207
         三、跨部门、跨企业协同管理 ……………………………………………………… 208
   第三节　采购管理 …………………………………………………………………… 208
         一、采购管理的意义 ………………………………………………………………… 208
         二、采购管理的主要内容 …………………………………………………………… 209
         三、分类管理策略 …………………………………………………………………… 210
         四、供应商管理模式 ………………………………………………………………… 212
   第四节　配送管理 …………………………………………………………………… 214
         一、流通配送环节的设定——集中型与分散型配送系统 ………………………… 214
         二、牛鞭效应 ………………………………………………………………………… 217
         三、减小牛鞭效应的对策与措施 …………………………………………………… 219
    思考题 …………………………………………………………………………………… 222

第十二章　预测与计划 …………………………………………………………………… 223
   第一节　市场需求预测 ……………………………………………………………… 223
         一、市场需求预测中的主要决策问题 ……………………………………………… 223
         二、定性预测方法 …………………………………………………………………… 224
         三、定量预测方法 …………………………………………………………………… 225
         四、预测误差衡量与预测方法的组合运用 ………………………………………… 229
   第二节　计划管理概论 ……………………………………………………………… 231
         一、企业的不同计划及其相互关系 ………………………………………………… 231
         二、综合计划 ………………………………………………………………………… 233
         三、主生产计划 ……………………………………………………………………… 233
         四、物料需求计划 …………………………………………………………………… 234
   第三节　综合计划的制订 …………………………………………………………… 235
         一、所需主要信息和来源 …………………………………………………………… 235
         二、综合计划的主要目标及其相悖关系分析 ……………………………………… 235

三、两种基本的决策思路 ·· 236
　　　四、制订综合计划的优化方法 ·· 237
　第四节　主生产计划的制订 ··· 243
　　　一、主生产计划的制订程序及其约束条件 ·· 243
　　　二、制订主生产计划的基本模型 ·· 243
　　　三、主生产计划制订中的技巧问题 ·· 247
　思考题 ·· 249

第十三章　MRP,MRPⅡ与ERP ··· 250
　第一节　MRP的基本原理和基本计算模型 ·· 250
　　　一、独立需求库存与相关需求库存的本质区别 ·· 250
　　　二、MRP的基本原理和关键信息要素 ·· 253
　　　三、MRP的基本计算模型 ··· 254
　第二节　MRP的计算机管理信息系统 ·· 259
　　　一、MRP的输入信息 ··· 259
　　　二、MRP的生成 ·· 260
　　　三、MRP的输出结果 ··· 262
　第三节　制造资源计划（MRPⅡ） ··· 262
　　　一、从MRP到MRPⅡ ·· 262
　　　二、MRPⅡ的特点 ·· 265
　　　三、MRPⅡ的集成管理模式 ·· 266
　第四节　从MRPⅡ到ERP ··· 267
　　　一、MRPⅡ系统的实施环境 ·· 267
　　　二、从MRPⅡ到ERP ·· 268
　　　三、MRPⅡ/ERP的使用条件 ·· 269
　思考题 ·· 270

第十四章　作业排序 ··· 271
　第一节　作业排序的基本概念 ·· 271
　　　一、作业计划与排序 ··· 271
　　　二、作业排序问题的分类 ·· 272
　　　三、作业排序的任务和目标 ·· 272
　第二节　制造业中的生产作业排序 ·· 273
　　　一、甘特图 ··· 273
　　　二、作业排序方案的评价标准 ·· 274
　　　三、优先调度规则 ·· 275
　　　四、局部与整体优先规则及其事例 ·· 276
　　　五、作业排序中的两种不同约束环境 ·· 280
　第三节　服务业中的服务作业排序 ·· 280

一、服务作业排序与生产作业排序的主要区别 ………………………………… 280
　　二、服务作业排序方法之一——安排顾客需求 ………………………………… 281
　　三、服务作业排序方法之二——安排服务人员 ………………………………… 282
　思考题 …………………………………………………………………………………… 284

第十五章　项目管理 ………………………………………………………………… 286
　第一节　项目管理的基本特点 …………………………………………………………… 286
　　一、项目的基本概念及其特点 …………………………………………………… 286
　　二、项目管理的特点 ……………………………………………………………… 287
　　三、项目管理在企业中的应用 …………………………………………………… 288
　第二节　项目计划 ………………………………………………………………………… 289
　　一、项目计划的特点和主要内容 ………………………………………………… 289
　　二、项目进度计划方法 …………………………………………………………… 290
　　三、项目成本估算 ………………………………………………………………… 291
　　四、项目控制方法 ………………………………………………………………… 293
　第三节　项目管理组织 …………………………………………………………………… 294
　　一、矩阵组织 ……………………………………………………………………… 294
　　二、矩阵组织的基本原则 ………………………………………………………… 295
　　三、矩阵组织的优劣分析 ………………………………………………………… 295
　第四节　网络计划技术 …………………………………………………………………… 296
　　一、网络计划技术概述 …………………………………………………………… 296
　　二、网络图的组成及绘制规则 …………………………………………………… 297
　　三、网络的时间计算 ……………………………………………………………… 298
　　四、网络计划的调整与优化 ……………………………………………………… 302
　思考题 …………………………………………………………………………………… 305

第十六章　质量管理 ………………………………………………………………… 307
　第一节　质量与质量管理的基本概念 …………………………………………………… 307
　　一、质量的含义 …………………………………………………………………… 307
　　二、生产者与用户对质量的不同定义 …………………………………………… 308
　　三、服务质量的特殊性 …………………………………………………………… 310
　　四、质量管理的发展过程 ………………………………………………………… 310
　第二节　质量成本 ………………………………………………………………………… 312
　　一、质量成本的定义与构成 ……………………………………………………… 312
　　二、质量成本的一般分析 ………………………………………………………… 312
　　三、内部缺陷成本 ………………………………………………………………… 313
　　四、外部缺陷成本 ………………………………………………………………… 316
　第三节　质量管理方法 …………………………………………………………………… 318
　　一、质量管理的两大类方法 ……………………………………………………… 318

二、常用的质量管理统计方法——"QC 七种工具" ················· 319
　　三、PDCA 循环 ················· 323
第四节　全面质量管理 ················· 325
　　一、全面质量管理的基本思想 ················· 325
　　二、全员参与的质量管理 ················· 325
　　三、全过程的质量管理 ················· 328
　　四、全企业的质量管理 ················· 329
第五节　ISO 9000 与 6σ 质量管理 ················· 329
　　一、ISO 9000 的由来及其内容构成 ················· 329
　　二、6σ 质量管理 ················· 331
　　三、TQM、ISO 9000 以及 6σ 之间的关系 ················· 334
思考题 ················· 335

第十七章　JIT 与精益生产方式 ················· 337

第一节　生产方式的演变过程 ················· 337
　　一、现代化大生产的开始——大量生产方式 ················· 337
　　二、JIT 生产方式的诞生 ················· 338
　　三、JIT 生产方式的进一步扩展——精益生产方式 ················· 338
第二节　JIT 生产方式的基本思想和主要方法 ················· 339
　　一、JIT 生产方式的目标和方法体系 ················· 339
　　二、JIT 生产方式中的生产计划与控制 ················· 342
　　三、生产同步化的实现 ················· 345
　　四、弹性作业人数的实现方法——少人化 ················· 346
　　五、实现 JIT 生产的重要工具——看板 ················· 350
第三节　精益生产方式的主要内容及其重要意义 ················· 352
　　一、精益生产方式的主要内容 ················· 352
　　二、精益生产方式与大量生产方式的结果对比 ················· 354
　　三、精益生产方式的重要意义 ················· 354
　　四、从精益生产方式到精益服务和精益管理 ················· 354
思考题 ················· 355

附录　标准正态分布函数表 ················· 356

参考文献 ················· 357

第一章 绪论

无论是制造业企业还是服务业企业,生产与运作管理都是企业的基本管理职能之一。在传统的工商管理学中,曾经把这门学科叫作"生产管理",主要关注制造业企业产品生产过程的管理,而现代生产与运作管理的关注范围也包括众多服务业企业服务提供过程的管理。本章首先给出现代生产与运作管理的基本概念,阐述这一概念的发展过程;然后论述生产与运作管理的对象以及生产与运作管理的范围和内容;再次,对生产与运作管理的重要意义和作用进行论述;最后,通过对生产与运作管理学的发展过程以及现代企业所处的环境特征的分析,概括现代生产与运作管理学的新特征。

第一节 生产与运作管理的基本概念

一、企业的生产与运作活动

生产与运作活动是一个**把资源要素(投入)变换为有形产品和无形服务(产出)的活动过程**,即"投入→变换→产出"的过程,如图 1.1 所示。

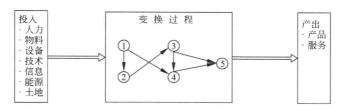

图 1.1 企业的生产与运作活动

投入的资源要素包括人力、设备、物料、信息、技术、能源、土地等多种形式。企业在投入这些要素时要考虑要素之间的有机组合以及不同要素之间可能存在的相悖关系,例如,要想节省设备投入,可能就需要多投入人力,反之亦然。产出也包括两种形式:有形产品和无形产品。前者指汽车、电视机、机床、服装、食品等各种物质产品;后者指某种形式的服务,如银行提供的存储服务、航空公司提供的交通运输服务、咨询公司提供的方案设计服务等。

中间的变换过程是企业的价值创造过程。这个过程既包括一个物质转化过程——使投入的各种物质资源进行转变,也包括一个管理过程——通过计划、组织、实施、控制等一系列活动使上述的物质转化过程按照预定目标实现。这个变换过程也是多种形式的,例如,在机械工厂,主要是物理变换;在石油精炼厂,主要是化学变换;而在航空公司或邮局,主要是位置变换。

图1.1中变换过程的方框中的圆圈表示任何一个变换过程都要经过多个步骤、多个环节,需要跨越企业内的多个部门、多条生产线甚至位于多个不同地点的生产设施,这些环节有并行、有串行、有交叉,因此需要有一套严密的计划、组织与控制的方法。

有形产品的变换过程也被称为生产过程或制造过程,无形产品的变换过程也被称为服务过程或业务过程。人们通常会说制造业企业提供产品,服务业企业提供服务,但实际上,**任何一个产业或组织,其所提供的产出都是"产品＋服务"的组合(或可触＋不可触产品的组合),只是各占的比例不同**(见图1.2)。对于很多现代制造业企业来说,其产品的技术含量和知识含量越高,在其整个产出中所需要提供的附加服务也越多。例如,同样是空气调节产品,空调所需的附加服务比电扇要多;同样是交通工具,汽车所需的附加服务比自行车要多。反过来,对于餐饮、零售、酒店、航空等服务行业来说,其产出主要是无形服务,但也离不开其物理性服务设施以及所提供的商品、食品等有形产品的支持。从顾客的角度来说,顾客无论购买有形产品还是无形服务,都不只是为了得到产品本身,而是为了获得某种效用或者收益。例如,对于一个购买彩电的顾客来说,其目的是获得收看电视节目的手段;对于购买音乐会门票的顾客来说,其目的是得到愉悦和艺术享受。

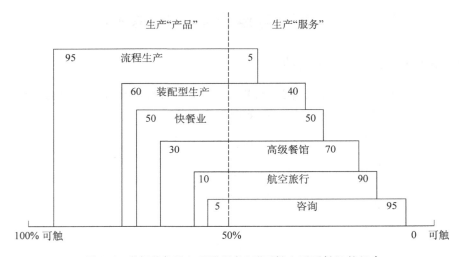

图1.2 "有形产品＋无形服务"("可触＋不可触")的组合

因此,生产与运作活动的"产出"应该从这样的广义去思考。过去许多企业没有意识到这一点,致使产出或者不是市场所需要的,或者虽然硬件产品本身很好,但由于缺乏配套服务,使产品功效得不到充分发挥,导致企业经营不善。今天,越来越多的企业已经意识到这个问题,开始重视什么是顾客真正想要的而非什么是厂商可以生产的。IBM从一个计算机设备制造商成功转型为集成方案提供商;GE作为一个典型的工业产品制造商,其提供相关服务所获得的收入已经远远超过了产品本身;诸如汽车、个人计算机、手机等行业的企业,在提供附加服务上更是不遗余力,这些都是很好的例证。

进行生产与运作活动的主体是各种各样的社会组织,其中包括各行各业的众多企业组织,也包括非营利性的各种事业组织和政府部门。这些组织虽然形式、性质各有不同,但其共同的特点是可以提供任何一个个人都力所不能及的产品或服务。任何一个组织都在以某种形式从事着某种生产与运作活动,因此任何一个组织都具有生产与运作功能。但是由于不同性质的组织的生产与运作目的有所不同,因此本书以企业组织的生产与运作活动为中心展开论述。

二、各种类型的生产与运作活动

企业的生产与运作活动过程虽然可以高度概括为"投入→变换→产出"的过程,但不同行业、不同产品的生产与运作过程各有不同特点,从而对管理的要求也各有不同。

(一) 产品制造型

首先,制造业企业的产品生产过程按照其基本工艺特征可分成流程型和离散型两大类,后者又被称为加工装配型。这种划分是工业产品生产活动中的一种最基本划分,两大类型的活动过程需要用到截然不同的技术、系统设计和管理方法。

流程型生产的工艺过程往往是一种化学变换过程,要求不间断地进行,且工艺过程的顺序固定不变,生产设施按工艺流程布置,原材料按照固定的工艺流程连续不断地通过一系列设备装置被加工处理成产品。化工、炼油、造纸、制糖、水泥等是流程型生产的典型。这种生产活动所需的生产设施地理位置集中,生产过程的自动化程度较高,且由于主要是化学变换过程,具有高温高压、易燃易爆等特点,因此生产管理的重点之一是保证生产系统的可靠性和安全性,保证连续供料和确保每一环节的正常运行。此外,流程型生产由于产品和生产过程相对稳定,有条件采用各种自动装置实现对生产过程的实时监控。

离散型(加工装配型)生产的工艺过程通常是物理变换过程,是对原材料结构、形状的改变。产品通常是由许多零部件构成的,各零部件的加工过程可以彼此独立,分散制成的零件通过部件装配和总组装最后成为产品。所以整个产品的生产活动过程是离散的,生产设施的地理位置可以相对分散(在今天经济全球化的背景下,甚至可以分散在不同国家),诸如汽车、机床、个人计算机、手机等机械制造、电子设备制造的生产过程都属于这一类型。这种生产活动的管理重点是控制零部件的生产进度,保证生产的配套性。与流程型相比,这种生产活动的管理更加复杂。

根据市场对产品需求量以及标准化程度的不同要求,离散型生产还可进一步分成大量生产(流水线生产)、成批生产和单件小批生产三种类型,如图 1.3 所示。

大量生产适用于社会需求量较大的产品生产,如螺钉螺母、轴承等标准零件,家电、个人计算机、小轿车等耐久消费品。由于产量较大,生产可以稳定地、不断重复地进行,有可能采用流水线的方式组织生产,因此又被称为流水生产。反过来,单件小批生产用于产品结构复杂、生产周期长、总需求数量比较少的产品生产,如飞机、船舶、大型发电机组、生产线成套设备等工业用品。这些产品往往需要根据用户的特定需求专门设计和生产。成批生产介于大量生产和单件小批生产之间,其特点是生产的品种较多,每种产品虽然都有一定的产量,但都不足以大到维持常年连续生产,如常规电机、服装等,所以在生产中形成多种产品轮番生产的局面。这三种生产类型在管理上的特点各有不同,如

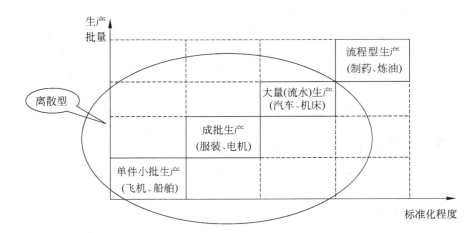

图1.3 产品生产类型的划分

表1.1所示。

表1.1 三种离散生产类型的管理特点

项目	大量生产	成批生产	单件小批生产
品种	少	较多	很多
设备	专用	部分通用	通用
生产周期	短	长短不一	长
成本	低	中	高
追求目标	连续性	均衡性	柔性

(二) 服务提供型

对于以提供服务为主的企业来说，其运作过程也可以进行类似划分，如图1.4所示。同理，在这种分类下不同服务类型的管理特点也可以进行类似分析。

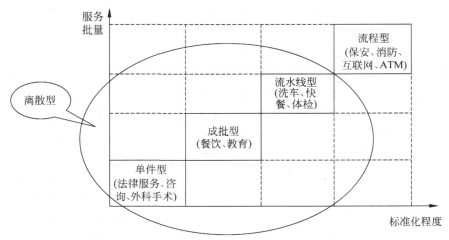

图1.4 服务运作类型的划分

但是在分析具体的管理问题时,产品和服务两种变换过程既有共同点,也有许多不同点。一个最基本的区别是,对于有形产品来说,可以存储、放在货架上,产品制造与产品的销售、使用可以发生在不同时间段、不同地点,因此可以利用库存调节刚性生产能力与波动的市场需求之间的不平衡性,可以在产品出厂前对产品质量进行严格检查把关;而对于无形服务来说,由于无法事先储存,只能在顾客到达的同时才开始"生产",生产的同时就被顾客消费掉了。因此,要求服务能力(设施能力、人员能力)必须能够对应顾客到达的波动性,服务质量也不可能预先检验合格了再"端给"顾客。

另一个主要区别是在变换过程中是否与顾客接触。诸如汽车、家电、食品、服装等各种产品的生产制造过程都是与顾客隔离的,生产系统远离顾客;而诸如航空、医院、餐饮、零售、银行、学校等大量的服务行业,在其运营过程中与顾客是有接触的,可谓"顾客就在你的工厂中"。顾客接触意味着在服务提供过程中顾客身处生产与运作系统中,这一点对服务系统设计、服务流程控制以及服务效率有重要影响。例如,在银行、邮局、医院、超市等服务类型中,要求服务设施方便顾客到达,从而设施必须分散化、小型化;在律师业务、汽车修理、外科手术、软件设计等行业类型中,难以确定标准作业时间从而难以衡量效率。产品制造和服务提供的这些不同特点要求管理者必须具体问题具体分析,不可能把制造业企业的管理方法照搬到服务管理中。

(三)产品和服务的生产与运作管理特点比较

以上的描述说明产品制造型和服务提供型两种不同的变换过程是有很多区别的,从而从管理的角度来说,其管理方式和所需用到的方法也各有不同。这些不同点可概括如下。

(1)生产与运作的基本组织方式不同。从生产与运作的基本组织方式上说,制造业企业通常是根据市场需求预测或订单制订生产计划,在此基础上采购所需物料,安排所需设备和人员,然后开始生产。在生产过程中,由于设备故障、人员缺勤、产品质量问题等引起的延误,都可以通过预先设定一定量的库存和富余产量来调节。因此,制造业企业的生产与运作管理是以产品为中心展开的,主要控制对象是生产进度、产品质量和生产成本。而在服务业,运作过程往往是人对人的,需求有很大的不确定性,难以预先制订周密的计划;即使有预先规范好的服务程序,也仍然会由于服务人员的随机性和顾客的随机性而产生不同结果。因此,运作活动的组织主要是以人为中心来考虑的。

(2)产品和生产与运作系统的设计方式不同。在制造业企业,产品和生产系统可分别设计,而在服务业,服务和服务提供系统须同时设计。因为对于制造业来说,同一种产品可采用不同的生产系统来制造,例如,采用自动化程度截然不同的设备,这二者的设计可以分别进行。而在服务业,服务提供系统是服务本身的一个组成部分,不同的服务提供系统会形成不同的服务特色,即不同的服务产品,因此这二者的设计是不可分离的。

(3)顾客在生产与运作过程中的作用不同。制造业企业的生产系统是封闭式的,顾客与生产系统隔离,这样就导致顾客不会对有形产品的制造过程产生影响。而服务业企业的生产与运作系统是非封闭式的,顾客要接受服务,通常就要进入服务提供系统,例如,看病需要去医院,看电影需要去影院,等等。由于顾客参与其中,顾客有可能起两种作用:积极作用或消极作用。在前一种情况下,企业有可能利用这种积极作用提高服务效率、提高服务设施的利用率；在后一种情况下，又必须采取一定措施防止这种干扰。

（4）不同职能之间的界限划分不同。在制造业企业，产品生产与产品销售发生在不同时间段、不同地点，很多产品需要经过多级分销渠道才能到达顾客手中，"生产与运作"和"销售"两种职能的划分明显，分别由不同人员、不同职能部门负责。而在很多服务业，这样的职能划分是模糊的，服务生产与服务销售往往同时发生，很多情况下制造业中的传统分销渠道并不适用于服务业。

（5）需求的地点相关特性不同。由于有形产品可以运输、仓储，因此产品的生产地与消费地可以分离，这样就使得制造业企业在设施选址上有更大的选择范围，可以建立较大规模的设施以充分利用规模效益。而对于大多数服务企业来说，由于服务中生产与消费同时发生，服务提供者与顾客必须处在同一地点，不是顾客去服务提供地（如去餐馆），就是提供者来找顾客（如上门服务）。而且为了方便顾客到达，服务设施必须尽量靠近顾客，必须分散化，这样就限制了每一服务设施的规模，也造成了服务设施选址的特殊性。

制造业和服务业企业在产出与管理上的主要特点如表1.2所示。这里需要指出的是，该表所示的只代表两种极端情况。事实上，很多企业的特点介于两个极端之间，也有很多差别只是程度上的差别。如前所述，越来越多的制造业企业都在同时提供与其产品有关的服务。在它们所创造的附加价值中，物料转换部分的比例正逐渐减小。同样，许多服务业企业经常是成套地提供产品和服务，例如，在餐厅，顾客需要同时得到食物和服务；又如，在当今互联网飞速发展的大环境下，电子商务的特点已经与表1.2中所列服务业的特征有诸多不同之处。

表1.2 有形产品和无形服务的区别

制 造 业	服 务 业
产品有形、耐久	产品无形、不耐久
产出可储存	产出不可储存
顾客与生产系统极少接触	顾客与服务系统接触频繁
响应顾客需求周期较长	响应顾客需求周期很短
可服务于地区、全国乃至国际市场	主要服务于有限区域范围内
设施规模较大	设施规模较小
质量易于度量	质量不易度量

三、生产与运作管理概念的发展过程

管理学上最初对企业生产与运作活动过程的研究主要聚焦于有形产品的生产制造过程。从研究方法上说，也没有把它当作一个"投入→变换→产出"的过程来研究，而主要是研究有形产品生产制造过程的计划、组织与控制。相关的学科被称为"生产管理"（Production Management）。现在的生产与运作管理概念，从两个方面扩展了传统的生产管理概念：一是不仅关注有形产品的生产制造过程，也涵盖无形产品，即服务的提供过程；二是不仅关注企业内部的产品制造、服务提供过程，而且关注从采购、生产直至物流配送的整个供应链活动过程。

（一）从有形产品到无形服务的扩展

随着经济的发展，技术的进步以及社会工业化、信息化的进展，社会分工越来越细，

原来附属于生产过程的一些业务、服务过程相继分离、独立出来,形成了专门的销售、物流、金融、房地产、广告、咨询、设计、软件开发、会议博览等生产性服务行业;此外,随着生活水平的提高,人们对教育、医疗、保险、理财、娱乐、家政、旅游、餐饮等方面的要求也在提高,相关消费性服务行业也在不断扩大。因此,对这些以提供无形服务为主的企业活动过程进行管理和研究的必要性应运而生。高度抽象来看,有形产品的生产过程和无形服务的提供过程是有一定共性的,即两种活动过程的产出都具有下述特征:

(1) 能够满足人们的某种需要,即具有一定的使用价值;
(2) 需要投入一定的资源,经过一定的变换过程才能得以实现;
(3) 在变换过程中需要投入一定的劳动,实现价值增值。

因此,可以把有形产品的生产过程和无形服务的提供过程统一看作**把资源要素(投入)变换为有形产品和无形服务(产出)的活动过程**,即上述定义的生产与运作活动过程。如今在西方管理学界,把这种扩大了的生产的概念,即无论是有形产品的生产过程,还是无形产品的提供过程,统称为"Operations",即运作过程。但从管理的角度来说,这两种变换过程实际上有许多不同点,因此本书使用"生产与运作"这一概括名词,既表示本书的论述范围包括制造业和非制造业,又表示这二者之间有一定区别。

(二) 从内部生产与运作到整个供应链的扩展

在当今全球经济一体化的大背景下,"世界是平的",试想诸如汽车、电脑等产品,从原材料到半成品再到成品,从制造商到分销商再到零售商,消费者最终享用的产品往往是一条完整供应链上多个企业共同努力的结果。因此,如果把一个企业的生产与运作活动过程看作"投入→变换→产出"过程的话,首先,要考虑如何"投入",即如何获取、组合和使用各种所需的资源要素,其中的决策问题包括:产品制造所需的原材料、零部件等生产性物料以及物流、广告、会展、市场调查、咨询等非生产性业务是自营还是外购?如果外购,是找本地还是外地甚至外国的供应商?每一项要采购的物料或是业务,是找多家还是独家供应商?与供应商建立一种什么样的关系?等等。其次,要考虑产品制造出来以后如何变成有效"产出",即如何到达消费者手中,其中的决策问题主要是如何设计和管理物流配送系统,当然也包括物流商、分销商的管理。

企业对这些问题的考虑意味着生产与运作管理的注意力扩展到了整个供应链上。随着社会化分工协作体系的日益健全,企业在这些问题上有了越来越多的选择,这些决策对企业产品在最终市场上的竞争力也日益重要。

第二节 生产与运作管理的范围和内容

一、生产与运作管理的两大对象

生产与运作管理的两大对象是生产与运作过程和生产与运作系统。

生产与运作过程如上所述,是一个投入→变换→产出的过程,是一个劳动过程或价值增值过程。生产与运作管理的第一大对象,就是考虑如何对这样的生产与运作活动进行计划、组织与控制。

生产与运作系统是指使上述变换过程得以实现的物质手段的总称。它的构成与变换过程中的物质转化过程和管理过程相对应,也包括一个物质系统和一个管理系统。物质系统是一个实体系统,主要由各种设施、机械、运输工具、仓库、信息传递媒介等组成。例如,一个机械工厂,其实体系统包括一个个车间,车间内有各种机床、天车等设备,车间与车间之间有在制品仓库等。而一个化工厂,它的实体系统可能主要是化学反应罐和形形色色的管道。又如,一个急救系统或一个经营连锁快餐店的企业,它的实体系统可能又大为不同,它们不可能集中在一个位置,而是分布在一个城市或一个地区内各个不同的地点。管理系统主要是指生产与运作系统的计划和控制系统,以及物质系统的配置、监控等问题。其中的主要内容是信息的收集、传递、控制和反馈。生产与运作管理的第二大对象,是考虑如何对生产与运作系统进行设计、改造与升级。

二、生产与运作管理的目标和基本问题

企业的生产与运作活动是一个价值创造过程。要想使所创造的价值得以实现,其必要条件是,生产与运作活动过程的产出——产品和服务过程有一定的使用价值,这种价值体现在产品应该从三个方面满足顾客的要求:产品质量、产品的规格款式和产品提供的适时性。而产品成本,以价格的形式最终决定了产品是否能被顾客所接受。价值实现的这些条件决定了企业生产与运作管理的目标必然是**用最低成本、在最准确的时间,向市场提供合理质量的柔性化产品和服务**。其中的四个关键词是:质量、时间、柔性和成本。这四个关键词也是衡量生产与运作管理绩效的基本指标。

从生产与运作管理的目标,以及生产与运作管理是对企业"投入→变换→产出"过程的管理,就可以引申出生产与运作管理的三大类基本问题,如图 1.5 所示。

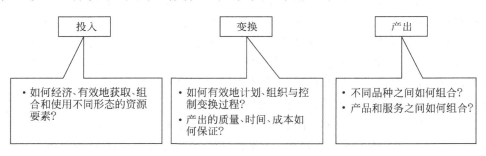

图 1.5 生产与运作管理的基本问题

1. 资源要素管理

生产与运作过程所需投入的资源要素包括多种形态:人力、物料、设备、技术、信息、能源等。生产与运作管理所面临的第一个基本问题就是如何经济、有效地获取、组合和使用这些不同形态的资源要素。"获取""组合"和"使用"意味着不同的具体管理问题:"获取"是要决定如何以最经济的方法采购设备、物料以及其他必要的支持性、非生产性物料和服务。在当今全球经济一体化的大背景下,采购有很多选择余地,但同时也加大了采购管理的难度;"组合"意味着要在不同的资源要素之间进行匹配、权衡,以得到最大效益。例如,要权衡人力投入和设备投入之间的相悖关系;"使用"实际上还与变换过程

的管理相关,要通过有效的系统设计、流程设计、过程控制和设备人员配备来提高各种资源的使用效率。

2. 变换过程管理

现代化大工业的一大特点是各种产品服务的变换过程都要经过多个步骤、多个环节,需要跨越企业内的多个部门、多条生产线甚至位于多个不同地点的设施,这些环节有并行、有串行、有交叉,因此需要有一套严密的计划、组织与控制方法。"计划"是要根据市场需求以及自身生产运作能力的约束来安排各种产品服务的产出时间和产出量;"组织"是要根据计划的产出量来使人力、设备、物料等各种所需资源按时按量到位;"控制"则意味着要在计划实施过程中动态监视质量、数量、进度等实施状况,并随时根据不期变化采取必要措施。在当今产品日益多样化的情况下,企业往往同时生产多个品种,同时面对多种顾客需求,生产与运作系统本身以及外协外购网络也日益复杂,所涉及的人员、物料、设备等资源成千上万,如何将全部资源要素在需要它们的时候筹措到位,合理安排,无缝衔接,如何在发生质量、设备、需求等方面的意外情况时及时采取补救措施是一项十分复杂的系统工程。与此同时,产出的质量、时间和成本都可以体现为对变换过程有效控制的结果。因此,变换过程管理是企业生产与运作管理的最核心内容。在当今信息技术飞速发展的环境下,ERP等各种管理信息系统为企业进行变换过程管理提供了强有力的手段,但也对企业有效集成信息流和物流的能力提出了更高要求。

3. 产出要素管理

在以往产品供不应求的"卖方"时代,企业生产与运作管理最主要的任务是确保生产能力,并尽量通过大批量生产来发挥规模效益,降低成本,而品种的多样化不是主要问题。然而在当今市场需求日益多样化、竞争日益激烈的环境下,品种的多样化、个性化,提供产品服务的敏捷性,附加服务的完善与否都成了决定产品服务能否销售出去的关键因素。这种情况下企业生产与运作管理面临的挑战包括两个方面:一是如何在有限的生产能力范围内同时进行多品种、小批量生产,这意味着要在不同品种对生产能力的争夺中寻找平衡点,意味着规模效益不再显著,企业需要另外找到降低成本的方法;二是如何通过有效组合产品和附加服务来赢得竞争。后者无论对于制造业企业还是服务业企业都一样。因为从顾客的角度来说,顾客无论购买有形产品还是无形服务,都不只是为了得到产品本身,而是为了获得由产品或服务提供的某种效用,这种效用是由产品、服务、信息、对顾客的人文关怀以及其他要素所组成的集合,正是这个集合,可以真正为顾客提供价值。

对于一个制造企业来说,有形产品是这个组合中的核心要素,同理,对于一个服务企业来说,服务是其核心要素。但在今天,单靠核心产品或核心服务不能保证企业一定取得良好的经济效益和长久竞争优势。因为对于很多成熟行业的企业来说,核心产品或服务没有太大区别,核心产品现在也很少是顾客不满意的原因。例如,导致购买汽车的顾客不满意的原因往往不是汽车本身,而是汽车的售后服务。又如,在餐馆里,导致顾客不满意的原因也经常不是饭菜本身,而是诸如上菜速度、服务态度、对餐中临时要求的响应速度等附加服务。因此,对于企业来说,竞争有两个阶段:首先是要把基本的或核心的产品或服务做好;其次是附加服务,从而形成一个真正对顾客有效用的完整集合。在今天,二者缺一不可。对前者已基本定型的行业和企业，后者尤为关键。

除以上三大类基本问题外，当今企业在生产与运作管理中还必须面对一个重要问题：环境管理。经典的生产与运作管理并没有把环境管理作为基本管理问题来看待。但在今天，环境保护已经成为全人类社会所面临的重大问题，而企业在这个问题上负有最直接的责任。环境管理可以从企业生产与运作过程中的"投入"和"产出"两个方面来考虑：从"产出"的角度来说，企业在产出对社会有用产品的同时，有可能生产出一些"负产品"，如所排泄的废水、废气、废渣、二氧化碳，又如过度的、无法降解的包装等，从而给环境造成污染；也有可能其产品在使用过程中会给环境造成污染，如汽车排放的有害气体。为此，企业有必要在产品设计和生产与运作过程中考虑如何保护环境。从"投入"的角度来说，企业在获取和利用各种资源时，应该考虑到人类的自然资源是有限的，需要考虑人类的可持续发展，为此在资源获取和利用上应尽量节约自然资源、合理使用自然资源，并考虑各种资源的再生利用问题。

三、生产与运作管理决策内容框架

以上所述生产与运作管理基本问题就是生产与运作管理的基本决策内容。其中有些问题属于比较重大、关乎企业全局的长期决策问题，也有些问题属于企业日常生产与运作活动的计划、组织与控制问题，有些关注的是企业整体的"投入→变换→产出"过程，也有些关注的是其中某一具体流程问题。归纳起来，生产与运作管理的决策问题可以总结为以下三个层次、四大类决策问题，如图 1.6 所示。其中三个层次为生产与运作战略问题、生产与运作系统设计问题以及生产与运作活动管理决策问题。最后的精益管理与持续改进包括如何在生产与运作过程各个环节运用精益生产的方法，但更多强调的是如何在前三个层次的各项决策中贯彻精益求精、持续改进的管理思想。

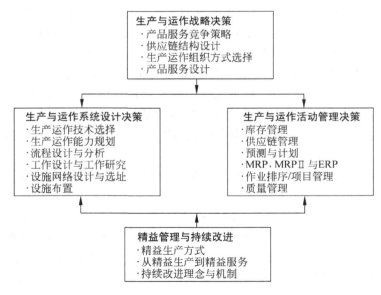

图 1.6　生产与运作管理决策内容框架

四、生产与运作管理的集成性

生产与运作管理既包括战略决策、系统设计决策和日常运行决策等不同层次的决策问题,也包括资源要素管理、产出要素管理和环境管理,还包括日常生产与运作活动过程中对采购、计划、流程、质量、库存、物流等不同问题的管理。虽然这些管理问题要实现的目标都可以用四个关键词——质量、时间、柔性和成本来概括,但是,考察一下企业生产与运作管理的实际状况,往往会发现有这样的倾向:质量管理部门认为企业的生产与运作活动应围绕自己的主题进行;计划部门认为自己才是真正意义上的生产与运作管理中心;成本管理部门则把自己当作企业利润获得的主要手段……各自强调一面,相互之间并不协调。从客观上说,这些管理部门之间的职能目标并不完全一致,而是在某种程度上存在相悖关系。例如,当强调质量目标时,可能会相应地要求生产过程中精雕细刻,从而带来生产时间的延长、人工的多消耗,而这与进度管理及成本管理的职能目标是相悖的;又如,当强调时间管理的目标时,为了保持适时适量交货,会相应地要求一定量的原材料在制品库存,这又是成本管理目标所极不希望的,等等。

企业生产与运作活动中这些不同管理部门的划分,原本是随着生产规模的不断扩大和分工的需要而产生的。但在生产与运作过程中,这些管理职能的目标最后都要通过一个共同的媒介——产品来实现。从竞争力的角度来看,只有产品的质量、时间、成本、服务等各要素同时具备,产品才可能有真正的市场竞争优势。此外,当今企业之间的竞争方式和种类越来越多,质量、交货时间、售后服务、对顾客需求的快速响应、产品设计的不断更新、较宽的产品档次、更加紧密的供应链等,都成为竞争的主题,生产与运作管理职能在所有这些新的竞争方式中都至关重要。因此,必须把生产与运作职能放在企业的整体系统中来考虑,片面地强调哪一项管理更重要是没有意义的。此外,由于各项要素之间所存在的相悖关系,生产与运作决策过程往往是一个使各项要素取得平衡的过程,也可以称之为择优或优化过程。

从另一方面来说,随着现代企业经营规模的扩大、交通和通信技术的发展,一个企业往往由处于不同地点的多个设施(如工厂、供应商、配送中心、销售网点等)所构成,每一个工厂或每一个配送中心、销售网点都是整个网络中的一部分,而不是一个孤立存在的实体,这要求企业各个部门之间信息的及时沟通和紧密合作。而飞速发展的信息技术给这种部门间的沟通和合作提供了强有力的武器。在这样的环境背景下,现代生产与运作管理不再只是考虑物料在一个工厂内的流动,而是考虑如何将产品设计、工艺、采购、质量控制、生产流程、配送、销售、顾客服务等作为一个完整的供应链来设计和管理。

进一步而言,在当今市场需求日益多变、技术进步日新月异的环境下,企业的经营活动与生产运作活动、经营管理与生产运作管理之间的界限也正在变得越来越模糊,企业的生产与经营,也包括营销、财务等活动在内,正在互相渗透,朝着一体化的方向发展,以便能够更加灵活地适应环境的变化和要求。这是现代生产与运作管理的一个重要发展趋势。

第三节 生产与运作管理及企业竞争力

长久以来,生产与运作管理都被认为是企业内部管理的一部分,是操作层面的管理,"不是企业老总需要操心的事情"。但实际恰恰相反,生产与运作管理跟企业的整体绩效密切相关,与企业竞争力有直接的关系。

一、企业的盈利逻辑

任何一个企业都要谋求盈利,即获取利润。这是由企业的本性所决定的。利润取决于两个方面:一是销售收入;二是成本。只有二者相减是正数,企业才有利润,这是一个简单的逻辑算式。问题是,如何才可以使这一算式为正?生产与运作管理在其中的作用又是什么?

首先,企业应该不断扩大收入或者保持稳定的收入。而收入来源于企业的产品和服务被源源不断地售出。产品和服务如何才能被售出?这取决于顾客的购买意愿;而顾客是否购买是由几项关键要素所决定的:产品和服务的质量、价格、多样性、交付时间以及附加服务等。而这几项关键要素无一不取决于企业生产与运作管理的好坏。

其次,企业应该尽量控制成本,使其在满足产品和服务一定要求的前提下,尽可能地低。而成本控制在于产品和服务的产出过程中合理获取资源(采购)、有效利用资源(生产制造、业务运作、质量控制)以及及时交付(配送)。这些也是由企业的生产与运作管理职能决定的。换句话说,企业的生产与运作管理职能往往占用了企业绝大部分的财力、设备和人力资源,生产与运作管理绩效的好坏,直接决定着企业成本的高低。

综上,无论是扩大和保持收入还是降低成本,都离不开生产与运作管理职能。卓越的生产与运作管理是企业获取利润的主要源泉,是决定一个企业成功与否的关键要素之一。

二、生产与运作是企业创造价值的主要环节

从人类社会经济发展的角度来看,物质产品的生产制造是除了天然合成(如粮食生产)之外,人类能动地创造财富、创造价值的最主要活动。工业生产制造直接决定着人们的衣食住行方式,也直接影响着农业、矿业等社会其他产业以及工业自身技术装备的能力。在今天,随着生产规模的不断扩大,产品、生产技术的日益复杂,市场交换活动的日益活跃,与工业生产密切相关的金融、保险、贸易、房地产、物流、技术服务、信息服务等服务行业在现代社会生活中所占的比重也越来越大,这些环节在人类创造财富的整个过程中也起着越来越重要的作用,因此同样是必要的价值创造环节。在今天,这些价值创造活动的主体是企业,其生产与运作活动是人类最主要的价值创造活动,也是企业创造价值,从而服务社会、获取利润的主要环节。

三、企业之间的竞争最终体现在产品和服务上

在市场竞争环境下,企业的治理结构、营销策略、资本运作、人力资源、企业与政府及

银行的关系等,都有可能成为企业成功的要素之一。但消费者并不关心这些,他们只关心企业所提供的产品和服务对他们的效用(如价格、质量、交付时间、附加服务等)。只有产品和服务得到了消费者的认可,其所创造的价值才能得以实现,企业才有收入和利润。从这个意义上说,企业之间的竞争最终体现在企业所提供的产品和服务上。而企业产品和服务的竞争力,很大程度上取决于生产与运作管理的绩效:如何降低成本、控制质量、保证时间和提供周到的服务。

20世纪七八十年代,美国工商企业界的高层管理者们曾经把兴趣更多地偏重于资本运营、营销手段的开发等,而对集中了企业绝大部分财力、设备乃至人力资源的生产与运作系统缺乏应有的重视,其结果导致整个生产活动与市场竞争的要求相距越来越远。而后起的日本企业则正是凭借其卓有成效的生产管理技术和方法,使产品风靡全球,迅速提高了全球竞争力。日美汽车工业之间的竞争和成败是这方面的一个最好例证。今天的中国企业实际上面临类似问题。中国正在全球经济体系中发挥越来越大的作用,"中国制造"吸引了全世界的目光,这更加突出了中国企业,尤其是工业企业,通过一种有效的生产与运作管理方式迅速提升其产品竞争力的重要性。面对这样的全球发展机遇,西方国家的经验教训值得我们借鉴。

第四节 现代生产与运作管理的新挑战

一、生产与运作管理学的发展过程

现代生产与运作管理学起源于20世纪初泰勒(Taylor)的科学管理法。当时工业企业的生产技术简单,规模尚小,企业的生产管理主要是凭经验,工人劳动无统一的操作规程,人员培养靠师傅带徒弟,管理无统一规则。泰勒的科学管理法使企业走上了科学管理的轨道,对提高当时的生产效率起了极大的作用,也奠定了以后整个企业管理学说的基础。1913年,福特在其汽车装配厂内安装了第一条汽车流水线,揭开了现代化大生产的序幕。他所创立的"产品标准化原理""作业单纯化原理"以及"移动装配法"原理在生产技术和生产管理史上均具有极为重要的意义。随后,20世纪二三十年代,最早的作业计划方法、库存管理模型以及统计质量控制方法相继出现,这些构成了经典生产管理学的主要内容。

第二次世界大战以后,运筹学的发展及其在企业界的应用给生产管理带来了惊人的变化。库存论、数学规划方法、网络分析技术、价值工程、排队论等一系列定量分析方法被引入工业企业的生产管理,大工业生产方式逐步走向成熟和普及,这一切使生产管理学得到了飞速发展,开始进入了现代生产管理的新阶段。与此同时,随着企业生产活动日趋复杂,企业规模日益增大,生产环节分工越来越细,管理上的分工也越来越细,生产管理进一步细分为计划管理、物料管理、设备管理、质量管理、库存管理、作业管理等各个单项管理,并在企业中形成了相对独立的职能部门,在管理学科中也相应地形成了不同的学科分支领域。

20世纪60年代以后,机械化、自动化技术的飞速发展使企业面临不断进行技术改造,引进新设备、新技术,并相应改变工作方式的机遇和挑战,生产系统的选择、设计、改造和升级成为生产管理中的新内容,这进一步扩大了生产管理学的范围。物料需求计划(materials requirement planning,MRP)方法也在这一时期出现,打破了传统的生产计划方法,成为一种全新的生产与库存控制系统。

20世纪80年代以后,技术进步日新月异,市场需求日趋多变,世界经济进入了新时期,多品种小批量生产方式成为主流,从而对生产管理提出了新的、更高的要求。在这种情况下,伴随着信息技术的飞速发展,制造资源计划(manufacturing resources planning,MRP Ⅱ)、最优生产技术(optimal production technology,OPT)等基于计算机信息系统的生产管理方法相继出现。与此同时,以准时生产(just in time,JIT)为代表的日本式生产管理方式引起了全世界的关注和研究,这些都极大地丰富了生产管理学的内容。

这一时期生产管理学的另一发展特点是开始强调管理的集成性,强调生产经营的一体化。随着服务业的迅速发展以及大规模化,这种系统管理的思想和方法扩大到了服务业,服务运作管理的概念开始出现,生产管理学开始发展成为包括服务业管理在内的"生产与运作管理"。

从20世纪90年代开始,计算机全方位进入企业管理领域,计算机辅助设计(CAD)、计算机辅助制造(CAM)、计算机集成制造系统(CIMS)以及管理信息系统(MIS)等技术使得处理"物流"的生产本身和处理"信息流"的管理本身都发生了根本性变革。全球经济一体化的大趋势以及市场需求变化速度的加快,都促使企业加大引入信息技术的力度,生产与运作管理学开始大量研究如何利用信息技术提升企业的生产与运作管理水平。企业资源计划(enterprise resources planning,ERP)、大规模定制(mass customization)、敏捷制造(agile manufacturing)等生产与运作管理学中的新理论、新概念都是这一背景下的产物。信息管理、技术管理以及生产与运作管理开始进一步集成化。

进入21世纪以后,网络技术的飞速发展给整个人类社会带来了前所未有的变化,给企业带来了巨大商机,也给企业管理带来了巨大挑战。企业有可能从根本上改变经营方式,有可能极大地提高生产与运作效率,方兴未艾的电子商务就是对这一点的最好说明。面对技术变化给企业带来的新课题,工商管理学科有很多新问题需要研究。从生产与运作管理的角度来说,这些新问题主要是:如何利用新技术开发新产品、新服务;如何重新构建业务流程(business process reengineering,BPR);如何改进整个供应链上的物流、信息流和资金流的流动(supply chain management,SCM);如何快速获得外部资源,以加快市场响应速度(虚拟企业、虚拟集成),等等。这些问题构成了生产与运作管理的新研究热点,新的生产与运作管理理论正在不断形成。

此外,随着环境问题日益引起全人类社会的关注,如何实现"绿色制造""绿色服务""绿色供应链"也成为生产与运作管理所面临的重要新课题。

二、新环境下生产与运作管理的新挑战

近一二十年以来,世界经济一体化的进程加快,以信息技术和互联网技术为代表的各种技术突飞猛进,企业经营所面临的环境发生了巨大变化,由此给企业的生产与运作管理也带来了新挑战。

(1) 市场需求变化带来的挑战。市场需求的变化可概括为两句话：日益多样化和变化速度越来越快。以中国最常见的产品——自行车为例，倒退至 20 世纪 80 年代，全中国人民几乎使用清一色的自行车产品：只有飞鸽、永久和凤凰牌三个品牌，几乎只有 28 型一种款式，选择余地很小。而今天，款式品种多达几千种，有些企业甚至提供个性化的自行车产品，顾客可以在多达几百万种的车型中选择自己喜欢的款式，还可以根据自己的身高体重、对颜色的偏好等定制自己独有的个性化自行车。伴随产品日益多样化而来的是各种产品的变化速度越来越快，很多产品（如服装、电子产品、数码相机等）的更新换代速度只能以月甚至周来计。市场需求的这些变化使得企业的生产与运作管理变得更加复杂：需要考虑如何在有限的资源范围内组合多种产品和服务，需要面对多品种小批量生产与降低成本之间相悖的新挑战，需要进一步缩短生产、配送周期，这些都成为企业生产与运作管理面临的新挑战。

(2) 技术进步带来的挑战。环境变化的另一大特点是技术进步日新月异。自动化技术、微电子技术、计算机技术、新材料技术、网络技术、3D 打印技术等新技术的飞速发展给企业带来了许多新机会：一是提供新产品的可能性增大，例如，数码产品、远程教育都是技术进步的产物；二是导致生产与运作方式有可能不断更新，例如，家具厂制造一张桌子、银行提供储蓄服务、书店销售图书，都有了更多的方式可以选择；三是导致企业获取和利用资源的途径增加，例如，全球范围内的供应商选择与配置，非核心业务外包，等等。尤其是近几年来，信息通信技术与制造业不断融合发展的趋势预示着智能制造时代的来临，云计算、大数据、人工智能、机器学习等驱动人类智能迈向更高境界，推动着人类各种生产工具的智能化和现代化。所有这些变化使得生产与运作管理更加复杂：企业必须考虑如何设计供应链结构，如何选择更新更好的生产技术，如何优化生产运作流程，如何进行全球生产与运作，这些也是生产与运作管理面临的新挑战。

(3) 竞争方式改变带来的挑战。市场需求和技术的变化导致了企业之间的竞争方式越来越多，只低成本、高质量已远远不够，更多的款式、更快的速度、更周到的附加服务、对顾客个性化需求的快速反应、产品设计的不断更新、更宽的产品线、更加灵活的供应链等，都成为竞争的主题。企业和企业之间的竞争也不再仅仅是单个企业之间的竞争，而经常体现为供应链之间的竞争。竞争环境的这些变化使得企业必须在不同的竞争重点之间进行选择和权衡，必须动态地改变自己的竞争策略，必须在竞争的同时学会合作，企业的生产与运作管理面临更复杂的挑战。

(4) 全球化带来的挑战。随着通信技术、网络技术和交通运输业的发展以及全球贸易规则的不断改进，生产和贸易已变得没有国界，没有任何一个国家能够抵御来自国外的竞争。全球生产、全球采购、产品和服务全球流动的趋势进一步加强。市场和供应链的全球化无可避免，但同时也给企业带来了从全球经济网络中获益的巨大机会。今天的中国在整个世界经济体系中有了越来越重要的地位，这给了中国企业越来越多的走出国门的机会，全球生产与运作、构建全球供应链成为很多中国企业面临的现实问题，这其中也必然面临很多全球运作的新挑战。

思 考 题

1. 将企业的生产与运作活动过程概括为"投入→变换→产出"的过程,这与传统的生产制造过程有什么不同?
2. 生产与运作管理的两大对象是什么?是否还有其他对象?
3. 以下各种组织的投入和产出是什么?其变换过程的特点是什么?
   (1) 旅馆;
   (2) 汽车制造厂;
   (3) 造纸厂;
   (4) 航空公司;
   (5) 超市;
   (6) 医院;
   (7) 银行。
4. 如果说无论是制造业企业还是服务业企业,其产出都是"有形+无形"的组合,试分析 IBM 和沃尔玛的产出构成。
5. 很多企业认为在生产与运作过程中致力于环境管理会给企业利润带来负面影响,你如何看待企业致力于环境管理与其利润之间的关系?
6. 与制造业企业的生产相比,服务运作管理有其特殊性。但是,不同的服务行业其服务运作的特点又各有什么不同?举几个具体例子说明这一点。
7. 企业生产与运作管理绩效与企业竞争力之间的关系是什么?举例说明。
8. 试分析:什么原因导致了 20 世纪七八十年代美国企业界缺乏对生产与运作管理应有的重视?
9. 全球经济一体化给中国企业带来的机遇是什么?如何抓住这种机遇?试举一两个全球运作比较出色的中国企业的例子。
10. 近十几年来,你所在的组织的经营环境发生了什么变化?生产与运作管理方式发生了什么变化?你认为所面临的最大挑战是什么?
11. 当今互联网的发展方兴未艾,你认为互联网给企业生产与运作管理带来的机遇和挑战是什么?举例说明。

生产运作战略

生产运作战略决策是企业生产与运作管理中第一层次的决策内容,是企业整个生产与运作管理中提纲挈领的决策内容。传统的企业生产与运作管理并未从战略的高度考虑问题,但在今天,企业的生产运作战略有了越来越重要的作用和意义。本章首先概述生产运作战略的基本概念与制定思路,然后详细讨论生产运作战略中的三个主要问题:产品服务竞争策略、企业资源配置策略以及基本的生产运作组织方式确立。

第一节 生产运作战略的基本概念与制定思路

一、生产运作战略的含义

"战略"原本是一个军事名词,其定义是"对战争全局的策划和指导,依据国际、国内形势和敌对双方政治、经济、军事、科学技术、地理等因素来确定"。在一般运用中,战略"泛指重大的、带全局性的或决定全局的谋划"。

作为一项管理职能,生产运作需要有战略吗?可能有人会抱有疑问。但是,正如第一章所述,企业的生产与运作管理绩效对企业整体竞争力有非常直接、关键的决定作用;生产与运作管理除了产品制造、服务提供等日常生产运作决策以外,还包括资源与能力配置、竞争重点选择等长期决策问题。这些问题对企业的长期绩效有深刻影响,现在已经被越来越多的企业认为是企业成功的关键所在。这些问题对于企业来说都具有战略意义,它们就构成了生产运作战略决策的主要内容。

举例来说,一个航空公司要决定"长途航班上应该提供什么饮食",这是日常生产运作决策问题,也要决定"与竞争对手相比,我们的客舱服务应该具有什么特色",这就属于生产运作战略问题。又如,一个服装企业要决定每周生产多少种款式、每种款式的数量,这是日常生产运作决策问题,也要决定服装生产过程中所需的缝纫工序是否应该外包,这就属于生产运作战略问题。

因此,生产运作战略可定义为:在企业经营战略的总体框架下,根据对企业所面临的外部需求以及内部资源特点的分析,确定企业生产与运作管理中带有长期性的、对企业整体资源配置和经营绩效有重大影响的事项。

二、生产运作战略与企业经营战略

生产运作战略与企业经营战略之间的关系如图 2.1 所示。企业战略是要决定企业组织的使命,确定企业的愿景与发展目标,即要决定:从长期来看企业要成为一个什么样的企业?要达到什么样的发展目标?这样的决策将从根本上影响一个企业的生存和未来发展道路。接下来要确定企业的业务战略:为了实现企业的使命、愿景和战略目标,企业应该做什么产业、做哪些产品、在什么区域做,面对哪些客户?如何在多种业务之间分配资源?这两部分内容就构成了企业的经营战略。如果一个集团化企业包括多个独立经营的事业部或业务单元,则在企业集团统一的使命、愿景和战略目标之下,各个事业部的业务战略由于所处的地域不同、产品不同、主打产业不同又各有不同(见图2.2)。例如,一个家用电器公司,分别设空调部、洗衣机部、小家电部,每个事业部对其产品线、覆盖区域、主打哪一部分市场细分等均有不同考虑。

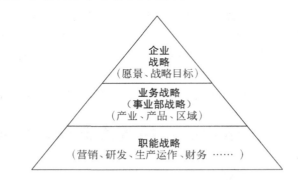

图 2.1　生产运作战略与企业经营战略的关系

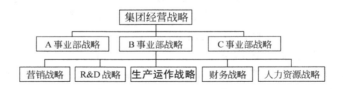

图 2.2　集团化企业不同层次战略之间的关系

无论是否有事业部之分,企业的各个职能部门为了实现企业的整体经营战略,都会对该职能如何为实现企业战略出力进行整体谋划,考虑该职能应具备什么核心能力、采取什么策略以支持企业愿景、战略目标、业务战略的实现。这就是职能级战略。

具体到生产运作战略来说,就是要在企业确定发展目标和业务战略的基础上,考虑如何向市场提供产品和服务,产品和服务的竞争重点应该放在什么地方,如何做到有效配置,如何高效利用企业资源,等等。这些就是生产运作战略的内容。仍以家用电器公司为例,空调部的生产运作战略可能是把竞争重点放在高质量(如高可靠性、低噪声、节能等)上,从而会选择新技术产品投入生产,而小家电部的竞争重点则可能是物美价廉、操作方便、多样化等,从而会把更多的注意力集中于降低成本和生产运作柔性上。

三、制定生产运作战略的基本思路与框架

制定生产运作战略的基本思路与主要内容框架如图2.3所示。首先,制定生产运作战略的出发点有两个:一是市场需求,分析企业所面临的市场需求到底是怎样的,在质

量、价格、快速、柔性等若干竞争要素中,顾客更看重的是什么;二是生产运作资源,分析企业自身所拥有的资源特点以及场地、设施、人员、技术等资源优势和劣势,等等。

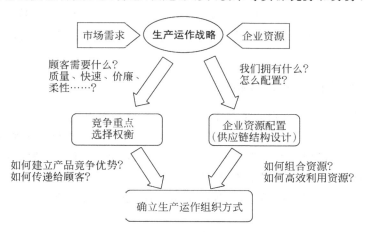

图 2.3　生产运作战略制定思路与框架

在上述分析的基础上,生产运作战略最重要的决策事项有以下三个。

(1) 竞争重点的选择与权衡。质量、价格、快速、柔性等竞争要素之间是存在相悖关系的,一个企业不可能面面俱到,在每一项上都具有竞争优势,因此需要在市场需求分析的基础上决定突出什么特点,在哪些方面建立优势。

(2) 企业资源配置方式。任何一项产品或服务的产出都需要经过多个步骤、多个环节,每个步骤、环节的生产运作都需要消耗资源,因此企业为了做产品做服务,首先必须决定各个不同环节所需的资源如何配置,哪些环节自己做,哪些环节自己不做而是采取外包的方式。由于不同的自制外购策略最终形成了不同的供应链结构,对这种问题的思考和决策也称为供应链结构设计。

(3) 一旦竞争重点选定、供应链结构选定,在企业内部,要确定一个基本的生产运作组织方式,以建立产品服务的竞争优势,实现企业内部资源的高效组合和利用。

第二节　产品与服务竞争策略

在第一章已经阐述过,在市场竞争环境下,虽然企业的治理结构、资本运作、人力资源、企业与政府的关系等都有可能成为企业成功的要素之一,但是只有企业的产品和服务得到了顾客的认可、他们愿意购买,企业才有收入和利润。只有源源不断地得到收入和利润,企业才有长久的竞争力。从这个意义上说,企业之间的竞争最终体现在企业所提供的产品和服务上。

更进一步来说,企业的竞争力取决于企业独特的强项,该强项是别人难以模仿、复制的。而不同企业的治理结构、资本运作方式、人力资源政策等,往往在很大程度上是类似的,只凭这些难以建立企业独特的竞争优势。产品服务的特色才最终决定了企业的独特优势。例如,对于某企业来说,其优势可能在于产品开发速度,而对于另外一个企业来说,其优势在于产品质量;对于其他企业来说还可能是拥有低价格,在交货期、售后服务等方面有远远超出其同行之处。一个企业如果能建立这样的优势,并坚持其强项,就有可能在市场上得到顾客认可,从而得到源源不断的收入,这是企业经营成功的根本所在。

因此,制定一个好的产品服务竞争策略,对企业来说至关重要,这是企业生产运作战略的重要内容之一。

一、产品服务竞争要素分析

产品服务竞争要素是指企业拟在市场上展开竞争并取得优势,从而赢得顾客的那些维度。因此,这些维度应该是顾客能够看到或体验到的东西,即与产品服务特征相关的要素。在第一章,我们把企业生产与运作管理的目标定义为"**用最低的成本、在最准确的时间,向市场提供合理质量的柔性化产品和服务**"。其中的四个关键词——质量、时间、柔性和成本是衡量生产与运作管理绩效的基本指标,也是产品服务的基本竞争要素。

1. 质量

质量的重要性不言而喻。质量合格是一个企业进入市场的通行证,企业要想在市场上有更好的表现、更强的竞争力,则需要在保证质量合格的基础上进一步追求高质量。高质量可以从两个方面考虑:高设计质量和稳定的质量。前者的含义包括卓越的使用性能、操作性能、耐久性等,有时还包括良好的售后服务支持甚至财务性支持。例如,个人轿车在市场上的质量竞争不仅包括使用性能、操作性能,也包括免费保修期等良好的售后服务,还包括分期付款等财务性服务。后者指质量的稳定性和一贯性。例如,铸件产品的质量稳定性用符合设计要求(如尺寸、光洁度等)的产品的百分比来表示,而银行的质量稳定性可能以记录顾客账号的出错率来表示。麦当劳的质量稳定性十分著名,不管你在哪个地方的哪家店,什么时候就餐,所吃到的汉堡包的味道都是一样的。

2. 时间

在当今市场需求日趋多变、技术进步日新月异的环境下,越来越多的企业开始在时间上争取优势,基于时间的竞争成了一个基本竞争要素。基于时间的竞争包括下列三个方面。

一是快速交付,是指从收到订单到交付的时间,越短越好。对于不同的企业,这一时间长度有不同的含义。一个大型设备制造企业,其生产周期可能需要半年;医院的一个常规外科手术,从患者提出要求至实施手术,一般不超过几周;而城市急救系统必须在几分钟到十几分钟内做出响应。对于制造业企业来说,可以通过库存或留有富余生产能力来缩短交货时间,但在医院或百货商店,则必须以完全不同的方式来快速应对顾客需求。当今中国的电商大战,很重要的一个竞争维度也是基于物流能力的快速交付。

二是准时交付,只在顾客需要的时候交付,不早不晚。对于送餐业来说,这个问题可能是最重要的。制造业企业通常以按订单时间交货的百分比来衡量这一指标,超级市场则可能以在交款处等待时间少于 3 分钟的顾客的百分比来衡量。

三是新产品开发速度,包括从新产品方案产生至最终设计完成所需要的全部时间再加上生产工艺开发时间。对于数码产品、时装等生命周期较短的产品来说,其市场竞争力往往取决于新品上市时间,所以新产品开发速度就变得至关重要,谁的产品能最先投放市场,谁就能在市场上争取主动。这一点无论是对于制造业企业还是非制造业企业都是一样的。

与保证稳定的质量相比,企业要想在时间竞争的这三个方面的任何一个方面取得竞争优势都更有难度,要想在这三个方面同时出击则难上加难,因此企业应该根据自身的能力特点以及市场需求的特点慎重选择其中一二,一旦建立优势,就加以保持,形成竞争壁垒。

3. 柔性

所谓柔性,是指对应外界变化的能力,即应变能力。这包括下列三个方面。

第一个方面是产品与服务柔性,即适应不同顾客的特殊要求,提供顾客化产品和服务的能力。例如,高级时装公司、咨询公司以及专门用于银行、气象、航天等特殊用途的大型计算机制造公司等,必须非常重视这方面的竞争能力。以此为竞争重点的企业所提供的产品或服务具体到了每一个顾客的特殊要求,因此产量很小,最极端的情况下是一种产品只生产一件(one-of-a-kind production)。这种竞争主要是基于企业提供难度较大的、非标准产品的能力。

第二个方面是产量柔性,即能够根据市场需求量的变化迅速增加或减少产量的能力,这就需要生产与运作系统本身具有较大的柔性。对于空调厂家、邮局、公交公司等其产品或服务具有较大波动性的企业来说,这是竞争中的一个重要问题。但是,不同行业的企业其需求的波动周期大不相同,有长有短。因此,必须根据具体情况制定具体的产量柔性策略。

以上两方面的柔性可以概括为范围柔性,即企业在一定时间内改变品种范围和产量范围的能力。但除此之外,柔性还应反映企业在不同状态之间转换的难易程度。同样根据顾客要求灵活改变产品服务的品种和数量,如果一个企业为此付出的成本比另一个企业更低、转换所需时间更短,则前者的柔性就更强。这种能力被称为响应柔性,即快速、低成本地进行改变的能力,这就是柔性的第三个方面。

4. 成本

对于任何一个企业来说,低成本都是一种竞争优势。第一,对于提供价格敏感型产品服务的企业来说,低成本意味着产品服务的价格可以更低,从而赢得更多的顾客。在大量的日用消费品以及需求数量巨大的工业产品中,低价格总是有更高的竞争力。反过来,对于那些提供非价格敏感型产品服务的企业来说,虽然价格竞争不是主要的,但是低成本意味着更高的边际利润。此外,还应注意的是,在很多服务行业,成本这一竞争要素有其特殊性,原因在于:第一,很多服务成本难以客观地进行比较和计算(如管理咨询服务的价格),顾客也难以判断是否"价廉";第二,很多服务的价值在于满足顾客的心理需求(如航空公司的头等舱服务、古典音乐会),这些情况下价格不是顾客是否购买服务的主要考虑因素;第三,在很多服务中,时间是价值的重要组成部分,这些情况下顾客也会权衡时间和价格之间的关系。

企业的基本竞争要素可以概括为以上四大类九个方面,如表 2.1 所示。但是不同企业对竞争要素的具体描述各有不同。例如,考虑一个保险公司和一个电机制造公司对质量的描述。电机制造公司尽管也会致力于提高售后服务质量,但其质量要素更强调产品的技术性能与可靠性,而保险公司作为一个服务企业,在其对质量的具体描述中必然强调向顾客提供面对面服务时员工服务态度的重要性。又如,对于时间维度的竞争,人们立刻会想到保险公司的理赔速度,而对于电机制造公司,更重要的可能是订单交付周期的长短及其准确性。这两类公司其他竞争要素的具体描述如表 2.2 所示。一个企业在制定竞争策略时,首先应该认真分析本企业所处的行业特点、本企业所面对的顾客特点,对这四大类竞争要素做出具体描述。

表 2.1 竞争要素分类描述

基本维度	子维度	
质量	高质量	
	稳定的质量	
时间	快速交付	
	准时交付	
	新产品开发速度	
柔性	范围柔性	品种柔性
		产量柔性
	响应柔性	
成本	低成本	

表 2.2 不同企业竞争要素的具体描述

保险公司	竞争要素	电机制造公司
保单信息的准确性 保单条款的合理性 员工专业水平、服务友善性	质量	产品符合技术标准的百分比 产品规格的精密度 产品耐久性
投保申请周期 呼叫中心的响应时间 理赔速度	时间	订单交货周期与交付准确性 顾客化设计的时间长度 新产品推出速度
保险条款的顾客化程度 适应环境变化(如通货膨胀)而改变的速度	柔性	产品性能、规格的可变性 订单中途变更的适应能力 对突发事件的反应速度
保费 手续费 价格折扣	成本	产品价格 可提供的价格折扣 延期支付服务

最后还应提及的一点是,虽然我们把竞争要素概括为以上四大类九个方面,服务业企业在描述竞争要素时可能还需要考虑其他一些特殊要素。例如,服务的"可得性"和"便利性"。顾客购买家电、汽车这样的产品时,不需要接触生产系统,其购买时间和地点与产品的生产时间和生产地点不同,因此,生产系统可以远离顾客,不需要考虑顾客到达是否方便,从而可以集中设置生产系统,以尽量利用规模效益。但是,对于很多服务业来说,顾客要接受某种服务,必须接触服务系统,例如,零售店、理发店、餐厅等,因此必须考

虑顾客如何得到这些服务,以及顾客到场接受服务的便利性。此外,在旅行、医疗等服务行业,"安全性"是更重要的竞争要素。再者,服务业的"口碑"也是一个重要的竞争要素,因为很多服务无法进行有形展示,顾客购买某项服务之前,难以像购买产品那样打开来看一看、试穿试用等,如果顾客接受了很差的服务,也难以像购买了劣质产品那样调换和退回,因此服务业的"口碑"或声誉往往成为顾客是否购买某项服务的重要考虑因素之一。所以,对于服务业企业来说,在制定竞争策略时,首先需要充分认识和理解自己所提供的服务的特点,了解顾客的真正需求,考虑赢得竞争的要素与制造业企业有何不同。

二、竞争重点选择权衡

众所周知,我们不能奢望拥有一切,天下也没有免费的午餐。例如,每个人一天都只有 24 小时,付出较多的学习和工作时间有利于取得更好的成绩,但却需要牺牲一部分休闲时间,二者存在一定的相悖关系。因此,一个人需要在学习、工作与休闲之间进行一定的选择权衡,找到一个平衡点。

这些道理也适用于企业对竞争重点的选择权衡。首先,对于一个企业来说,在以上所描述的四类竞争要素中,不能奢望在每类要素上都做得很出色,强调一个要素具有优势往往意味着在另一个要素上要做出一定程度的牺牲。例如,正如人们常识中所知,高质量意味着需要付出更多的成本,快速响应需要配置更多的资源,高柔性意味着生产率的降低,等等。因此,需要在不同要素之间进行权衡,找到平衡点。其次,对于一个具体企业来说,并不是所有的竞争要素都同等重要,其重要性是由市场竞争的特点,更重要的是由企业选择市场定位的方式所决定的。例如,对于一个时装企业来说,快速响应十分重要,而对于一个日用洗涤用品公司来说,价格低廉可能更重要。因此,需要在不同要素之间进行选择。

为了进行选择权衡,需要大体知道不同竞争要素之间的关系。仍以时装企业为例,如果同一个时期提供更多的款式供顾客选择(即高柔性)、更多地调节不同款式的生产数量,则生产成本肯定比提供较少的款式、采用标准批量要高,因为有限的设备产能在不同款式、不同批量之间的来回切换会导致生产率下降。如果更进一步在每种款式下都提供多种布料、多种颜色的话,生产率就会下降得更快。二者之间的关系会形成如图 2.4 所示的一条曲线。

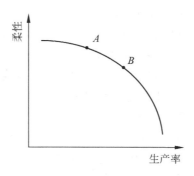

图 2.4 柔性与生产率之间的权衡

企业所选择的竞争重点不同,在图 2.4 中就可以表示为定位点的不同。例如,定位于 A 点的企业更看重高柔性,而宁可在生产率上有所折中;定位于 B 点的企业则恰恰相反,宁愿降低一点柔性而追求高生产率。到底定位于这条曲线上的哪一点,取决于企业的生产运作战略选择,该曲线为企业提供了一个非常直观的思考工具。

不同竞争要素之间的相悖关系大都可以表示成这样一条曲线。换句话说,在强调一个竞争要素的绩效提高时,另一个要素的绩效下降速度会加快。一个要素的绩效目标值越高,牺牲另一个要素绩效的速度就会越快。除了如图 2.4 所示的柔性与生产率之间的关系外,时间与成本,质量与成本等,相互之间的关系都具有类似特性。

但是,这种相悖关系是相对的。如图 2.5 所示,为了达到同样的柔性,A 企业和 B 企业付出的成本有可能不同(生产率不同),从而形成图 2.5 中位置不同的两条曲线。显而易见,B 企业的综合绩效要好于 A 企业。因为如图 2.5 所示,在同样的柔性水平下,B 企业的生产率更高。在这种情况下,A 企业可以把 B 企业当作标杆,通过各种改进措施来达到 B 企业的水平。

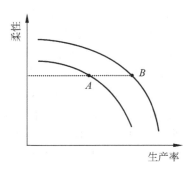

图 2.5　不同企业的柔性/生产率曲线

三、竞争重点的转移和改变

即使企业目前非常成功地在一些竞争要素上拥有优势(事实上,能生存下来的企业都有其竞争优势),也有可能遇上新问题并逐渐失去其优势。因为外界环境是在动态变化的,从而在竞争中取胜的关键因素也在变化。

首先,企业所面临的市场需求在不断变化。从世界经济发展的历史潮流来看,在第二次世界大战结束之后的 20 世纪五六十年代,全世界大部分国家都处于一种物质匮乏的状态,以低成本向市场提供足够多的产品曾经是众多企业所奉行的竞争策略;当物质丰富到一定程度以后,顾客对产品质量有了更高要求,质量成了新的竞争主题;80 年代以后,市场需求开始越来越多样化,且变化速度越来越快,时间成了新的竞争维度——以更快的速度、更准确的时间向顾客提供多样化的产品。在今天,随着经济的发展,人们生活水平的提高以及技术的飞速进步,企业之间竞争的方式和种类愈加繁多:更多的品种、更快的新产品开发速度、个性化产品、更加周到的附加服务等,都成为企业有可能选择的竞争重点。市场需求的这种变化趋势虽然具体到某一行业、某一企业来说各有不同,但大趋势基本一致。因此,企业首先需要把握大的市场变化趋势,适时考虑竞争策略的改变。

其次，产品技术、工艺技术等各种技术的飞速发展往往是促成企业改变竞争策略的重要因素。例如，在数字产品技术和互联网技术未出现之前，流行音乐公司的主要竞争重点既包括快速推出新产品，也包括CD盘的制作、配送和零售方式。而在今天，MP4、iPod和iTune等数字产品技术和互联网技术已经从根本上改变了流行音乐的制作和发行方式，对顾客端到端的完整服务变得更重要。又如，在20世纪80年代之前，欧美汽车公司一直把产品设计和高质量性能放在竞争的优先位置，在市场上也取得了相当的成功。但是，80年代以后，通过成功运用质量控制技术、生产制造技术较好地解决了质量与成本之间悖论问题的日本汽车公司迅速崛起，显著降低了汽车制造成本，大量蚕食了欧美汽车公司的市场份额，残酷的市场竞争迫使欧美汽车公司开始重新审视其竞争重点，把更多精力放到了生产制造技术的改进上。

导致竞争重点改变的其他原因还有很多，例如，产品生命周期的变化。在产品生产的刚开始阶段，可能拥有新技术是制胜的关键；渐渐地，多样化的品种款式成为产品吸引人的地方；当产品进入高速成长期或开始进入成熟期后，市场上会出现多个竞争者，价格战便会硝烟弥漫，有较强的成本控制能力的企业会更占优势。回顾几十年来家电、个人计算机等产品走过的历程，不难看出这一点。又如，在食品生产领域，随着各个国家对食品安全的要求越来越高，食品生产供应链越来越长，一个食品企业如果能够把食品安全问题作为重点关注领域，将会给企业带来极大的竞争优势。此外，对于诸如钢铁等能耗型企业，节能减排可能变得日益重要。

总之，顾客需求的变化，技术的进步，法律、法规的改变，竞争对手的策略改变，都是企业重新审视自己的竞争策略、适时改变的契机。

第三节　企业资源配置策略

以上产品服务竞争策略考虑的是面向市场，企业如何通过独特的产品服务特色最大限度地满足顾客需求。一旦竞争策略确定，生产运作战略中接下来要考虑的问题是如何配置所需资源，以实现既定的产品服务特色。如图2.6所示，任何一项产品或服务的产出都需要经过多个环节，每个环节的生产运作都需要消耗资源，这些环节构成了一条完整的供应链。因此，企业为了做产品、做服务，首先必须决定哪些环节自己做，哪些环节自己不做，自己做的环节就需要配置设施设备等物质资源和人力资源，而自己不做的环节则采取对外采购的方式。对这一问题的决策就是企业资源配置决策。

纵向集成(vertical integration)度是指在如图2.6所示的从产品设计、原材料供应、零部件制造、产品组装，直至产品最终交付顾客的完整供应链活动中，企业自身运作环节的多少，也就是企业自身资源配置所涵盖环节的多少。所涵盖环节越多就称为纵向集成度越高。在今天，交通运输技术和通信技术的飞速发展以及价格的迅速低廉为企业灵活运用外部资源提供了条件，因此，企业有必要也有可能对供应链结构和纵向集成度进行思考和设计，采用更加灵活的方式配置和整合资源。以下讨论几种主要的决策思路。

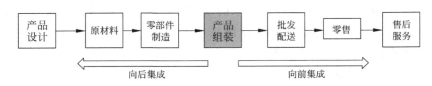

图 2.6　产品的供应链结构

一、高度纵向集成

如以上定义所示,高度纵向集成是指将尽可能多的业务环节置于企业内部,在所有这些环节都配置资源。例如,著名的时装企业 ZARA,其供应链结构就可谓高度纵向集成(见图 2.7):ZARA 自己设计所有的产品,几乎一半的产品在自己的工厂里生产,40%的面料是从 ZARA 所属的集团公司 Inditex 旗下的另一家企业——Comditel 购买,Comditel 还负责面料印染,染料也来自 Inditex 的一家企业,ZARA 还自己配送所有的产品,自己拥有几乎所有的零售店……此外,在石油化工行业,通常都采取高度纵向集成的策略,壳牌、美孚等世界跨国石油集团以及中石油、中石化等中国企业,其业务范围几乎涵盖了从原油勘探、开采、管道运输、石油炼化、成品油配送直至油品零售(加油站)等全部石油业务。

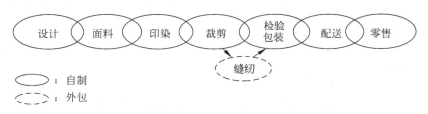

图 2.7　ZARA 高度纵向集成的供应链结构

如果一个企业试图改变现有策略,提高纵向集成度,则有两个方向可以选择:向前集成和向后集成(参见图 2.6)。企业从目前所从事的业务环节进一步向供应链上游方向发展,称为向后集成。例如,一个乳制品公司在规模扩大以后可能拥有自己的养牛场、包装制品厂等。向后集成的目的通常是保持原材料、零部件供应的可靠性,赢得成本优势,防止竞争者对供应源有所控制。

向前集成指企业从目前所从事的业务环节向供应链的下游发展,也就是说,向接近最终消费市场的方向发展。例如,摩托车发动机企业发展为摩托车组装企业,集成电路和电子元器件制造公司介入计算器、手表等电子消费产品的生产,制造业企业拥有自己的分销公司和零售网点等。向前集成的目的通常是进一步贴近市场,扩大在终端市场上的影响力。

任何事物都是一分为二的,高度纵向集成策略也不例外,有利有弊。有利之处可概括为:避免交易成本;便于协调、控制整个供应链上的生产运作活动,确保可靠交付;有助于提高竞争壁垒;在高度向后集成的情况下,能够降低供应风险;在高度向前集成的情况下,有助于赢得和长期保持顾客。

但企业在进行这种决策时,应该更多地详细分析这种策略有可能带来的不利之处:有可能导致资源柔性降低,因为所跨越的供应链环节越多,所需投资也越多,退出或转换成本也就越高,而且因为固定成本较高,也会导致批量柔性的降低;各个环节的生产运作容易产生不平衡,从而影响整体生产运作能力的充分发挥,难以保证各个环节都有高效益;容易导致对核心业务的注意力分散,例如,20世纪初的福特汽车公司曾经不仅自己生产大部分汽车零部件,甚至还自己搞过炼钢、玻璃、橡胶等汽车所需的原材料生产,这种做法过度分散了企业对核心业务的注意力,很难成功;难以发挥规模效益,例如,纵向集成于企业所需的某项零件制造业务,所需产量可能只是该零件行业总量的很小一部分,难以取得规模优势。而能够服务于多个客户的该零件专业供应商可能生产规模更大从而更有规模效益,这种效益有可能通过低价格传递给客户;管理将变得复杂,需要高度的经营技术和管理方法。最后,还有一种观点是,高度纵向集成有可能阻碍创新。因为高度纵向集成往往意味着投资于做产品和服务所需的大部分技术和流程。投资一旦做出,就有一种内在积极性来长期维持这种技术,这也许会导致延迟采用新技术。

从以上分析可以看出,高度纵向集成究竟是好是坏难以一概而论,需因行业、因企业(企业自身的战略导向以及能力特点)而异,具体情况具体分析。

二、降低纵向集成度,专注于自己的核心业务

当今越来越多的企业将经营战略转向"做自己最擅长的",这意味着降低纵向集成度,专注于自己的核心业务,在核心业务上培育竞争力。这种战略的核心思想是:企业通过专注于少数重要业务活动而把其余活动外包,可在一些重要业务上积累更多的知识,拥有专长,更集中地投资,从而获得更高效率和更好的生产运作绩效。尤其是那些自身产品需要多种专业技术的公司,几乎不可能在每一领域都拥有专长,将其中的一些活动转包给网络中的其他参与者可以充分享受其他参与者的创新成果以及规模效益带来的好处,可以使自己更容易开展技术创新,同时还可以提高资源柔性,灵活应对市场需求的变化。总而言之,降低纵向集成度可以克服上述提到的高度纵向集成的多种弊端。

在当今世界经济一体化的大背景下,再加上交通、通信技术的飞速发展和价格的迅速低廉,世界变得越来越"扁平",企业寻找供应商将其部分非核心业务外包,有了越来越便利的条件,不仅交易成本大幅降低,将特定业务外包到资源价格相对便宜的国家、地区或企业,还能直接降低企业的生产运作成本。另外,当今各种产品的技术含量越来越高,诸如汽车、家电、工业电子设备乃至个人计算机等产品,往往体现为全球若干企业核心能力的集合,例如,一台个人计算机,其中CPU、主板、液晶显示器往往来自不同国家的不同企业。而让一个企业同时拥有这些不同专业技术和生产能力不是一件易事。换句话说,有些情况下"找一个新的供应商比建立一个新工厂容易得多"。例如,戴尔公司把自己的核心业务定位于产品设计与组装以及顾客服务,而制造计算机所需的全部零部件都不是自制,而是采购自全球各地的几百家企业(见表2.3)。戴尔的一句名言——"如果市场上已经有20匹马在奔跑,我们没必要努力成为第21匹;我们只需在20匹中选择一匹最好的",是对这一策略的最好注解。

表 2.3 戴尔公司的零部件产地（部分）

零部件	产地	零部件	产地
微处理器	菲律宾,哥斯达黎加,中国	调制解调器	中国大陆及台湾地区
内存	韩国,日本,中国台湾地区,德国	电池	墨西哥,马来西亚
显卡	中国大陆及台湾地区	硬盘	新加坡,泰国,菲律宾
风扇	中国台湾地区	光驱	印度尼西亚,菲律宾
主板	韩国,上海,中国台湾地区	电脑包	中国大陆
键盘	天津,深圳	电源适配器	泰国,中国大陆
显示器	韩国,日本,中国台湾地区	电源线	中国大陆,马来西亚,印度
无线网卡	中国大陆及台湾地区,马来西亚	……	……

降低纵向集成度、把非核心业务外包还可以规避经营风险。由于自然和社会环境的不确定性、市场经济运行与企业自身业务活动的复杂性以及企业认识能力的滞后性等多方面原因,企业在经营过程中会遇到供应风险、生产风险、技术风险、投资风险等多种类型的经营风险。通过资源外向配置和业务外包,企业可以与外部合作伙伴共同分担风险,使企业变得更有柔性,更能适应外部环境的变化。从管理的角度来说,也有利于降低管理风险:"管理的东西越少,出错的概率越小"。

但是,同理,这种策略也是有利有弊。最大的问题是大量业务外包后有可能带来的诸多其他风险,其中包括质量、交付时间的失控风险,受制于人的风险,也包括供应商远在千里万里之外乃至国外时,由于地震等天灾带来的供应中断,以及汇率风险、政治风险等。

降低纵向集成度意味着把一部分非核心业务从自制改为外购,这种选择也被称为"make or buy decision"（自制—外购决策）。对于当今很多制造业企业来说,这都是一个重要的决策问题,尤其是当构成产品的零部件较多时。例如,对汽车制造企业来说,汽车的零部件多达两三万个,涉及机械、电子、橡胶、玻璃、精密仪器等不同行业,其生产不可能全部集中在汽车企业内部。那么,在多大范围内外购？什么样的零部件可以外购、什么样的零部件应该自己生产？外购的话,是向不同企业随机订购,还是固定专门的分包厂家,甚至把这样的分包厂家通过参股、控股等方式置于自己的控制之下？这些是类似于汽车制造这样的多零部件企业制定生产运作战略时要考虑的重要问题。

决定自制还是外购的一个重要考虑因素是不同方案的成本。可以采用的一个方法是损益平衡分析法,即寻找一个临界点,在该处自制和外购的总成本相等,这个点就是损益平衡点。该点的计算方式如下:

$$F_b + C_b Q = F_m + C_m Q$$

$$Q^* = \frac{F_m - F_b}{C_b - C_m}$$

式中,F_b——外购方案的固定成本(元/年);

F_m——自制方案的固定成本(元/年);
C_b——外购方案的变动成本(元/个);
C_m——自制方案的变动成本(元/个)。

如果暂时忽略其他定性因素,除非自制的变动成本低于外购,否则不应该考虑自制方案,因为自制的固定成本通常大于外购。因此,如图 2.8 所示,如果企业的需求量小于 Q^*,外购是更好的方案,如果大于 Q^*,则自制更好。

但是,企业在制定自制—外购决策时,除了成本还需要考虑其他一些定性因素:本企业的制造能力和优势;对自主经营的影响程度,如是否有受控的危险,对他人的依赖性是否过强;外购情况下的质量和交货期是否能够控制;企业的长远发展规划等。

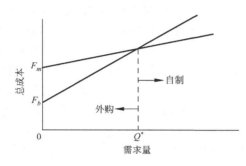

图 2.8 自制—外购决策的损益平衡点

还应该提及的是,越来越多的企业把非核心业务外包促进了社会化分工协作体系的发展,一大批专门的"外包业务承接者"具有了一二十年前几乎不可想象的大规模运作能力,它们在某一方面的业务上更具专业优势和规模优势,可以用更低的成本提供优质服务。例如,专门的零部件生产企业把若干客户企业要外包的零部件需求集中起来进行生产,生产批量大,专业化程度高,更有条件在工艺上精益求精,不仅生产效率高,产品质量稳定,而且能够取得更好的规模效益,从而成本更低。其中一个典型事例是电子设备行业的伟创力(Flextronics)公司。在电子设备行业,从 HP 的计算机、IBM 的服务器、思科的路由器、施乐的复印机,到华为的通信设备等,这些著名的电子设备制造商的绝大多数零部件都是外包的,伟创力就是专门为这些企业提供电子元器件产品制造、设计以及测试等服务的"著名品牌背后的制造英雄"。这个企业 1993 年的销售收入还不到 1 亿美元,2011 年已达 290 多亿美元,不到 20 年的时间,迅速成长为世界 500 强企业。如今伟创力的工厂分布在全球的几十个国家,在中国,北京、深圳、赣州、上海、南京、苏州、珠海均有伟创力的工业园区或工厂,其收入的 1/3 来自中国。① 类似还有富士康等一大批其他"隐形"公司,都是得益于大量承接外包业务而迅速发展起来的。

三、虚拟集成

虚拟集成(virtual integration)是相对于纵向集成的一个概念。所谓虚拟集成,是指

---

① 数据来源:伟创力官方网站(http://www.flextronics.com)及其公司年报。

企业尽可能降低自己的纵向集成度,最大限度地利用外部资源的一种手段。进行虚拟集成的公司不拥有大量的设施设备,也不拥有常年聘用的各种专业技术人才,而只是根据产品开发、市场开发、满足顾客订单等企业的具体需求随时寻找外部资源,与外部资源结成一种合作关系。采取虚拟集成战略的公司具有很大的柔性,能够灵活进出某一市场,灵活追赶产品时尚和新技术潮流。在当今市场需求日益多变、技术进步日新月异的环境下,越来越多的公司开始采用或部分采用这种战略。而且,网络技术的飞速发展也给采用这种战略提供了极大的便利条件。

采用虚拟集成的一个著名例子是香港的利丰(Li & Fung)公司,该公司1906年成立于广州,后来迁移到香港,是一个以服装、玩具和其他日用消费品为主的全球贸易公司。该公司没有自己的制造工厂、设计院、运输设备等,但是与全球的15 000多家开发、设计、制造、运输等企业有密切的合作关系,在全球40多个国家设有300多个采购和办事机构,为7 700多家客户企业服务。采用这种方式,利丰可以控制从接受订单、设计产品、原材料采购、产品加工制造,直至最后的运输配送的全过程,以最快的速度将产品送往全球各地,自身成为一个全球供应链协调者。利丰间接地在其供应商网络中提供了超过200万个就业机会,而其自身的员工还不到3万人。自1992年在香港上市以来,年均增长高达20%以上,2011年销售额已达200亿美元之多。① 利丰这种"在平的世界中竞争"的虚拟集成模式引起了企业界和学术界的广泛关注,也已经成为商学院MBA课堂上的经典案例之一。

第四节 生产运作组织方式

一旦选定产品服务的竞争重点和资源配置方式,在企业内部要确定基本的生产运作组织方式,即决定以什么样的基本形式来组织资源、设计生产与运作系统,以建立产品服务的竞争优势,实现企业内部资源的高效组合和利用。

一、推动式与拉动式生产

推动(push)式与拉动(pull)式是企业组织生产运作资源的两种截然不同的理念,从而形成两种截然不同的生产与运作系统。推动式组织方式的目的是提高自有资源的效率,追求自有资源的最佳组合和使用方式,在这种理念之下有计划地组织产品的生产,将生产出来的产品"推向"市场。而拉动式组织方式的目的是灵活地、最大限度地满足市场需求,市场需要什么做什么,根据用户订单提出的具体订货要求来组织生产,由市场需求"拉动"生产的进行。

表面上看起来,拉动式比推动式更合理。但实际上,根据不同产品的需求特性,这两种方式各有优势。对于很多社会需求量较大而对产品的个性化要求较少、需求的不确定性也较小的产品,例如生产资料中的轴承、紧固件等标准件,日用消费品中的粮油米面、洗涤用品等,可以通过对市场需求的预测有计划地组织生产,并维持一定量的成品库存

---

① 数据来源:利丰官方网站(http://www.lifung.com)及其公司年报。

以满足市场需求的有限波动,即采取通常所说的备货生产(make to stock,MTS),这样的推动式组织方式能够更好地利用自有资源,提高资源使用效率,最终也能够为市场提供价格更加合理的产品。

拉动式系统的具体运行方式是根据用户订单提出的具体订货要求来组织生产,即采取通常所说的订货生产(make to order,MTO)。用户订单的要求有可能包括产品的性能、规格、数量、交货期等不同内容,生产是在订单基础上进行的。根据订单个性化程度的不同,订货生产还可以分为组装生产(assemble to order,ATO)和设计生产(design to order,DTO)。组装生产是指在加工装配型生产中,虽然不同用户所要的产品不同,但是构成这些不同产品的零部件很多是通用的,可在接到订单之前就把这些零部件预先生产出来,以缩短订单交货期。因此,零部件加工是按预测组织生产,而产品组装是按订单组织生产,又称为"两段式"生产。个人计算机等很多电子产品都可以归为这种生产类型。在一些生产组织水平比较高的汽车企业,也可以做到组装生产。设计生产又称为"专项生产",是指根据用户的要求从头设计,某种程度上还需从头开发工艺。与组装生产相比,这是一种更彻底的订货生产方式,因此需要更长的生产周期、柔性更强的生产资源和更灵活的生产组织能力。

表2.4对备货生产和订货生产的基本特点作了概括。进一步,图2.9从交货周期长短的角度对这几种生产组织方式作了比较。

表2.4 备货生产与订货生产的特点比较

备 货 生 产	订 货 生 产
• 标准产品;易于预测	• 非标准产品;预测难度大
• 基于预测组织生产	• 基于订单组织生产
• 通过成品库交货,交货期不是主要管理目标	• 按订单规定的交货期交货,准时交货是主要管理目标之一
• 多采用高效专用设备	• 多采用通用设备
• 人员的专业化程度高	• 要求人员具有多种技能

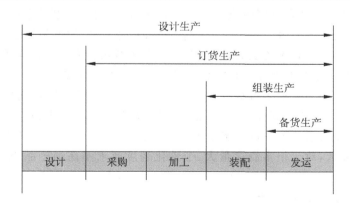

图2.9 不同生产方式与交货周期的关系

还需要进一步指出的是,同一种产品有可能采用这种分类下的不同方式来做。例如,个人计算机、服装、家具等,既可以采用备货生产方式,也可以采用订货生产方式,还可以具体采用组装生产方式（如个人计算机）或设计生产方式（如定制家具）。早期的工业生产方式是以备货生产为主的，因为在当时供不应求的环境下，市场需求的多样化程度较低，工业企业的基本任务是大批量地生产标准化产品，标准化程度越高，批量就可以越大，生产成本就有可能越低，从而满足日益增长的需求。但在今天，各行各业的生产能力有了极大的增长，市场需求的多样化程度甚至个性化程度在不断提高，要求工业企业用更灵活的生产方式来满足市场需求，因此订货生产方式在越来越多的行业得到了应用。

二、大量生产与大规模定制

企业组织生产、进行生产管理的目标是最大限度地满足市场需求，从应对市场需求的角度，还可以把生产组织方式划分为少品种大量生产（mass production）、多品种混合批量生产（mixed product and batch）和大规模定制生产（mass customization）三种类型（见表2.5），这实际上也代表了三种不同的管理理念。

表 2.5　应对市场需求的三种不同的生产管理理念

少品种大量生产	多品种混合批量生产	大规模定制生产
以人人都能买得起的价格生产标准化产品	给顾客更多的选择余地，使顾客从多样化的产品中找出最接近其需求的产品	人人都能用合理的价格买到符合自己个性化要求的产品

（一）大量生产

大量生产方式是现代化大生产中最早采用的生产方式。在此之前，即在19世纪，包括汽车在内的众多产品主要靠具有高度手工技艺的工匠一件一件地制作。由于是手工生产，产量低，成本高，此外，缺乏一贯性、可靠性是进一步提高产量的最大障碍。20世纪初，适应市场需求日益增长的需要，美国福特汽车公司的创始人亨利·福特（Henry Ford）创立了以零部件互换原理、作业单纯化原理以及移动装配法为代表的大量生产方式，把单件制造的手工作业方式带进了一个全新的时代，引起了制造业的根本变革，由此揭开了现代化大生产的序幕。一个世纪以来，随着制造业产品的日益复杂，自动化技术、自控技术以及各种加工技术的发展，这种生产方式在形式和内容上都在不断地增添新的内容和变化，至今仍然是制造业一种"以量取胜"的普遍生产方式。

大量生产方式的主要追求目标就是"用更低的成本制造产品，从而使更多的人买得起产品"。它的基本发展模式是："单一品种（或少数品种）大批量生产→以批量降低成本→成本降低刺激需求扩大→进一步带来批量的扩大"。这种生产方式顺应了当时的时代潮流，即使在今天，对于很多需求量大、个性化程度要求不高的产品来说，仍然是一种主要的生产方式。

（二）多品种混合批量生产

20世纪70年代以后，随着世界经济的发展、人们生活水平的提高以及技术的不断进步，市场需求的多样化程度开始提高，顾客对产品有了不同花色、规格、型号、功能配置等更细分的要求，因此，"给顾客更多的选择余地"成为企业生产管理追求的新目标，多品种混合批量生产方式便应运而生。在多品种混合批量生产方式下，要求有能力用更灵活的方式组织生产。不言而喻,这种情况下生产调度变得更加复杂,由于品种多而每一品种的批量变小,规模效益也难以发挥,因此如何在多品种小批量生产环境下降低成本成为生产管理中一个巨大的新挑战。在这方面,从20世纪后半期开始崛起的日本制造业企业总结出了一些较好的方法,形成了"精益生产方式"(见本书第十七章)的主要内容。

(三) 大规模定制生产

早在1970年,美国的未来学家托夫勒(A. Toffler)在其著作《第三次浪潮》中就提出了一种生产方式的理想化设想——以大量生产方式的成本和时间,提供满足顾客个性化需求的产品和服务。但鉴于当时的市场发展水平以及生产技术水平,这一设想难以成为企业的实践。1987年,戴维斯(Stan Davis)在其《未来理想》一书中发展了托夫勒的思想,首次给出大规模定制生产的概念,并初步提出了实现大规模定制生产的途径。而历史前进到这一时期,世界各国、各行各业的企业所面临的市场需求都发生了根本性变化,卖方市场转到了买方市场,顾客的个性化需求不断上升,各种产品的市场生命周期越来越短,因此,无论是管理学术界还是企业界都开始了对大规模定制生产的探索,使这一生产方式成为现实。

大规模定制生产所追求的目标是"以大量生产的低成本(高效率),为每一个顾客提供个性化的产品和服务",即力图做到"生产一万件同一型号的产品和生产一万件不同型号的产品,所花费的成本相同"。这种管理理念的实现,需要通过产品重组和流程重组将定制产品的生产问题转化为大批量生产问题,因此对生产管理提出了更高的要求。在今天信息技术、柔性制造技术不断发展的条件下,已经有一大批企业实施了这种生产方式,大规模定制已经从一种理想的理念变成很多行业和企业的现实努力目标。面向未来,随着市场需求的进一步细分化、个性化,这种理念会得到越来越多的应用。

三、服务运作的一些特殊组织方式

与制造业企业的产品生产相比,服务本身有一些与生俱来的特点:一是很多服务是人对人的,属于劳动密集或知识密集,而非设备密集或技术密集,因此难以做到标准化;二是产品生产过程中通常不需要接触顾客,而很多服务只能在与顾客接触的过程中完成。因此,服务的运作组织特点可以从两个方面来考虑:一是服务过程中与顾客的接触程度以及服务需求的个性化程度;二是服务运作系统的设备密集或劳动密集程度。根据这种思路,服务运作组织方式可以分为如图2.10所示的四类。

在以上四种服务组织方式中,"服务工厂"的基本特点是设备密集程度较高,顾客接触程度和顾客化服务的程度较低。运输业、饭店、航空公司的服务运作是此类型的例子。此外,银行以及其他金融服务业的"后台"运作也属于这种类型。当顾客的接触程度或服务的个性化程度增加时,服务工厂会变成"服务车间",就好像制造业企业中进行多品种小批量生产的工艺对象专业化车间。医院、餐馆和各种修理业是服务车间的典型例子。第三种服务组织方式是"大量服务",这种类型的劳动密集程度较高,但顾客的接触程度和顾客化服务程度较低。零售业、银行前台、学校、批发业等是大量服务的典型例子。最后,当顾客的接触程度提高,或顾客化服务是主要目标时,大量服务就会成为"专业服务",例如,医生、律师、咨询专家、建筑设计师等提供的服务。

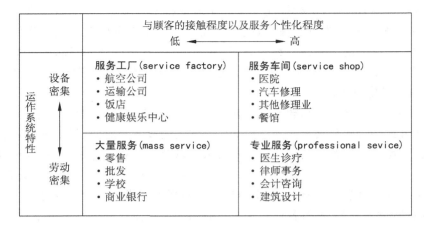

图 2.10　基于顾客需求特性和运作系统特性的服务组织方式划分

这四种服务组织方式的运作管理特点可以作一个比较，如表 2.6 所示。

表 2.6　不同服务组织方式的管理特点比较

项　　目	服务工厂	服务车间	大量服务	专业服务
资本密集程度	高	高	低	低
流程模式	刚性较高	有一定柔性	有一定刚性	柔性很高
日程计划的难易	有时较难；高峰需求难以对应	一般	较易	较难
能力的度量	比较清楚，有时可用物理单位	模糊；很大程度上取决于需求组合	能力限制往往取决于设施，而不是流程时间	模糊，不易度量
设施布置	倾向于流水线布置	专业化或固定布置	典型的固定布置，但可以改变	设施布置的影响不大
库存、物流的重要性	库存和物流都很重要	库存比物流更重要	库存很重要	不太重要
流程质量控制	可以用标准方法（如控制图等）	可以用一些标准方法；容易确定检查要点；员工培训比较重要	不易用标准方法；员工培训很重要	难以用标准方法；员工培训非常关键
员工技能水平要求	较低	较高	多种多样，但通常较低	非常高

四、服务运作组织方式的动态性及其变化趋势

以上按照顾客需求特性和运作系统特性把服务组织方式分成了服务工厂、服务车间、大量服务和专业服务四种组织方式，并说明不同行业基本上可以划分为不同的服务组织方式。但是，对于服务业来说，这种划分方式并非一成不变。近二三十年以来，随着市场需求的变化以及技术的进步，很多行业的服务运作本质发生了变化。曾经是典型的

服务车间或大量服务类型的企业，其特征不再清晰，企业正在如图2.10所示的服务组织方式矩阵的不同象限中移动（见图2.11）。

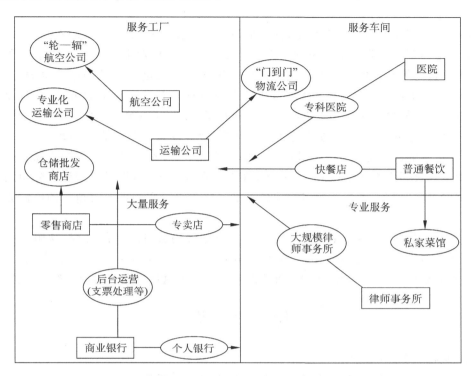

图2.11 不同行业服务运作组织方式的变化趋势

第一种类型的变化发生在餐饮业。传统的餐馆可以划归服务车间类型，因为其有较高的顾客化服务水平，有顾客的相互作用，还有中等程度的劳动密集。雅致的美食餐厅，如私家菜馆，甚至可以划归专业型服务。而对于快餐业来说，随着越来越多的人外出就餐，快餐业的需求日益增长，导致快餐业越来越多地采用了各种烹调设备、洗涤设备和订餐系统等，设备密集程度越来越高，服务自动化、流程标准化的色彩越来越浓。因此，快餐业不再是传统的服务车间类型，而正在变成服务工厂。

第二种类型的变化发生在医院。传统的医院致力于能够看多种疾病，因此大量投资购买各种先进的医疗设备。而现在新兴的一种医院却致力于突出某种特色，如专治某一系统的疾病。这种医院对于顾客来说更方便，运作成本也更低。但同时，它的服务多样化程度较低。

第三种类型的变化发生在具有大量服务特征的一些服务行业。例如，在零售业，专卖商店、仓储商店、折价商店等大大丰富了传统零售业的运作形式，而且由于这些商店比传统的百货店所提供的服务要少，从而降低了劳动密集程度。而随着人们对高档商品、奢侈品的需求不断增加，专卖店这种类型的零售形式呈现的变化则是顾客化服务、与顾客的相互作用越来越强。这些商店希望顾客进来不只是闲逛，而是会购买东西甚至多次购买东西，因此不惜增加有经验、懂商品的销售人员，从而劳动密集程度提高。在银行业,自动化技术、信息技术使得商业银行的劳动密集程度大为降低,很多业务都可以交给机器自动处理,而人去干一些更有意义的工作。这种变化也同样发生在其他金融服务业。

服务类型变化的另一个趋势是,很多服务行业朝着如图 2.11 所示的对角线方向,从专业型服务向服务工厂移动。例如,考察过去二三十年间发生在许多法律事务所的变化,随着大量的律师辅助人员以及其他低成本工作人员的增加以及信息技术的应用,以及许多律师事务所开始突出专营特色,律师事务所开始有了更详细的劳动分工,设备密集程度更高,开始向对角线的上方移动。与此相类似,在其他的专业型服务公司中,也开始大量采用文字处理设备、数据处理设备、绘图、计算设备以替代人工劳动。又如,运输和航空业管制的放松也给这些行业带来了明显变化,很多运输商大量投资于新型运输设备,有些运输公司变得非常专业化,只经营某些特种运输业务,而另一些运输公司则开始致力于"门到门"服务,提高了顾客化服务水平。这意味着它们也向对角线的不同方向移动了。

此外,还有其他一些变化趋势,例如,从大量服务向服务工厂的转变,从服务车间向大量服务的转变等。随着市场需求的变化,以企业提供服务的手段、技术的变化,企业的主要服务类型也在动态变化。因此,重要的问题是根据这些变化适时改变管理方式。

思 考 题

1. 战略和策略的区别是什么?
2. 对以下各类企业来说,什么方面的竞争重点对其更重要?
(1) 商业银行;
(2) 汽车制造公司;
(3) 个人计算机制造公司;
(4) 服装专卖店。
3. 某公司五年前在 A 地区开设了一家炸鸡店,它具有独特的炸鸡技术,并提出"让顾客体验家庭的温馨"的服务宗旨。它的服务细致、周到,在过去两年里,经营状况非常好。现在由于顾客很多,人们用餐前必须排队等候至少 15 分钟,许多顾客对此不满意。公司决定在邻近的 B 地区再开一家相同的炸鸡店。请问:
(1) 对于炸鸡店来说,竞争重点应该放在何处?
(2) 该公司应该通过哪些措施来实现其服务宗旨?
(3) A 地区和 B 地区的店在生产与运作战略上是否应有所不同?为什么?
4. 解释以时间为基础的竞争方式与扩大市场占有份额之间的关系。
5. 医院正在承受两方面的压力:第一,在新型设备方面进行巨额投资,以应对科技快速发展所带来的压力;第二,更短的病人等待就诊时间和更多的病人就诊服务项目所带来的压力。这两种压力会导致医院的运作战略发生什么样的变化?
6. 采用小批量而非大批量生产的企业是否应该采取下列的竞争重点?为什么?
(1) 缩短生产周期;

(2) 降低成本；

(3) 降低资本集约度；

(4) 保持更大的生产能力缓冲。

7. 试分析为什么石油石化行业都采取高度纵向集成的战略。

8. 供应链结构与纵向集成度设计对于服务业企业的含义是什么？举例说明。

9. 从生产管理的角度来说，大量生产与多品种混合批量生产的最大区别是什么？各自的管理难点是什么？

10. 大规模定制生产所追求的"生产一万件同一型号的产品和生产一万件不同型号的产品，所花费的成本相同"这种目标是否现实？说明你的观点，并举出一些实例加以佐证。

11. 对于牙膏、洗衣粉等日用化学品，是否也应该追求大规模定制生产？为什么？汽车、计算机等产品呢？

12. 如果说近二三十年来很多服务行业的服务组织方式在不断发生变化，制造业是否也有类似现象？试分析制造业企业生产组织方式的变化趋势，并举出一些实例加以佐证。

第三章 产品服务的选择组合与设计

企业的生产运作战略确定之后,企业的生产运作职能接下来需要考虑的一是产品服务的选择与组合,即在不同时期分别引入哪些新产品、淘汰哪些老产品、如何在多个产品之间进行有效组合;二是如何设计产品和服务,包括确定产品的基本结构、性能参数和技术指标,确定服务的构成要素等,这其中需要有一定的设计方法和设计流程。这些问题就是本章的主要内容。

第一节 产品服务的选择与组合

一、产品服务选择与组合的含义

产品服务的选择与组合要决定企业新产品或新服务项目的引进、现有产品的改良或改组以及过时产品的淘汰。这是企业生产与运作管理中永远不会完结的一项经常性工作,在今天这个问题变得尤为重要。因为如今各行各业的市场需求变得非常多样化,且变化也非常迅速,几乎不存在可以十几年、几十年一贯制地进行生产的产品,所以产品每隔几年,甚至不到一年就必须更新换代。与此同时,飞速发展的技术也使得新产品和新生产技术源源不断地产生。因此,企业必须不断地、及时地选择能够满足市场新需求的产品。对于企业来说,这是经营成功至关重要的一环;对于生产与运作管理来说,这是生产运作活动的起点。

需要特别指出的是,不能将有形产品的制造和无形服务的提供完全分割开来考虑。无论企业开发或生产什么产品,最终都应看作是要为顾客提供一种价值,一种顾客所需的问题解决方案。例如,顾客进入一家高级牛排馆,不仅仅是为了填饱肚子,更重要的是休闲,是要得到一种体验。有一句有名的口号:"卖的是烤牛排滋滋的声音而不是牛排",形象地说明了这个问题。汽车制造公司在分析其顾客需求时,也不应该仅仅认为顾客是要"得到一辆汽车",顾客要得到的是一种完美的交通解决方案。为此,企业需要在产品设计中充分考虑其汽车产品与相关附加服务的有机组合。

二、新产品选择

在新产品引入、现有产品改进以及过时产品淘汰等不同的产品选择组合决策中,首先需要考虑的是新产品引入。

何谓新产品？从不同的角度出发，可以对新产品的概念作出不同描述。一般来说，新产品应在产品性能、材料性能和技术性能等方面（或仅一方面）具有先进性或独创性，或优于老产品。所谓先进性，是指由新技术、新材料产生的先进性，或由已有技术、经验技术和改进技术综合产生的先进性。所谓独创性，一般是指产品由于采用新技术、新材料或引进技术所产生的全新产品或在某一市场范围内属于全新产品。新产品可以分为以下几种。

（1）全新产品。即具有新原理、新技术、新结构、新工艺、新材料等特征，与现有任何产品毫无共同之处的产品。全新产品是科学技术上的新发明在生产上的新应用，如近些年出现的数码相机、智能手机等产品。

（2）改进新产品。对现有产品改进性能、提高质量，或寻求规格型号的扩展、款式花色的变化而产生的新品种。例如，不断更新换代的节能、低噪声空调。

（3）换代新产品。主要是指适合新用途、满足新需要、在原有产品的基础上，部分地采用新技术、新材料、新元件而制造出来的产品，如从电熨斗到自动调温的电熨斗，又到无绳电熨斗。

（4）本企业新产品。即对本企业来说是新的，但对市场来说并不新的产品。但通常企业不会完全仿照市场上的已有产品，而是在造型、外观、零部件等方面作部分改动或改进后推向市场。

在当今市场竞争日益激烈、顾客需求日益多样化的环境下，企业在选择新产品发展方向时必须有更多的考虑。关于新产品的最初构想或方案，其数量往往比企业最后真正能够投入生产的要多得多，有时几十个关于新产品项目的建议方案最后真正变成市场产品的可能只有一个，有时可能甚至什么也没有剩下。某化学公司有 50 个候选产品的方案，经过最初的评审后，剩下了 22 种；经过进一步的经济分析后，还剩下 9 种；开发、研制过程将这个数降到了 5；测试结果只剩下了 3 种；在最后的生产工艺设计、市场开发及近一年的商品化完成之后，只剩下了一种产品。即使经过了这一系列过程，新产品投放市场后，其成功率也仅为 2/3 左右。为此，企业在一开始进行新产品选择时，应该考虑尽可能多的可能性。

进行这样的决策时，需要从市场条件、生产运作条件和财务条件三个方面去考虑。其中市场条件主要是指该新产品对市场需求的响应程度、售后服务需要、企业的流通销售渠道、企业在市场上的竞争能力等；生产运作条件是指该新产品的技术可行性、与现有工艺的相似性、企业的人员设备能力、合适的物料供应商的可得性等；财务条件是指该新产品开发、生产所需要的投资，预计的销售额及利润，产品生命周期的长短等。市场条件主要关系到未来的营业额，而生产运作条件将主要决定产品的成本，财务条件则综合二者。此外有时还应有一些其他考虑，如环境与社会伦理。

显然，进行这样的决策需要考虑多种因素，还需要考虑与现有产品的有机组合，接下来讨论支持这种决策的两种方法。

三、产品组合决策的支持方法

产品组合决策是指根据产品投产后其成本、盈利、市场占有率、竞争能力等的变化，对一定时期内企业的生产品种、生产量所做的调整和重新组合。如上所述,进行这样的决策时,需要从市场条件、生产运作条件和财务条件三个方面去考虑,每一方面都包括若干因素,企业在进行这样的决策时一开始也会提出多个候选方案。在众多因素中,如何厘清相互关系、权衡轻重缓急,在多个候选方案中迅速作出选择呢?下面两种方法可用来支持这样的决策。

(一)分级加权法

如表 3.1 所示,使用分级加权法时,首先列举进行产品决策时应该考虑的重要因素,按其重要程度分别给予权重,每一因素再根据其优劣程度分成几级分别打分,其分值和权重值相乘得出该因素的积分,最后将全部因素的积分总计得出一个方案的总分。对候选的每个方案都采用同样的方法来打分,最后可通过每个方案得分的高低来评价其好坏。这种方法简便可行,适用于一开始从众多方案中进行筛选。

表 3.1 所列的主要考虑因素只是一个示例,不同情况下对主要考虑因素可能有不同的选择。同理,对于权重的考虑,根据企业实际情况或经营战略的不同,取值也不尽相同。例如,该表所示的例子把竞争能力看得较轻,但在另外一些情况下,可能应该给予更多的权重。分数等级的分类也可以有多种选择,如分成三级或七级等。

表 3.1 分级加权法

主要考虑因素	(A) 权重	(B)分级					(A)×(B)
		很好 40	好 20	尚可 10	不好 10	坏 0	
销售	0.20		✓				8
竞争能力	0.05		✓				2
专利保护	0.05		✓				2
技术成功的机会	0.10			✓			3
材料(有无、好坏,及时供应)	0.10			✓			3
附加价值	0.10			✓			3
与主要业务的相似性	0.20			✓			6
对现有产品的影响	0.20				✓		2
总计	1.00						29

(二)损益平衡分析法

在产品组合决策中,进行成本效益分析是必不可少的一步,尤其是在考虑引入新产品时。一个新产品方案选定以后,这种产品的价格定为多少市场可以接受,预计销售量可达到多少,为此开发和生产成本控制在什么范围内企业才能有利可图,以及这样的成本范围企业有没有能力达到,都需要详细分析。关于成本效益分析的方法有很多,这里只讨论损益平衡分析法,它可用来帮助企业分析:所选定的新产品的预计销售量是否能够大于损益平衡点?在预计的可销售量和销售价格之下,产品的变动成本必须控制在什么范围内?固定成本必须多低?价格将如何影响损益平衡量?等等。

损益平衡分析的基本假定是,生产某种产品的全部成本分为固定成本和变动成本两大类。其中变动成本包括原材料成本、人工成本以及间接成本中的变动部分,这部分成本随产量而变化;固定成本主要是指设施设备成本(如折旧、利息、保险费用等),它不随产量而变化,有时还包括不随产量而变化的部分人员费用、促销费用等。所谓损益平衡点,是指这样一个量,在该点,全部生产成本等于全部销售收入。即

$$pQ = F + cQ \tag{3.1}$$

其中,p——单位产品的销售价格;

c——单位产品的变动成本;

F——年固定成本;

Q——年销售量。

从式(3.1)可得出损益平衡销售量为

$$Q = \frac{F}{p-c} \tag{3.2}$$

这个量的含义是,在企业固定成本和变动成本一定的条件下,只有该产品的销售量达到这个量以上,企业才有可能盈利,如图 3.1 所示。如果预计的销售量达不到这么大,就需要重新考虑有无降低成本、提高价格或扩大销售量的可能性。因此,利用损益平衡分析方法,企业可做敏感性分析,对多种可能的成本、价格、销售量假设做损益平衡分析,以确定每一因素对产品利润的影响,从而决定新产品的取舍和改进方向。

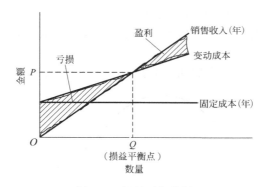

图 3.1　损益平衡分析

与分级加权法相比,损益平衡分析法能够给出更多的、定量化的决策支持信息,因此可以针对分级加权法筛选出来的候选方案做进一步的分析比较。但要注意的是,采用损益平衡分析法的前提是关于固定成本和变动成本的数据要可靠。

以上两种方法对于非制造业无形产品的选择同样可以类比使用。另外,新服务项目的选择与制造业的新产品选择相比,有一些不同特点。例如,服务项目所涉及的因素主要是场地、人员、物料供应等,在大多数场合下无须考虑复杂的工艺可行性问题。又如,对于许多服务项目来说,即使选定的项目日后有所变化,变动时的困难和代价也会小得多,可以更灵活地进行组合、调整。

四、生产进出策略

每一种产品都有其市场生命周期。生产进出策略是指根据产品的市场生命周期,确定在其整个生命周期的哪一阶段进入和退出该产品的生产。几种主要策略如下。

(1) 早进晚出。即从产品的生命周期开始直至终了都进行生产。当然,在此期间内

可以进行产品型号的改换,也可以投入与该产品关系密切的其他新产品,但只要这种产品在市场上还能够存在,即"寿命"还没有到期,就不考虑停产或转产。很多具有大批量、低成本生产系统的企业,往往采用这种产品进出策略,以使其系统优势得到充分发挥。在一些进入壁垒和退出壁垒均较高的行业,如汽车、手机这样的高科技行业、资本密集行业,也通常采取这种策略。

(2) 早进早出。这种策略是只在产品的投入期和成长期进行生产。例如,研制开发出的一种新产品刚刚投入市场,尚未得到充分成长,为使这种产品能被市场所接受,最终在市场上站稳、成长起来,开发这种产品的企业可能会在初期进行生产。合成纤维是这方面的一个典型例子。新合成纤维的发明企业在利用这种纤维制成的最终产品在市场上成长、成熟起来以前,为了推广自己的产品,可能会采用这种策略,自己生产最终产品,投放市场。待这种产品在市场上站稳脚跟后,就停止生产最终产品,只供应这种纤维材料,成为专营原材料的厂家。一些产品开发能力较强、市场开拓能力也较强且具有较灵活的生产系统的企业,也往往采用这种策略。

(3) 晚进晚出。这种策略是,在一种产品的市场已经被开发、产品已进入成长期、市场前景已经看得较明显以后,才开始进行生产。采取这种策略的企业通常技术革新能力与研究开发能力不是很强,但是有较优越的制造能力、生产应变能力和销售能力。这种策略的有利之处是,可以避免进行新产品开发的风险。但反过来,这种跟进策略不一定有很强的竞争力。

这三种不同策略与产品生命周期的关系如图 3.2 所示。

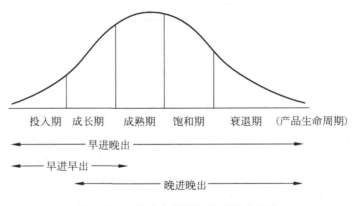

图 3.2　产品生命周期与生产进出策略

第二节　产品设计流程与方法

一、产品设计流程概述

一个完整的产品开发设计流程一般包括四个基本步骤:①构想或方案的产生;②可行性研究;③产品设计;④工艺设计(见图 3.3)。首先,一个新产品或改良产品的构想或方案的产生有可能来自多种源泉:企业的 R&D、顾客的抱怨或建议、市场研究结果、一线销售人员或生产与运作人员的建议、竞争对手的行为以及技术进步的结果等。通常是首先由企业的市场营销部门研究这些构想或方案，形成一个概念产品（或一系列概念产品），然后进行可行性研究。可行性研究对于企业来说是一个具有战略意义的决策过程，如前所述，需要从企业的市场条件、生产运作条件和财务条件三个方面考虑。如果可行，则进入产品的设计阶段，确定产品的基本结构、材料、功能以及性能指标等，对其中的关键技术课题要进行研究、测试和试制，以进一步确认技术构思。在这一阶段，产品基本定型。这一步完成以后，就要开始进行工艺设计，具体内容包括工艺路线、所需设备、工夹具设计、技术文件准备等。这一步骤实际上与本章后面所述的生产运作流程选择设计有密切关系。在必要的情况下，还应该进行样品试制或小批量、中批量试生产，然后才能开始正式生产。

二、产品设计的新方法——并行工程

如图3.3所示的产品开发设计的四个基本步骤都是必要的。但是，这几个步骤的顺序并不一定是固定的。在传统的产品开发设计方法中，这几个步骤是依次在企业内不同职能部门由不同人员进行的，部门之间有一堵物理性的或组织性的（或二者兼有）墙壁，第一个部门的工作全部完成后（output）才能交给下一个部门（input），各个部门之间没有积极的沟通和反馈。随着技术的发展，现代产品变得越来越复杂，设计过程也越来越复杂，因此很多企业的产品设计部门进行了更细致的分工，对产品设计和工艺设计进行了分工，产品设计内部也进一步分成了结构设计、外观设计、机械部分设计、电气部分设计等更细的流程。这种方式被称为"串行工程"。在这种方式下，产品开发设计、工艺设计、制造流程设计等分别在不同部门由不同人员完成，一个阶段完成以后，下一个阶段才开始，不合理的设计问题有可能到工艺设计阶段才被发现，从而不得不再次返回；设计阶段如果对所使用材料、制造方法考虑不周，到生产阶段可能会发现产品的生产成本很高，从而不得不反复重新设计。这些原因导致产品的开发周期往往很长，产品的开发成本也很高，根本无法满足今天激烈的市场竞争要求。因此，一种新的产品开发模式——并行工程（concurrent engineering）出现了。

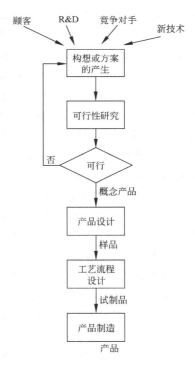

图3.3 产品设计基本流程

并行工程是指从产品开发的初始阶段，就由开发设计人员、工艺技术人员、质量控制人员、生产制造人员、营销人员，有时甚至还加上协作厂家、用户代表共同工作，各项工作同时并进。这样每个部门的人在产品开发初期就可以从各自的角度出发，评价设计是否合理、可行，以便从一开始就能随时发现、寻找能满足新产品性能的技术以及能满足目标

成本的材料和合理的加工工艺等。这种并行开发设计的思想再加上飞速发展的计算机辅助设计技术、网络集成设计技术等手段,使企业有可能采用一种全新的方法来开发设计产品。以下的应用事例是使用并行工程开发产品的一个很好的例子。

【应用事例3.1】

并行工程在汽车设计中的应用

汽车(包括轿车和卡车)的一个基本组成部分是由薄钢板制成的车体外壳。车体外壳的最终形状是用冲压机冲压出来的,冲压机上预先放置按照车体外壳形状做好的模具,然后将钢板放上去,冲压而成。因此,车体外形的质量在很大程度上取决于冲压模具,它首先要求模具本身的质量过硬。在传统的汽车设计方法中,车体设计和模具的设计制造分别由两个部门(产品设计部门和工艺部门)担当,通常是等车体的设计最终确定以后才开始模具的设计,然后将图纸送交制造部门制造模具。模具本身的制造也是十分复杂的,对所用钢材的要求很高,必须专门订购,制造中需要用到多种高精度机械加工设备,经过初加工、半精加工、精加工等多道工序。因此,整个车体的设计过程长达两年之久,成了整个汽车设计中的"瓶颈"。20世纪70年代,日本汽车公司开始在汽车车体设计中使用并行工程的方法,将这一设计流程改为车体外形设计与模具的设计制造同时并行,两个小组的人员组成一个团队,共同工作。模具小组的人员一旦知道车体外形的大致设计和所用材料,就立即开始进行模具的设计,订购制造模具所需的钢材,并开始模具的初加工。车体外形的最终设计确定后,就可以立即进行模具的最后一道精加工工序。这样,整个设计周期缩短了一半以上。

汽车设计中运用并行工程的另一个例子是供应商的并行参与。汽车作为一种十分复杂的产品,其构成零部件多达2万多个。20世纪80年代,美国汽车制造公司曾忽视零部件供应商在产品设计中的重要作用。一项研究表明[1],日本汽车公司仅自行设计31%的零部件,而美国汽车公司自己设计81%的零部件。在传统的设计方法中,美国公司通常在整车设计好以后自己设计零部件,其设计的细致程度包括精确的尺寸要求、所用材料和全套图纸,然后公开招标,寻找合适的供应商。而在日本公司,开始整车设计以后,就将零部件的总体要求提供给供应商,要求供应商自行设计并提供试制样品。例如,汽车公司只提出这样的要求:设计一套制动器,可以使重1 100kg的轿车从时速100km的状态在60m以内完全停下来;制动器的大小应在15cm×20cm×25cm范围内;供应价格在40美元以内。其余的具体设计完全由供应商自行完成。这种方法极大地缩短了整个开发设计周期。而且,由于汽车公司不可能拥有有关每一种零部件的大量知识和经验,而供应商通常在某一类零部件方面是该领域的专家,运用这种方法可以减少设计中的很多浪费和重复性工作。运用这种方法,日本汽车公司的汽车开发设计周期几乎只是美国汽车公司的一半。

并行工程与传统的串行工程的另一个主要区别是产品价格和成本的确定方法。在

---

[1] J. P. Womack, D. T. Jones, D. Roos. The Machine that Changed the World[M]. New York: Macmillan, 1990.

传统的串行工程中,在进行产品的可行性研究时通常只是大致估计产品最后推向市场的价格。在产品的最终设计完成以后,计算出产品的累计成本,再加上目标边际利润,形成一个新价格,再检查预先估计的价格与这一价格之间是否有差距。这一方法被称为"成本加法"(cost-plus approach)。如果二者之间有差距,就需要考虑用新价格销售的可行性;如果不可行,设计人员需要重新进行设计,以削减成本。但是这样一来,又会导致设计成本的增加和设计周期的拉长。而在并行工程中,运用的是"价格减法"(price-minus approach)。在这种方法中,在开始具体的产品设计之前就根据市场研究的结果预先设定市场可接受的价格,然后在此基础上制定目标成本,并将成本分解到产品设计、制造材料等各个部分,在一开始设计时就考虑如何达到目标成本,并运用"价值工程"等方法来实现这一目标。

运用并行工程开发设计产品时还应注意的一个问题是,并不是所有的设计步骤都可以同时并行,有些设计任务必须有先后顺序。这样一来,必须按照先后次序进行的工作任务和可以并行的工作任务混杂在一起,有可能导致工作任务和日程的安排变得复杂,尤其是在设计大型、复杂产品的情况下。在这种情况下,运用本书第十五章介绍的PERT/CPM等项目管理工具是管理产品设计项目的好方法。

三、产品设计与制造工艺设计的结合——DFM

在传统的产品设计概念中,虽然也包括产品的制造工艺设计(如图 3.3 所示),但实际上产品设计、制造工艺设计和实际生产过程明显分离,分别在不同的设施、不同的职能部门和不同的时间段进行,其结果往往导致图纸上设计出来的产品难以制造,或者即使能够制造,也会带来高昂的成本,为此不得不重新修改设计,导致很长的设计周期和高昂的产品设计成本。在当今产品的市场生命周期越来越短的情况下,产品开发设计周期的长短变得越来越重要,这要求在产品的初始设计阶段就考虑制造的可行性和经济性,为此,需要有一种新的方法。DFM(design for manufacturing)就是这样一种新概念、新方法。

DFM 的基本概念是,把产品设计作为产品制造工艺设计的第一步,产品设计必须从"易于制造""经济地制造"的角度出发。对于零部件设计来说,则必须考虑"易于装配"。运用这样的概念,可以把产品设计和制造工艺设计有机地结合起来。这样不仅可以改进产品的设计质量,而且可以缩短整个产品设计周期和制造工艺设计周期,同时赢得时间,降低成本。

DFM 的主要方法工具包括以下几个部分。

(一) DFM 的基本原则

DFM 的基本原则给出了从制造角度出发进行产品设计的基本思想。这些基本原则是:使产品的零部件数量尽量少;进行模块化设计;尽量使一种零件有多种用途;尽量使用标准件;尽量使操作简单化;使零件具有可替代性;尽量使装配流程简单化;使用可重复、易懂的工艺流程。

这些原则看起来很简单,但如果不是有意识地把它们当作设计原则来看待,在设计中往往会偏离这些原则。反过来,如果有意识地把这些原则当作设计产品的指导思想,就会取得意想不到的结果。到目前为止,已经有很多企业在产品的开发设计中运用这些原则,取得了很大成功。例如,IBM 在某印刷设备产品的设计中运用这些原则,使产品零部件的数量减少了 65%,并且使产品装配时间比其日本的竞争对手缩短了 90%。GM 在对福特的某类似车型进行"标高"(benchmarking)研究时发现了 DFM 的有用性:福特该车型的前缓冲器只有 10 个零部件,而 GM 的有 100 个。因此福特的该车型更容易装配,所需的装配时间和人工成本也更低。

(二)装配设计(design for assembly, DFA)

DFA 是 DFM 的另一个主要工具,它可以用来减少产品装配所需的零部件数量,评价装配方法和决定装配顺序。DFA 提供了一种根据装配方法和所需装配时间来分类的通用零部件产品目录,例如,某一类部件的装配方法是推进去,另一类是边推边拧,还有一类可用自动螺丝刀等。这样的产品目录可以帮助设计者在不妨碍产品性能的情况下尽量选用易于装配的通用零部件。DFA 还给出了一些装配指导原则,例如,如何选择手动还是自动装配,如何避免零部件运送工位时容易引起的混淆和错位运送,如何简化装配操作,如何选择最不易出错的装配顺序等。此外,DFA 还包括一种"装配线评价方法",它最早是由日本日立公司提出来的。这种方法用点数来评价装配中每一操作步骤的操作难易程度,例如,用螺丝刀拧两圈的操作难度大于直接推进去,因此点数就高。运用这种方法,可预先给定整个装配流程的最大点数,如果在现有产品设计下装配方式的点数超过了最大点数,就要重新设计。

(三)缺陷树分析(fault tree analysis, FTA)

在产品设计中,如果在试制样品中发现了问题或缺陷,就需要有一种有效的方法分析这些缺陷,以便改正。FTA 就是这样一种方法,它用一个树状图来表示产品的缺陷、引起产品缺陷的可能原因以及可能采取的措施,以从中找到最合适的改正缺陷的方法。图 3.4 是某食品公司运用 FTA 分析其产品薯片的一个例子。薯片现存的问题是易碎,它可能是由两个原因造成的:太脆或太薄(图中的月牙形表示"或"的关系)。因此,解决问题

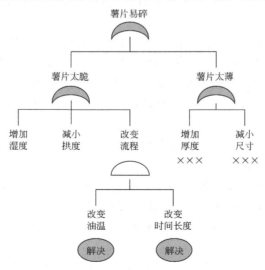

图 3.4 产品设计中的缺陷树分析

的方法也可以从两个方面考虑。第一,为了解决太薄的问题,可增加厚度或减小尺寸,但这两种方法都不是很理想,因此在这两种方法下标注"×××"。第二,解决太脆问题的基本方法有三个:增加湿度;使薯片形状的拱度减小;改变炸制流程(都是"或"的关系)。首先考虑改变炸制流程,它需要改变油的温度和炸的时间(图中的半圆形表示"和"的关系)。通过改变这两个参数,问题得到了解决,最后在该图相应的措施下用椭圆形来表示。

(四) 价值分析(value analysis,VA)

价值分析又被称为价值工程(value engineering)。这种方法最早是在20世纪40年代由GE提出的,当时主要是为了去除产品中不必要的功能和特性,以后发展成为一种广泛应用于产品设计的工具。价值分析的基本思想是:首先定义产品的关键功能,然后评价每个功能的价值以及为了获得该功能所需的成本,运用这些数据,可以得出"价值/成本"的比值;然后在产品设计中不断地试图通过提高价值或降低成本来提高这一比值。产品设计中的每一个材料、每一个部件以及制造设计中的每一个操作步骤都有可能是进行价值分析的对象。

四、产品设计中需要考虑的新问题——DFE

当今生产与运作管理者应该把环境问题当作生产与运作管理中的一个基本问题来看待。这包括两个含义:一是环境保护;二是人类资源的合理使用,以保证人类社会的可持续发展。这个问题除了在生产与运作系统的设计和运行中要加以考虑外,在产品设计中也要加以考虑。这就是DFE(design for environment)的含义。

DFE强调,产品设计要考虑如何防止对环境造成危害,要考虑原材料和零部件的可重复使用,要考虑产品的易修理性以及使用最小限度的包装,还应考虑如何做到在产品制造过程、使用过程和报废过程中使用最少量的能源和物质。

到目前为止,很多企业已经对DFE给予了足够的重视。20世纪90年代,美国企业在防止产品对环境造成污染、减少产品的资源消耗等方面投资2 000多亿美元,并专门为了环境保护而重新设计了一些产品。一个很著名的例子是饮料的易拉罐。当这种产品使用得相当普遍以后,企业发现,在公园、旅游胜地、野营度假区等休闲人群密集的地方,虽然用过的易拉罐大都扔进了废物箱,但是开罐时拉下来的罐口的小环却被扔得到处都是。于是设计人员重新设计了易拉罐的罐口,使得开罐后罐口小环仍然附着在罐上。

从产品使用者的角度来说,很多产品被报废的原因是难以修理或修理成本太高。被报废的产品的原材料、零部件往往不能被重新利用也是由于类似的原因——产品难以分解。前面所述的DFM中的"易于装配"的原则有可能引起分解的困难。因此,在产品设计中,需要从多个角度出发,寻找综合最优的方案。例如,施乐公司开展了一个名为"Design For Reassembly"的项目,设法利用其报废的复印机的墨盒、电源、印刷电路板等可重复使用的部件,此举不仅有利于环保,而且为公司节约了2亿多美元。

五、产品设计与附加服务设计的同时重视

服务项目的设计无论对于制造业企业还是非制造业企业都是一件非常重要的事。

对于制造业企业来说，顾客购买的并不是产品本身，而是产品所能提供的功能。这些功能的取得和享用除了产品本身以外，还需要一些附带的服务来支持。在当今产品的技术含量、知识含量越来越高的情况下，这种附带服务就变得更加重要。试想同样的具有丰富功能的电子产品，一个产品附有简明易懂的说明书，另一个则没有，一个有热线电话提供使用咨询服务，另一个则没有，哪个更受顾客欢迎？提供免费上门安装服务的抽油烟机、空调等家电产品的企业，往往比不提供这些服务的企业更受顾客欢迎，也是这个道理。许多情况下，顾客是否购买某个产品还要考虑企业是否有完备的消耗件、易损件的更换服务和备件提供服务。如果一个产品的价格十分高昂，在提供产品以及安装、维护等服务以外，提供必要的租赁、信贷等金融服务，也是增强产品竞争力的重要手段。所有这些问题都应当是产品设计的一部分。许多企业把为顾客提供使用咨询服务、向顾客提建议、代客安装调试等一系列行为视为企业的负担、一种多余的附加开支，只是为了推销而不得不这么做。这种态度便是没有真正意识到这些行为的重要意义。这些行为实际上不仅仅是为了推销，更重要的是提供一种完整的产品——"产品＋必要的服务"。这在今后市场竞争越来越激烈、顾客要求越来越高的情况下，将是企业提高竞争力不可忽视的一个重要方面。

第三节　服务设计流程与方法

一、完整服务产品的构成要素

人们通常会说，制造业企业产出有形产品，服务业企业产出无形服务，但是严格地说，什么是服务？如何确切地定义服务？答案却并不是很清楚。人们在试图定义像 IBM 这样的公司是制造业企业还是服务业企业时，会更加感到服务难以定义。

第一章已经开宗明义地指出任何一个企业，无论是制造业企业还是服务业企业，其所提供的产出实际上都是"有形产品＋无形服务"（或"可触＋不可触"）的混合体，只不过所占的比例各不相同（如图 1.2 所示）。从顾客的角度来说，顾客无论购买有形产品还是无形服务，都不只是为了得到产品本身，而是为了获得某种效用或者收益。例如，对于一个购买了彩电的顾客来说，其收益主要是由有形产品本身来体现的，而对于购买了一张音乐会门票的顾客来说，其收益，即愉悦、艺术享受主要是无形的，但这种无形收益需要通过一定的相关设施和有形载体——音乐厅、乐队、音响系统来实现。因此，服务作为服务业企业的产出，既包括无形部分，也包括有形部分。我们把这两部分构成的服务整体称为"完整服务产品"（service package），将其定义为："为满足顾客需要而提供的无形服务和有形产品的组合"。

这样的完整服务产品由下述四个要素构成：

（1）"显性服务"要素。服务的主体、固有特征，服务的主要、基本内容。

（2）"隐性服务"要素。服务的从属、补充特征，服务的非定量因素。

（3）"物品"要素。服务对象要购买、使用、消费的物品和服务对象提供的物品（修理品等）。

（4）"环境"要素。提供服务的支持性设施和设备,存在于服务提供地点的物质形态的资源。

例如,对于餐饮业来说,其"显性服务"要素是指提供给顾客的就餐服务,满足顾客的基本餐饮要求;"隐性服务"要素是指顾客在餐厅所得到的心理感受、精神享受,满足顾客的精神需求;"物品"要素是指所提供的食品、食具等;"环境"要素是指餐厅设施、餐厅内的布置、音乐、氛围等。表 3.2 列出了几种典型服务类型中四个要素的不同组合。任何一项服务都包含这四个要素,只不过在不同的服务中,各个要素的表现形式不同,其重要性也不同。提供服务的企业通过突出构成服务的不同要素,就可获得不同的经营特色。

表 3.2　完整服务产品的构成要素

行业	环境要素	物品要素	显性服务要素	隐性服务要素
餐饮业	餐馆、烹调设备、装修、音乐、氛围	食品、饮料、餐具、包装物	充饥、解渴	卫生、可口、温馨、舒适、快捷、方便
酒店业	酒店及相关设施	提供给顾客的日用品、食物、卧具等	休息、住宿	安全感、愉悦感、舒适感、服务态度等
航空业	机场设施、飞机	为旅客提供的食品、用具、书报等	到达目的地	准时、安全、快捷、舒适、服务态度
零售业	店铺、货架、布置、氛围	商品、购物车、购物袋	购买所需商品	便利、导购信息、服务态度、结账速度

二、服务设计的特殊性——服务产品与服务提供系统的综合设计

服务运作管理的特点之一是产品和运作系统的设计方式不同。对于有形产品来说,其产品设计不包括生产制造系统的设计,并且同一种产品可以采用截然不同的生产系统来制造,因此产品设计和生产制造系统的设计可以分别进行。服务提供系统与制造业生产系统的另一个本质区别是,后者与顾客是完全隔离的,而前者在很多情况下顾客都是参与其中的。因此,不同的服务提供系统会给予顾客不同的体验,从而形成不同的服务特色。例如,快餐店与高级餐馆的店堂布置不同、餐桌餐具不同,这本身就构成了所要销售的服务的一部分。所以,服务设计中必须把"服务"本身和"服务提供系统"作为一体来考虑。

由于这二者的不可分离性,服务设计中必须把服务提供系统设计作为服务设计的重要组成部分,充分考虑顾客在系统设计中的重要地位。从完整服务产品的四个组成要素——"显性服务"要素、"隐性服务"要素、"环境"要素和"物品"要素来看,前两个要素的设计是要直接满足顾客对无形服务的需求,而后两个要素的设计则是要使企业的运作系统、运作活动能够转化为顾客所需的无形需求的一部分,在很大程度上相当于服务提供系统的设计。这四个要素的有机结合,才能最终决定服务是否能够满足顾客需求,才能决定服务质量的好坏、服务水平的高低,并最终决定服务企业的生存和发展。

有些服务提供系统是可以明显区分为顾客接触部分与非接触部分的。例如,银行的

柜台与顾客直接接触,其服务场所的布置、服务人员的谈吐、形象都会形成顾客对服务的印象和评价的一部分,而其进行单据处理、数据存储保管等业务的后台,并不与顾客直接接触;在航空业,顾客接受航空服务要与机场设施、飞机设备、乘务人员直接接触,而并不与航空公司的飞机整备、配餐准备等业务系统直接接触;餐馆的店堂是顾客接受服务的场所,其餐桌椅、食具乃至墙上的壁画、背景音乐都有可能成为顾客所要购买的服务的一部分,应当成为服务设计中的重要内容,而其厨房、配菜间、储藏间等,顾客并不直接接触。在这些可明显分为顾客接触与非接触部分的服务类型中,服务设计中考虑更多的是与顾客直接接触的部分,而顾客的非接触部分则可以参照制造业生产系统的设计方法,另外设计。

三、服务设计流程及其要点

完整服务产品的设计流程如图 3.5 所示,即应该包括三大部分:企业研究与顾客研究;服务产品要素设计;服务提供系统设计。

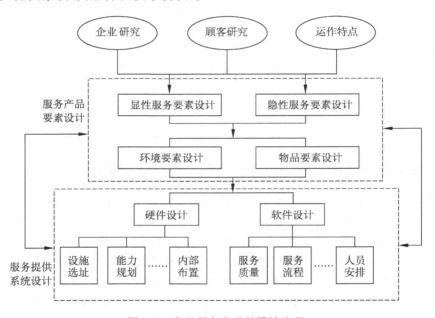

图 3.5　完整服务产品的设计流程

第一部分的企业研究是要明确企业的总体经营目标和具体运作目标,分析企业的服务类型、运作特点。顾客研究是要把握顾客群体的特点,包括顾客需求分析、顾客心理研究以及顾客行为分析,以明确顾客到底希望得到什么样的服务。

第二部分是要具体展开对服务产品四个要素的具体设计,其中显性服务要素设计是要确定所提供服务的主要内容,它涉及较为明确的业务标准;隐性服务要素设计是要确定给予顾客什么样的感受,让顾客感受到"超值服务",这是从根本上决定顾客满意度和忠诚度的关键所在;环境要素和物品要素的设计在前两个要素设计的基础上进行,其中环境要素设计的主要内容是与顾客有关、顾客参与其中的服务场所以及服务设施的设计,服务场所的内部布局与设备选配、布置等。物品要素主要是服务对象购买、使用或消费的物品,需要根据行业的不同而分别设计。例如,物品要素在餐饮、零售等行业中很重要,而对于其他一些行业,如银行、咨询业等,物品要素的设计处于相对次要的地位。但服务过程中所提供的物品,是展示服务的重要手段,能在很大程度上影响顾客的满意度。

第三部分专门从服务提供系统的角度展开,重点在于顾客的非接触部分。它包括两个方面:"硬件"设计,包括设施选址与布置、能力规划等;"软件"设计,包括流程设计、工作设计、质量管理体系设计、人员管理规划等。这部分设计内容与顾客的直接接触程度较低,严格来说,已经不仅是服务产品设计的问题,而是一个更大的问题,涉及服务型企业运作的多个方面。相应地,与本书多个章节的内容有关系,如服务设施选址、服务设施布置、服务流程设计等,但是归根结底,这部分服务提供系统的好坏也最终影响顾客所感受到的服务,因此在图 3.5 中把它作为服务设计的一部分,以强调服务设计的这种集成性。

四、几种不同的服务设计方法

服务产品的种类很多,有的服务需求量很大,但个性化要求不高,如快餐服务、航空铁路客运服务、快递服务等,而有的服务几乎是一对一的个性化服务,如咨询服务、医疗服务等;还有一些服务类型,可划分为"一对一"的个性化服务部分与可"批量处理"的标准化服务部分,如银行的前台与后台。因此,在服务设计中可采取不同的设计方法。

(一) 工业化设计方法

工业化设计方法的基本思路是将工业企业的管理方法应用于服务业企业,即对于大批量的服务需求,尽量使用标准化的设备、物料和服务流程,以提高服务效率和服务质量的稳定性。在餐饮、零售、银行、酒店、航空等需求量大且需求易于标准化的服务行业,这种设计方法都有广泛用途。随着自动化技术、信息技术的发展,自动售货机、自动柜员机、航空订票系统等服务设备的出现使这种服务设计方法得到了更多应用。

工业化设计方法的要点是标准化和流程化。其中标准化包括服务产品标准化和服务系统标准化。服务产品标准化意味着尽量减少服务的可变因素,为顾客提供稳定、一致的服务。服务系统标准化意味着在服务过程中尽量采用机械和自动化设备,以替代随意性较大的人工劳动;在必须有人工服务的部分,也尽量制定标准操作规程,以减少服务的差异性和人工差错。流程化的含义类似于工业企业的生产流程设计,对服务运作过程的各个阶段和步骤都预先进行周密设计并在运作过程中加以控制,以增加流程的稳定性,提高流程效率。

麦当劳是运用工业化设计方法的一个典型例子。在麦当劳,其完整服务产出的四个要素都进行了标准化设计,对其遍布全球的几万家店铺的设施布置、物料供应、食品加工、操作规程也都进行了标准化和流程化设计,并在运作过程中严格执行和控制。正是依靠这种几乎与工业企业相同的管理和控制方法,麦当劳的经营规模才得以迅速扩大。现如今在其遍布全球的几万家店铺中,走进任何一家都可以体验到同样标准的店铺布置、同样整洁的就餐环境、口味一致的汉堡包以及同样细致的服务流程。

(二) 顾客化设计方法

顾客化设计方法主要针对这样一类顾客:希望得到与众不同的服务,为此宁愿多付钱;不希望仅仅被动地接受服务,而是希望参与服务过程,甚至自己承担一部分工作,使自己能主动影响服务过程,并使服务更符合自己的偏好;希望避开服务的高峰期和拥挤的服务设施,按照自己的时间安排来接受服务。传统的顾客化服务主要用于法律咨询、医疗、美容美发等无法进行大批量服务的有限行业,但在今天,随着市场环境的变化以及技术的进步,即使类似餐饮、银行、酒店、零售这样典型的大批量服务行业,顾客也越来越要求非标准化、个性化、符合个人喜好的服务。因此,顾客化服务设计方法变得越来越重要。例如,酒店服务历来追求所有房间的统一布置、房间用品的标准化,而在今天,越来越多的酒店开始根据顾客的不同喜好提供不同的鲜花、水果、洗发水等房间服务。银行也针对不同顾客的要求和偏好推出了多种理财服务。

与工业化设计方法的要点是标准化、流程化不同,顾客化设计方法的要点是重视每一个顾客的偏好、特点和需要。因此,顾客化服务设计方法首先要注意的问题是充分理解和把握顾客的个性化需求,分析顾客在服务提供过程中的可能行为,考虑各种可能出现的情况(例如,对于银行来说,应该考虑前来提款的顾客可能是小孩或残疾人,可能对自动取款机有畏惧心理,还应考虑服务提供系统出现故障时顾客的各种反应;在餐馆,不同顾客可能对菜品的辣度、咸度有不同要求;等等)。

顾客化设计的另一个重要问题是要给予服务员工更大的自主权,使其在面对不同顾客时能够自主发挥作用。在与顾客面对面的服务中,很多企业虽然也规定了礼貌用语、服务规范,但是与顾客交往的过程中可能遇到的情况千差万别,在服务过程中只靠用语列表以及服务规范中的条文是远远不够的。善于随机应变、临场发挥的服务人员,一句幽默的话语、一个温馨的提示、临时采取的一个小小措施等,都会给顾客留下美好的印象,成为顾客再次光顾的重要理由。而顾客化设计也要考虑发挥顾客的自主性,为顾客参与留下相应的空间。例如,航空公司的自动值机系统设计了让顾客自选座位的功能,满足了不同顾客对座位位置的不同需求。

与工业化设计方法相比,顾客化设计方法能够更好地满足顾客的偏好,提供更加个性化的服务,并通过顾客的参与使服务效率在某些方面得到改进。但总的来说,服务的个性化必然会影响服务系统的运行效率。因此,必须注意合理确定顾客参与环节和参与程度,以实现满足个性化需求和提高服务效率的综合目的。

(三) 技术核分离方法

技术核(technical core)分离方法的基本思想是,将服务系统分为与顾客的高接触部分和低接触部分,即前台和后台,后台便可视为脱离于顾客服务环境的一个技术核,在后台充分应用工业化设计方法和现代技术的优势以提高效率,而在前台,则采用顾客化设计方法,尽量满足顾客的多样化需求。

服务提供活动通常可视为由两部分构成——与顾客紧密接触的部分和与顾客基本不接触的部分,即前台部分与后台部分。按照与顾客接触程度的不同,服务系统可以分为三类:①接触程度较高的纯服务类型,如牙科诊所、咨询、个人服务等,这些服务类型以前台服务为主;②接触程度较低的制造型服务类型,如仓储、批发、通信等,这些服务类型以后台运营为主;③二者兼而有之的混合服务类型,例如,在航空业中,售票、机上服务属于前台运作,必须充分考虑不同顾客的个性化需求,而飞机维修、导航以及机上所需物料的备办则属于后台运作,可以集中、高效处理。在零售业,导购、顾客付款、商品包装属于前台运作,每个顾客的要求可能都不尽相同,而采购、码货等属于后台运作,更应该追求高效率。因此,对于这种混合服务类型,服务设计的着眼点首先是合理划分服务系统的前台和后台部分,然后运用不同的设计思想分别进行设计。前台与顾客高度接触,应当适应顾客的多样化需求,授权员工灵活处理服务中可能出现的各种情况,以达到较高的顾客满意度;而在后台,由于避免了与顾客接触造成的不确定性,可以按照工业化的方法设计技术核,如尽量使用自动化设备、设定标准化流程、建立严格分工等,以达到较高的运行效率。

在技术核分离设计方法的具体应用中,有两个需要注意的主要问题。一是与顾客接触程度的确定,这是划分高接触和低接触部分的主要依据。顾客的接触程度实际上代表了顾客在该部分系统中的存在程度,以及顾客对服务过程与结果的影响程度。有人将其量化为顾客接触时间与服务总计耗时的比值,但这并不能作为判别接触程度的唯一依据。具体应用时,应根据具体服务类型的特点,综合考虑各方面因素。二是前台与后台的衔接,这是影响服务系统整体运行效率的关键。在某些服务类型中,前后台的边界很容易找出,可以沿用传统的管理和设计方法,如邮政服务中的前台接待与后台分拣、收发。而有的服务类型就不易确定前后台的边界,如餐饮业,结账、开票、收拾餐桌等工作应属于后台工作,但它们与前台接待工作的联系极为紧密,对服务结果有直接影响。

除此之外,如何实现物料与信息在前后台之间的及时、准确传送,如何明确环境、顾客、前后台之间的相互作用关系,如何应用整体优化的方法,提高服务系统的综合效率,也是设计时的考虑重点。

思 考 题

1. 制定产品组合策略要考虑市场条件、生产运作条件和财务条件三个方面,举例说明如何综合考虑这三种条件。

2. 以服装、手机、洗衣机行业为例,说明如何运用产品生命周期理论来制定生产进出策略。

3. 试述产品设计中的并行工程方法与传统设计方法的主要区别。采用这种方法给企业带来的最大好处是什么?

4. 什么是"成本加法"?什么是"价格减法"?这两种方法的本质区别是什么?

5. DFM、DFA、DFE等是产品设计中的一些新理念。试调查一些行业,举出一些运用这些理念设计新产品的例子。

6. 如果说服务设计与产品设计的最大不同在于"对于制造业企业的有形产品来说,产品设计与产品制造系统的设计可分别进行",为什么并行工程要致力于产品设计与工艺设计的同时并行?

7. 本章所描述的三种服务设计方法的着眼点有何不同?适用对象有何不同?举例说明。

第四章 生产运作技术的选择与管理

生产运作技术是指把投入变换成产出的方法。从宏观来看,在当今社会,企业生产运作能力的强弱直接关系一个国家经济实力的强弱。从企业的角度来看,任何一个企业的运营都要使用技术,任何一个企业都是一个多种技术有机组合的体系。因此,生产运作技术的适当选择和应用是企业提高竞争力的主要手段之一,技术变革是驱动企业发展的一种根本性力量。

任何一个变换过程都需要生产运作技术,都有一个选择什么样的技术的问题。例如,一个简单的生产过程——锯木头,可以选择使用手锯、简单电锯、高速自动电锯等不同技术。在技术进步日新月异,新方法、新技术、新装备层出不穷的当今时代,无论在制造业还是服务业,企业面对各种新技术时都有相当大的选择性。因此,如何选择最适合的技术,新技术会给企业的生产与运作管理带来什么样的新课题,如何将技术、管理、人力资源等不同要素有机结合,是现代企业面临的重要问题。本章将围绕这些问题展开,首先论述生产运作技术选择决策中要考虑的一些主要问题,然后分别就制造业和服务业讨论现代新技术的发展以及企业对这些技术的选择、应用与管理问题。

第一节 生产运作技术的选择决策

一、技术的含义和分类

技术一词实际上应用相当广泛。在汉语中,技术的原意是指技艺、技巧和实际操作的本领,如"人之有技,若己有之"(《书·秦誓》)。有一技之长的人被视为工匠,即"百技所成"(《荀子·富国》)的意思。在西方文化中,技术一词来源于希腊文"technologia",与汉语中的技艺、技巧类似,多指个人的制作技艺,由经验积累而成,不系统也不易推广。直到18世纪工业革命开始之后,技术才开始指根据自然科学原理和生产经验而形成的工艺操作方法和技能,包括相应的生产工具、设备和管理方法。这些技术的发展构成了现代工业的基础,技术从此超出个人技艺的范畴。

今天在社会科学中,技术是指在特定的社会条件下和时间里,人们用以解决社会发展中所面临的问题的科学知识。在经济学中,技术则被定义为生产要素(资本和劳动)的有效结合。在自然科学领域,技术是科学知识在生产活动中的应用。而在工商企业管理中,技术则被视为把科学知识转化为商品的手段,这种手段具有一定的商业价值。国际知识产权组织根据技术的内容特征对技术所下的定义是:"技术是指制造一种产品或提供一项服务的系统知识,这种知识可能是一项产品或工艺的发明、一项外形设计、一种实用新型、一种动植物新品种,也可能是一种设计、布局、维修和管理的专门技能。"

技术的划分有许多种方式,如按技术的功能、技术的体现形式、技术的生产要素特征、技术的发展阶段和技术的管理方式来划分。这里仅介绍按功能划分和按体现形式划分。按功能划分,技术可分为以下三类。

(1) 产品技术。指技术被用来改变一项产品的特性,这既可能是一个全新产品的发明,也可能是局部产品设计上的改进。产品技术的概念也可以延伸到设计或改进一项服务。

(2) 生产技术。指技术被用于产品的制造过程,如新工艺、新流程、新测试手段、新加工设备等。这一概念扩大到服务业,即指技术被用于服务提供过程。概括地讲,生产运作技术是指把投入变换成产出的方法。

(3) 管理技术。指组织研究、开发、生产、销售和服务等全部活动的方法和过程。

按技术的体现形式来划分,可分为三种:第一种是以产品、设备、仪器等有形的技术实体的形式出现,称为技术硬件;第二种是以计算机程序、设计图纸、工艺、操作或维护程序等书面记述的形式出现,也称为技术软件;第三种技术既不存在于产品、设备中,也不存在于文字或书面记述中,而只存在于人的大脑中,如一种特殊的制造、操作或管理技能、专长或诀窍。掌握这些技术的人,也就是通常所说的技术专家。

二、技术选择的三个方面

生产运作技术的选择是生产与运作系统设计中的一个重要方面。由于技术变革是决定企业生存发展的主要驱动力量之一,技术选择决策也就构成企业生产与运作战略乃至整个企业战略的重要组成部分。技术选择可以采用多种方式,需要考虑多个方面,下面从三个方面来看技术选择,同时兼顾与生产运作战略和企业战略的关系。

(一) 技术开发的选择

即决定对什么技术进行开发。一个企业如果选择了技术开发,开发的指导思想应该是要开发的技术与企业的生产战略保持一致,应该对企业的整体战略有较大贡献,还应该开发成功率最高的技术,否则,就应该选择技术引进方式。开发生产运作技术通常是为了寻求减少劳动投入、物料投入和物料储备的方法,或促进生产的集约化和规模经济性,改善工艺流程和工艺装备等,它对于增加产品品种、降低成本、提高产品质量等会起到重要作用。但是,当生产运作战略的重点不同时,在开发选择上也应有不同的重点。

(二) 技术引进(购买)的选择

这是技术的另外一种重要来源,尤其是选择技术硬件时。技术引进的大量实例表明,技术引进是改变企业落后技术状况的捷径。同自行研究开发相比,引进技术有三个方面的好处:①节省时间。在今天,企业活动所需的各种资源中,时间也是一种具有重要意义的资源。通过技术引进,可以节省技术的研究开发时间,从而缩短弥补技术差距或获得技术领先地位的时间。据估计,日本企业从1950年到1971年掌握引进的9 870项甲种技术(用外汇支付且时间超过一年的引进项目)所花的时间,大约相当于自己从头搞起所需时间的 1/5,从而促进了日本企业在世界上的迅速崛起。②节省费用。一项技术从研究开始到正式使用要经历设计、试制、试验等多个阶段和反复,其间所发生的费用总额往往很高,而技术引进费用常可低于上述自行开发费用。例如,日本企业在 20 世纪五六十年代引进技术及消化吸收、推广应用的总费用约为 60 亿美元,而发明这些技术的研究开发费用达 1 800 亿~2 000 亿美元。③减少风险。技术引进较开发的风险小,特别是成熟技术的引进,风险相对更小。

技术引进包括技术硬件引进和技术软件引进。硬件引进可快速形成生产能力、迅速生产出产品,但企业在购买引进的交易中得不到技术转让和专有技术。软件引进不能直接形成生产能力,还需要同本企业的已有技术相衔接,并与原有设备或制造能力相匹配。此外,选择技术引进时,不能满足于技术引进的短期效应,还需要考虑它的消化、吸收和再创新。日本企业 20 世纪 70 年代用在引进技术的消化、吸收、创新上的费用比 50 年代增加了 73 倍,而同期的技术引进费用增加了 14 倍。1976 年的技术引进费用与消化创新费用之比为 1∶7,这也是日本企业迅速抢占世界领先地位的重要原因之一。

(三) 技术地位的选择

即企业是要追求技术领先地位还是要处于技术跟随地位。技术领先的含义较清楚,它是企业通过率先创新而在竞争对手中处于技术的领先地位。尽管任何一个企业都需要使用多种技术,但在重要技术上具有优势的领先者只能是少数,不具有技术领先地位的企业都是技术跟随者,它们通常是企业的大多数。具有明确的经营战略和生产运作战略的企业,不论是采用技术领先策略还是采用技术跟随策略,都可以是一种主动的策略。企业在技术领先策略和技术跟随策略之间进行选择时,主要考虑因素包括:①企业核心能力,即企业的技术体系、管理体系,企业人员的知识和技能、价值观念和行为规范等;②率先创新优势,即企业的信誉优势,法规、政策利用优势,学习曲线优势,经营资源优势等;③技术领先的持久性,即率先创新者能否保持持久的技术领先地位,或者领先时间长度至少能够使企业实现最低期望的战略收益。

三、如何看待自动化

现代自动化技术可分为两种:刚性自动化(fixed automation)和柔性自动化(flexible automation)。刚性自动化技术是使某一条生产线或一组设备按照固定的顺序生产一种或少数几种固定的产品。直至 20 世纪 80 年代中期,这种自动化生产线在制造业还占据主流,在今天也仍有许多企业使用这一技术。例如,化学工业或石油精炼工业由于产品的性质,也适合使用这种技术。这种自动化技术在产品需求量较大、产品设计比较稳定、产品生命周期也较长的条件下被使用时,刚性自动化的两个主要不利之处(初始投资大,缺乏灵活性)可得到相应的补偿,可使生产效率达到最大,产品的变动成本达到最小。但是,产量的大小取决于企业生产运作战略的选择,如果企业想以低成本为其竞争重点,那么采取少品种、大批量的生产战略,以产品对象专业化来组织生产,自动化的优势就可通过大批量得到充分发挥。但是,在大量投资于自动化,由此大批量生产出产品后,如果销售达不到预期效果、高度刚性的自动化生产系统又难以适用于其他产品的生产,这样的生产系统就有可能成为企业的沉重负担。

柔性自动化技术是指可通过改变其程序来加工、生产不同产品的自动化生产技术。在这种生产系统中,存有各种产品的加工指令程序,备有生产不同产品所需的刀具,操作人员只需输入相应的指令,生产系统就可制造不同的产品。当某一产品的生命周期终结,不打算再生产时,存有该产品加工指令程序的部分可换入新产品的有关信息,因此这种系统可以小批量地生产不同产品。这种灵活的、可改变程序的自动化生产技术使得高度资本集约和产品的灵活性同时成为可能,能够以较低的成本同时生产多种产品。这种系统所具有的这种能力因此被称为范围经济(economies of scope)。它把原来相悖的两个竞争重点——顾客化产品与低成本统一起来了。简言之,范围经济的基本含义是生产多种产品情况下对各种资源要素联合使用所产生的成本节约。从广义上说,连锁店、企业的多角化经营都体现了范围经济的思想。

四、技术选择中的新技术评价和人的因素问题

新技术可能增强企业的竞争能力,给企业带来效益,但是由于未来市场的不确定因素太多,变化太快,新技术投资也伴随有很大风险。对于生产与运作管理人员来说,技术管理不仅意味着选择、评价,还意味着技术的实施管理和技术引进过程中的各种支持性工作。根据许多企业的实际经验,在选择与管理中还应注意两个要点。

(一)新技术评价

如何对新技术进行评价一直是个有争议的话题。传统的评价方法主要是进行财务分析,如净现值评价法、投资回收期法等。但是,只用这些方法来评价是不全面的,甚至会失掉一些很好的革新机会。此外,问题的关键不在于方法本身,而在于如何应用它。现在新技术评价需要愈来愈引起注意的是如下几点。

(1) 关于节省人力。这仍然是评价大多数自动化技术引进项目的一个重要因素,但是,一个值得注意的倾向是:人力在整个生产成本中所占的比重正在变小,只占10%～15%。在资本集约的工厂里,固定成本大约占70%。因此,有时引进新自动化技术的目的并不在于节省人力,甚至引进后人员的数量完全没有变化,但增强了系统的柔性,提高了质量等。也就是说,要考虑对直接成本以外的其他影响。

(2) 对直接成本以外的其他影响,如服务质量提高、交货时间缩短、库存降低以及柔性增加等。这些因素可能不太容易用明确的数量来评价,但却是非常重要的。

(3) 既财务分析,又定性分析。对如何进行新技术评价的结论是:财务分析方法仍然是必要的,它可以把各种可定量的因素统一用金额值来表示。但是仅财务分析是不够的,还必须考虑其他定性因素或无形因素。

(二)人的因素

人的工作方式与所使用的技术有很大关系。当技术改变时,人的工作方式也会相应改变。新技术可以给人的工作带来各种影响:有些工作被废除了,有些难度增大了,也有些变得容易了。有时技术本身所做的改变可能不大,但由于与人相关,可能会给生产管理带来很大的变化。例如,技术发生变化以后,如果工人没有得到很好的训练或伤害了他们的工作积极性,就有可能给企业造成很大的经济损失。因此,生产与运作管理人员

必须预见到这种情况并做好准备。如果技术引进是要扩大生产能力或增添新设施,则不会威胁到现有的工作;反之,就必须考虑如何处理多余的人员。在某种情况下,早期教育与再培训可能会成为技术引进成功与否的关键因素。因此,在技术选择和管理中必须结合考虑工作方式的重新设计、职工技能培训、职工激励等企业管理中的其他问题,贯穿一种系统的、集成的观点。

第二节 制造业中的新技术选择与管理

一、现代制造技术的发展趋势和特点

制造业企业当今所面临的环境可以用三句话来概括:技术进步日新月异,市场需求日趋多变,世界范围内的经济竞争日益激烈。在这样的环境下,一方面,自动化技术、计算机技术、材料技术等的迅猛发展给制造技术和制造方式的改变提供了强有力的武器;另一方面,市场需求的日益多样化和竞争的日趋激烈又使企业不得不寻求适应当代环境的制造方式和生产经营方式。这两方面的因素促进了制造技术的飞速发展,形成了如下两个非常明显的发展趋势和特点。

(一) 制造技术对多种学科、多种技术的综合吸收和应用

随着微电子、计算机、自动化、信息等技术的迅猛发展,在制造业中形成了计算机辅助设计(CAD)、计算机辅助制造(CAM)、计算机辅助工艺(CAPP)、加工中心(MC)、柔性制造系统(FMS)、管理信息系统(MIS)、计算机集成制造系统(CIM)以及智能制造系统(IMS)等一系列完全新型的技术,极大地改变了制造业的制造方式。各种新型合金、工程塑料、复合材料、精细陶瓷等新材料技术引起了制造业产品用材结构的变化,以及相应的成形、加工工艺的发展。由于激光、电子束、离子束、超声、微振动、电磁、电化学等新技术和新能源载体的引入而形成的多种精密加工、特种加工技术以及复合加工工艺,也极大地提高了制造业对各种高难度产品的加工、制作能力,并使得精度和质量大幅度提高。同时,现代管理技术的飞速发展及应用更使制造业如虎添翼,使其能够对上述诸种新技术进行综合应用。而这种制造"硬"技术与管理"软"技术的结合应用,正在从根本上改变制造系统、制造方式以及制造业企业的经营管理模式。

(二) 制造环节的集成与一体化

传统的制造方式的特点是将制造过程分成诸如热加工、冷加工、搬运、检测、装配等相对独立的部分,并以各个部分为中心形成相对独立的制造工艺和方法。随着各种新技术的出现及应用,原有的划分和界限正在趋于模糊和淡化,甚至消失。传统制造方式概念下的专业车间的概念,正逐步被以各种自动化技术为中心的加工中心、计算机辅助制造系统等替代,使得以往各自独立的加工过程连成一体。精密成形技术的发展使热加工有可能直接提供接近最终形状、尺寸的零件,淡化了冷热加工的界限。CAD、CAM、MC、FMS和CIM等技术使得设计、加工、检测、搬运等不同的制造过程融为一体,很多新型材料的材料配制和成形可同时完成,材料应用和制造工艺的界限也不再分明。

二、制造业中的新技术——AMT

现在人们往往用先进制造技术（advanced manufacturing technology，AMT）来概括由于微电子技术、自动化技术、信息技术等技术而给传统制造技术带来的种种变化与新型系统。所谓 AMT，是集机械工程技术、电子技术、自动化技术、信息技术等多种技术为一体所产生的技术、设备和系统的总称。它主要包括以下几个部分。

（一）计算机辅助设计（CAD）

如前所述，产品的开发与设计是生产与运作的第一步。所谓计算机辅助设计（computer aided design，CAD），是指利用计算机进行产品及零件的结构设计并绘制图纸的技术。

CAD 的主要功能是设计计算和制图。作为其附带功能，还可以用来制成零件管理一览表，进行成本估算等。

设计计算主要是指用计算机进行的机械设计等基于工程和科学规律的计算以及在设计产品的内部结构时，为使某些性能参数或目标达到最优而应用优化技术所进行的计算。这些计算通常很复杂，要求的精确度也很高，在以往用人工进行的设计中，往往需要花大量的时间，计算完后还需要进行反复的检查、验算。而利用计算机，可以用很少的人力和时间完成这些计算，并且计算精确度较高，不易出错。

计算机制图是通过计算机的人机对话图形处理系统实现的。在这种系统中带有图形处理程序，操作人员只需把所需图形的形状（如圆、矩形等）和尺寸（如圆的半径、矩形的长和宽）以及图形位置的命令输入计算机，计算机就可以自动在指定的位置绘出该图形。通用件、标准件的图纸以及一些常用图形的形状、尺寸以及规格等，可预先存储在计算机内，以便随时调用。人机对话图形处理系统使设计人员能够在计算机屏幕上随意放大或缩小图形，可以使图形向上、下、左、右任一方向移动以及转动，也可以任意消除，还可以对预先存储在计算机内的不同标准图形随意进行组合，或将绘好的三视图在计算机上自动转换成立体图，等等。由 CAD 产生的图形形状数据还可以直接用来生成 NC 数据以及用来编制控制机器人的程序。

CAD 的优点主要包括：一是把工程技术人员从日常繁重的计算、制图的劳动中解放了出来，极大地提高了技术人员的生产率；二是设计方法和技术的这种改变对缩短新产品开发周期起了极大的促进作用，这对于提高企业的竞争力具有非常重要的意义。如今 CAD 已成为并行工程中的重要组成部分。

（二）计算机辅助制造（CAM）

计算机辅助制造（computer aided manufacturing，CAM）是指利用计算机直接进行加工制造、过程控制的技术。其主体由下述设备构成。

1. 数控机床

数控机床（numerical control machine，NC）是一种能够根据预先编好的指令来加工各种复杂形状的工件的大型机床，它可以对各种尺寸或形状的工件进行车、铣、刨、磨等加工。最早的数控机床是利用数字形式将加工工艺指令记录在穿孔带或卡片上，由读数机依次将代码读入，转变成电脉冲从而控制机床的运行。

经过几十年的发展，NC 已经从读数机时代进入了计算机控制时代。它分为两种：一种叫计算机数控(computerized numerical control,CNC),是一台独立的机床,通常由一台独立的微型计算机来控制运行;另一种叫直接数控(direct numerical control,DNC),是用一台中心计算机对多台机床同时进行控制,但它只是对不同的机床分别发出指令,进行控制,而不进行机床间的计划调度、协调配合等。

2. 机器人

机器人(robot)是对可编程控制的多功能机器的总称。机器人比数控机床具有更多的功能,自动控制的能力更强,通常可几乎完全独立于人进行各种操作。它具有自动、灵活伸缩的长长的臂,自动伸到不同的地点,以抓取或放下工件,它的"手"被称为"end effector",这样的手可装载工件、焊接、喷涂、装配,也可进行检测和试验等,这是所谓的第一代机器人。第二代机器人带有传感器,可模仿人的视觉和触觉,从而有了更大的使用范围,可以在更大程度上代替人,尤其是人不愿意干的,或对人体有害、又脏又累、重复单调又有危险的工作。第三代机器人是具有适应性的智能机器人,具有一定的识别和判断能力,能够按照人的口头指令行动。如果说第一代和第二代机器人主要是用在生产领域,多数从事单调、重复性和危险性的体力劳动的话,那么第三代机器人就是"会动脑筋的"、更灵巧的"劳动者",可以代替人的一部分更高级的劳动,从事一些技术性较强的工作。

3. 自动物料储运系统

物料储运包括运送、包装、储存产品或工件等过程。这其中的每一个过程都要花费时间和资金,但并不增加产品的附加价值,因此生产管理人员总是想寻求更经济、更自动的方法来处理这些过程。因此,如何处理、何时处理、用什么工具来处理是一项很重要的技术选择。当生产组织方式是以工艺对象专业化为主、加工路线经常改变、物料储运中的重复性操作很少时,高度自动化的物料储运系统也许不一定能发挥威力,因此通常采用运货手推车、叉车、天车等工具来搬运物料,但当生产组织方式是以产品对象专业化为主,物料储运操作的重复性也很高时,就有必要考虑采用自动物料储运系统(automated materials handling,AMH)技术。此外,处于这二者之间的生产组织方式也有很多自动化物料储运技术可以采用。以下简要介绍其中两种。

AMH 中的一种搬运技术是 AGV(automated guide vehicle),这是一种小型的无人驾驶卡车,带有电力驱动系统。它在工序之间移动,由中心计算机控制。大多数 AGV 在装好的轨道上行驶,但现在有一些更高级的 AGV,可在较光滑的无障碍物的工厂通道内自由行驶。AGV 首先可用于生产工序中较关键的环节,以解决运输量较大、较频繁的工序由于运送跟不上而中断生产的问题。它还可以实现只在需要的时候运送必要物料(即 JIT 方式)。与不灵活的传送带相比,工人们更愿意使用 AGV,因为 AGV 在他们完成了工作之后才带着工件离开。

AMH 中的另一种技术是 AS/RS(automated storage & retrieval system),即自动化立体存储系统。这是一种用计算机控制的自动存放和提取各种材料、工具、零部件的系统。它使用各种架子、棚、物品箱来存放物品,借助 AGV,可以不需要人的介入而自动放入或取出各种物品。当新的物品进入系统时,计算机可以对其进行辨认,然后发出指令,将其放到恰当的位置。

(三) 集成制造系统

先进制造技术的主要特点是系统和集成,各种生产设备已不再是相互独立的单元,而是处于相互关联的大系统中。这种集成制造系统可分为三个层次：MC，加工中心或制造单元；FMS，柔性制造系统；CIMS，计算机集成制造系统。加工中心可实现工作站一级的制造自动化，能够在多功能 CNC 机床和微机的支持下实现多工序的连续作业，完成某一类零件的主要加工任务；柔性制造系统则由若干个加工中心组成，其间有机器人或自动送货小车连接，完成不同工种、多工序的连续作业，实现对零件全部或绝大部分工序的加工，且无须工人看管；到了计算机集成制造系统这一级后，它能够致力于全部工厂业务的计算机化，从产品设计、工艺设计到制造，以及通过 MRP Ⅱ（制造资源计划，见第十三章）完成生产与市场、库存、财务、质量、设备等各方面的统筹、协调，使整个工厂甚至全部企业的管理都能够得到计算机的支持。

AMT 之所以要逐步向集成系统发展，主要是因为 AMT 本身具有的特点：局部的技术突破或高技术的应用往往只能形成自动化的孤岛，而这种孤岛对系统整体的产出贡献往往是不足的，同时该孤岛的造价却比其他可替代设备高出很多，因此会产生巨大的浪费。AMT 从自身的发展规律上看，需要通过集成实现整个系统的重新构造，形成与典型生产类型截然不同的一种全新结构。但值得注意的是，CIMS 既是一种结构，又是一种战略思想，任何一个企业实际上都极难实现瞬间的一步集成，而 CIM 正是考虑了这种特点，承认了分步实施，并据此合理地安排发展。因此，如何具体选择、运用 AMT 就成为决策的关键。

三、技术与管理的集成

AMT 是制造业企业取得竞争优势的必要条件之一，但不是充分条件，AMT 的优势还有赖于能充分发挥技术威力的组织管理，有赖于技术、管理和人力资源的有机协调和融合。

（一）技术与管理有机融合的意义

现代制造技术发展趋势的主要特点之一是制造过程与管理过程、制造技术与管理技术融为一体。现代制造技术本身是一种集成性很强的技术，这种技术的应用与制造系统的整体运行是密切相关的。例如，并行工程技术是一种产品开发设计技术和设计方法，同时包含开发设计项目的组织方式，设计、工艺、制造等不同部门的协调作战方式等管理问题；MC、FMS 是一种先进的加工制造技术，但是它的应用必须与生产计划控制模式相结合。进一步，从加工数据的形成等角度出发，还必须与设计和工艺部门密切联系，这些都离不开管理技术的作用。实际上，现代企业中的各种技术都离不开管理，也没有管理不涉及的技术。CIM 的概念从提出到现在已近 20 年，但在开始的实施阶段把主要精力都集中在了技术的集成上，忽略了组织结构、管理体制和人的因素，因而虽付出了巨大的努力和代价，实际得到的效果却与期望值相差甚远，或感到要想取得成绩必须花费比原计划高许多倍的代价。因此现在才越来越清楚地认识到，采用从技术到技术的方法很难成功，必须把技术、管理与人这三者集成起来，这是 CIM 给我们的最大教训之一。现在，在一般的生产过程中，加工、装配所占用的时间只占整个生产周期的 5%～20%，等待、传送等辅助过程占去了整个周期的 80%～90%。而后者的长短主要取决于管理水平的优劣。

此外,开发和应用 AMT 的目的是提高企业的综合效益并增强企业的竞争力,但当今的企业竞争不只在于产品的质量和成本,还在于时间和产品的多样化,只有几者的同时追求和实现,才有可能真正提高竞争力和企业的综合效益。而这一点单靠硬技术是不可能实现的。我国制造业企业由于长期受计划经济模式的影响,总是"以高投入换取高速度",往往注重较多的硬件投资来追求高产值,而不善于追求企业的最佳综合效益,即以较少的投入得到尽可能高的产出。因此,企业往往具有库存资金高、资金周转率差、投资见效慢、成本居高不下等弊病。因此,解决技术与管理相结合的问题应该是当务之急。从企业管理的角度来说,我国企业到目前为止也已经吸收、引进了诸如全面质量管理(TQM)、价值工程、工作研究等先进管理方法,但在有些企业成效并不大。其原因主要在于缺乏系统观念,只局部地就某个环节或生产系统的某个部分进行改进,对提高企业整体效益起不了大作用。只有从系统集成、综合效益的思想出发,在结合技术与管理的同时,综合应用各种管理方法,才能从根本上提高企业的整体技术和管理水平,提高企业的生产率和综合效益。

(二) 新技术选择与生产系统、管理模式的革新相结合

企业要跟踪与适应技术进步、经济发展和社会需求的变更,不但要更新自己的产品,采用先进的技术,更重要的是要使新技术与企业的整个生产系统、管理模式相匹配,否则新技术所拥有的巨大威力就无法充分发挥。因此,必须针对新技术的特点不断调整组织结构、管理体制和工作方式,采用新的管理方法和管理系统,将工业化时代形成的以大量生产为基础的职能阶层型的组织向分散化、小型化、网络化的组织结构转变,变过去分工极细、界限分明的工作方式为超越原职能界限的"团队"工作方式。近 20 年来发展起来的制造资源计划(MRPⅡ)、准时生产制(JIT)、精益生产(lean production)以及敏捷制造(agile manufacturing)等,都是这种新型管理模式和新型系统的重要发展,本书将分别详细介绍。

(三) 追求企业制造资源的总体优化配置和综合效益的提高

引入新技术的目的是提高企业的竞争力,而竞争力的提高,是从产品的质量、成本和交货期等方面来具体体现的。因此,质量、成本、时间历来是企业管理,尤其是生产与运作管理的重要目标。但在今天,应赋予这些目标新的内容,将其转变为追求企业资源的总体优化配置和综合效益的提高。

这里,制造资源包括材料、设备、资金、能源、技术、信息、人力等多种要素。综合效益是指质量、成本、交货期、柔性以及人因尊重等目标的同时追求和实现。它们是当今企业经营和提高企业竞争力的关键所在。这些目标中有两个突出的特点:一是在效益问题上,由于产品的市场生命周期(指从产品上市至退出市场的周期)越来越短,因此企业为了保持市场优势,改为采用一种"全产品生命周期"(total product life)的观念,以尽量缩短产品设计周期和生产周期。全产品生命周期包括从产品设计、制造、销售、使用、翻制、修复直至丢弃物的处理(对环境的考虑)这一全过程。并行工程技术就是在这种背景下产生和发展起来的。另一个突出的特点是,产品成本中加工成本和原材料成本的比例在下降,而信息成本和智力成本的比例在增加。因此,在制造活动中开发、利用信息资源和智力资源成为企业获取高效益的一个关键。AMT 正是从计算机辅助设计与制造等多方

面为企业提供了开发、利用信息资源和智力资源的方法和手段。

(四) 从传统管理向系统管理的转变——信息化、集成化

当今企业面临的市场不同于以往,产品和生产技术不同于以往,因此管理方法也不同于以往,必须在引进新技术的同时将以往的传统管理方法改为系统管理方法。首先,应改变传统管理中重视劳动分工与专业化,技术与管理界限分明的做法,改为重视系统集成,将企业中的设计、制造、销售等不同环节,技术、管理与人等不同因素进行协调与联合,以充分有效地利用资源、减少浪费、快速响应市场变化。其次,应改变传统管理中重物流、轻信息的做法,充分认识信息作为资源的重要意义,注重产品设计和制造过程中信息资源的开发与利用,提高企业生产过程、管理过程中的信息收集、传输、加工和利用水平,以此作为提高生产率、提高质量、增强效益与应变能力的战略措施。最后,传统管理只着重研究人与机器、人与环境的关系,目的在于改善劳动条件、提高体力劳动的效率,而在系统管理中,还应该注重人的智力因素和精神因素的作用,强调通过组织结构、工作方式的改变发挥人的主动性、积极性和创造性,建立一个人机和谐、综合集成的系统。

第三节 服务业中的新技术选择与管理

一、现代服务业的发展趋势和特点

在信息技术等新技术革命的推动下,现代服务业出现了一些非常鲜明的特色和新趋势。

(1) 现代服务业由传统的以生活消费为主转向以生产服务为主。按照人们的传统观念,一谈起服务业就容易联想到百货、餐饮、旅馆等,但它们已不再是服务业的主体,取代它们的是主要为工业生产服务的金融、保险、通信、运输、租赁、技术服务、设备安装维修等行业。

(2) 服务业中知识密集型行业的地位日益重要,占整个服务业产出的比重越来越大。如本章上一节所述,现代制造业的生产过程的技术含量日益增加,这实际上与服务业由以生活消费为主转向以生产服务为主有关。为生活消费服务,主要体现在为商品交换提供劳务;为生产服务,则主要体现在为物质生产提供投入。而这种投入不是具体的物质,而是专门的知识和技术。这类服务业包括工程设计、项目评估及可行性研究、生产设备保修及租赁、产品广告宣传等。

(3) 服务业的运作手段发生了极大变化,服务业的技术密集程度正在迅速提高。现代服务业的这些新发展趋势使其运作管理也面临许多新课题:如何选择合适的运作技术,新技术引进和技术变化要求工作方式、组织结构和管理方式进行什么样的相应变革,如何在高技术、高智力投入的环境下不断提高生产率。因此,服务业运作技术选择和管理是现代运作管理人员面临的一个重要的新课题。

但是,与制造业相比,服务业行业繁多,所适用的技术各异,管理方法和工作方式也各有不同。信息技术可以说是至今对服务业影响最大的技术,因此,下面主要讨论信息技术在服务业中的应用以及新技术应用带来的管理上的新问题。

二、信息技术在服务业的应用

信息技术在服务运作中的应用与新技术在生产制造中的应用的最大不同在于,后者主要是作用于要加工的物料,而信息技术在服务运作中的应用有可能出于以下四个不同的目的:作用于顾客、作用于顾客的财产(或物品)、处理数据和信息、催生新服务和新行业。

(一) 作用于顾客

"作用于顾客"是一种典型的人对人服务。例如,医疗保健、美容服务、客运、教育以及娱乐行业都是正在蓬勃成长的行业,也是在管理上面临很大挑战的行业。引起这种挑战的主要因素有三个:一是顾客变得越来越不愿意排队等待服务;二是为了满足高峰时的需求,多配备服务人员所带来的高成本;三是在一天不同时段服务需求的波动性。一个明显的例子是机场。有人描述道:"高峰时段,在机场排队办理行李托运和登机手续所花费的时间几乎与飞行时间一样长!"

利用信息技术,有可能很好地解决这些问题。机场解决问题的方法的核心是,利用信息技术,让不同的乘客通过不同的渠道完成登机手续。例如,通过互联网购买电子机票的乘客可在机场专用柜台的计算机上自助办理登机手续,这只需要 1 分钟的时间。有时候,计算机还可以发放带有条形码的行李牌。有些航空公司还在机场使用另一项革新技术——"可移动乘客服务代理人",即航空公司的服务人员随身携带手持计算机和袖珍打印机,可在机场内的任何一个地方随时为乘客办理登机手续并发放登机牌。信息技术的这些应用使得乘客极大地节省了排队等待的时间。信息技术在航空服务领域中的应用目前相当普遍,在医院、铁路客运等行业也得到了越来越广泛的应用。

(二) 作用于顾客的财产(或物品)

信息技术在服务业应用的第二个领域是对顾客的财产(或物品)进行处理。例如,联邦快递的 COSMOS(customer, operations, service, master on-line system)系统。这是一个全球信息系统网络,其中心数据库设在美国的田纳西州。每个由联邦快递运输的包裹都有一个条形码。快递员接收包裹时,用手提计算机扫描条形码,并将包裹的邮政编码和服务种类输入计算机。这些数据随后被传送到中心数据库。包裹到达中心数据库或一个地区网络中心后,进行再分类,然后装上飞机飞往最后目的地,并再一次扫描条形码,将该包裹的信息输入计算机系统。另一个目的地的快递员在分发包裹时,最后再扫描一次条形码并输入分发地点和收方信息,这些信息随后被传送到 COSMOS 系统。这个系统使得顾客可以通过互联网跟踪包裹的处理进程。联邦快递信息系统的第二部分是数字分发系统,有 3 万名快递员通过他们汽车中的液晶显示屏与系统沟通。这使得快递员能很快接收或分发邮件。联邦快递还为经常性顾客提供客户终端系统,该系统使得这些顾客可以打印包裹的标签、下载运输表格、结账并通过 COSMOS 系统跟踪包裹的处理进程。

除了包裹快递,在文件递送、衣服干洗、汽车修理、家电维修等作用于顾客物品的行业,信息技术同样可以发挥巨大威力。运用信息技术对顾客的财产进行处理的另一类典型事例是信息技术在金融业的应用。不难想象,信息技术在证券、银行、保险等行业所发挥的巨大作用。

（三）处理数据和信息

信息技术在服务业应用的第三个领域是数据和信息的处理。例如，保险公司可以运用信息技术使保单生成系统自动化。银行可以将信息技术用于支票处理等操作，扫描支票并以数字图像存储。这样可以减少支票的经手人，既节省时间也节省钱。企业可以通过对顾客消费行为、购买偏好、个人信用等各种信息制定更加个性化的营销方案，还可以通过对不同产品销售数据的关联分析找出其中的内在关系，深入进行市场分析。随着信息技术和互联网技术的飞速发展，人类已经进入"大数据"时代，专门对数据进行收集、处理和运用有可能成为一个新的细分行业。

（四）催生新服务和新行业

信息技术还有可能创造全新的服务。知识和信息是很多新服务的精华。例如，软件、在线游戏、在线新闻、远程教育、疾病远程诊断等，都是信息技术发展的产物。互联网使人们可以在网上寻找到任何东西、任何信息以及实现人与人之间的实时交流。新兴的移动互联网的强大功能更是极大地丰富了人们的购物方式、支付方式、交流方式乃至整个生活方式。

信息技术广泛的适用性和渗透性催生了一大批新型服务业。一方面，一些以技术为核心的信息服务业迅速兴起，如计算机软件服务、网络、现代物流、电子商务等。同时，由于产业延伸和专业化分工的需要，出现了多种类型的信息咨询服务业、信息内容服务业等，为客户提供定制化服务。另一方面，随着信息技术使用的日益深化，一些传统业务部门正在发生改变，新型服务业逐渐形成，例如，现代物流业就是从零售业、运输业、仓储业等分离出来的。技术的变革还导致服务业内部关联行业的融合，创造出新型的服务模式，如互联网、广播电视网、电信网之间的三网融合，为用户提供语音、数据等多种服务，并实现资源共享。

除了服务业内部的融合外，信息技术的发展使制造业与服务业的边界变得模糊，尤其是高科技产品。例如，电子设备企业不再是单纯地卖产品，还提供维修、软件、各种应用程序等服务。传统的制造业也有服务化的趋势，主要体现在：产品是为了提供某种服务而生产的；随同产品出售的还有知识和信息服务；服务引导制造业技术变革和产品创新。

三、如何发挥新技术的威力——技术与管理革新的结合

近二三十年以来，各种新技术，尤其是信息技术在众多的服务业领域都得到了广泛应用。而且，有些技术可广泛应用于多种行业，既可应用于服务业，也可应用于制造业。例如，条形码技术既可应用于零售业的商品销售管理，也可应用于图书馆的图书管理，还可应用于制造业的库存管理、工具存放管理等。计算机集成订货系统（integrated computer order system）可用于医疗系统的药品等消耗品的供应，也可用于制造业企业零部件的供应系统，还可用于航空、铁路等的订票系统。所有这些新技术的应用对于提高企业的劳动生产率、改善服务质量、降低成本都有极大的作用。但实际上，各企业在采用这些新技术以后所获得的效果并不一致。美国20世纪80年代在服务业所进行的信息

技术投资占其信息技术投资总量的85%,但其生产率的提高却微乎其微。[①] 还有很多企业,引入新技术以后并没有带来多少服务质量的改善。究其原因,主要是由于技术的变革没有与管理方式的变革有机结合。

一项新技术的应用往往会带来工作方式、业务流程的改变,从而相应地要求管理体制、组织结构等方面的变革。如果意识不到这一点,新技术的威力就无法充分发挥。很多企业在引入信息技术等新技术后,并不改变原来的业务流程和信息流,而只是将原有的业务流程计算机化,即单纯地将手工作业改为计算机操作。很显然,这正是信息技术的潜力得不到充分发挥的原因所在。因此,必须根据新技术所能提供的各种用途的可能性,重新设计、改造原有的业务流程,包括进行必要的组织结构的改变、人员的调整、工作内容的重新组合等。这实际上就是20世纪90年代初以来盛行欧美各国企业的业务流程重构(business process reengineering,BPR)的思想。

最后还应提到的一点是人的关键作用。在新技术的引入、应用和相应的业务流程、管理方式的变革中,人是最关键的因素。对于服务业企业来说尤其如此。制造业的生产过程是以产品为中心,而服务业的运作过程是以人为中心,因此,人的技能,人的工作态度,人的积极性、创造性的发挥直接地影响服务质量和生产率的提高,影响新技术的充分利用。因此,在新技术引入和应用中,必须充分考虑人的因素,以人为中心进行业务流程和管理方式的变革。

四、如何发挥新技术的威力——具体应用策略

如上所述,信息技术有可能成为企业强有力的竞争工具。但是,任何事物都有其两面性,信息技术也不例外。信息技术如果应用不当,同样可能给企业带来问题:沉重的成本负担、新的自动化枷锁、员工积极性的丧失等。所以,只把手工技术换成信息技术带不来生产率和竞争力的自然提高,企业必须考虑合适的具体应用策略。下面讨论关于信息技术应用策略的一些要点,但需要指出的是,对于不同的企业来说,这些要点的重要性不同,企业需要灵活运用。

(1) 把握技术与企业目标之间的关系。信息技术本身并不是目的,而是帮助服务企业实现目标的一个工具。因此,不能为技术而技术,信息技术的应用必须服务于组织的整体战略。这就要求企业对其运用信息技术要达到的经营目标、其所提供的价值所在、对企业业务流程的支持程度,以及运用信息技术前后相对于竞争对手的优劣势有清楚的认识。组织的高层领导必须参与信息技术策略的制定并确保技术应用策略支持组织的战略。管理者必须告诉技术专家他要求技术做什么、必须做到什么,而不是由技术专家从技术可行性的角度来制定应用策略。

(2) 使有效的系统自动化。技术不会使服务流程或服务系统的有效性增加或降低,主要是提高现有系统和流程的效率。将一个过时的、无效的系统或流程自动化,并不能给企业增加产出或利润,反而有可能使企业在错误的道路上走得更快。提高效率的目的

---

① S. S. Roach. Service Under Siege—the Restructuring Imperative[J]. Harvard Business Review, Sept-Oct. 1991.

只是提高做正确的事情的效率,而不是做任何事情的效率。因此,在投资于信息技术之前,企业应先考察现有的运行系统和业务流程,分析是否存在并不增加顾客价值的多余任务和环节,在去除这些任务和环节之后,再考虑如何运用信息技术提高剩下来的增值环节。涉及跨部门的业务流程或较多的工作交接过程时,尤其要加以注意。

(3) 高技术和低技术部分的有效集成。每一个服务系统或服务流程,不论其技术先进程度如何,都可能存在一些低技术的成分。有时候一个小小的、不引人注意的低技术成分的失败或低效有可能大大降低组织提供服务的整体水平。因此,在为整个服务系统和整体业务流程制定运用信息技术的策略和方案时,必须对这些仍然保留下来的低技术成分予以充分注意,保证高技术和低技术部分的协调一致且能够集成起来。下面的应用事例很好地说明了这一点。

【应用事例4.1】

这是我的一次亲身经历。当时我正在一家宾馆结账。服务员在计算机上很快计算出账单,用旁边的打印机打印出来,然后要求我填写信用卡单。但是接下来,服务员拿着账单和信用卡单走到长长的接待台的另一边。在那里,她在一群同事旁边逗留了几分钟。我开始担心是不是我的信用卡出了问题。排在我后面的顾客开始不耐烦地嘀咕起来。最后,服务员终于回来了。"您可以走了。"她说。"出了什么问题?"我问。她很温和地一笑:"噢,我们只有一个订书器,所以我不得不去那边排队,等着把您的账单和信用卡单订在一起。"仅仅因为这样一个价值3元钱的初级技术的订书器,却丢掉了有可能从计算机的使用中得到的可观的人员生产率和顾客满意度,使得价值比订书器高出千百倍的计算机系统的效能大打折扣。

(4) 高技术与高接触相结合。完全有效地应用技术手段,无疑会提高服务的速度、稳定性和准确性。然而,有些顾客不喜欢技术,他们更愿意与人打交道,而不是与机器或计算机打交道。而且,当一些顾客不得不使自己适应机器时,会感到得到的服务没有人情味。在这种情况下,技术可能是不受欢迎的。因此,企业有必要考虑在高技术条件下多加入与顾客面对面接触的成分。实际上,因为技术的运用有可能缩短服务时间,从而为服务提供者节省更多时间,使他们有更多的时间与顾客接触,能更多地注意顾客需求。关键是在设计技术应用方案时应充分考虑到这一点。

第四节 互联网环境下生产运作技术的新发展

20世纪后半期以来出现的工业制造技术和信息技术并举发展到今天方兴未艾,新一轮科技革命风起云涌,各国都在加大引导科技创新的力度,基于信息物理系统的智能装备、智能工厂等智能制造正在引领制造方式变革;云计算、大数据、人工智能、机器学习等驱动人类智能迈向更高境界,虚拟现实系统、3D打印、工业互联网、大数据等技术将重构制造业技术体系。以互联网为基础的新一代信息技术与制造业深度融合,正在引发影响深远的产业变革,形成新的生产方式、产业形态和商业模式。

一、德国的工业 4.0 与智能工厂

2011 年,德国提出了"工业 4.0"的概念。他们认为,第一次工业革命的主要特点是蒸汽机,第二次是电气化,第三次是信息技术(IT),而第四次是信息网络世界与物理世界的结合。2013 年,由产官学专家组成的德国"工业 4.0 工作组"发表了《保障德国制造业的未来:关于实施"工业 4.0"战略的建议》。建议书称,在制造领域,由资源、信息、物品和人相互关联的"信息物理系统"(cyber-physical system,CPS)可以被定义为工业 4.0。CPS 包括智能机器、存储系统和生产设施,从入厂到出厂,整合整个制造和物流过程,实现数字化和基于信息技术的端对端集成。

德国"工业 4.0"战略旨在推动制造业向智能化转型。其核心特征一是智能工厂,将传感器、嵌入式终端系统、智能控制系统、通信设施通过信息物理系统(CPS)形成一个智能网络,使产品与生产设备之间、设备与设备之间以及数字世界与物理世界之间能够互联,不同类型和功能的单机设备互联组成智能生产线,不同智能生产线互联组成智能工厂,这些智能生产线、智能工厂可以自由、动态地组合,以满足不断变化的制造需求。二是智能生产,其核心是动态配置的生产方式,从事作业的智能设备能够通过网络实时访问所有相关信息,并根据信息内容自主更换生产材料,切换生产方式。

德国的一些大企业正在率先致力于工业 4.0 的实践。例如,西门子德国安贝格工厂就是这样一家智能数字化工厂。在安贝格工厂,可以说分别有一座现实工厂和一座虚拟工厂,任何生产计划都通过虚拟工厂下达,再传递到现实工厂中实施,而这种计划的调整可能发生在转瞬之间。在这个仅有 1 000 多员工的工厂里,每年可以用近 30 亿个零部件生产 1 000 多种工业控制产品,其产品缺陷率仅为百万分之十二。

二、美国的再工业化与工业互联网

美国在 20 世纪初就率先致力于工业化,但从 20 世纪 80 年代初起,由于放松了对发展制造业的重视,虚拟经济恶性膨胀。2009 年年初,美国开始调整经济发展战略,同年 12 月,公布《重振美国制造业框架》,2011 年 6 月和 2012 年 2 月,相继启动《先进制造业伙伴计划》和《先进制造业国家战略计划》,实施"再工业化",具体包括调整传统制造业结构、提升传统制造业竞争力以及发展高新技术产业两条主线。

作为美国制造业企业的典型代表之一,GE 于 2012 年秋季提出了"工业互联网"概念,这是一个将产业设备与 ICT 融合的概念,目标是通过高功能设备、低成本传感器、互联网、大数据收集及分析技术等的组合,大幅提高现有产业的效率并创造新产业。当前,美国国家标准与技术研究院(NIST)组织工业界和 ICT 产业界的龙头企业,正在共同推动工业互联网相关标准框架的制定,GE、思科、IBM、AT&T 和英特尔等 80 多家企业成立了工业互联网联盟,重新定义制造业的未来,并在技术、标准、产业化等方面做出一系列前瞻性布局,工业互联网已经成为美国先进制造伙伴计划的重要任务之一。

美国的工业互联网与德国的工业 4.0 概念相似,同样倡导将人、数据和机器连接起来,形成开放的、全球化的工业网络,同样把"智能"作为关键词。行业巨头纷纷在智能制造领域发力,如 SAP 积极研发智能生产解决方案,利用软件控制实现 ERP、流水线、机器

人、监控设备等各环节的数据对接,推动实现柔性制造;GE推出工业互联网操作系统,在其上构建面向具体行业的解决方案和工业APP为企业生产提供服务,形成以GE为中心的制造业生态链。在产业联盟的推动下,企业间的合作进入实质性层面,如AT&T为GE提供工业互联网高安全性无线通信系统,GE的机器可连接到AT&T网络和云端。

作为全球最主要的飞机发动机制造商,GE正在用智能发动机让飞机更智能。飞机发动机上的各种传感器会收集飞机在空中飞行时的多种数据,这些数据传输到地面,经过智能软件系统分析,可以精确检测飞机运行状况,甚至预测飞机故障,提示做预防性保养,以提升飞机的安全性以及发动机的使用寿命。与此同时,工业互联网也正在改变工业企业的商业模式:从销售产品变为销售服务。在GE飞机发动机整个产品生命周期的价值创造中,物理产品的销售只占30%,而发动机的保养、维修等服务占总收入的70%,其主要利润点在服务,而不在发动机产品本身。在GE看来,"未来的IT已经不再是一个支持部门、成本消耗部门,而是创造价值的部门。它可以理解数据、可视化数据、分析数据,提取关键数据对企业的关键决策起到指导作用"。相比德国的工业4.0,美国的工业互联网更加注重软件、网络、大数据等对于工业领域服务方式的颠覆——与德国强调的"硬"制造不同,"软"服务恰恰是软件和互联网经济发达的美国经济最为擅长的。

三、《中国制造2025》与率先行动的中国企业

2015年8月,中国发布了《中国制造2025》规划,这可以说是中国版的工业4.0规划。该规划强调以加快新一代信息技术与制造业深度融合为主线,以推进智能制造为主攻方向,在重点领域试点建设智能工厂、数字化车间,加快人机智能交互、工业机器人、智能物流管理等技术和装备在生产过程中的应用,促进制造工艺的仿真优化、数字化控制、状态信息实时监测和自适应控制。

在中国,一批具有互联网基因和思维创新的制造企业也已经开始行动,致力于用互联网的创新思维颠覆传统的制造方式。例如,从事鼠标、键盘制造的雷柏科技在智能制造领域走在了前沿。在雷柏科技的智能工厂,几百名工人和上百台机器人协同作战,每年生产数百个种类、数千万件产品。精心规划的厂房让所有生产在一座工厂内完成,覆盖从原料注塑到最终包装十多个环节的全生产链。雷柏并非简单地用机器人替代人工,而是为整个工厂建立了一整套虚拟系统平台,每个机器人都有量身定制的软件,可以灵活从事不同工作。这与德国工业4.0主张的智能制造和智能生产几乎不谋而合。

青岛红领是一家以西服正装系列产品为主营业务的民营企业,近年来专注于个性化产品定制,现年产定制服装100万套件。红领在订单生成、原材料配送、裁剪缝纫、包装物流、设备管理等环节充分运用三维人体测量系统、计算机辅助设计CAD系统、智能裁剪系统以及RFID射频识别等技术,采用最新通信技术与计算机技术相结合,将分散的、独立的计算机、平板、手机等各种应用终端相互连接,构建了可重新编程、可重新组合、可连续更改的服装生产系统,只要在计算机里改变程序,就可实现流水线上不同产品生产的灵活组合。再通过AGV物流车、智能分拣配对系统、智能吊挂系统、智能分拣送料系统的导入,解决整个制造流程的智能循环,确保来自全球订单数据的准确传递,实现用户个性化需求与规模化生产制造的无缝对接。红领还打造了一个C2M平台,为用户提供

一站式的定制渠道和平台。该平台具备款式组合设计功能、在线着装顾问服务功能、产品生产状态全程跟踪功能、消费数据分析查询功能等,用户可以通过计算机、手机等信息终端登录该平台直接选择款式、面料等,选项确定后可看到3D效果展示,为用户体验以及款式选择提供了充分的支撑。红领颠覆了传统服装行业的运行模式,在行业内独树一帜。

四、企业在生产运作技术选择与管理上面临的新挑战

任何一个强大的国家都应有强大的制造业作为根基,因为一个国家的强盛必须建立在丰富的物质基础之上。即使对于当今的发达国家来说,也很难仅仅依靠服务业长期保持强大。这也正是发达国家大力推进新一轮工业变革的根本原因。面对当前这种形势,中国企业既面临机遇,也面临挑战。

首先,发达国家当前正在推动的工业4.0、再工业化等工业变革展现了不同于传统流水线、集中化机器大生产的全新生产方式,其所展示的一些主要技术的主要应用场所是工厂和制造环节,而我国历经半个多世纪,尤其是近30年多年来的快速发展,已然是全球制造大国,积累了相当的技术基础和研发能力,再加上信息技术产业的快速发展以及中国十亿级的人口市场,这些都为我国企业抓住新一轮工业变革的机遇奠定了基础。

与此同时,中国企业也应认识到,新一轮工业变革可能对中国制造业带来冲击。到目前为止,很多企业缺乏原创技术、缺乏创新,并没有掌握制造的核心材料、设备和工艺,仍然停留在组装加工阶段,很多工厂还处于劳动密集的规模化流水线时代,尚未踏入大规模自动化生产时代。我国在全球产业链中的高附加值环节所占份额也还相对较小。在这种情况下,发达国家的企业有可能在这一轮工业变革中通过充分利用先进制造技术,用较低成本提供比中国产品种类更丰富、功能更齐全、性能更稳定、使用更人性化、环境更友好的产品,中国的比较成本优势可能会被弱化。发达国家的企业在先进制造技术方面的知识和技能积累,会成为中国企业遇到的最大挑战。中国企业必须认清形势,保持开放、创新的心态,抓住机遇,利用互联网、软件与工业的融合,迅速提升制造能力,向制造强国发展。

思 考 题

1. 如何将生产运作技术的选择与经营战略联系起来?
2. 人们支持或反对提高自动化程度的主要理由是什么?站在不同立场上(如企业管理层和一般员工)是否会持有不同的理由?
3. 范围经济与自动化之间的关系是什么?规模经济与自动化之间的关系又是什么?试比较。
4. 作为一种新的运作技术,银行的自动出纳机(ATM)给银行带来的主要好处是什么?ATM的业务运作在哪些方面优于出纳员?在哪些方面不如出纳员?
5. 举例说明,条形码技术如何改进了服务业和制造业的管理状况?
6. 什么是计算机集成制造系统(CIMS)?它是否对任何制造行业均适用?

7. 作为一种自动化设备，AGV 和 AS/RS 的使用在哪些方面受到限制？在哪些情况下可充分发挥威力？

8. 除了本章所列举的信息技术在服务业的应用以外，信息技术在服务业还有哪些应用？举例说明。

9. 查找一些资料或案例，说明信息技术投资给企业带来的收益以及对生产率提高的影响。

10. 试评论本章的【应用事例 4.1】。该事例说明了什么问题？你还能举出类似的其他例子吗？对于这类问题，你有何建议？

11. 移动互联网技术的蓬勃发展在很多方面改变了企业做产品、做服务的方式，这给企业与企业之间的竞争带来了什么新问题和新挑战？试结合几个具体行业进行论述。

12. 当今新一轮工业变革方兴未艾，你认为在这一轮变革中我国企业面临的最大挑战是什么？应该采取什么对策？结合几个具体行业进行论述。

生产运作能力

企业决定了要提供什么产品或服务、决定了竞争策略和生产运作组织方式等问题后,其注意力就会集中到生产运作能力(capacity)上来:在给定的生产运作组织方式下,现有的生产运作能力能否满足生产或提供服务的要求;如果不能,如何扩大生产运作能力等。生产与运作管理人员必须考虑提供足够的能力,以满足目前及将来的市场需求,否则就会遭受机会损失。但反过来,生产运作能力过大,又会导致设施闲置、资金浪费。在考虑这一问题时,需要有一定的原则和方法,这就是本章所要介绍的内容。

第一节 基本概念

一、生产运作能力的定义

所谓生产运作能力,是指一个系统的最大产出率(output rate)。这里的系统,可以是一个工序、一台设备,也可以是整个企业组织。本章所论述的生产运作能力,主要是指一个企业的生产运作能力。

企业的生产运作能力从广义上说,是指人员能力、设备能力和管理能力的总和。人员能力是指人员数量、实际工作时间、出勤率、技术水平等诸因素的组合;设备能力是指设备和生产与运作面积的数量、水平、开动率和完好率等诸因素的组合;管理能力包括管理人员经验的成熟程度与应用管理理论、方法的水平和工作态度。从狭义上说,运作能力主要是指人员能力和设备能力,在资本集约度较高的制造业企业,尤其是指设备能力。在实际的企业管理中,由于管理能力一般来说只能做定性的分析,而人员能力和设备能力是可以定量计算的,因此生产运作能力主要是指狭义的能力,即指一个企业在一定的生产运作组织条件下,企业内部各个生产与运作环节综合平衡以后能够产出一定种类的产品或服务的最大数量,它是反映企业产出可能性的一种指标。

二、生产运作能力的度量

(一) 基本度量

没有一种度量适用于所有类型的组织。不同的组织,根据其具体情况,需要考虑采用不同的度量。一般来说,度量可分为两种基本形式:投入度量和产出度量。一个汽车厂,其生产能力可以用产出来简单地度量,如年产30万辆;但在一个机械配件厂,因其生产的品种很多,采用可利用的设备数,即投入度量更方便。一个医院可以用投入来度量,如它所拥有的床位,也可以用产出来度量,如平均每天可看的病人数;航空客运业可以用它所拥有的飞机数量(投入)度量,也可以用它每月提供的座位数(投入)度量,还可以用每月的飞行距离×顾客人数(产出)度量;一个餐馆可以用所拥有的座位(投入)度量,也可以用一天可接待的顾客数(产出)度量。

一般来说,选择用投入还是产出来度量,其基本考虑是:在以产品对象专业化为生产运作组织方式的企业组织中,通常以产出为度量单位,例如,上述的汽车厂。在这种情况下,产出的品种比较少,产出有明确的度量。而在产品品种较多、数量较少、采取工艺对象专业化的生产组织方式的企业中,用投入进行度量更方便,例如,用拥有的设备数量、每月的可利用设备机时进行度量等。但是,在这种情况下,要注意的是,市场需求往往是按照产出来表示的(例如,需要多少辆汽车、多少个配件)。为了考虑需求与能力是否匹配,需要把需求换算成所需的设备数或设备机时等。

(二)"最大"能力与"正常"能力

所谓生产运作能力,是指一个设施的最大产出率。但是,"最大"的含义是什么?实际上有两种含义,特别是以设备能力来度量时,这种度量方式是制造业企业中一种最普遍的度量方式。一种是技术上的"最大"含义,它是指除设备所需的正常维修、保养时间以外,设备连续运转时的产出能力。另一种是经济上的"最大"含义,它是指一个组织在使用合理的人员、合理的时间安排的条件下,设备的最大产出能力。例如,对于某些企业来说,合理的时间安排只表示一班,即一天8小时的设备运转时间,而有些企业是指3班,即一天24小时的运转。又如,有的企业年工作数是260天,而有的企业只有240天。在这两种情况下,"最大"产出能力的含义是截然不同的,我们把经济上的这种最大能力称为"正常"能力,而把技术上的最大可能能力称为"最大"能力。

在有些情况下,企业可以超出"正常"能力使用"最大"能力,例如,在需求突然增大时,采取一些临时措施加班加点,或增加倒班,或临时减少正常的保养时间,增加设备的运行时间等。但是要注意的是,这样的临时措施不能长时间使用。因为职工可能不愿意过多地加班加点;即使愿意,一方面,企业需要付出比正常工资更高的工资,另一方面,职工长时间劳动引起的疲劳感会导致生产率下降。这两方面因素对于企业都是很不利的,在严重的情况下,甚至会得不偿失。例如,原来加班加点的目的是满足更多的需求,获取更多的利润,但是由于额外工资的增加和生产率的下降,会导致成本的急剧上升。而且如果职工长期过度劳动,还有可能引起不满、情绪低落,甚至辞职不干等,带来人力资源管理上的其他问题。

总而言之,能力的概念实际上有两种:一种是技术意义上的最大能力,我们称之为"最大"能力;另一种是经济意义上的最大能力。我们称之为"正常"能力。通常对生产运作能力所做的计划和考虑,均应指正常能力,"最大"能力只是作为一种应急的措施考虑。

三、生产运作能力的重要性

生产运作能力是保证一个企业未来长期发展和事业成功的核心问题。一个企业所拥有的生产运作能力过大或过小都是很不利的:能力过大,导致设备闲置、人员富余、资金浪费；能力过小，又会失去很多机会，导致机会损失。因此，必须对生产运作能力的现状有确切的了解，对未来的生产运作能力有周密的计划。

生产运作能力计划将成为制订企业年度生产与运作计划的重要依据之一。通过对现有能力的掌握，可以及时发现生产与运作中的薄弱环节和富余环节，以便挖掘潜力，提高企业生产与运作的经济效益。能力计划还可以为企业制定设施建设规划提供必要的资料，从而使基本建设投资费用得到更为合理有效的运用。

第二节　能 力 计 划

一、能力的利用率

在制订能力计划时，首先需要对现有的生产运作能力有一个明确的把握：在现在的情况下够还是不够，平均利用率有多高等。因此，这里的一个重要概念是能力的利用率（utilization rate of capacity）。

能力的利用率是指设施、设备、人员等生产运作能力被利用的平均程度，其基本表达式为

$$利用率 = \frac{平均产出率}{生产运作能力}$$

平均产出率和生产运作能力必须用相同的单位表示才有意义。例如，一个汽车厂的生产能力为年产 30 万辆，平均产出率为年平均 24 万辆，则利用率为 80%。

能力的利用率不应该是百分之百而应留有一定的富余量，该富余量被称为能力的缓冲（capacity cushion）。用公式来表示，即

$$能力缓冲 = 1 - 利用率$$

缓冲量的大小随产业和企业的不同而不同。根据美国制造业的统计数据，美国制造业 1948—1990 年平均生产能力缓冲为 18%，最低为 9%（1966 年，景气时期），最高曾达 27%（1982 年）。最适合的缓冲量应根据企业的具体情况而定。在资本集约度较高的企业，设备造价昂贵，因此能力缓冲量通常较低，小于 10%。但也有例外，如电力行业，其资本集约度也很高，可是为了避免用电高峰时供电中断，能力缓冲量也许应设置为 15%～20%。在银行、邮局、超级市场（收款台）等服务部门，顾客的到达是随机的，从而导致服务台的忙闲不均，如果不设置足够的能力缓冲以应付顾客到达的高峰，就有可能失去顾客。在这种性质的行业，由于既不能用库存调节对需求的供应，也不能使顾客等待时间太长，因此适当设置缓冲量更加重要。在制造业企业，需求的波动在某种程度上可以利用库存来调节，也可以通过加班、倒班等来调节，因此缓冲的设置量可以相对小一些。但当需求的不确定性较大，而生产系统资源的灵活性较小时，较大的缓冲是必要的。

二、规模经济原理在能力计划中的运用

人们对规模经济原理的一般理解是：生产规模（或设施规模）越大，产出的平均成本越低，因为规模越大，固定成本和最初的投资费用可分摊到越多的产品中，从而成本越低。此外，大规模生产在制造工艺方面有很多可减少成本的机会，如学习效应（关于学习

效应的概念,见第四节),不需要很多作业交换时间,可采用高效专用设备、减少中间库存等。但实际上也并不完全如此。当规模扩大到一定地步时,管理、协调的复杂性急剧增加,从而引起间接成本(内部管理成本)的急剧增加,组织的注意力会分散,生产效率也有可能降低(部门之间的摩擦、信息传递耗费时间等),从而使总成本又变高。因此,要有一个"适度规模"。

此外,在给定的设施规模下,还存在一个最优的生产运作水平问题。一个 500 床位的医院平均成本比 250 床位的要低,这与规模的扩大很有关系;但是当规模进一步扩大时,成本又会上升。在每一规模下,仍然有一个最优运作水平。因此只有当设施规模和运作水平都比较适度的情况下,才能达到最优经济规模。这是在制订能力计划时必须注意的一个问题。

三、能力扩大的时间与规模

这个问题是指:何时扩大能力,扩大多少。有两种属于两个极端的策略:积极策略和消极策略。如图 5.1 所示,积极策略中的能力扩大时间超前于需求,每次扩大的规模较大,但两次扩大之间的时间间隔较长;而在消极策略中,能力的扩大时间滞后于需求,每次扩大的规模较小,但扩大次数较多,即两次扩大之间的时间间隔较短。还有位于二者之间的中间策略,如图 5.1(c)所示。

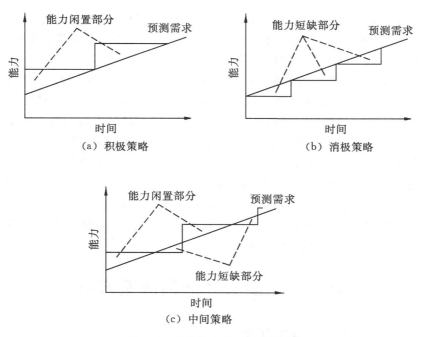

图 5.1 能力扩大的时间和规模

能力扩大的时间和规模实际上是相关联的,当需求增长一定时,扩大间隔越长,每次的扩大量也越大,反之亦然。积极策略的能力扩大时间超前于需求,因此会带来较大的缓冲,但是它可以减少由于能力不足而引起的机会损失。消极策略的能力扩大时间滞后于需求,能力不足部分可以采取加班加点、雇用临时工、任务外包、动用安全库存等措施来补救,但这些措施都有其不利的一面。例如,加班需要支付高于正常水平的工资,工作时间过长容易引起生产率降低等。但是,有时候可以几种措施并用,以尽量使不利之处相互抵消。

选择什么样的策略来扩大能力需要根据企业的具体情况来定。例如,学习效应比较强、规模经济有其优势时,积极策略就是很有利的,它可以使企业降低成本,取得价格上的竞争优势,还可以扩大市场占有率。消极策略是一种保守型、稳妥型策略,其风险较小。例如,对需求过于乐观的估计,技术的重大变化使现有设备报废以及其他难以预测的因素会带来一定的风险,消极策略可使这种风险变小。有很多企业,尤其是中小企业不愿意冒风险,它们只是通过追随其他成功企业的做法,多利用上述列举的各种临时措施,尽量提高投资回收率等方法来维持企业的生存和稳步发展,但这种方法长期内会带来市场占有率的降低。

四、能力计划决策与其他决策之间的关系

能力计划决策与组织的其他决策(包括战略决策、系统设计决策以及日常运行决策)均有密切的关系。例如,当企业要对设施选址、资源分配、库存管理方法等问题进行决策时,往往也必须考虑能力缓冲量的改变问题。这里主要讨论三个问题。

(1) 能力决策与企业竞争重点之间的关系。如果竞争重点放在快速交货、缩短交货期上,那么应该有较大的缓冲,以快速响应需求的变化。反之,如果竞争重点是低成本,则应尽量使能力的利用率增大、缓冲变小。

(2) 能力决策与设施规划决策之间的关系。能力扩大通常要伴随设施扩大或重选新址问题。反过来,当一个企业具有多处生产基地时,在削减生产能力时还必须决定废弃哪个基地。美国最大的汽车公司 GM 在削减其生产能力时曾面临关闭几所工厂的决策问题,因此必须决定:是关闭那些设备陈旧、年代已久,但工人训练有素、经验丰富且劳资关系较好的老工厂,还是放弃那些设备较先进但劳资关系不太好的新工厂。

(3) 能力决策与系统日常运行决策之间的关系。例如,库存策略,当库存水平控制得较低时,设定较大的能力缓冲可帮助解决需求高峰时满足需求的问题;当作业现场的作业排序、人员分配变动不太大时,只需要较小的缓冲即可;当人员安排上的灵活性较小时,大的缓冲可减少设备的超负荷运转。

第三节 能力计划的决策方法

一、未来能力需求的估计方法

在制订能力计划时,首先要进行需求预测。由于能力需求的长期计划不仅与未来的市场需求有关,还与技术变化、竞争关系以及生产率提高等多种因素有关,因此必须综合考虑。还应该注意的是,所预测的时间段越长,预测的误差可能就越大。

对市场需求所做的预测必须转变为一种可以与能力直接进行比较的度量。在制造

业企业中，生产能力经常是以可利用的设备数来表示的，在这种情况下，管理人员必须把市场需求（通常是产品产量）转变为所需的设备数。下面是一种把市场需求转变为设备数量的方法。

第一步，通过下式计算每年所需的设备小时数：

$$R = \sum D_i P_i + \sum \frac{D_i}{Q_i} S_i, \quad (i = 1, 2, \cdots, n) \tag{5.1}$$

式中，R——每年所需的全部设备小时数；

D_i——每年所需的产品或服务 i 的数量；

P_i——产品或服务 i 所需的加工（处理）时间；

Q_i——产品 i 每批的加工数量（即产品或服务 i 的批量）；

S_i——产品 i 的标准的作业交换时间（在服务中，重换一种业务时所需的准备时间）；

n——产品或服务的种类数。

第二步，计算每台设备可提供的工作小时数。首先需要计算该设备的总工作时数 N，可以用下式来计算：

$$N = 工作时数／天 \times 工作日／年$$

这样得到的是理论上的总工作时数。还需要考虑其实际利用率，进行调整，这个调整可利用缓冲很容易地得到：

$$H = N(1 - C) \tag{5.2}$$

式中，H——某设备一年可提供的实际工作时数（已考虑缓冲）（正常工作时数）；

N——某设备一年的理论工作时数；

C——缓冲量（用百分比来表示）。

第三步，根据用设备时数来表示的市场需求量和每台设备所能提供的实际工作时数，算出所需设备数：

$$M = \frac{R}{H} \tag{5.3}$$

在其他类型的企业组织中，也可以用类似的方法计算能力需求。例如，剧院的市场需求可转换成对剧院座位的需求；银行的顾客需求转换为对柜台设置数的需求等。但一般来说，在相同的计划期内，服务需求比产品需求更难预测，它们往往在一天的不同时间段内也有很大变化（如银行、医院、理发馆、超级市场、餐馆等）。邮局业务在不同月份、不同日子、一天内的不同小时内都不同，此外还要考虑非常复杂的各种邮件的混合问题。饭店顾客的到达和离去必须以小时为单位监控，以保持房间的可利用性。某饭店经理曾说："我们销售的是时间，你不可能把饭店的房间摆在架子上"，这是对饭店运作能力特点的最生动描述。

【应用事例 5.1】

某写字楼内的复印中心为两个部门（A 和 B）复制各种业务报告。每份报告所需的复制时间根据其页数、装订方式等而不同。下面给出了每个部门复制需求的有关信息。该中心每年的工作日为 250 天，每天工作 8 小时。复印中心认为，需要保持 15% 的能力缓冲。

该中心为这两个部门进行文件复制,至少需要几台复印机?

项　　目	部门 A	部门 B
年需求(需复制的报告种类数)	50	100
每种报告复制份数	40	60
每份复制时间/h	0.5	0.7
作业准备时间/h	5	8

求解:

第一步:计算全年所需的复印机小时数。
$$R = (50 \times 40 \times 0.5 + 100 \times 60 \times 0.7) + (50 \times 5 + 100 \times 8)$$
$$= 6\ 250(h)$$

第二步:计算一台复印机的年工作时数。
$$H = N(1 - 15\%)$$
$$= 8(h/d) \times 250(d/d) \times 85\%$$
$$= 1\ 700(h)$$

第三步:计算所需复印机数。
$$M = 6\ 250 \div 1\ 700 = 3.68 \cong 4(台)$$

二、能力计划的决策步骤

不同企业的能力计划的决策方法各有不同,但一般来说,至少下述四个步骤是必要的:

(1) 估计未来的能力需求;
(2) 确定需求与现有能力之间的差;
(3) 制定候选的能力计划方案;
(4) 评价每个方案(定性及定量的),作出最后选择。

其中步骤(1)的未来能力需求的估计方法在前面已讨论过,下面详细讨论其他三个步骤的具体做法。

(一) 计算需求与现有能力之间的差

当预测需求与现有能力之间的差为正数时,很显然,就需要扩大能力。这里要注意的是,当一个生产与运作系统包括多个环节或多个工序时,对能力的计划和选择要格外谨慎。一个事例是:20 世纪 70 年代西方发达国家的航空工业呈供不应求的局面,因此许多航空公司认为,所拥有的飞机座位数越多,就可以赢得越多的顾客,因此竭力购入大型客机,但事实证明,拥有较小飞机的公司反而获得了更好的经营结果。原因是满足需求的关键因素在于航班次数的增加,而不是每一航班所拥有的座位数。也就是说,顾客需求总量可用"座位数×航班次数/年"来表达,只扩大前者而忽视后者则遭到了失败。在制造业企业中,能力扩大同样必须考虑各工序能力的平衡。当企业的生产环节很多,设备多种多样时,各个环节所拥有的生产能力往往不一致,既有富余环节,又有瓶颈环节,而富余环节和瓶颈环节又随着产品品种和制造工艺的改变而变化。从这个意义上说,企业的整体生产能力是由瓶颈环节的能力决定的,这是制订能力计划时必须注意的一个关键问题。否则的话,就会形成一种恶性循环,即某瓶颈工序能力紧张→增加该工序能力→未增加能力的其他工序又变为瓶颈工序。

(二) 制定候选方案

处理能力与需求之差的方法可以有很多种。最简单的一种是:不考虑能力扩大,任由这部分顾客或订单失去。其他方法包括能力扩大规模和时间的多种方案,包括积极策略、消极策略或中间策略的选择,也包括新设施地点的选择,还包括是否考虑使用加班、外包等临时措施,等等。这些都是制定能力计划方案时所要考虑的内容。考虑的重点不同,就会形成不同的候选方案。一般来说,至少应给出3~5个候选方案。

(三) 评价每个方案

评价包括两方面:定量评价和定性评价。定量评价主要是从财务的角度,以所要进行的投资为基准,比较各种方案给企业带来的收益以及投资回收情况。这里,可使用净现值法、盈亏平衡分析法、投资回收率法等不同方法。定性评价主要是考虑不能用财务分析来判断的其他因素,例如,是否与企业的整体战略相符,与竞争策略的关系,技术变化因素,人员成本等。这些因素的考虑,有些实际上仍可进行定量计算(如人员成本),有些则需要用直观和经验来判断。在进行定性评价时,可对未来进行一系列的假设,例如,给出一组最坏的假设:需求比预测值要小,竞争更激烈,建设费用更高等;也可以给出一组完全相反的假设,即最好的假设,用多组这样的不同假设来考虑投资方案的好坏。

三、能力计划的辅助决策工具——决策树

制订长期能力计划需要知道未来某个时期的需求预测(这个时期至少需要几年或更长)。但是,预测结果的不确定性通常很大,因为:①预测时期的跨度越大,预测结果的准确性就越低;②如果有其他同行参与竞争,需求的不确定性会变得更大、更难以预测(同行的竞争策略往往是保密的);③某一时期内的需求并不是均匀地分布在该时间段内,而是可能有高峰有低谷。因此,关于能力扩大的决策往往是在对具有随机性的未来需求进行估计的基础上作出的。在这种情况下,决策树是一种很好的辅助决策工具。

决策树是由各个候选决策方案和每个方案可能产生的结果所组成的一个图解式模型,这个图解式模型看起来像树一样,因此而得名。决策树模型包括一系列节点和从节点发射出来的分支,如图5.2所示。模型应从左向右读,其中的各节点和分支的含义包括:①方形节点为决策点,从决策点射向右方的分支表示候选方案。②候选方案右边所连接的圆形节点为"事件"节点,这些事件的发生是随机的,不受人为的控制。③从事件节点发射出的各分支表示可能发生的事件,每个分支上方应表示出该事件发生的概率,从一个事件节点发射出的各个事件发生的概率之和应等于1。④在事件分支的右方如果有进一步可候选的方案,则重复步骤①至步骤③;如果没有,则表示经营结果,该经营结果表示的是,选择该分支上的候选方案并发生该分支上的事件时,可能带来的经营结果。经营结果可用利润或成本表示,也可以用其他主要影响决策的因素来表示(如人数的节

省、距离等)。

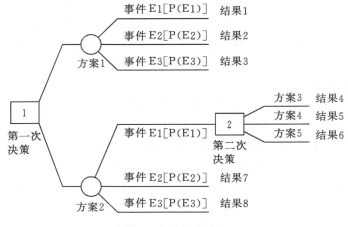

图 5.2 决策树模型

画出决策树后,求解则应从右向左进行:①事件节点的经营结果期望值等于每一事件的经营结果乘以其概率,再求和,即 事件节点的经营结果期望值 = $\sum$ 事件经营结果 × 事件概率。②在决策节点,选择经营结果最好的候选方案为被选择方案。如果一个决策点(如图 5.2 中的决策点 2)向左通向一个事件节点,则该决策点选择的最好经营结果作为该事件的经营结果。③未被选中的事件应划两小短横线表示除去。决策点所得到的经营结果最后只与一条分支相连。④重复上述步骤,直至到达最后的决策点。最后未被去除的分支就表示最好的选择方案。

下面用一个事例来说明决策树的具体应用。

【应用事例 5.2】

某百货公司准备在一个选定的新地区开设分店,现有两个关于分店规模的方案:大规模方案和小规模方案。该地区的市场需求有两种可能:需求很大和需求较小,概率分别为 0.6 和 0.4。那么可能的结果如下。

(1) 小规模方案,需求很大。在这种情况下,还需要进一步选择,是维持该规模还是进一步扩大。预计两种选择的经营结果分别是:①维持,所获利润为 22.3 万元;②扩大,利润为 27 万元。

(2) 小规模方案,需求很小。这种情况下没必要进一步选择,因为没必要再进一步扩大。预计经营结果为 20 万元。

(3) 大规模方案,需求很小。这种情况下有两种选择:听之任之(经营结果将为 4 万元)或进行促销活动。促销可能会引起两种结果:反应一般(相应的经营结果为 2 万元)或反应热烈(结果为 22 万元),这两种结果发生的概率分别为 0.3 和 0.7。

(4) 大规模方案,需求很大。这是最好的组合,这种情况下没必要再决策,经营结果为 80 万元。

这一问题的决策树模型如图 5.3 所示。各事件节点和决策节点的经营结果也如该图所示。从该图可知,采用大规模方案的经营结果比采用小规模方案要好得多。

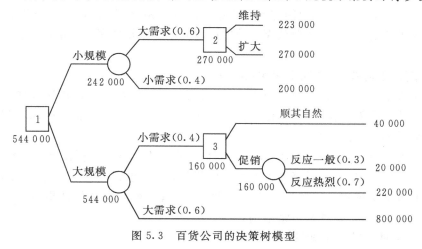

图 5.3　百货公司的决策树模型

第四节　学 习 曲 线

本章第二节多次谈到了学习效应。那么,什么是学习效应？在制订能力计划时如何考虑和应用学习效应,是本节所要介绍的内容。此外,学习效应在工作设计等方面也有重要的应用意义。

一、学习效应

(一) 什么是学习效应

所谓学习效应,是指当一个人或一个组织重复地做某一产品时,做单位产品所需的时间会随着产品生产数量的增加而逐渐减少,然后才趋于稳定,如图 5.4 所示。它包括两个阶段:一是学习阶段,单位产品的生产时间随产品数量的增加逐渐减少;二是标准阶段,学习效应可忽略不计,可用标准时间进行生产。

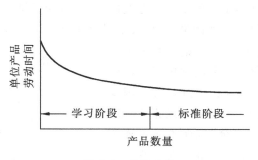

图 5.4　学习曲线

如图 5.4 所示的这条曲线就称为学习曲线(learning curves)。它所表示的是单位产品的直接劳动时间和累积产量之间的关系。类似的表示学习效应的概念还有"制造进步函数"(manufacturing progress function)和"经验曲线"(experience curve),但它们所描述的不是单位产品直接劳动时间与累积产量之间的关系,而是单位产品的附加成本与累积数量之间的关系。这两种曲线的原理与学习曲线是相同的,因此这里只介绍学习曲线。

(二) 两种学习效应:个人学习和组织学习

所谓个人学习效应,是指当一个人重复地做某一产品时,由于动作逐渐熟练,或者逐渐摸索到一些更有效的作业方法,做一件产品所需的工作时间(即直接劳动时间)会随着产品累积数量的增加而减少。

组织学习是指管理方面的学习,指一个企业在产品设计、工艺设计、自动化水平提高、生产组织以及其他资本投资等方面的经验积累过程,也是一个不断改进管理方法、提高人员作业效率的过程。如图5.4所示的曲线,可以是组织学习的结果,也可以是个人学习的结果,还可以是两种学习结果的叠加。

(三) 学习曲线的产生背景

人们很早就从直觉上感觉到了学习效应,但人们是如何发现这样一种学习规律的呢?学习曲线最早产生于第二次世界大战时的飞机制造业。当时发现生产每架飞机所需的直接劳动时间随着飞机累积数量的增加而有规律地减少,这些结果可绘制成一系列的学习曲线。一项针对各主要飞机制造厂所做的调查都表明了类似的结果,无论所制造的飞机是战斗机、轰炸机还是其他机型。另一个发现是,这些曲线之间也有很大的类似性,即无论生产第1架飞机所用的时间是多少,第8架所需的时间只是第4架的80%,第12架只是第6架的80%,等等。也就是说,在任何一种情况下所发生的现象都是,当产量增加一倍时,所需生产时间就会减少20%。由于这种改进的速率非常一致,由此又产生了"学习率"的概念,即在飞机生产中,产量加倍过程中的学习率是80%。对于不同产品或不同企业,学习率有可能不同。

(四) 学习曲线的运用

首先,在生产运作能力管理中,学习曲线可以用来帮助企业较精确地估计对生产能力的需求,制订相应的能力计划;其次,学习曲线可以用来帮助企业制订产品的成本计划,因为根据学习效应,可估计随着累积产量的增加成本降低的可能性;最后,根据学习效应理论,当一个企业竞争策略的重点放在低成本上时,为了维持一定的利润,必须有足够的产量,企业通常是尽快增加产量,以使成本降至学习曲线的低点。

这样一种学习效应对于防止竞争对手进入自己的市场也是很有用的。例如,在电子元器件工业,开发一种集成电路的成本是昂贵的,因此产品最初的价格往往很高,但随着产品累积生产数量的增加,成本会迅速下降,从而价格也降下来,这对于先开发产品、先进入市场的企业十分有利。而后来的参入者一开始就必须以低价格在市场上出现,但一开始的生产成本是很高的(如图5.5所示),这种学习阶段的价格低于成本

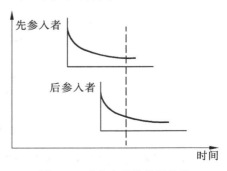

图5.5 后参入者的学习阶段

的损失,只能由其自己承担。

从另一方面来说,学习曲线如使用不当也是有一定风险的。这是指管理人员往往容易忘记环境动态变化的特性,在这种情况下,环境变化中的不测因素有可能影响学习规律,从而给企业带来损失。一个著名事例是道格拉斯飞机制造公司被麦克唐纳(McDonnell)兼并的事例。道格拉斯曾经根据学习曲线估计它的某种新型喷气式飞机成本能够降低,于是对顾客许诺了价格和交货日期,但是在飞机制造过程中不断地修改工艺,致使学习曲线遭到破坏,也未能实现成本降低,因此遇到了严重的财务危机,不得不被兼并。总而言之,只有在使用得当的条件下,学习曲线才是一种强有力的竞争武器。

二、学习曲线的建立

学习曲线的建立基于下列基本假设:
(1) 生产第 $n+1$ 个产品所需的直接劳动时间总是少于第 n 个;
(2) 当累积生产数量增加时,所需直接劳动时间按照递减的速率减少;
(3) 时间的减少服从指数分布。

这些假设实际上包含了学习曲线的基本规律,即生产数量每增加一倍,所需直接劳动时间减少一个固定的百分比。

在这样的假设下,给定第一个产品的直接劳动时间和学习率,可建立下述对数模型。用这个模型,即可描绘学习曲线:

$$k_n = k_1 \cdot n^b \tag{5.4}$$

式中,k_1——第一个产品的直接劳动时间;

k_n——第 n 个产品的直接劳动时间;

n——累积生产数量;

b——$\lg r / \lg 2$;

r——学习率。

【应用事例 5.3】

某柴油机车厂,其某种产品的第一件生产时间是 50 000h,根据以往的经验,这类产品的学习率是 80%。现在想要:①估计第 40 件产品所需的生产时间;②计算前 40 件产品的平均单件生产时间;③描绘学习曲线。

① 根据式(5.4),可求出第 40 件产品所需的生产时间 k_{40},如下:

$$k_{40} = 50\ 000 \times 40^{\lg 0.8/\lg 2}$$
$$= 50\ 000 \times 0.304\ 88$$
$$= 15\ 244 \text{(h)}$$

② 前 40 件产品的平均单件生产时间可计算如下:

平均单件生产时间 $= (\sum k_i)/40 = (k_1 + 2^b k_1 + 3^b k_1 + \cdots + 40^b k_1)/40 = k_1(1 + 2^b + 3^b + \cdots + 40^b)/40 = k_1 A(r, n)$

A 实际上与具体的产品无关,只与学习率 r 和数量 n 有关,称为平均单件生产时间因子,因此可预先制成表格备查。表 5.1 就是这样一个表格。从该表可知,当 $n=40$,学习率＝80%时，$A=0.42984$。因此，平均单件生产时间＝$50\,000\times 0.42984=21\,492$(h)。

③ 学习曲线可用如式(5.4)所示的对数模型来描绘，也可以通过学习曲线的基本规律来描绘，即，第2件产品的生产时间是第一件的80%，第4件是第2件的80%，第8件是第4件的80%，等等。

表5.1 平均单件生产时间因子表

学习率＝80%（n,累计生产数量)						学习率＝90%（n,累计生产数量）					
n		n		n		n		n		n	
1	1.000 00	19	0.531 78	37	0.439 76	1	1.000 00	19	0.735 45	37	0.670 91
2	0.900 00	20	0.524 25	38	0.436 34	2	0.950 00	20	0.730 39	38	0.668 39
3	0.834 03	21	0.517 15	39	0.433 04	3	0.915 40	21	0.725 59	39	0.665 95
4	0.785 53	22	0.510 45	40	0.429 84	4	0.889 05	22	0.721 02	40	0.663 57
5	0.747 55	23	0.504 10	64	0.373 82	5	0.867 84	23	0.716 66	64	0.620 43
6	0.716 57	24	0.498 08	128	0.302 69	6	0.850 13	24	0.712 51	128	0.560 69
7	0.690 56	25	0.492 34	256	0.244 05	7	0.834 96	25	0.708 53	256	0.505 86
8	0.668 24	26	0.486 88	512	0.196 22	8	0.821 72	26	0.704 72	512	0.455 94
9	0.648 76	27	0.481 67	600	0.186 61	9	0.809 98	27	0.701 06	600	0.445 19
10	0.631 54	28	0.476 68	700	0.177 71	10	0.799 45	28	0.697 54	700	0.434 96
11	0.616 13	29	0.471 91	800	0.170 34	11	0.789 91	29	0.694 16	800	0.426 29
12	0.602 24	30	0.467 33	900	0.164 08	12	0.781 20	30	0.690 90	900	0.418 78
13	0.589 60	31	0.462 93	1 000	0.158 67	13	0.773 20	31	0.687 75	1 000	0.412 17
14	0.578 02	32	0.458 71	1 200	0.149 72	14	0.765 80	32	0.684 71	1 200	0.400 97
15	0.567 37	33	0.454 64	1 400	0.142 54	15	0.758 91	33	0.681 77	1 400	0.391 73
16	0.557 51	34	0.450 72	1 600	0.136 60	16	0.752 49	34	0.678 93	1 600	0.383 90
17	0.548 34	35	0.446 94	1 800	0.131 55	17	0.746 46	35	0.676 17	1 800	0.377 11
18	0.539 79	36	0.443 29	2 000	0.127 20	18	0.740 80	36	0.673 50	2 000	0.371 14

三、学习率的确定

如果数据齐备且合理，学习率可利用如式(5.4)所示的对数模型来求解。其必要条件是要知道第1件和第n件产品的生产时间。求解包括两步。

(1) 计算b的值

因为
$$k_n = k_1 \cdot n^b$$

所以
$$n^b = k_n/k_1$$

两边取对数：
$$b\lg n = \lg(k_n/k_1)$$
$$b = \lg(k_n/k_1)/\lg n$$

(2) 根据b的定义求解学习率r

因为b的定义为
$$b = \lg r/\lg 2$$

所以
$$r = 10^{(b\lg 2)} \tag{5.5}$$

如果没有上述数据，即在某种产品开始生产之前就想估计学习率，这种估计通常带有较强的主观性。在这种情况下有两种估计方法：一是根据本企业过去生产过的类似产品进行估计，如果工艺等比较类似，就认为具有相同的学习率；二是把它看作与该产业的平均学习率相同。无论采用哪种方法,在实际生产开始、积累了一定数据以后,都需要对最初的估计进行修正。这里有几个要注意的问题。

(1) 盲目地接受产业平均学习率有时是很危险的,因为对于不同的企业,有时会有相当不同的学习率。

(2) 影响各企业学习率的主要因素之一是生产运作是以设备速率为基础,还是以人的速率为基础。在以设备速率为基础的生产运作中,直接劳动时间减少的机会较有限。因为在这种情况下,产出速度主要取决于设备能力,而不是人的能力。在一个生产运作系统中,以人的速率为基础的生产运作所占的比例越大,直接劳动时间中所反映出来的学习效应就越强。

(3) 影响学习率的另一个因素是产品的复杂性。简单产品的学习率不如复杂产品那么显著。复杂产品在其整个生命周期中通常有更多的机会来改进工作方法、改变材料、改变工艺流程等。也就是说,复杂产品的组织学习率通常更高,特别是在没有相似产品生产经验的情况下,学习率更高。

(4) 资本投入的比率也会影响学习率。这是指自动化程度的提高或设备的改善会使直接劳动时间减少,从而使学习曲线发生一定变化。因此,当根据过去类似产品的经验估计学习率时,必须考虑资本投入比率的影响。

第五节 服务能力计划与管理

一、服务能力计划的特殊性

企业所面临的市场需求往往是波动的,而企业的生产能力通常是一定的。因此,无论是制造业企业还是服务业企业,如何使供需平衡都是一个重要的管理问题。但是,服务管理者在这个问题上面临更大的挑战。因为对于制造业企业来说,有更多的工具和策略来解决这个问题,其中的主要方法之一是利用库存,预先把产品制造出来,以满足高峰时的需求或无法预期的需求,还可以利用加班、外协或推迟供货等方法。而对于服务业企业来说,由于其产品和市场需求的特殊性,制造业企业制订能力计划的很多方法在服务业企业中都难以利用,服务管理者在制订能力计划这个问题上面临如下一系列特殊性。

1. 服务能力和服务需求同步

由于很多服务只能在顾客到达的同时才开始"生产",它们在生产的同时就被消费掉了(在本书第一章讨论服务的本质特点时,把服务的这种特性称为"不可储存性")。服务的这种特性使得服务业企业虽然可以预测需求高峰,却不能事先把服务生产出来供应给其后的顾客。这给服务能力计划带来了很大的挑战,要求服务能力必须与需求密切保持一致。当顾客愿意等待时,推迟提供服务是可能的。例如,一个汽车购买者如果他喜欢的车型当时买不到,一般愿意等几天。然而,一个牙痛患者是不可能等的。

2. 一些服务系统的能力难以具有弹性

产品制造系统可以通过加班加点来短期增加生产能力,例如,生产电视机时,加班生产、倒班生产或加快速度可以增加电视机的产量;对于服务业者来说,宾馆管理者在客满时不能通过加班增加房间数量,迪斯尼乐园也无法在黄金假日期间增加服务能力。

3. 服务需求的预测难度更大

与大部分产品的需求预测相比，许多服务企业的需求预测更困难，而且需求变化的随机性更大，变化更频繁。这其中的一个原因是顾客的一些服务消费决策往往是冲动性的，是由当时的环境临时做出（如下饭馆、看电影、理发等），人们通常对这样的服务并没有长远计划，这使得需求预测难度加大。

4. 服务时间的多变性

单件产品的生产时间通常是固定的，因此容易计算一定设备在一定时间内可生产多少个产品，但由于服务的多样性、服务的人工操作特质以及每一个顾客的需求不同等原因，使得提供服务的单位时间很难计算。例如，难以计算银行为一名顾客提供服务所需的平均时间，因此难以确定一个银行柜台的日接待顾客能力；同理，由于难以计算医院治疗一名病人所需的平均时间，医院的日接待病人能力也很难计量。

5. 大部分服务能力有位置限制

因为大部分服务不能被运输，服务能力必须在适当的时间、适当的地点才有可能被利用。对于一个在多个地点有多个服务设施的组织来说，当一个设施超负荷时，可能意味着其他地点的设施没有被充分利用。这样的不平衡状况发生在有形产品上时，我们可以很容易地将产品从一个地点转移到另一个地点，而服务业的顾客却不易于也不愿意转移地点。

二、服务能力的五个要素

对于制造业企业来说，其生产能力的主要要素是劳动者、劳动工具（设施设备）和劳动对象（原材料和零部件）。而对于服务业企业来说，能力要素却有所不同。构成服务能力的五个基本组成要素是人力资源、设施、设备和工具、时间以及顾客参与。其中前三个要素虽然与制造业企业类似，但在使用上有一定的特殊性；后两个要素更有很大不同。以下分别讨论这些要素。

1. 人力资源

人的劳动是所有高接触型服务和许多低接触型服务的一个关键能力要素。一句名言非常形象地说明了这一点："律师的时间和专门知识即是他的资产。"专业服务以及基于知识的产出尤其依赖于高水平的专业人员。对于饭店服务员、护士、电话接线员等大量重复性的服务工作来说，各岗位员工的安排方式、其劳动生产率也是决定产出的关键要素。此外，人力资源还是具有高度灵活性的能力要素。在劳动力流动市场充分发达的条件下，人员的招聘和解聘比设备的购进或卖出容易得多。人员可以全时工作、兼职工作或加班加点，还可以通过交叉培训而胜任多项工作，这些都是灵活调整服务能力的重要途径。

2. 设施

制造业企业的设施主要用于容纳设备、操作人员和原材料、半成品，而服务业企业的设施还要考虑容纳顾客。因此，必须更广义地考虑服务设施的概念。总的来说，服务设施包括三个含义。第一，用于容纳顾客和提供服务的物质设施，例如，医院床位、宾馆、飞机、巴士、饭店、游泳池、剧院、音乐厅和大学教室。在这种情况下，能力的限制主要指床位、房间、座位、桌椅等的数量，是针对顾客的容纳能力而言的。第二，用于存储或处理货物的物质设施。这里的货物可能是属于顾客的资产或是要卖给顾客的商品。例如，超市的货架、运输管道、仓库、停车位或货车车厢。第三，基础设施。很多组织依赖于基础设施为顾客提供服务，例如，通过电话、网络、电子邮件或广播提供的服务。这时不需要在设施设计中考虑顾客在其中的存在，而基础设施的能力决定了服务能力。

3. 设备和工具

设备和工具是指服务过程中所需的用于处理人、物或信息的物质设备，如机器、电话、吹风机、计算机、诊断设备、飞机安全检测设备、银行ATM机、修理工具等。缺少了它们，服务几乎无法进行。有时一个简单的设备或工具的短缺，就有可能形成能力瓶颈（如第四章第三节的应用事例）。反过来，有时一些简单且投入较小的替代设备或改良设备也会极大地提高生产率和生产能力。

4. 时间

时间从两方面来看都是一种能力要素。首先，通过改变两个时间段的组合或把产出从一个时间段改变到另一个时间段就有可能改变生产能力。这种思路尤其适合具有需求高峰期的服务业。例如，电信运营商往往在周末、深夜提供折扣价服务，这种不同时段的服务组合使得高峰时段有可能流失掉的一部分顾客需求转移到了低峰时段，从而加大了整体服务能力。其次，从更广泛的意义上说，相对于某一特定时间段来说，延长营业时间能够提高整体能力。

5. 顾客参与

在一些服务领域中，服务能力的另外一个重要要素是顾客参与。许多服务的完成要依赖顾客在服务提供期间的劳动。例如，一个顾客在从自动取款机上取钱的过程中，从头到尾都在自己工作。而在另外一些服务中，顾客可能仅仅做一部分，如自助餐厅。在这些情况下，顾客参与都对服务能力产生了影响。

三、增加服务能力弹性

进行服务能力管理的一个基本思想是根据需求的波动来调节能力，使之与不断变化的需求相平衡。这一点与制造业企业有很大不同。对于制造业企业来说，即使需求的波动很大，企业仍然可以通过持有库存用不变的生产能力来对应。而很多服务业企业却无法利用库存。因此，根据需求的波动来调节服务能力就成为服务管理者面临的一个很大挑战。

调节服务能力的一个基本思路首先是考虑是否可利用能力本身的弹性，其次是考虑增加能力弹性的途径。以下是一些可供考虑的基本途径。

1. 改变设施布置

利用能力本身弹性的途径之一是对设施布置进行简单的改变。例如，有的航空公司通过稍微减少座舱座位之间的间隔而多排座位，并用单人椅、双人椅和三人椅的灵活布置来改变客舱座位的数量。面对飞机制造业和航空服务业激烈的竞争压力，波音公司在设计新的777型号的飞机时，接受了航空公司所谓"令人不可容忍的要求"。航空公司要求飞机里不仅座椅，还包括厨房、卫生间以及给排水设施等所有的地方，能在数小时内重新摆放位置。波音公司接受并满足了这个苛刻的要求。而航空公司这种要求的起因是为了使服务能力拥有一定的弹性。餐馆也可以通过增加桌椅来使服务能力具有一定弹性。有的宾馆在房间之间通一道门，这道门锁上时，可以提供两个卧室；而这道门打开的话，其中一间可改为起居室，这样就成了套间。

2. 延长服务时间

利用能力本身弹性的另一个途径是延长服务时间。例如,餐馆可以提供下午茶和夜宵,大学提供夜校和假期班,航空公司延长日程表从每天 14 个小时到 18 个小时等。在有些情况下也可以缩短每一名顾客的服务时间,这可以由缩短闲散时间来实现。例如,当一桌顾客酒足饭饱过后在休憩时,服务员迅速地收拾碗碟或递上结账单可能起到让顾客离开的作用。缩短服务时间也可以通过削减服务种类来实现,如高峰时仅提供简单的菜谱。

3. 优化日程安排

通过更好的服务人员日程安排及其工作任务安排也有可能大幅提高服务能力。许多管理科学技术可以用来优化服务人员的安排,例如,医院护士的排班、航空公司飞行员的日程安排以及紧急医疗服务的设施位置选择和排班。在需求低谷时间里完成不紧急的任务,如清洁和保养工作,也是增加服务能力的一种简单而有效的途径。

4. 培训多面手员工

大多数服务包括多项任务。每一项任务的需求水平在不同时间可能不同。因此,将员工培训成多面手,使他们掌握执行多项工作任务的技能并赋予他们相应的权利,就可以在出现瓶颈时迅速做相应的人员调整,从而提高需求高峰时的服务能力。例如,在超级市场,当收银台的队排得太长时,管理者可以调配码放货物的人员到收银台结账;而当结账的顾客变少时,调配收银员去帮助码放货物。培训多面手员工还有其他好处:可以帮助员工提高自身的能力,获得额外技能,以及减少每天重复工作导致的枯燥感。

5. 增加顾客参与

在一些服务提供过程中,顾客有可能是有价值的人力资源,有的服务组织聪明地利用了这个资源。例如,有的餐馆由顾客自己在沙拉间准备沙拉,侍者仅将食物摆放到桌上。邮局在元旦之前的邮件高峰期间,将平时的国际、国内两个投递信箱改为一个省一个,这样等于顾客参与了邮件分拣工作的一部分。一般来说,增加顾客的参与程度既能够减少服务组织的人力输入,又能够提高服务速度,从而增加服务能力。但是,增加顾客的参与也存在一定风险:如果顾客操作不熟练,可能反而会减慢服务并导致能力的降低。

四、扩大服务能力

如果企业面临的是一个不断增长的市场,就必须考虑能力的扩大问题。以下是几种主要的能力扩大途径。

1. 改变人员数量

这种策略主要适用于中长期计划,即 12 个月以上的计划期间。如果能够预测到需求的未来增长趋势,管理者就可以相应增加长期员工数量。如果需求不是不断增长,而只是有季节性的高峰和低谷,更好的方法是利用非全时工和临时工。

2. 购买和租用设备

设备是服务能力的一个重要要素。因此,只增加人员数量可能还不足以增加服务能力。而且设备的增加通常必须伴随人员的增加,如果人员的增加仅是临时性的,设备的购买可能就是不经济的。在这种情况下,服务组织应租用必要的设备。设备的增加有时还必须伴随设施的扩建或改造。

3. 提高自动化水平

以自动化替代人工在制造业已经有很长历史。自动化的主要优点是低成本、高产出以及稳定的产品质量。但是,对于服务业来说,自动化并不总是一个理想的选择,因为自动化通常意味着没有人情味的服务。然而,高速度、低成本,加上其他优点,使得自动化成为对一些服务业有吸引力的选择。例如,有些连锁宾馆引进了由顾客自主服务的计算机入住登记和结账系统,以加快服务速度;银行大量利用ATM已经极大地提高了其服务能力。

思 考 题

1. 如何度量下列组织的生产运作能力?
（1）酒店；
（2）运输公司；
（3）冰箱制造公司；
（4）软件开发公司；
（5）职业学校。

2. 企业进行生产能力规划,应该基于"最大"能力还是"正常"能力?为什么?在什么情况下应有不同考虑?

3. 在能力规划中,如何考虑"能力的缓冲"?举几个例子说明在不同情况下所需要的不同程度的能力缓冲。

4. 设施小型化、集中化的概念与规模经济是否矛盾?为什么?

5. 企业进行能力规划决策的一大难点是要考虑未来需求的不确定性。除了本章所叙述的决策数方法外,还有哪些方法可用来支持这种决策?

6. 飞机制造中的学习效应与电熨斗制造中的学习效应相比,哪一种更强?

7. 服务业的运作过程中有无学习效应?如有,举例说明。

8. 服务能力要素与产品生产能力要素相比,其最大不同在于何处?为什么?

9. 在一定条件下,顾客参与有助于服务能力的提高,而在另外一些情况下,也有可能对服务能力造成负面影响,请举例说明。

10. 一般而言,与产品生产能力计划相比,服务能力计划有其特殊性。但是更具体而言,对于不同的服务类型来说(如第二章图 2.10 所示的四种服务类型),其各自是否仍有特殊性?举例说明。

第六章 生产运作流程设计与分析

生产运作流程设计是要决定如何把在图纸上设计好的产品（或服务）真正制造出来。本章首先介绍生产运作流程的基本概念、构成要素和基本形式，然后介绍生产运作流程设计的具体方法以及流程特性的分析方法。最后，由于任何一个生产运作流程都不可能也不应该是一成不变的，都需要不断地加以改进，所以还会讨论流程绩效分析改进的思路和工具，以及从组织的观点对流程进行改进的一种新思想和新方法——BPR。

第一节　生产运作流程设计的基本问题

一、生产运作流程的基本概念

生产运作流程是指把一定投入(input)变换成一定产出(output)的一系列需要使用资源的任务，这些任务由流动单位的流动顺序有机地连接在一起。生产运作流程设计就是要选择把投入变换成产出所需的资源、资源组合方式、任务进行方式、物流、人流、信息流的流动方式等方案。

本书中多次出现了"生产与运作系统""生产运作组织方式"和"生产运作流程"等名词。这些概念都与企业如何把投入变换成产出有关。其中的细微区别在于，"生产运作流程"通常指企业组织内某一个子系统（一个部门、一个车间、一条生产线等）的投入产出过程，而"生产与运作系统"和"生产运作组织方式"通常指整个企业的投入产出过程，它由一系列"流程"构成。

生产运作流程的概念可以用流程图方便地表示出来，如图6.1所示。根据生产与运作类型的不同，一个流程中的流动单位可以是要加工的原材料或半成品，例如以下要分析的面包生产流程；可以是等待服务或正在接受服务的顾客，例如医院的病人；可以是待处理或正在处理的文件，例如保险公司的投保申请书；还可以是流动的货币，例如一个企业的收款流程，等等。要使用的资源主要是设备和人力。流动单位（原材料、病人、申请书等）进入一个流程后，通过被执行一系列任务（加工、诊断、审查），变成产出（完成品，治愈的病人，审批了的文件等）。在流程的不同环节之间，流动单位可能需要等待，这种等待被称为"库存"。流程图通常用方框表示任务、用三角形表示库存、用实线箭线表示流动单位的流动顺序。有些流程图的描绘还会用到其他一些符号，我们将在后文描述。

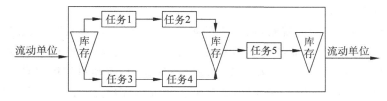

图 6.1 生产运作流程示意图

例如,图 6.2 描述一个食品厂的面包制作流程,该食品厂有两条并行的面包生产线,每条生产线有三项主要任务,分别在三个工序进行:原料(面粉、糖、水和酵母)混合,成形(揉制),烘烤。三项任务之间的箭头线表示这三项任务必须顺序完成。流程中在三个不同位置有三种不同的库存:原材料、在制品(work in process,WIP)和完成品。其中包装工序前的在制品库存表示烘烤完毕的面包需要在此等候包装,或者烘烤完毕的面包需要先放在这里等候变凉。一旦包装完毕,面包就被移到完成品放置地(完成品库存),准备发运到食品商店。在这个流程图中,除了表示任务、库存以及流动顺序的方框、三角形和实线以外,还出现了带箭头的虚线,表示流程指令信息的传递。

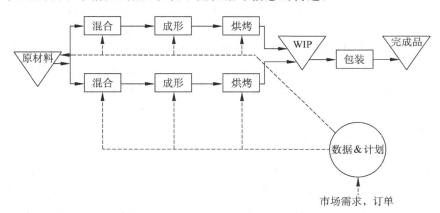

图 6.2 食品厂的面包制作流程

二、生产运作流程的构成要素

生产运作流程包括几个基本要素:资源、流动单位、任务、库存以及指令信息。下面仔细讨论这几个要素,这有助于导出很多流程设计和流程分析的基本思想。

(一) 资源

资源是指一个生产运作流程为了生产产品(服务)所需的人力、设备、能源等资源要素。为了在某个流程得到一定量的产出,首先必须决定各种资源要素的数量,例如,多少人工、多少设备等。有些资源要素(如人工和能源)是完全消耗于某些具体产品的产出的,因此易于计算,例如,食品厂烘烤一批面包需要多少工时和电力;而另外一些投入要素是由整个生产与运作系统长期利用,而不是由某几批面包消耗掉的(如食品厂的面包烘烤机)。这需要用另外的"固定成本"的概念来计算。在有些情况下,用金额来表示这些投入的总和可能更有用,因为它有助于分析一个流程的投入产出比,即流程的生产率。

（二）流动单位

流动单位在整个流程中流动，从流程的第一个环节作为"投入"进入流程，直至流程的最后一个环节，完成其所需的加工过程和其他处理过程，离开流程时成为"产出"。流动单位的描述可以很具体，例如，在一个产品制造流程中，流动单位可以是面包、汽车、计算机等，进入流程时是原材料、零部件，离开流程时成为完成品；在一个服务流程中，流动单位可以是人，如医院的病人、学校的学生、快餐店的顾客等，也可以是信息，如要审批的文件、要绘制的图纸、要编写的程序等。

在一定时间内通过流程的流动单位数量代表了流程的产出能力，例如，食品厂每小时制作100个面包、汽车厂每日装配1 000辆汽车、快餐店每天接待1 500名顾客等。但是要用具体的流动单位来衡量这些产出的价值却不是一件简单的事。例如，一个超市一天售出了500瓶软饮料、200包饼干、100瓶洗发水等，这些具体的产出数据很难衡量其一天的产出价值。因此，有些情况下需要用货币来表示其产出价值，例如，超市一天的销售额。这时也可以把超市运作流程的流动单位看作货币。

（三）任务

任务是指运用一定的资源把投入的流动单位向产出方向转换的行为或活动。例如，在机床上改变金属毛坯的形状；用仪器检查部件尺寸是否符合技术标准；驾驶飞机飞往目的地；病人手术之前进行麻醉；核对待审批文件中的数据等。一项任务的完成要使用一定的人力和设备，但在一些自动化流程中，也有可能用设备取代人力。流程的自动化程度在现代流程设计中是一个需要认真考虑的重要问题。此外，任何一项任务的完成都需要花费时间。

（四）库存

进入一个流程的流动单位如果既不是在被执行任务，又不是在被运送，那就是作为库存而存在，如图6.1中的三角形所示。在产品生产流程中，库存有可能是有意储存的，例如，如图6.2所示的面包制作流程中的原材料库存；也有可能是在流程不同环节之间被迫停滞等待的，例如图6.2中的在制品库存。库存不增加产品的任何价值，因此应当越少越好。流程设计中的一个重要任务，就是尽量减少流程中的库存。例如，在如图6.2所示的流程中，如果两条生产线各有一个包装工序，则烘烤与包装工序之间的在制品库存就有可能去掉。对于服务运作流程来说，库存意味着等待接受服务的顾客或等待处理的文件等，因此也应当越少越好。

（五）指令信息

任何一个生产运作流程中都存在作为流程运作指令的信息流。在如图6.2所示的流程中，信息流相对比较简单，其形式主要是生产指令和面包制作规程。例如，在生产开始之前，将生产的面包种类、所需原料的种类和数量送达搬运工人，以便在必要的时间，将必要的物料送到必要的地方。原料混合方法和混合时间的信息要送到混合工序，烘烤时间和烘烤温度的信息要送到烘烤工序，包装工序也必须预先知道下一批到达的面包是什么种类，以准备相应的包装材料。所有这些任务的完成，都离不开指令信息。而流动单位的移动也必须在指令信息的指挥下才能流动。流动单位在流程中的流动可以和信息流同步发生，例如，将信息附在流动的产品上，烘烤工序在收到生面包的同时也收到关于这批面包的烘烤方法(时间、温度等)的指令;也可以不同步发生,例如,每天早晨将当天的生产指令同时送达各个工序,使各个工序对自己全天的任务一目了然。

随着信息技术的发展,越来越多的流程可以实现流动单位的流动和指令信息的流动同步发生,以及指令信息同步到达流程的各个环节。例如,在医院,医生开处方的同时收款台和药房就收到了相关信息,病人在到达收款台和药房时,可以更快捷地完成所需程序。在餐馆,顾客向服务员订餐时,服务员就可以通过手持的电子处理器直接将订单信息传至厨房。对于文件审批类的流程,信息技术可以发挥的威力更大,很多这类流程都实现了无纸化处理。因此,在设计和分析一个流程时,预先考虑信息的流动方式是很重要的。因为它在很大程度上影响物流、人流以及库存水平。在当今信息技术飞速发展的情况下,有很多种信息流动方式可供选择,这一方面加大了流程设计的灵活性,另一方面也增加了流程设计的难度。

三、几种基本的流程形式

生产运作流程根据其组织所需资源的形式,可分为如下几种基本形式。

(一) 工艺对象专业化形式

这种流程形式是以工艺为中心组织设备、人员等生产与运作资源,为每一工序提供一个工作场地(见图 6.3)。这里所谓的"工序",是指能完成某一特定任务的一个工作单位。在这种流程形式下,每一个工序负责制造产品(或提供服务)的某一特定任务,完成该任务所需的同类设备、具备同类型技能的人员集中在该场地,从事工艺方法相同或相似的工作。因此,一个被加工产品(或一个顾客)必须通过位于不同工作场地的不同工序才能完成其全部加工,而不是为每一种产品各提供一个可执行完成该产品所需全部任务的专用场地。对于制造业企业来说,一个工序可以是由一台或一组设备,或一个工段、一个车间所组成。以机械制造业为例,在这种形式下所建立的生产单位是铸造、锻造、机加工、热处理、装配等不同单位(分厂或车间);同是机加工工厂内部,还可再分为车工组、铣工组、钳工组等不同单位。对于非制造业企业来说,可以是一个窗口,一个柜台,或一间办公室。

工艺对象专业化形式的主要优点是:①产品制造顺序可以有一定弹性,从而对品种变换有较好的适应性;②有利于充分利用设备和工人的工作时间;③便于进行工艺管理,有利于同类技术交流和技术支援,有利于工人技术水平的提高。其主要不利之处是:①在某些工序,不同产品(或顾客)有时会同时争夺有限的资源。如图 6.3 所示,产品 1、2、3 各需经过 A-B-D、D-E-C、E-F-A 工序才能完成加工,产品 1 和产品 3 同时需要利用工序 A,产品 2 和产品 3 同时需要利用工序 E。②大批在制品从一个生产单位转到另一个生产单位,生产过程的连续性较差,交叉运输和迂回运输较多,使加工路线延长,运输时间和费用也相应增高。③在制品库存量大,停放时间长,致使产品生产周期延长,流动资金占用量大。④不同生产单位之间的生产联系较为复杂,从而管理工作(计划管理、在制品管理、质量管理等)较复杂。

(二) 产品对象专业化形式

以产品(或顾客)对象为中心组织生产与运作资源,按照不同产品对象分别建立不同

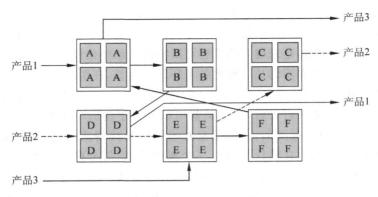

图 6.3 工艺对象专业化形式

的工作场地,作为一个生产单位(见图 6.4)。在同一个生产单位中,集中加工某一产品所需的不同设备和具备不同技能的人员,完成一个产品(或某一类顾客服务)所需的工序在该生产单位中按产品加工顺序的先后而分别排列,使该产品的大部分或全部加工步骤都能够在该生产单位完成。这种流程形式的最大特点是不同产品各自独占其所需要的资源,例如,在图 6.4 中,产品 1 和产品 3 都需要利用工序 A,则分别在各自的工作场地设置工序 A。这种组织方式避免了不同产品同时在某一工序争夺资源,产品在加工过程中的流向比较简单、直接,但某些工序必须重复设置,如图 6.4 中的 A、E 和 D。在机械制造业中,产品对象专业化的生产单位不再是铸、锻、机加工、装配等,而是箱体车间、齿轮车间、A 产品分厂、B 产品分厂等。

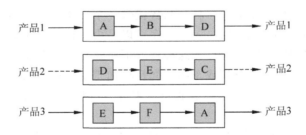

图 6.4 产品对象专业化形式

这种形式的主要优缺点与工艺对象专业化形式正好相反。

(三) 混合流程形式

以上所描述的是两种正好对立的流程形式。实际上,存在许多介于二者之间的中间形式,即混合流程形式。大多数企业的流程形式实际上都属于混合形式。到底应该采用什么流程形式实际上是由产品产量和加工路线特性所决定的。图 6.5 给出了这三者之间的关系。该矩阵表明了流程形式、产品产量和加工路线特性之间的一定规律性。例如,符合右上角或左下角特点的企业几乎没有。

最典型的大量生产方式的产品——汽车、家电等,通常采用产品对象专业化的流程形式,例如,流水线。但应该注意的是,并不一定必须是单一品种大批量生产才可以使用这种方式。在多种产品具有类似生产过程的情况下,就可以利用流水线的优势。例如,

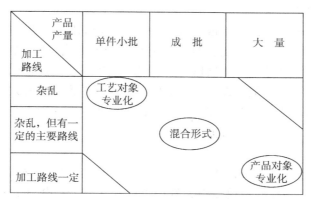

图 6.5 混合流程形式

一条罐装生产线可以装多种饮料,一条汽车装配线也可以装配不同的汽车。大多数进行成批生产的企业都以混合流程形式为主,它们既可以生产标准产品,也可以按顾客订货要求组织生产。加工路线在某种程度上仍较杂乱,但能够有一条主线。在工厂的某些部分,可适度为某种产品或某一类零件集中资源。使用这种组织方式的企业有重型机械、服装、食品厂、汽车修理厂等,而制作多种小批量机械零件的中小企业往往采用生产工艺专业化的组织形式。

以上所述主要是针对制造业企业的流程形式而言的,但在许多情况下,非制造业的运作流程也可类比。例如,综合医院的流程形式可看作工艺对象专业化形式,而牙科诊所则是比较典型的产品对象专业化形式。汽车加油站的洗车作业也是一种典型的产品对象专业化组织形式。服务业流程形式的特殊性在于与顾客的接触,这是服务业企业设计流程形式时必须考虑的另一个因素。有些服务设施与顾客有更多的面对面接触,当服务的复杂性较高而顾客的知识水平较低时,服务必须考虑每一位顾客的需要,其结果会导致顾客化、小批量,因此更适合工艺对象专业化的流程形式。但是,当面对面服务和后台工作各占一定比例时,混合形式更好。其他服务业组织(如总部办公室、流通中心、电厂等),没有与顾客的直接接触,可以考虑采用标准化服务和大批量。

四、流程设计中需要考虑的几个重要问题

无论是制造业企业的生产流程,还是服务业企业或其他公用事业组织的运作流程,在流程设计中都必须考虑几个方面的问题:①资本集约度,即如何在流程中将人力和设备有机结合;②资源柔性,指设备和人力可灵活地配置于多种产品、多种产量水平和执行多种功能的能力;③顾客参与,指顾客以什么形式、在多大程度上成为运作流程的一部分;④资金预算,新建一个流程或改造一个现有流程需要花多少钱,是否能够得到足够的回报。这几个方面的问题相互关联、相互影响,其决策既影响企业的生产与运作成本,也影响企业的销售收入。例如,提高资本集约度有可能因为产品质量的改进而促进销售,也有可能因为产品成本的提高而阻碍销售。在制定生产运作流程的选择设计决策时,必须综合考虑这些因素的影响。

(一) 资本集约度

无论是新设计一个流程，还是改进现有流程，运作管理人员都需要考虑哪些任务由人完成、哪些任务由机器完成。运作过程中的设备成本越高，资本集约度也越高。随着现代技术的飞速发展，从基本手工操作、机械化操作、半自动化操作到几乎无人的全自动化操作等，运作管理人员在流程设计中面临广泛的选择。人们通常认为提高自动化水平有助于提高竞争力，但实际上并不完全如此。这个问题的考虑通常与生产与运作技术的选择紧密相关，更详细的讨论可参见第四章。

(二) 资源柔性

在第二章讨论竞争重点的选择时，曾把柔性(顾客化产品、产量柔性)作为一个重要的竞争重点。而这种柔性的实现在很大程度上取决于生产运作流程的柔性。所谓资源柔性，是指一个生产与运作系统灵活应对产品品种变化和产量变化的能力。例如，在前面食品厂的例子中，这种柔性可描述为在一条生产线上生产不同种类面包的能力，或在较短时间内从一个品种变换到另一个品种的能力。

通常需要考虑两种柔性：设备柔性和人员柔性。如果企业的产品具有市场生命周期较短、产品顾客化等特点，在生产与运作系统和流程设计中就需要考虑设备的通用性和人员的多技能化。市场生命周期较短的产品或顾客化产品的产量通常也较低，这就带来了在流程设计中追求资源柔性和高资本集约度之间的矛盾。因为高资本集约度需要从大批量生产中得到回报。图 6.6 反映了这两种流程之间的关系。流程 A 采用柔性较高、资本集约度较低的通用设备，虽然其固定成本(F_A)较低，但由于效率不高，导致有较高的单位变动成本。流程 B 有更高的资本集约度，因此其固定成本(F_B)较高，但是其运行效率也较高(在设备专用性较高的情况下)，因此有较低的单位变动成本。图中两条线的交点即平衡生产量(Q^*)。在该点，两种流程的生产总成本相等。如果产量小于 Q^*，则采用流程 B 的成本大于流程 A；如果产量大于 Q^*，则采用流程 A 的成本大于流程 B。因此，除非企业预计销售量能够大于 Q^*(这意味着产品的顾客化程度降低)，否则的话，高资本集约度设备的效率很难发挥。

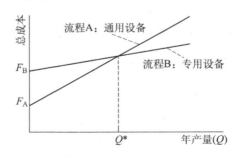

图 6.6 资本集约度与产量之间的关系

但是，随着技术的飞速发展，这一矛盾有可能在某种程度上得到解决。第四章就介绍了既能够提高资本集约度，又能够保持资源柔性的一种新技术——柔性自动化技术。

除设备柔性以外，资源柔性的另一个含义是人员柔性。人员柔性是指人员能够执行较宽范围内的多种工作任务，能在流程的多个环节甚至不同流程之间进行调配。取得这种柔性也需要一定的成本，因为它意味着工作人员需要有较多的技能，为此必须投入较多的培训费用，同时这种人员的工资可能也比较高。但是，虽然需要一定成本，其益处也是相当可观的：它有助于企业提供顾客化的产品和服务，解决流程中的瓶颈问题，以及解决流程中不同环节工作量不平衡的问题等。而且，从某种程度上说，设备柔性的发挥也需要人员柔性的支持。还有另外一种人员柔性，与产量柔性相关联。如果一个企业所面临的市场需求波动不大，企业的产出量比较平稳，则保持相应稳定数量的人员即可；但如果企业所面临的市场需求有较大的时间波动（小时、日或季度等），可能就需要考虑人员数量上的柔性，通过雇用一部分临时人员来获得这种柔性，以灵活应对需求变化，否则就会导致人员闲置，或者市场机会流失等损失。

（三）顾客参与

在很多服务行业，服务流程与顾客有频繁接触，在这种接触中，有时顾客为了省钱或为了方便，宁愿自己做流程中的一部分工作。因此，企业应当在流程设计中有意识地引导顾客参与。例如，大部分零售商店都采取自我服务的方式，这种方法有可能带来人员成本的节约，尤其是以价格为竞争重点时。顾客也愿意更自由自在地独自挑选商品。不仅服务业，制造业企业也有可能利用顾客自我服务的方式，有些做玩具、自行车、家具的公司，让顾客最终装配这些产品，这样生产、运输以及库存成本都更低，在存储、运输中可能造成的损害也更小，而且增加了顾客对产品的兴趣，因为顾客可以按照自己的意愿装配独特的产品。

顾客参与的另一种形式是让顾客参与产品设计。一些以顾客化产品为竞争重点的企业允许顾客提出自己对产品构成、配置等方面的要求，即允许顾客参与产品设计。例如，戴尔公司让顾客自己提出对计算机配置的要求，然后按照顾客的要求为顾客装配产品；在赛百味快餐店，顾客可任意组合自己想要的汉堡包并根据自己的喜好增减调味料；在住宅建设和内装饰行业，这种方式用得更普遍，顾客在整个建筑过程和装修过程中可随时参与。在当今市场竞争越来越激烈的环境下，企业一方面要不断地降低产品和服务的成本，另一方面也必须不断地提供更适合顾客要求和口味的产品和服务，而顾客参与这种形式有可能给企业带来两方面的益处。

流程中的顾客参与和资本集约度、资源柔性都有一定关系。传统的看法是，顾客参与程度高的流程资本集约度比较低，资源柔性比较强，尤其是在纯服务（如法律、管理咨询等）、顾客化服务（如美容美发）、上门服务（如家电维修）等情况下。但现在例外的情况有很多，例如，自动电话交换系统、自动售货机、银行的自动柜员机等，在这些情况下，资本集约度很高，但顾客参与度也很高，几乎不用人工服务。随着技术的进步，这三者之间的关系也在发生变化，在流程设计中必须随时考虑这些可能的变化，最大限度地利用各个方面的优势。

（四）资金预算

流程设计往往会牵涉到资金的投入，例如，要购买新设备、对现有生产线进行改造等。正如在第一章提到过的，一个企业的大部分固定资产实际上都被生产与运作职能所占用，因此企业的资金预算往往与运作决策密切相关。为此，在进行流程设计时，必须考虑可能的预算以及投资回报等财务问题。

第二节　生产运作流程的具体设计与分析

生产运作流程的具体流程要决定为了获得一项具体产出,一个流程中应该包括哪些具体工作任务,这些任务之间用什么方式连接,即其中的物流和信息流模式,还需要确定流程中是否应该有库存,库存量应多大。例如,在上节所述的食品厂的例子中,如果决定生产面包这种产品,在面包制作流程的设计中首先要决定,为了生产面包,需要完成的工作任务是原料混合、面包揉制成形、烘烤以及包装等几项。此外,给定了该产品每天或每周的生产量,在流程设计中还需要考虑和决定需要哪些设备、多少设备、多少人员,生产节拍必须至少是多少、如何才能达到、将其与现有的另外一种产品混合生产是否可行,等等。

为了进行这样的具体设计,需要引入一些有关术语和概念。这些概念不仅在本节的流程设计中要用到,在以后的各章中也会多次出现。以下在介绍这些概念的同时还将讨论它们在流程设计中的作用和必要的计算方法。需要注意的是,其中有些量的计算必须结合每一个具体流程的特点。此外,在不同的企业,有时对这些概念有不同的定义和计算方法,这里仅介绍一般、通用的概念。

一、流程的节拍、瓶颈与空闲时间

流程的节拍(cycle time)是指连续完成相同的两个产品(或两次服务,或两批产品)之间的间隔时间。换句话说,即完成一个产品所需的平均时间。节拍通常只是用于定义一个流程中某一具体工序或环节的单位产出时间。如果产品必须是成批制作的,则节拍指两批产品之间的间隔时间。在流程设计中,如果预先给定了一个流程每天(或其他单位时间段)必需的产出,首先需要考虑的是流程的节拍。例如,在如图6.2所示的面包制作流程的例子中,设面包是以每批100个的批量制作,各工序的节拍如图6.7所示。

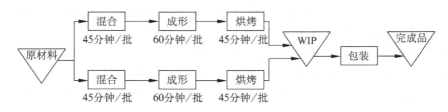

图 6.7　面包生产线各工序的节拍

暂时不考虑包装工序的节拍,从图6.7可以看出,生产线上混合、成形和烘烤三个工序的节拍并不相同。节拍之所以不相同,是受各个工序的设备速度、必需的加工时间等因素所限。这样整条生产线(不包括包装工序)的产出节拍取决于三个工序中的最慢节拍,即整条生产线的产出节拍是60分钟/批。

从这里就引出了流程中瓶颈(bottleneck)的概念。通常把一个流程中生产节拍最慢的环节称作瓶颈,如上例中的成形工序。瓶颈不仅限制了一个流程的产出速度,而且影响了其他环节生产能力的发挥。例如,在上例中,由于成形环节的节拍是60分钟/批,因此限制了其他两个环节的节拍也只能是60分钟/批。否则的话,如果混合工序按照其最大能力45分钟/批来生产,就会在成形工序之前造成大量的在制品堆积。

广义地讲,瓶颈是指整个流程中制约产出的各种因素。例如,在有些情况下,可利用的人力不足、原材料不能及时到位、某环节设备发生故障、信息流阻滞等,都有可能成为瓶颈。正如"瓶颈"的字面意思,一个瓶子颈口的大小决定着液体从中流出的速度,生产运作流程中的瓶颈则制约着整个流程的产出速度。瓶颈还有可能"漂移",这取决于在特定时间段内生产的产品或使用的人力和设备。因此,在流程设计中和日后的日常生产运行中都需要引起足够的重视。

与节拍和瓶颈相关联的另一个概念是流程中的空闲时间(idle time)。空闲时间是指工作时间内没有执行有效工作任务的那段时间,可以指设备或人的时间。当一个流程中各个工序的节拍不一致时,瓶颈工序以外的其他工序就会产生空闲时间。例如,在如图6.7所示的例子中,混合工序和烘烤工序每小时有15分钟的空闲时间。即使在一个平衡得很好的流程中,也有可能存在空闲时间。仍以如图6.7所示的流程为例,假设成形工序也能做到45分钟/批,在烘烤工序,工人可能只需花几分钟时间将上道工序送来的生面包放入烘烤机,调整好温度,然后在烘烤机烘烤时就空闲等待着,等烘烤完毕以后取出即可。在这种情况下,烘烤工序的工人发生了大量的空闲时间,但烘烤机本身并没有空闲。在当今设备自动化程度越来越高的情况下,很多行业的生产运作流程中都存在这种设备自动加工时产生的人员空闲,导致人员有效利用率的下降。解决这个问题的方法之一是采取"一人多机"的流程设计形式。关于这一方法,在第九章和第十七章有较详细的描述。

二、流程的生产能力及其平衡

如第五章所述,生产能力(capacity)是指一个系统的最大产出率。系统可以是一个工序、一台设备,可以是由若干工序或若干设备组成的一个流程,也可以是整个企业组织。在这几种不同情况下,所考虑的重点不同,生产能力的计算和确定也略有不同。第五章讨论了一个企业的生产与运作能力规划,这里主要分析一个具体流程的生产能力问题。

企业的生产能力往往用诸如一个汽车公司年产多少万辆汽车、一个钢铁公司年产多少吨钢等方式来表示,而在一个具体的生产运作流程中,生产能力通常用更短的时间单位来表示,例如,面包生产线日产多少个面包,银行柜台平均每小时接待几个顾客。一个流程的生产能力取决于流程的瓶颈。例如,在如图6.7所示的例子中,虽然混合工序和烘烤工序的能力是每45分钟制作一批,由于受成形工序的制约,面包生产流程的产出能力实际上是每60分钟制作一批。

从这里可以引出生产能力利用率的概念:它是指相对于生产能力所实际获得的产出。例如,在如图6.7所示的例子中,只有瓶颈工序的能力利用率是100%,在混合工序和烘烤工序,能力利用率只有75%。由此也可以看出,一个流程(或一个工序)的能力与其节拍是一对相反的概念:如果某工序的节拍是每个30分钟,则该工序的生产能力是每小时2个。

生产能力看起来是个一目了然的指标。对于某一个具体工序来说，确实如此。但是，要确定由多个工序组成的一个流程的生产能力有时是很复杂的。在很多情况下，流程能力取决于产品品种、产量以及批量的大小，还取决于产品品种混合、人力使用安排、设备维护等方面的管理方针。不同的管理方针，也会导致生产能力的不同。例如，还回到如图 6.7 所示的例子中，由于成形工序的制约，每条生产线的产出能力实际上是每 60 分钟一批面包，两条线合计每 60 分钟可生产两批面包，或者说每 30 分钟生产一批。现在如图 6.8 所示，假定包装工序的节拍是 45 分钟/批，则现在包装工序成了瓶颈。如果采取"各个工序每天工作相同时间"的管理方针，就不能利用生产线的最大生产能力，因为生产出来而包装不出来的话，是没有用的，面包这种产品的特性也决定了它不能作为库存而长时间存放。因此，整个面包制作流程的产出能力在这种管理方针之下只有 45 分钟/批。而如果采取另外一种管理方针，如"必要时某些工序可以加班"，就有可能通过延长包装工序的工作时间而充分利用生产线的最大能力。

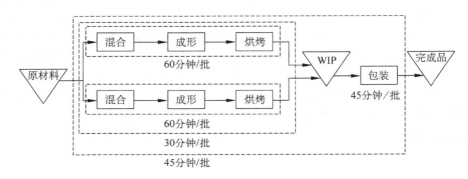

图 6.8 整个面包制作流程的生产能力

从这里可以引出另外一个概念，即流程平衡（balance）。如果一个流程中各工序的生产能力基本相同（例如，在面包制作流程中，如果混合、成形和烘烤都是 60 分钟/批；如果两条生产线的合计能力与包装工序的能力都是 30 分钟/批），则整个流程是平衡的。但是在实际的生产与运作过程中，这种理想的状态几乎不存在。如果一个流程各个环节的生产能力不平衡，在非瓶颈环节就会存在生产能力的浪费。生产运作流程设计的一个重要任务，就是尽量取得整个流程的平衡，缓解瓶颈，减少空闲时间。例如，在上例中，除了可以通过使不同工序工作时间不同来取得生产能力的平衡以外，如果有足够大的市场需求，让生产线两班倒，包装工序三班倒，也可以取得整个流程的平衡，最大限度地利用生产能力。

三、流程时间

流程时间（flow time）是指一个流动单位从进入流程到完成全部流程任务而离开流程所经历的全部时间。对于只在一个工序即可完成的产品来说，其流程时间与节拍是相同的。当一个流程包括多个工序或环节时，节拍与流程时间就大不相同了。一个流程的节拍是指每隔多长时间一批（或一个）产品可以出来，而流程时间是指一批（或一个）产品从进入流程到出来一共耗费多长时间，其中不仅包括在各个工序的加工处理时间，而且包括在流程内的停滞、等待、储藏和搬运等时间。

流程时间与节拍之间的这种关系可以用甘特图很好地表示出来（关于甘特图，在第十五章还会用到）。仍以如图 6.7 所示的面包制作流程为例。图 6.9 给出了面包制作流程中一条生产线（不包括包装工序）上两批产品的流程时间。第一批从开始混合到完成，一共花费 150 分钟（45＋60＋45），其流程时间为 150 分钟。第二批的流程时间就可能有两种结果。一种结果如图 6.9(a)所示，混合工序在第一批完成以后马上就开始第二批的混合，45 分钟以后完成，但由于此时第一批的成形工序尚未结束，因此这批产品必须在此等候 15 分钟，形成在制品库存，这样这批产品的流程时间就成为 165 分钟。如果一直这样生产下去，成形工序前的在制品会越来越多，流程时间也会变得越来越长。另一种结果如图 6.9(b)所示，混合工序在第一批产品完成之后等候 15 分钟再让第二批产品进入流程，开始第二批产品的混合，这样 45 分钟之后恰好下道工序的第一批产品完成，马上可以进入下道工序，整个流程时间仍然保持为 150 分钟。从这个例子可以得出的一个重要结论是：流程时间的长短与生产的安排方式（我们把它称作"作业排序"（scheduling），在第十四章还会做详细介绍）有关。

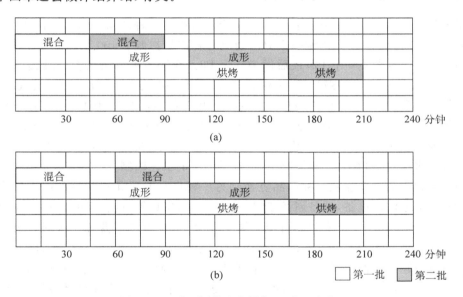

图 6.9　两种不同的生产周期（一条生产线）

还可以进一步考虑更复杂的情况。仍以面包制作流程为例。如果把包装工序也考虑进去，从投入原材料到完成产品包装的全部流程时间是多少？如果只有一条生产线，显然，全部流程时间是 150 分钟＋45 分钟＝195 分钟。但是，现在如果两条生产线同时生产，两批面包同时到达包装工序，则只有一批面包可以立即开始包装，而另一批则必须等候 45 分钟，这样第一批面包的流程时间是 195 分钟，第二批则变成 240 分钟，同时在包装工序之前形成在制品库存。为了避免这种情况，可以采用一种"倒推"的方法来安排生产。如图 6.10 所示，每条生产线每隔 90 分钟开始一批新的生产，两条生产线的开始时间交错 45 分钟，这样每批产品的流程时间都是 195 分钟，可以最大限度地减少在制品库存。在复杂产品的生产流程设计中,如果一批产品的流程时间长达几个月,在制品库存价值也非常高,通过类似这样的不同的流程安排可带来的成本节约将是相当可观的。在一个生产与运作系统中,通过这种方式改进流程的机会有很多。

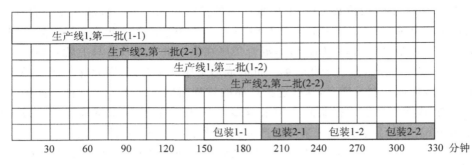

图 6.10　包括包装工序的生产周期(两条生产线同时生产)

四、生产批量与作业交换时间

很多流程都生产不止一种产品。假定一个流程生产三种产品:P1,P2 和 P3。一种方法是做一个 P1,做一个 P2,再做一个 P3,直到每种产品都做了 100 个。另外一种方法是先做 100 个 P1,再做 100 个 P2,最后做 100 个 P3。在第一种方法之下,我们说批量(lot size,或 batch size)是 1,在第二种方法之下,批量是 100。还有另外一种情况:虽然一个流程只做同一种产品,但是由于制作工艺的特点和设备容量有限,例如,面包流程中的混合机或烘烤机,一批只做一个是非常不经济的,也难以操作,但最多只能容纳 100 个,则固定批量或最大批量为 100 个。由此可见,在有些情况下,批量可以由管理者自行确定,或根据订单来决定,而在另一些情况下,批量受一定的工艺限制。

如果流程中的设备在从一种产品更换到另一种产品时要花费一些时间来做准备工作,例如,调整或清洗设备,准备新的工具、量具,更换模具等,这种时间就称作作业交换时间(setup time)。作业交换时间可能只需要几分钟,也可能需要几个小时。由于在进行作业交换时设备无法执行有效的工作任务,它会影响设备的有效利用率,因此这部分时间应该越短越好。作业交换时间与批量的大小无关,而设备的有效运行时间是与批量成正比的。记住这一点很重要,因为如果作业交换时间很长,就需要设计较大的批量,以便分摊到每个产品上的作业交换时间减小,提高设备的有效利用率。

批量的不同安排方法会影响产品的生产节拍和流程时间。批量之间所需的作业交换时间也会影响产品的生产节拍和流程时间,有些情况下还会引起新的瓶颈。例如,在上述面包制作的例子中,假定两条生产线将分别生产白面包和全麦面包两种面包,生产线的生产时间仍然不变,批量也不变。到包装工序以后,假定两种面包所需的包装时间也不变,但现在由于两种面包要用到不同的包装袋,在包装机上改变包装袋需要花费 15 分钟的作业交换时间,这样包装工序的节拍就变成了 60 分钟/批,使该工序的瓶颈变得更加严重。

第三节　生产运作流程的绩效度量与改进

一个设计好的新流程并非一成不变,而是需要不断地加以改进。原因如下:第一,不可能有一步到位的完美设计,总是有可能寻求更好、更经济的方法;第二,环境是在不断变化的,市场、技术、竞争条件都在不断变化,因此生产运作流程也需要不断加以改进,以适应新的要求。从这个意义上说,生产运作流程的设计是一项经常性的工作。

一、流程分析改进的基本步骤

流程分析与改进的目的可以简要地概括为回答三个问题:
(1) 现在何处(现状)?
(2) 应在何处(改进的目标)?
(3) 如何到达该处(改进的方法)?
在流程分析改进中,为了回答这三个问题,无论是复杂流程还是简单流程,都包括以下几个基本步骤。

1. 定义

定义一个需要加以分析和改进的流程。在任何情况下,如果把分析和改进的对象定义为全部流程,都是得不到什么效果的。因此,需要找出问题比较突出的流程,例如,效率最低的流程、耗时最长的流程、技术条件发生了变化的流程、物流十分复杂的流程等。确定要分析的流程以后,绘出该流程的流程图。

2. 评价

确定衡量流程的关键指标,用这些指标对该流程进行评价,以确认所存在问题的程度,或者与最好绩效之间的差距。

3. 分析

寻找所存在的问题和差距的原因。为此,需要用到一些分析方法,我们将在下面讨论这些方法。

4. 改进

根据上述分析的结果,提出可行的改进方案。如果有不止一种的改进方案被提出,则需要进一步对这些方案加以比较。

5. 实施

实施改进方案,并对实施结果进行监控,用上述步骤2的关键指标对改进后的结果进行评价,保持改进的持续效果。如果仍然存在问题,则重复以上步骤。

二、流程绩效的度量指标及其相互关系

度量一个流程的绩效指标有多种,从流程整体绩效的角度来说,最主要的流程绩效指标有三个。

1. 流程的平均产出率(flow rate,或 throughput rate)

流程的平均产出率是指单位时间(小时、日、周、月、年……)通过流程的产品数量。

这里的所谓产品,可以是人、物料、文件等任何一种流动单位。如上所述,当流程内各个环节的产出速度不同时,整个流程的产出率取决于瓶颈环节。流程所能达到的最大产出率是流程的生产能力,因此流程的实际产出率相当于流程能力的利用率。当利用率小于1时,意味着该流程有可能通过改进进一步提高产出率。

2. 平均流程时间(average flow time)

平均流程时间是指产品在流程内停留的平均时间,包括加工处理时间和等待时间。在很多情况下,流程时间都是一个十分重要的绩效指标。例如,在一个计算机装配流程中,4天或1天的流程时间意味着订单响应速度的不同,会在很大程度上影响企业的产品销售;对于一个医院的门诊流程,如果病人为了得到医生10分钟的诊疗就在医院等待了3个小时的话,病人对医院的满意度可想而知。对于很多流程来说,整个流程时间中等待时间往往比加工处理或接受服务的时间要长得多,这种流程就有很大的改进余地。

3. 平均库存(average inventory)

平均库存是指处于流程中的流动单位的数量,包括正在接受处理和等待处理的单位(注:前面各个流程图中的三角形只代表处于停滞和等待状态的流动单位,而这里的平均库存包括正在接受处理的单位)。在一个由若干台机器构成的生产线流程中,库存意味着在机器前等待加工以及正在机器上被加工的产品总和;在一个快餐店,平均库存意味着餐厅内的全部顾客,无论是正在吃饭还是正在排队订餐。当一个流程的产出率一定时,流程内的平均库存数量越大,意味着每一个流动单位在流程中停留的时间越长,而较长的停留时间与流动单位的价值增值并没有直接关系,只会增加流程的负担,减缓周转速度。因此,流程的平均库存量越小越好。不言而喻,这种降低库存的理念也主要是指降低等待中的库存,这与前面流程构成要素中对库存的论述是一致的。

这三种流程绩效指标之间存在一种必然的关系。如果分别用 I、R、T 代表平均库存、平均产出率和平均流程时间,则这种关系可表述为

$$I = R \cdot T$$

也就是说,平均库存＝平均产出率×平均流程时间。这种关系被称为"李特法则"(Little's Law),是经过严格的数学证明的。

李特法则在很多场合下都有重要应用。在流程分析中,这三个指标往往并不都是一目了然、易于测量的。利用李特法则,只要知道其中的两个指标,就可以求出第三个。例如,一个快餐店,一天营业15小时,通过收银系统可知平均每天接待1 500名顾客,根据对店堂的观察,可知店堂内平均有75名顾客存在。餐厅想知道顾客平均在餐厅中逗留多长时间,从而推断快餐店的"便捷性"是否得到充分体现。而这一指标并不是一目了然的。利用李特法则,可方便地得出:平均产出率 $R=1\,500$ 人÷15小时＝100人/小时,平均库存 $I=75$ 人,所以顾客平均逗留时间 $T=I\div R=45$ 分钟。

又如,由李特法则可知,在产出率一定的情况下,流程时间越长,平均库存越大,反之亦然。考虑一个由三台机器构成的流程,产品在每台机器上的加工时间均为1小时,则流程的平均产出率是每小时1件。产品的流动方式有两种:一种是单件流动,每做完一个就送往下一环节,此时流程内的平均库存 $I=3$,产品的流程时间 $T=3$ 小时;另一种流动方式是批量流动,批量的大小为10,即每做完10个送往下一环节,此时流程内的平均

库存 $I=30$ 个,产品的流程时间 $T=30$ 小时。可见,虽然产出率保持不变,但批量造成了产品流程时间的加长,批量越大,产品的流程时间越长,最终导致在流程内的等待时间远远大于加工处理时间。因此,为了缩短产品在流程内的等待时间,一个重要手段是缩小加工处理批量。

三、流程图的运用

流程分析中最基本、最典型的工具是流程图。它能够简单明了地说明一个流程中包括哪些任务,这些任务之间的先后关系或并行关系,流程中的停顿、检查、库存等环节。选定要改进的流程以后,绘制流程图是进行流程分析的第一步,它可以使企业各个环节、各个部门、各个阶层的人员都清楚地看到企业的运作是如何进行的。这一点非常重要,因为一个生产运作流程往往跨越企业的多个部门、多个环节,而处于不同部门、不同环节的人员往往对整个运作流程到底是如何进行的并不很了解。这也是流程运行中出了问题时各个环节、各个部门往往相互推诿的原因之一。通过绘制流程图,可以使大家清楚地看到整个运作流程的整体,从而统一认识,这将成为改进流程的基础。

前两节中已经给出了流程图的示意图并用流程图对面包生产流程做了详细分析,从中已经可以了解流程图的有用性和方便性。这里详细地介绍更一般的流程图,它包含更多的信息。

在前两节给出的流程图中使用了三种符号:方框表示任务,三角形表示库存,箭线表示流动顺序(实线)和信息流(虚线)。在有些情况下,还需要在流程图中引入另外两种符号。圆形表示"检查",它与任务不同,任务通常指有助于使投入向产出方向变换的行动,而检查只是确认任务是否被有效地完成;钻石形表示一个"分歧点",在该点,不同的判断、决策会导致其后流程的不同路径。这几种符号的含义概括在图 6.11 中。

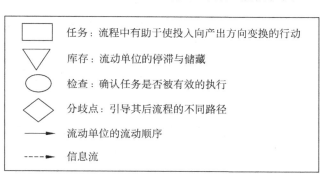

图 6.11 流程图的一般符号

图 6.12 表示一个汽车维修服务部的汽车修理流程,其中包含了上述五种符号。以下用这个例子进一步讨论流程图的运用问题。

(1) 在有些情况下,尤其是服务运作流程中,需要区分哪些步骤是在顾客在场的情况下完成的。即一个服务流程可以分成两个部分:一部分是顾客亲身参与的"前台"服务流程;另一部分则是与顾客分离的"后台"操作过程。图 6.13 表示汽车修理流程中的一个子流程——顾客填写汽车修理单的流程图。该图清楚地标明了这两种不同的步骤。在

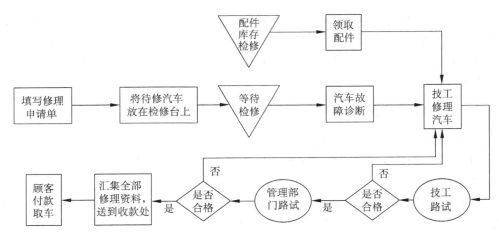

图 6.12　汽车维修服务部的汽车修理流程

资料来源：R.W. Schmenner 著. 服务运作管理[M]. 刘丽文,译. 北京：清华大学出版社,2001.

制造业企业的产品制作流程中,有时也可能需要区分一个产品在两个不同生产系统、不同部门中的完成情况,这些都可以用如图 6.13 所示的方法来表示。

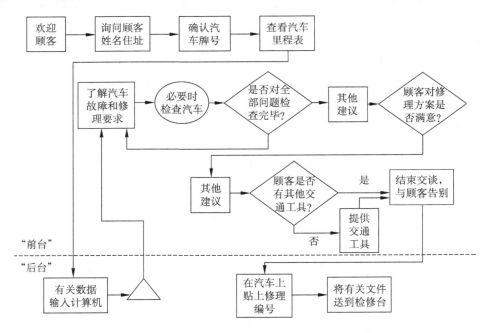

图 6.13　"前台""后台"流程的区分——填写汽车修理单流程图

资料来源：R.W. Schmenner 著. 服务运作管理[M]. 刘丽文,译. 北京：清华大学出版社,2001.

(2) 在如图 6.2 所示的面包制作流程中,把该流程中的产品流和信息流都表示在了同一张图中。当一个流程的运作步骤比较复杂,信息流也比较复杂时,还可以分别绘制两种不同的流程图：业务流程图和信息流程图。图 6.12 实际上是汽车修理的业务流程图,其信息流程图如图 6.14 所示。

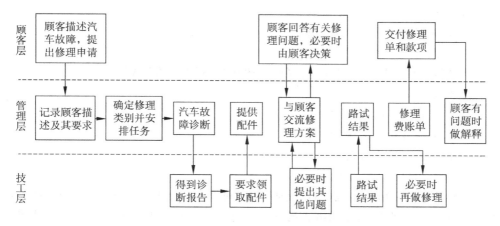

图 6.14　汽车修理的信息流程图

资料来源：R. W. Schmenner 著. 服务运作管理[M]. 刘丽文,译. 北京:清华大学出版社,2001.

(3) 流程图可以有不同的详略程度。在一张绘制好的流程图中,如果想进一步考察流程流动的细节,则可以在此基础上建立更详细的流程图。这种"图中图"的结构通常比把全部流程细节都绘制在同一张图中更一目了然。

(4) 在如图 6.7 所示的面包制作流程中,给出了一个流程的生产能力、各项任务的完成时间等数据。在更详细的流程图中,还可以表示各个环节所需的人员数目、质量水平以及所发生的成本(如人力、物料、设备成本以及对应的质量成本)等数据。通过这些数据,可以很容易地发现流程中存在的问题。

流程图实际上不仅是流程设计和流程分析的工具。在生产与运作管理中,很多地方都会用到这样的图表工具。在现在企业经常谈论的热门话题——BPR(见本章下一节)中,流程图也是一个典型的工具。

在第七章的"工作研究"部分,还会介绍另外两种图表工具,读者可从中自己体会其异同和作用。

四、流程分析和改进的其他工具

在流程分析中,通过上述的流程图等工具可以回答"现在何处"(现状)以及"应在何处"(目标)的问题。接下来,为了回答"如何到达该处"的问题,首先必须搞清楚造成现状的原因。如果这个问题明白了,就比较容易得出如何实现目标的结论。为此,需要进一步用到一些方法和工具。在企业的流程改进实践中,有很多具体的方法可以应用。其中一些典型的方法和工具如下。

(一) 5W1H 分析法

回顾一下上述的流程设计方法。在进行一个新的流程设计时,实际上需要回答以下 6 个问题：

- 要做什么(What)？
- 应该什么时候做(When)？
- 应该由谁做(Who)？

- 应该在什么地方做(Where)?
- 需要做多长时间(How long)?
- 如何做(How)?

而在进行流程分析和改进时,需要就上述问题问"为什么"(Why):

- 为什么要做?
- 为什么在这个时间和这个地点做?
- 为什么应该由此人来做?
- 为什么需要这么长时间?
- 为什么用这种方法做?

如果有很充分、合理的理由回答上述问题,则流程是比较令人满意的;如果找不出充分的理由回答上述问题,则说明流程的现有运行方式存在问题。因此通过不断地追问这些问题,可以帮助我们找到造成现状的原因。我们把这种方法称为"5W1H 分析法",但是并不意味着只能问五个"为什么",而是表示一种穷追问题原因的方法。这种方法实际上在企业管理的实践中运用得很多,例如在进行工作研究(见第七章)和质量改进活动中。

(二) VA/NVA 分析

如果仔细考察构成一个流程的各项活动,它们可以分为三类。

(1) 增值活动(value added, VA)。能够使产品或服务的附加值得到提高的活动。例如,面包制作过程中的烘烤,汽车修理厂的故障诊断。

(2) 非增值活动(non value added, NVA)。其本身不增加附加值,但是为了完成增值活动,这些活动是必需的,它是将流程各项增值活动有机连接起来的"连接剂"。例如,在制品从一个工序向另一个工序的移动,汽车修理过程中填写的配件申请单。

(3) 浪费(waste)。本身既不增值,也不会有助于增值的活动。例如,等待搬运,重复性的检查。

在流程分析和改进中,"浪费"是要去除的对象;非增值活动虽然是必要的,但是由于它本身不增值,所以应该越少越好,此外,它是最容易产生错误、延迟等使成本大量发生的地方,因此非增值活动是流程分析中需要重点改进的对象;增值活动本身不是要去除的对象,但是它也有可能被改进,例如,进一步缩短工作时间、进一步提高质量等。

这种方法可以用来帮助找出改进的重点。对流程所做的这种分析还可以用如图 6.15 所示的 VA/NVA 图来表示,它可以清楚地表示增值活动在一个流程的全部活动中所占的比重,从而在此基础上制定切实可行的改进目标,例如,"在 3 个月内将'浪费'去除 70%""将增值活动所占的时间比重提高到 70%"等;改进后的结果仍然可以用这种方法进行评价。

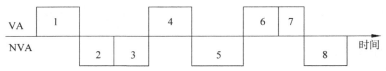

图 6.15 VA/NVA 图

(三) 因果图和相关图

如果流程中所存在问题的原因不是一目了然的,就需要通过一些工具找出这些原因。在这样的情况下,因果图和相关图(散布图)就是很有用的工具。因果图和相关图是被称为"QC 七种工具"中的两种(其具体含义和用法见第十六章),在质量管理中运用得很普遍。但是,作为寻找问题根源的方法,它们实际上可以运用于企业管理问题诊断的方方面面,包括生产运作流程的分析。通过运用这些工具找出问题的真正原因在流程改进中是非常重要的,正所谓"对症"才可以"下药"。

(四)"四巧"(ECRS)技术

"四巧"技术起源于工作研究方法,其具体内容见本书第七章"工作研究"部分(参见表 7.10)。在流程分析中,如果运用上述的 5W1H 分析法、VA/NVA 分析以及因果图、相关图等方法找到了流程中的问题所在,接下来的任务就是要设法改进。而四巧技术则提供了一种建立改进思路的方法,例如,如果将表 7.10 所描述的思考方法运用于流程分析,可以提出类似下面这样的问题:

- 现有流程中的各个环节是否都是必需的?有没有取消的可能?
- 在剩下的不能取消的环节中,有没有可以合并的环节?
- 如果一个流程中现有的环节能取消的取消了,能合并的合并了,剩下的这些环节的顺序有没有可能重排?是否可以将串行环节变为并行?
- 有没有可能采用新方法、新技术使流程的每个环节得到简化?

顺着这样的思路一步一步地思考,就有可能得到流程改进的新方案。

第四节 业务流程重构(BPR)

一、BPR 的含义

业务流程重构(business process reengineering,BPR)是 20 世纪 90 年代由美国 MIT 教授哈默(Hammer)和 CSC 管理顾问公司董事长钱皮(Champy)提出的,其基本思想是,必须彻底改变传统的业务流程。工业革命以来按照分工原则把一项完整的业务(或产品)分成不同部分,由各自相对独立的不同部门分别完成,这样的工作顺序和相应建立的组织结构必须重新设计,拆除人为设在市场、设计、生产、销售、财务、人事和其他工作之间的围墙,使许多工作能齐头并进,以加快企业对市场的反应速度。在他们的代表性著作《企业重构》(*Reengineering Corporation*)(1993 年)一书中,哈默和钱皮开宗明义地指出,200 年来,人们一直遵循亚当·斯密(Adam Smith)的劳动分工思想来建立和管理企业,即注重把工作分解为最简单、最基础的任务,而在后工业化时代,应围绕这样的概念来建立和管理企业,即把工作任务重新组合到首尾一贯的流程中去。他们给 BPR 下的定义是:"为了飞跃性地改善成本、质量、服务、速度等现代企业的主要运营基准,应对业务流程进行根本性的重新思考并彻底改革。"这里的"业务流程"的含义很广,它可以指一个企业的整个投入产出流程,也可以指某一项具体业务的运作流程。

二、BPR 的出发点——对劳动分工论的反思

BPR 的出发点是对劳动分工论的反思。200 年前,英国经济学家亚当·斯密在其著作《国富论》中以针的制造过程为例,论述了劳动分工的作用:与每一个人都负责一件产品从头到尾的制造相比,把制造过程分为若干个工序,使每个人都只负责其中一个工序的话,由于熟练度将大大提高,工作效率会高得多。亚当·斯密的这一分工论成了近代产业革命的起点。随着科学技术的进步,诞生了以分工为基础的机械化生产方式,即大量生产方式。近 100 年来,以福特汽车公司的创始者亨利·福特创造的生产线为起点,几乎所有的企业都在机械化基础上采用了这种劳动分工方法。随后,这种劳动分工思想进一步扩展到了企业的事务管理部门和经营决策部门,由此产生了企业的各个职能部门以及生产、财务、市场、技术等各种专门职能人员。直至 20 世纪 80 年代末,这种以劳动分工为主导思想的工作方式一直是各个国家各个企业的通行模式。

但是,在今天,很多企业发现这种分工思想是有很多弊端的。随着分工的发展,工作专业化也进一步发展,企业的生产、业务分工变得越来越细,整个流程变得越来越复杂,其结果是企业中很多人的工作与制造高质量产品、降低成本、提供优质服务等增值流程完全无关,而只是为了管理企业内部、满足企业组织内部的需要,用于这种管理的间接费用也越来越庞大。在大型企业,从接受一个订单到产品交付,可能要经过十几或二十几个部门,但是没有人在观察、管理全过程。一旦哪里出了问题,流程停顿下来,没有人知道或过问,要想查清问题出在哪里也非常困难。更为严重的是,部门主义开始泛滥,每个部门或每个人只关心自己的那一部分工作,而不管对企业整体有何影响;只关心让自己的顶头上司满意,而不关心顾客是否满意。每个部门或每个人为了做好自己的那一部分工作,不惜花费时间和精力,其结果是企业工作的整个流程变长、效率变低,为了追求部门利益而损害企业整体利益。特别是随着企业规模的扩大,生产现场与管理部门分离,各个职能部门相互分离,企业的整体工作流程看不见了,整体意识就变得更加淡薄。因此,在市场竞争日益激烈、企业需要对市场需求做出越来越快的反应的今天,这种工作模式已经难以适应,企业应将在亚当·斯密的劳动分工论基础上建立的企业的基本分工,用首尾一贯的业务流程重新统合起来,而用于这种业务流程重新设计的方法,即被称为 BPR。

三、BPR 的具体方法

BPR 作为一种重新设计业务流程的思想,是有其普遍意义的,但在具体做法上,则必须根据本企业的实际情况进行,因此不同企业有不同做法。在上一节提到过,流程图是进行 BPR 的一种典型工具。确实,为了进行 BPR,其第一步也需要把握现状,而流程图是把握现状的一种极好工具。有资料显示,到目前为止,国内外许多大企业都不同程度地实施了 BPR,所采用的方法各有不同,但流程图几乎是其中唯一被 100% 使用的工具。除流程图以外,其他一些主要方法如下。

(一)将数项工作任务组合、合并为一

例如,某信用卡公司,原来分为会员募集、会员资格审查、款项结算三个环节,并分别

由三个部门负责。会员募集部门为了做好自己的工作,花费大量的时间和费用收集名录、打电话或发信联系。但寄来的申请书是在会员资格部门审查,而对这个部门的人来说,最重要的是申请者将来是否会出信用问题,因此又花费大量时间和精力拼命调查、收集资料,刷掉任何可能有疑点的人。其结果,从顾客一方看,一开始被劝诱入会,随后却又以"信用度不够"而被拒绝,当然非常生气,恐怕以后再也不会与这家公司打交道;从公司一方来看,损失了顾客,而且各个部门越"忠实"于其职责,公司整体的浪费越大、效率越低。在 BPR 中,它们将会员募集和会员资格审查两个环节合并为一,每个人都负责从募集至审查直至最后决定是否接收为会员的工作全过程。如果合并后的工作仍需要几人负责,则成立一个团队,由团队成员共同负责一项从头到尾的工作。如果一项工作较复杂、所需要的信息较多,还可以采取建立共享数据库、专人指导等方式。这样做的结果,可消除部门间的交接以及由此引起的时间上的浪费和其他失误,消除部门间工作结果互相抵消的弊病,工作流程大为缩短,一项完整工作的责任也比较明确,效率提高,管理费用降低,也会令顾客满意。

(二)给予职工决策拍板的权力

日常业务的处理一改过去部门负责人指挥、员工干活儿的决策与执行分离的方法,由团队自主进行工作。在这种业务流程中,没有上司、下属之分,大家一起拥有信息,一起出主意想办法,能够更快、更好地作出正确的判断。其结果,间接管理工作大为减少,决策变得迅速,顾客响应速度也大为加快。此外,还增强了职工的工作兴趣和对工作整体效果的责任感。

(三)业务流程的各个步骤按其自然顺序进行

在传统的组织中,工作任务在细分化了的组织单位间流动,一个步骤未完成之前,下一个步骤开始不了,这与我们在本章第一节所讨论的传统的产品设计的"串行工程"方法是很类似的。这种"直线化"的业务流程使得产出周期大大变长。但如果按照任务本身的自然顺序,往往是可以同时并进或交叉进行的。这样的"非直线化"工作方式可以大大加快工作速度。

(四)为同一工作任务设置若干种进行方式

传统的做法是用一种方式对应某工作的处理全过程,因此需要考虑最复杂、最困难的情况,所有的情况均用此方式过一遍。但一般来说,复杂情况只占很小比例,因此这种做法浪费很大。与此相对照,按照不同情况分别设置若干种处理方式,则工作变得简捷,效率也可大大提高。

(五)工作任务超越组织的界限,在最适当的场所进行

在传统的组织中,工作任务完全按部门划分。为了使各部门之间的工作协调,又增加了许多不必要的非增值的协调工作。根据工作任务的性质超越组织界限、移动工作场所,可以省却许多非增值工作。甚至在有些情况下,还可以超越企业之间的界限。例如,宝洁(P&G)公司与销售其产品的沃尔玛连锁店通过计算机将有关信息联网,沃尔玛直接向宝洁传递产品的销售情况和库存情况,宝洁则根据这些信息决定什么时候应该生产多少、送货多少。

(六)尽量减少检查、控制、调整等管理工作

这些工作不增加任何附加价值,但耗费了企业大量的人力和财力。针对美国某企业

的调查表明,一个部门为了买 3 美元的电池,需通过上司批准、会计部门、采购部门等一系列手续,仅公司内的手续成本就花掉了 100 美元。公司内办公消耗品的购买手续所花费用往往高于消耗品自身的价值。BPR 的目的之一,就是只在有经济意义的时候才进行管理。

四、信息技术在 BPR 中的重要作用

从以上这些方法的叙述中,可以看出一些信息技术在 BPR 中的重要作用。信息技术如今在企业经营、管理、开发、制造等方面起着越来越重要的作用。但是,很多企业的通常做法是考虑如何利用信息技术强化或改进现有的工作方式,而 BPR 则强调,更重要的是考虑如何利用信息技术打破旧方式,做一些到目前为止还没有做过的事情,实现一个全新的目标。否则的话,信息技术的误用反而会导致强化已经落伍的旧模式、旧方法。

信息技术的真正威力不在于能够改进旧过程,而在于能够借助其力量摈弃旧规则,创造新的工作方式,即能够进行"重构"。以某汽车公司在其下属某工厂进行的 BPR 为例。由于充分发挥了信息技术的威力,该工厂及其零部件供应商都发生了巨大变化。在该工厂,利用计算机通信网络设置了与零部件供应商共享的关于生产计划和生产实绩的数据库,供应商可以不用等待该汽车公司的订货通知而自己随时扫描数据库提供的信息,由此判断什么时候需要送什么样的零部件,保证按时向该汽车公司的工厂送货。由于从该网络也可以了解该汽车公司下个月的生产计划,零部件供应商还可以在此基础上及早制订自己的生产计划。信息技术使得该汽车公司的工厂及其零部件供应商像一个公司似的运行,两者的管理费用、库存费用都大为降低。而且,对供应商的敌对性的警戒这一从古至今的不成文规律也完全被打破了。

利用信息技术打破企业原有工作模式中不合理的旧规则,也是 BPR 的一个重要内容。例如,旧规则之一:信息一次只能在一个场所利用。而利用数据库共享,可以做到同时在若干个场所利用。旧规则之二:复杂工作只有专家才能够胜任。而利用专家系统,一般人也可以做这样的工作。某大型化工公司,因产品较复杂,只有优秀的、有经验的业务人员才能向顾客解释清楚产品的特性、构成等技术问题,从而获得销售机会。而设置了有关产品各种特性的专家系统以后,一般人也完全可以做这样的工作。又如,旧规则之三:决策由管理者做出。而利用决策支持工具,决策可以成为每个人工作的一部分,等等。此外,利用无线通信、双向通信系统、自动定位技术、多媒体计算机、互联网等信息技术,还可以打破其他许多旧的工作方式。

思 考 题

1. 描述你所在的组织或你所熟悉的一个组织(如学校)的一个生产运作流程,并用流程图描绘。

2. 采用工艺对象专业化流程形式的企业是否应将下列问题作为管理重点?为什么?
(1) 注重生产和库存计划的制订;
(2) 拥有更多的原材料零部件供应商;

（3）追求更少的在制品库存；
（4）追求物料效率。

3. 流程设计中要考虑顾客参与、资本集约度、资源柔性等多方面的问题，这几者之间的关系是什么？举例说明。

4. 流程设计中的设备柔性和人员柔性之间的关系是什么？

5. 一个流程的资本集约度与流程节拍、能力平衡之间的关系是什么？

6. 举两个生产运作流程的例子，其中一个按设备速度运行，另一个按人的工作速度运行。

7. 在一个按设备速度运行的生产运作流程中，如何进行各环节产出能力的平衡？在一个按人员工作速度运行的流程中呢？

8. 为什么说流程中的瓶颈有可能"漂移"？举例说明。

9. 作业交换时间与批量之间的关系是什么？作业交换时间的长短对生产运作流程效率的影响是什么？

10. 除了平均库存、平均产出率和平均流程时间以外，还有哪些可以度量流程绩效的指标？列举几个，并说明它们的用法。

11. 很多企业都在追求库存周转率的提高。试用李特法则说明库存周转率的高低影响了企业的哪些绩效。

12. 为什么一个设计好的生产运作流程需要不断地加以改进？

13. 你是否认为你所在的工作单位应该进行 BPR？为什么？

14. BPR 与企业应用信息技术之间的关系是什么？现在有一种说法是，企业为了引入 ERP 这样的企业信息管理系统，必须先进行 BPR。你认为这种说法有道理吗？为什么？

第七章 工作设计与工作研究

制定正确的生产与运作战略以及选择合适的产品和生产运作技术对于维持和提高一个企业的竞争地位非常重要。为了做到这一点,还有一个很重要的因素,即"人"的因素。人是生产与运作系统最主要的投入要素之一,但由于人所具有的社会性和精神性,使人力资源的利用和管理与其他任何资源都不同。归根结底,一个系统运行得好坏,最终取决于控制、操作该系统的人,取决于人对工作的态度和工作方式。本章主要探讨和生产与运作管理联系最密切的两个人力资源管理问题:工作设计和工作研究。首先讨论工作设计中的一些基本理论,然后介绍进行工作研究的各种方法,包括作业测定和工作方法改善,这些是工业工程(industrial engineering,IE)的基本方法。

第一节 工作设计

一、历史的回顾——泰勒的管理思想及其方法

工作设计方法始于 100 年前泰勒所提出的方法。泰勒科学管理的基本思想是:①工作方法不能只靠经验,而应当科学地研究,制定正确的工作方法和标准工作量;②每个人的工作都可以通过这样的方法得到改善,即把工作内容分解成单元,观察和研究这些单元的工作内容和工作方法,测定所需要的时间,以找到最合理的方法;③对于经过培训、使用标准工作方法,并能达到标准工作量的人员,给予奖励(计件工资制的原理)。泰勒及其追随者们创立了很多具体方法进行工作设计,例如,时间与动作研究、流程图、工作活动图、多动作分析图等。泰勒认为,管理人员应该针对不同的工作岗位认真选定合适的人员,并培训他们使用新方法。泰勒强调管理者与职工之间的合作和责任分担,并认为只有使经营者和职工都分享科学管理带来的利益,科学管理才能真正发挥作用。

泰勒的科学管理思想及其方法在管理史上具有划时代的意义。20世纪初直至50年代,泰勒的思想和所创立的工作方法对美国企业以及其他一些学习美国工业工程(IE)方法的企业提高生产率起了不可低估的重要作用。直至今天,泰勒的许多方法仍然是企业改善作业、提高生产率的主要方法。但是,从今天的观点来看,泰勒的这些关于工作方法和工作设计的思想,主要是从工作设计的技术性侧面出发,有一定局限性。这些局限性

主要表现在：①科学管理法的实施结果将工作细分化、单纯化、标准化，即只强调工作设计的技术性侧面，忽略了人的社会性和精神性侧面。这对于充分发挥人的积极性、创造性，提高人的不断进取的愿望不利；②只注重个人工作效率，强调个人工作方法的改善和最优，忽略团队工作、集体协调的重要性，导致部门之间、工序之间作业的分离，对提高企业整体效率也很不利；③追求一种静态的最优方法（best way），实际上从哲学的观点来看，并不存在静态的最优方法，任何方法都有改善的余地，而且外界环境在不断变化，工作方法也需要不断地随之改变。

二、工作专业化

工作专业化（job specialization）是指一个人工作任务范围的宽窄、所需技能的多少。工作专业化程度越高，所包含工作任务的范围就越窄、重复性就越强，相应的所需的工作技能范围也比较窄，要求也不高。反过来，工作专业化程度低，意味着工作任务的范围较宽、变化较多，从而需要有多种技能来完成这些工作。

工作专业化程度究竟是高了好，还是低了好？关于这个问题，工程技术人员、社会学家、心理学家、经济学家、管理者、工人等，从各自的立场出发，有多种观点和看法，其中一些主要观点如下。

（1）工作专业化程度高的优点：工作人员只需较少时间就可掌握工作方法和步骤；工作速度较快，产出高；对工作人员技能和受教育程度的要求较低，因此人员来源充分，工资水平也不高。

（2）工作专业化程度高的不利之处：工作任务的细分化不容易做得完美，从而会导致工作的不平衡，工作人员忙闲不均；由于工作环节增多，不同环节之间要求有更多的协作，物流、信息流都较复杂；工作的重复性强容易导致诸如效率低下、质量降低等不利的行为结果。

因此，看待这个问题需要具体情况具体分析。对于某些企业、某些工作，工作专业化程度较高是有利的，对于另外一些企业和工作，可能就相反。在大多数以产品对象专业化为生产组织方式的企业里，高度工作专业化都可取得较好的效果。例如，大量生产方式（汽车、家电）中装配线上的工作就适应这种高度工作专业化。反过来，对于主要进行多品种小批量生产的企业来说，工作专业化程度应低一些才能有较强的适应性。

但是，这也不一定是一般规律。一个著名的事例发生在沃尔沃（Volvo）汽车公司。该公司的乌地瓦拉汽车装配厂采取了这样一种工作方法，即将8～10名工人组成一组，负责总车的装配。在这样的小组内，每名工人对于装配线上每道工序的工作都可以胜任，三小时换一次工作内容。这样一个工作小组一天可装配四辆整车。而传统的装配线的工作方法是，每人只负责一道工序，该工序的工作也许只用一两分钟就可完成，每天大量地重复同样的工作。该工厂采用这种小组工作方式后，出现的几个明显结果是：质量提高，效率提高（装配一辆整车所需的时间减少），缺勤率也明显降低（从20%降到8%）。该事例说明了工作设计中的一个重要问题，即应该不仅从技术性的角度，而且从社会性的角度进行工作设计。这就是下述的两种相关理论。

三、工作设计中的社会技术理论

工作设计中的社会技术理论(sociotechnical theory)认为,在工作设计中应该把技术因素与人的行为、心理因素结合起来考虑。任何一个生产与运作系统都包括两个子系统:技术子系统和社会子系统。如果只强调其中的一个而忽略另一个,就有可能导致整个系统的效率低下,因此应该把生产运作组织看作一个社会技术系统,其中包括人和设备、物料等。既然人也是投入要素,这个系统就应具有社会性。人与这些物性因素结合得好坏不仅决定着系统的经济效益,还决定着人对工作的满意程度,而后者对于现代人来说是很重要的一个问题。因此,在工作设计中,着眼点与其说放在个人工作任务的完成方式上,不如说应该放在整个工作系统的工作方式上。也就是说,工作小组的工作方式应该比个人的工作方式更重要。

如果把生产运作组织方式、新技术的选择应用和工作设计联系起来考虑,还应该看到,随着新技术革命和信息时代的到来,以柔性自动化为主的生产模式正在成为主流。但是,这种模式如果没有在工作设计的思想和方法上的深刻变革,是不可能取得成功的。为此,需要把技术引进和工作设计作为一个总体系统来研究,将技术、生产组织和人的工作方式三者相结合,强调在工作设计中注重促进人的个性的发展,注重激发人的积极性和劳动效率。这种理论实际上就奠定了现在所流行的"团队工作"方式的基础,详见图 7.1。

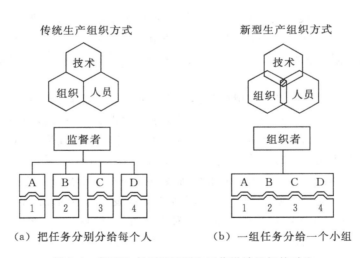

(a) 把任务分别分给每个人　　(b) 一组任务分给一个小组

图 7.1　新旧生产组织原则和工作设计思想的对比

四、工作设计中的行为理论

行为理论的主要内容之一是研究人的工作动机,这一理论对于进行工作设计也有直接的参考作用。人们工作的动机有多种:经济需要、社会需要以及特殊的个人需要等(感觉到自己的重要性、实现自我价值等)。人的工作动机对人如何进行工作以及对工作结果有很大的影响。因此,在工作设计中,必须考虑人的这些精神因素。当一个人的工作内容和范围较狭窄,或工作的专业化程度较高时,人往往无法控制工作速度(如装配线),也难以从工作中感受到一种成功感、满足感。此外,与他人的交往、沟通较少,进一步升迁的机会也几乎没有(因为只会很单调地工作)。因此,像这样的专业化程度高、重复性很强的工作往往容易使人产生单调感,它导致人对工作变得淡漠,从而影响工作结果。一些研究表明,这种状况给"蓝领"工人带来的结果是:工人变换工作频繁、缺勤率高、闹情绪,甚至故意制造生产障碍。对于"白领"工人,也有类似的情况。由于这些问题直接影响一个生产与运作系统的产出,因此需要在工作设计中考虑一些方法来解决这些问题,以下是三种可以考虑的方法。

(一) 工作扩大化

工作扩大化(job enlargement)是指工作的横向扩大,即增加每个人工作任务的种类,从而使他们能够完成一项完整工作(例如,一个产品或提供给顾客的一项服务)的大部分程序,这样他们可以看到自己的工作对顾客的意义,从而提高工作积极性。进一步,如果顾客对这个产品或这项服务表示十分满意并加以称赞,还会使该员工感受到一种成功的喜悦感和满足感。工作扩大化通常需要员工有较多的技能和技艺,这对提高员工钻研业务的积极性,使其从中获得一种精神上的满足也是有极大帮助的。

(二) 工作职务轮换

工作职务轮换(job rotation)是指允许员工定期轮换所做的工作,这种定期可以是小时、天、日或数月。这种方法可给员工提供更丰富、更多样化的工作内容。当不同工作任务的单调性和乏味性不同时,采用这种定期轮换方式很有效。不言而喻,采用这种方式需要员工掌握多种技能,可以通过"在岗培训"(on-the-job training)来实现。这种方法还有其他一些好处:增加了工作任务分配的灵活性,例如,派人顶替缺勤的工人;往瓶颈环节多增派人等。此外,由于员工互相交换工作岗位,可以体会到每一岗位工作的难易,从而使员工理解他人的不易之处,互相体谅,使整个生产与运作系统得到改善。

在很多国家的企业中都使用工作职务轮换的方法,但各企业的具体实施方法和实施内容则多种多样。后面的【应用事例 7.1】介绍了日本丰田汽车公司某工厂的职务定期轮换方法。

(三) 工作丰富化

工作丰富化(job enrichment)是指工作的纵向扩大,即给予职工更多的责任,更多参与决策和管理的机会。例如,一个生产第一线的工人,可以让他负责若干台机器的操作、检验产品、决定机器何时进行保养,或自己进行保养。工作丰富化可以给人带来成就感、责任心和得到认可(得到表彰等)的满足感。当他们通过学习,掌握丰富化的工作内容之后,他们会感到取得了成就;当他们从顾客那里得到了关于他们工作成果——产品或服务的反馈信息时,他们会感受到被认可;当他们需要自己安排几台设备的操作、制订保养计划及所需资源的计划时,他们的责任心也会大为增强。

这三种方法的实施有时是通过团队来进行的,这样会使成员之间得到更好的沟通,从而取得更大的工作成就。

【应用事例 7.1】

丰田汽车公司某工厂的职务定期轮换

该工厂某作业现场的组织体系如图 7.2 所示。

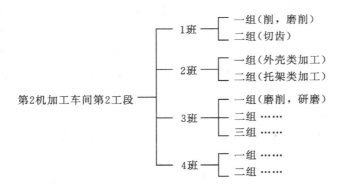

图 7.2 现场组织体系

工段、班、组中分别设工段长、班长及组长,组长下面是一般作业人员。工段长、班长和组长统称基层管理人员。在这样一个工段,配置有数百台设备,共有 220 余名作业人员。

该工厂工作职务轮换的主要目的是使职员"多能化",即具有多种技能。其具体含义包括以下几方面。

① 定期调动:以若干年为周期的工作场所(主要指班或工段)的变动,职务内容、所属关系、人事关系都发生变化。主要以基层管理人员为对象进行。

② 班内定期轮换:根据情况进行的班内变动,所属关系、人事关系基本不变。班内定期轮换的主要目的是培养和训练多面手。

③ 岗位定期轮换:以 2~4 小时为单位的有计划的交替作业。

在具体实施中,无论是对基层管理人员还是现场作业人员,都有计划地进行。首先,要求一般作业人员成为多面手,基层管理人员必须先作出典范。基层管理人员的定期调动计划由车间制订,主要考虑被调动人员到目前为止的经历、尚未担任过的工作、本人希望和意愿、对现场工作的影响等几方面因素。基层管理人员的定期调动主要是为了使他们在新的人事关系、工作环境中学习未曾掌握的知识和技能,进一步扩大视野,提高管理能力。而且,在一个新环境中,容易发现原有人员司空见惯、不能引起注意的问题,采取新的对策及改善问题的积极性也较高,因此有利于促进生产率的提高。

对于一般作业人员"多能化"的实现,班内定期轮换具有更重要的意义。班内定期轮换的计划由班长制订。具体做法是把班内所有的作业工序分成若干个作业单位,排出作业轮换训练表,使全体作业人员轮换进行各工序的作业,在实际操作中进行教育和训练,最后使每个人都能掌握各工序作业。在具体实施中,还可制定多能化实现率的年度计划指标,逐步有计划地进行。多能化实现率可以用下式表示

$$（班的）多能化实现率 = \frac{\sum_{i=1}^{n}（各人已训练完毕、掌握了的工序数）}{班内作业工序 \times n} \times 100\%$$

其中，n 为班内人员数。

通过实施这样的工作职务轮换，使班内流动的可能性增大后，一天中数次班内作业交替也就成为可能。一般来说，一个组织得很好的作业组织内，每个作业人员作业的时间应该基本一样。但是由于作业内容的差异，作业者的疲劳程度是不同的。在长时间作业的情况下，各个作业者之间会出现疲劳度的差异，由此容易引起一部分工序作业时间的延长或容易出差错。所以，以 2～4 小时为单位的岗位定期轮换的另一个重要意义是能够避免作业人员的这种工作疲劳。

关于交替间隔，应根据具体情况具体设定。如对生产节拍较快的工序来说，因所持有的作业区域比较窄，因此交替间隔应短一些，反之亦然。

通过实施这样的职务定期轮换，不仅实现了作业人员的多能化，还带来了下面一些附带结果。

① 有利于安全生产。以小时为间隔单位的岗位定期轮换，不仅减轻了作业人员的身体疲劳，也使人的情绪得到了调节。一般来说，工作内容的改变本身就是一种比什么都强的刺激，与人的工作积极性很有关系。由于情绪调节和疲劳减少，注意力提高了，因不留神、注意力分散而引起的劳动事故会大为减少。

② 改善了作业现场的人际关系。制订作业交替计划表的基本原则是使全体作业人员平等。制订时既要考虑对年老体弱者的照顾，也要考虑当天各人的身体情况、作业熟练程度、个人愿望以及相互之间的照顾等，这样就容易促进全体的协调精神。在职务调换时，每个人前后工序的成员不同，通过作业中的接触很自然地扩大了人与人之间的交流圈子。此外，全体作业人员对各个工序都熟悉、都做过，因此即使因为某种原因在某工序发生了延迟，也容易理解别人的苦衷。因为大家都相互了解，所以也都尽量互相帮助，以避免发生作业延迟。

③ 促进了知识与技能的扩大与积累。在促进作业人员多能化的过程中，老工人和班组长教新工人和部下的机会多了，同时自己也从中得到了提高。以往被称为"本事"的诀窍、技能也公开出来，作为要领书、标准书在作业现场积累起来。职务定期轮换使彼此之间形成一种相互理解、互教互学的关系，"本事是自己的"这种手艺人气质渐渐减少，大家汇总起来的技能与知识通过这种方法不断迅速地传给后来的人，使这些知识和技能扩散到全体人员中，这样就能形成一个即使有人缺勤也能够应付的强有力的作业现场。

④ 提高了作业人员参与管理的积极性。由于职务定期轮换，全体人员与作业现场的各个工序都发生了关系，因而视野扩大了，对整个作业流程的关心也提高了。这种方法使作业人员逐渐地产生一种意识，即安全、质量、生产、成本等工作目标以及班里的其他任何事情都不只是班组长或某个人的事，而是大家共同的问题。大家都团结一致，为了同一个目标而思考和合作，采取对策，解决问题，形成一种作业现场的自主管理，也给了每个人充分发挥自己潜在能力的机会，增加了人们对工作的兴趣和积极性。

五、团队工作方式

团队工作方式(team work)是指,与以往每个人只负责一项完整工作的一部分(如一道工序、一项业务的某一程序等)不同,由数人组成一个小组,共同负责完成这项完整工作(见图7.1)。在小组内,每个成员的工作任务、工作方法以及产出速度等都可以自行决定。在有些情况下,小组成员的收入与小组的产出挂钩,这样一种方式就称为团队工作方式,其基本思想是使全员参与,从而调动每个人的积极性和创造性,使工作效果尽可能好。这里工作效果是指效率、质量、成本等的综合结果。

团队工作方式与传统的泰勒式工作分工方式的主要区别如表7.1所示。这种工作方式可以追溯到20世纪二三十年代。在现代管理学中,是指20世纪80年代后半期才开始大量研究、应用的一种人力资源管理方法。这种方法实际上是一种工作方法,即如何进行工作,因此在工作设计中有更直接的参考意义。

表7.1 泰勒式工作方式与团队工作方式的对比

泰勒式工作方式	团队工作方式
最大分工和简单工作	工作人员高素质、多技能
最少的智能工作内容	较多的智能工作内容
众多的从属关系	管理层次少,基层自主性强

团队工作方式也可以采取不同形式,以下是三种常见方式。

(1) 解决问题式团队(problem-solving teams)。这种团队实际上是一种非正式组织,通常包括七八名或十来名自愿成员,他们可以来自一个部门内的不同班组。成员每周有一次或几次碰头,每次几小时,研究和解决工作中遇到的一些问题,例如,质量问题,生产率提高问题,操作方法问题,设备、工具的小改造问题(使工具、设备使用起来更方便)等,然后提出具体的建议,提交给管理决策部门。这种团队的最大特点是:他们只提出建议和方案,并没有权利决定是否实施。日本的QC小组就是这种团队的最典型例子。这种方法对于提高日本企业的产品质量、改善生产系统、提高生产率起了极大的作用,同时,对于提高工作人员的积极性、改善职工之间、职工与经营者之间的关系也起了很大的作用。这种思想和方法首先被日本企业带到了他们在美国的合资企业,在当地的美国工人中运用,同样取得了成功,因此其他美国企业也开始效仿,进而扩展到其他的国家和企业,并且在管理理论中也开始对这种方式加以研究和总结。

这种方式有很多优点,但也有其局限性。因为它只能建议,不能决策,又是一种非正式组织,所以,如果这样的团队所提出的建议和方案被采纳的比率很低,这种团队就会自生自灭。

(2) 特定目标式团队(special-purpose teams)。这种团队是为了解决某个具体问题,达到一个具体目标而建立的,例如,某种新产品的开发、一项新技术的引进和评价、劳资关系问题等。在这种团队中,其成员既有普通职工,又有与问题相关的经营管理人员。团队中的经营管理人员拥有决策权,也可以直接向最高决策层报告。因此,他们的工作结果——建议或方案可以得到实施。或者,他们本身就是在实施一个方案,即进行一项实际工作,这种团队不是一个常设组织,也不是为了进行日常工作,而通常只是为了一项一次性的工作,因此,实际上类似于一个项目组(项目管理中常用的组织形式)。这种团队的特点是,容易使一般职工与经营管理层沟通,使一般员工的意见直接反映到决策中。

【应用事例7.2】

美国开利公司压缩机厂的特定目标式团队——产品开发组

开利公司压缩机厂的产品开发组由一个项目经理、一个市场经理、一个财务经理、一个设计师、一个工艺工程师和六名不同工种的工人组成。市场经理与客户签订供货合同,在合同中详细规定所要开发的压缩机的性能要求和质量要求。设计方案要经过小组讨论并利用计算机辅助设计,确定最佳方案。每个人都在其中承担责任:设计师根据各方面的意见使方案更符合客户要求、更切实可行;工艺工程师想办法开发出实用的工艺;而工人们则根据自己的丰富经验来协助工艺工程师,甚至开发出更合适的工夹具;市场经理和财务经理时刻分析所有这些改变是否符合客户和企业利润的要求。项目经理在这里不是拍板者,拍板者是客户要求和企业利润这两个原则。

以往,设计、工艺、生产分别在不同的部门进行,设计师一开始做出的设计方案往往不符合工艺要求,或者即便能达到,也会使生产成本昂贵,不符合财务要求。因此,在设计方案、工艺要求和财务要求甚至材料要求之间,需要有一个反复"磨合"的过程。这个过程的做法是,方案以文本形式在不同部门之间传递,除了当事人要对方案进行修改和提出意见外,文件还需经过本部门负责人(有时可能是两级负责人)的审查和办事小组的传递。在这些修改和审查中,所依据的原则可能根本不是顾客和企业整体的利益,而只是本部门或个人的利益。这个过程可能需要反复传递好几次,时间被拖长一年至几年,甚至不了了之。组成团队式产品开发组后,部门负责人没有了,部门利益也相应地不存在了。项目经理在小组中的角色类似于"教练",其关注点是把大家的努力引向正确的方向,并给这个磨合不断加点儿润滑油。所有这些都是同步和面对面进行的,借助计算机,小组可以在最短的时间内把开发设计中的各个单项任务集成为一个完整程序,产品开发时间从过去的两年缩短为几个月。

(3) 自我管理式团队(self-managing teams)。这种方式是最具完整意义的团队工作方式。上述第一种方式是一种非正式组织,其目标只是在原程序中改善任务,而不是建立新程序,也无权决策和实施方案;第二种方式主要是为了完成一些一次性的工作,类似于项目组织。而在自我管理式团队中,由数人(几人至十几人)组成一个小组,共同完成一项相对完整的工作,小组成员自己决定任务分配方式和任务轮换,自己承担管理责任,诸如制订工作进度计划(如人员安排、轮休等)、采购计划,甚至临时工雇用计划,决定工作方法等。在这种团队中,包括下面两个重要概念。

① 员工授权(employee empowerment),即把决策的权力和责任层层下放,直至每个普通员工。如上所述,以往任务分配方式、工作进度计划、人员雇用计划等是由不同层次、不同部门的管理人员决定的,现在则将这些权力交给每一个团队成员,与此同时,相应的责任也由他们承担。

② 组织重构(organizational restructuring)，这种组织重构实际上是权力交给每一个职工的必然结果。采取这种工作方式后，原先的班组长、工段长、部门负责人（如科室主任、部门经理）等中间管理层几乎没有必要存在了，他们的角色由团队成员自行担当，因此整个企业组织的层次变少，变得"扁平"。

第二节 工 作 标 准

一、什么是工作标准

所谓标准，是一种用于比较的、大家均可接受的尺度。工作标准(work standards)是指一个训练有素的人员完成一定工作所需的时间，他完成这样的工作应该用预先设定好的方法，用其正常的努力程度和正常的技能（非超常发挥），所以也称为时间标准。

制定工作标准的关键是定义"正常"的工作速度、正常的技能发挥，例如，要建一条生产线，或者新开办一项事务性的业务，需要根据需求设计生产运作能力，雇用适当数量的人员。假定一天的生产量需达到 1 500 个，你必须根据一个人一天能做多少个来决定人员数量。但是，一个人一天能做的数量是因人而异的，有人精力旺盛、动作敏捷，工作速度就快，还有一些人则相反。因此，必须寻找一个能够反映大多数人正常工作能力的标准。这种标准的建立，只凭观察一个人做一个产品的时间显然是不行的，必须观察一定的时间、做一定数量的产品，并观察若干个人，然后用统计学方法得出标准时间。此外，即使经过这样一些步骤建立起了工作标准，在实际工作开始以后，仍需不断地观察、统计，适时地进行修正。

二、工作标准的作用

工作标准在工作设计中的作用主要有以下几方面：

(1) 制订生产运作能力计划。根据完成各项工作任务所需的标准时间，企业可以针对市场对产品的需求制订人员计划和设备计划，包括设备投资和人员招聘的长远计划。也就是说，企业首先根据市场需求决定生产量，然后根据生产量和标准时间决定每人每天的产出以及所需人数，再根据每人操作的设备数和人员总数决定所需设备数量，在此基础上就可以制订设备和人员计划。此外，生产进度计划的制订也需要以较精确的标准作业时间为基础。例如，在本书第十三章的 MRP 计划中，标准作业时间是决定生产周期的重要前提。

(2) 进行作业排序和任务分配。根据不同工序完成不同工作的标准时间，合理安排每台设备每个人每天的工作任务，以防止忙闲不均、设备闲置、人员闲暇的现象，有效地利用资源。

(3) 进行生产与运作系统及生产与运作程序设计。工作标准可以用来比较不同的生产与运作系统设计方案，以帮助决策，也可以用来选择和评价新的工作方法，评估新设备、新方法的优越性。

除此以外，工作标准还有其他一些用途。

(1) 作为一种激励手段。用工作标准可以确定一天的标准工作量,如果想鼓励员工多完成工作,可根据工作标准确定"超额"完成的任务量,并给予相应的奖励。

(2) 用于成本和价格计算。以工作标准为基础,可以建立产品的成本标准,这一标准还可以用来制定预算、决定产品价格以及决定自制还是分包这样的生产与运作战略。

(3) 评价员工的工作绩效。比较一个员工在一段时间内的工作成绩和工作标准,从而判断其工作绩效的好坏。

三、使用工作标准的利弊

工作标准的用途及益处如上所述,但是任何事物都是一分为二的,使用工作标准也有一些不利之处。

首先,当工作标准的使用与工资挂钩时,往往会出现这样的情况:工人说标准过高而反对工作标准,经营管理人员认为工作标准过低时也反对工作标准。事实上工作标准过高或过低都不好,它会给制订生产计划、人员安排计划带来很多困难,从而给企业带来损失。但是,工作标准的"高"与"低"实际上是一个相对的尺度,不同的人站在不同立场会有不同的看法,因此工作标准的使用有一定难度。

其次,认为工作标准缺乏对人的尊重,把人当作机器来制定机械的标准,因此主张采用"全员参与"等方法,不赞成使用工作标准。也有人认为,制定工作标准本身就要耗费相当的时间、人力和费用,其成本恰好与工作标准所能带来的益处相抵消,甚至不足以抵消,因此得不偿失。

再次,如果制定了工作标准,员工为避免企业将工作标准提高,即使创造了更好的新工作方法,也会保密,这样难以使生产率提高。

最后,工作标准如果使用不当,容易使人产生一种只重视产出数量而忽视产出质量的倾向。

四、工作标准与报酬制度

这里的报酬制度是指与工作标准有关的报酬制度,并不泛指一般的工资制度。与工作标准有关的报酬制度,往往是带有激励性质的,其中使用最多的是计件报酬和个别激励制度。

(一) 计件报酬制度

计件报酬制度是根据一个人一天或一周的生产数量来决定其报酬,干得多的多拿报酬,反之亦然。这样,为了确定单件产品的报酬,首先必须确定一天的标准、公正的工作量,然后推出单件标准时间。这里要用到下一节所述的作业测定方法,通过作业测定确定能代表大多数人正常水平的工作速度,在此基础上确定工作标准和报酬水准。

(二) 个别激励制度

计件报酬制度实际上也是带有激励性质的,对于每一个人、所做的每一产品都付给同样的报酬(即按同样的标准)。而个别激励制度是指,只对那些有高度工作热情、工作出色,超出一般正常的工作标准以外的工作成绩予以奖励,支付额外的报酬。在这种制度下,通常有一个基本的工作标准,表示正常应达到的工作水准(主要指数量),这个水准也要靠作业测定的方法来决定。例如,工作标准为一天做 50 个产品,某工人一天做了 60 个,则多做的 10 个可按个别激励制度另付报酬。这个报酬的比率可有多种,或高于正常收入(平均单件工资),或低于正常收入。

(三) 质量与报酬制度

在企业中实行带有激励性质的报酬制度时必须注意的一个问题是,这种制度的目的通常是鼓励员工有更高的产量。但是,这样容易使人产生忽略质量的倾向。试想如果一个工人一天的产量是标准产量的 115%,但其中有 20% 的不良品,那么这样的高产量又有何意义?因此,应该采取一些办法,使质量和产量同时得到保证。这里有两种基本思路:一种是惩罚式方法,即出现不良品时减少工人应得的报酬,或者要求工人对不良品进行返修,返修时的工作时间按低于正常水平的工资支付。但后者的前提是不良品还有可能返修,在有些情况下是不可能返修的。另一种是激励式方法,它的基本思想是,对于额外的努力付给额外报酬,报酬按数量标准和质量标准两个标准支付。例如,一天的标准产量为 1 000 个,日工资为 30 元(0.03 元/个),超额部分每个的激励工资为 0.1 元。质量标准是 95% 为合格品。如果质量高于标准,则高于标准的产品每个另给奖金 0.05 元。这样,假定某工人一天做了 1 040 个,其中 1 009 个是合格品,那么除月工资外,可得到的额外工资是 $0.1 \times 9 = 0.9$(元),质量上的奖励工资是$(1\,009 - 1\,040 \times 95\%) \times 0.05 = 21 \times 0.05 = 1.05$(元),所以这一天的工资为 $30 + 0.9 + 1.05 = 31.95$(元)。根据这样的基本思想,还可设定出很多方法来。这里需要注意的关键问题是:与这种报酬制度有关的产品的质量是可以明确度量的。

第三节 作 业 测 定

作业测定是对实际完成工作所需时间的测量,是工作研究中的一项主要内容。实际上,制定工作标准也需要运用作业测定的方法,对实际作业时间进行统计,找出一般规律,才能最后建立工作标准。进行作业测定的其他目的还包括:将实际工作情况与标准作业时间进行对比,寻找改善的方向;测定工人的空闲时间、等待物料时间等非创造附加价值的时间占整个工作时间的百分比,以决定对策;等等。作业测定的方法有多种,可以用于不同目的,这里介绍常用的几种方法。

一、时间研究

这种方法的主要用途是建立工作的时间标准,即上述的工作标准。一项工作(通常由一人完成的)可以分解成多个工作单元(或动作单元)。在时间研究中,研究人员用秒表观察和测量一个训练有素的人员,在正常发挥的条件下完成各个工作单元所花费的时间,这通常需要对一个动作观察多次,然后取其平均值。从观察、测量所得到的数据中,可以计算为了达到所需要的时间精度,样本数需要有多大。如果观察数目还不够,则需进一步补充观察和测量。最后,再考虑正常发挥的程度和允许变动的幅度,以决定标准时间。

下面通过一个茶杯包装的事例(将一套 6 个茶杯装入纸盒,封口,码放)来具体说明时间研究的基本方法、步骤和要注意的事项。

（一）时间研究的基本方法和步骤

步骤1：将工作分解成单元。例如，在茶杯包装事例中，可将这一工作分解成4个工作单元（见表7.2）：①取两个纸盒；②将衬垫放入纸盒；③将茶杯放入纸盒；④纸盒封口、码放。

表7.2　时间研究中的数据记录表　　　　　　　　　　　单位：分钟

工作单元	分布	观测记录										$\bar{t}$	F	RF
		1	2	3	4	5	6	7	8	9	10			
取两个纸盒	t	0.48		0.46		0.54		0.49		0.51		0.50	0.50	1.05
	r	0.48		4.85		9.14		13.53		17.83				
将衬垫放入纸盒	t	0.11	0.13	0.09	0.10	0.11	0.13	0.08	0.12	0.10	0.09	0.11	1.00	0.95
	r	0.59	2.56	4.94	6.82	9.25	11.23	13.61	15.50	17.93	19.83			
将茶杯放入纸盒	t	0.74	0.68	0.71	0.69	0.73	0.70	0.68	0.74	0.71	0.72	0.71	1.00	1.10
	r	1.33	3.24	5.65	7.51	9.98	11.93	14.29	16.24	18.64	20.55			
纸盒码放、封口	t	1.10	1.15	1.07	1.09	1.12	1.11	1.09	1.08	1.10	1.13	1.10	1.00	0.90
	r	2.43	4.39	6.72	8.60	11.10	13.04	15.38	17.32	19.74	21.68			

分解工作单元时要注意的几个问题是：第一，为了测量工作单元所花费的时间，每一工作单元都应该有明确的开始和结束标志；第二，工作单元的划分不应是不到3秒就可完成的动作，因为这种动作难以用秒表测量。例如，上述事例中的动作单元②如果再细分，还可以分成三个单元：①左手拿起衬垫；②将衬垫打开（将放每个茶杯的网眼撑开）；③将衬垫放入纸盒。因为这几个动作的每一个都非常快，所以难以精确测量各自所需的时间。最后，如果这项工作已经实际进行了一段时间，已经有约定俗成的工作方法，那么动作单元的划分应与这样的工作方法保持一致。有些非正常的、偶然发生的动作（例如，衬垫失手掉在地上，又捡起来）不应计算在工作时间内。

步骤2：测量各工作单元的时间。时间记录表如表7.2所示。选择一名训练有素的人员作为研究对象，测量其完成每个工作单元所需的时间。常用的测量方法是连续测量法，即研究人员在每个工作单元的动作结束时，记下该时刻，列在表中的 r 行，然后根据两个工作单元结束时刻的差即可得出第一个单元所花费的时间。如表7.2所示，在第一个工作循环中，第一个工作单元结束时秒表显示为0.48，第2个结束时为0.59，则第一个工作单元耗费的时间为0.48，第2个为0.11，以下均依此算出。

第二个工作循环中无第一个工作单元，因为第一个循环中一下取了两个，所以每两次循环中发生一次这个动作。假设这项实验共观察了10个工作循环，全部记录数据如表7.2所示。还应当注意的是，如果所观察测量的数值中有明显偏离其他大多数数值的，就应分析它是不是由偶然因素引起的，如工具失手、机器故障，以及本事例中的衬垫掉地等。如果是的话，应将这样的数据排除在外。

将这样观察得到的数据取其平均，记在表7.2的 $\bar{t}$ 列。

步骤 3：决定样本的大小。表 7.2 的观察数是 10 个工作循环，这么多样本数是否够？通常，时间研究得出的工作时间估计值如果能达到实际工作平均时间的 95% 左右，就基本上满意（可定出更高的要求，但样本数会急剧变大）。可以按下面这个根据正态分布推出来的公式来决定样本数 n

$$n = \left[\left(\frac{1.96}{p}\right)\left(\frac{s}{\bar{t}}\right)\right]^2 \tag{7.1}$$

式中，n——所需样本数；

p——估计精度，以真正时间值（未知）的偏离程度（%）来表示；

$\bar{t}$——某单元测量时间平均值；

s——某单元样本标准差。

在上述事例中，设估计偏离真正时间值的程度不超过 4%，即估计精度为 4%，可按下述方法决定该事例中所需的样本数。

由于各单元的样本标准差和测量时间平均值不同，样本数有可能不同，因此为了达到所希望的精度，应当选用最大的样本数。首先需要求出样本标准差，可以按下式计算：

$$s = \sqrt{\frac{\sum_{j=1}^{n}(t_j - \bar{t})^2}{\hat{n} - 1}} \tag{7.2}$$

其中，t_j 是第 j 个工作循环的测量时间值，$\hat{n}$ 是测量次数。要注意，对于工作单元 1，$\hat{n} = 5$，其余单元的 $\hat{n} = 10$，可得表 7.3 中的数值。

表 7.3　样本数计算数据

工 作 单 元	s	$\bar{t}$	$s/\bar{t}$	n
1	0.030 5	0.50	0.061 0	9
2	0.017 1	0.11	0.155 4	58
3	0.022 6	0.71	0.031 8	3
4	0.024 1	1.10	0.021 9	2

计算出的 n 通常不是整数，取与之最接近的整数即可。如果想保证每个单元的估计精度都在 4% 以内，所需样本数应取该表中最大值，即 58。因此，需要再进行 48 次观察和测量。

步骤 4：决定时间标准。在这一步骤中，首先要决定"正常"时间（normal time, NT），这需要通过对被观察者的工作速度进行判断和评价来决定，即必须判断该被观察者的工作速度是高于还是低于一般速度，高多少或低多少，这种评价用"绩效评价因子"（performance rating factor, RF）来表示。例如，在上例中，各单元的 RF 如表 7.2 所示。正常速度时该因子为 1.0，高于正常速度时大于 1，低时则小于 1。这是研究人员的一种主观评价，主要依据其经验。关于这一点，后面还要再做一些讨论。

决定正常时间时另一个需要考虑的因素是，在一个工作循环内各工作单元动作平均发生的频数 F。如在上例中，单元 1 并不是在每个循环都发生，而是两个循环才发生一次,因此平均每个循环发生0.5次。

将测量值的平均值、发生频数以及绩效评价因子三者相乘,即可得出一个单元 i 的正常时间 NT_i 和一个工作循环所需的正常时间 NTC,用公式可表示如下:

$$NT_i = \bar{t}_i \cdot F_i \cdot (RF)_i \tag{7.3}$$

$$NTC = \sum_i NT_i \tag{7.4}$$

假定在上述的茶杯包装事例中又做了48次观察和测量,得到了如表7.4所示的数据,每一工作单元的正常工作时间和工作循环的正常工作时间可计算如下:

$$NT_1 = 0.53 \times 0.50 \times 1.05 = 0.28(分钟)$$
$$NT_2 = 0.10 \times 1.00 \times 0.95 = 0.10(分钟)$$
$$NT_3 = 0.75 \times 1.00 \times 1.10 = 0.83(分钟)$$
$$NT_4 = 1.08 \times 1.00 \times 0.90 = 0.97(分钟)$$
$$NTC = 0.28 + 0.10 + 0.83 + 0.97 = 2.18(分钟)$$

表 7.4 追加 48 个样本后的数据

工作单元	$\bar{t}_i$	F_i	RF_i
1	0.53	0.50	1.05
2	0.10	1.00	0.95
3	0.75	1.00	1.10
4	1.08	1.00	0.90

NTC是否可以作为标准时间了呢? 还不行。因为这样的时间值并未考虑人的疲劳。人需要有休息时间,有时会有不可避免的延误(由于偶然性事件所引起)等。因此,还需要在正常时间上再加一部分宽放时间(allowance time)来反映这些因素,这样才能得出切合实际的标准工作时间。这样,标准工作时间(standard time, ST)可表示为

$$ST = NTC(1 + A) \tag{7.5}$$

其中,A 是宽放时间因子,通常取值为 10%~20%。

假定上例中的宽放时间因子为0.15,则茶杯包装的标准工作时间可计算如下:

$$ST = 2.18 \times (1 + 0.15) = 2.51 \text{ 分钟/一个工作循环}$$

如果按一天工作8小时算,则一个人一天可做的数量为

$$480 \text{ 分钟/天} \div 2.51 \text{ 分钟/盒} = 191 \text{ 盒/天}$$

(二) 时间研究中的主观判断和评价

对于一个时间研究人员来说,几方面的原因要求他必须在时间研究中进行主观判断和评价。首先,在定义所要研究的工作单元时必须十分谨慎,如前所述,一个工作单元的动作时间不能太短,应该有明确的开始和结束标志。此外,有一些动作发生频率低,但是是规则的,这些动作也必须计算在内。

其次,在某些工作单元的测量中可能会测到一些偶然性的、不规则的动作,它们实际上不反映真正的操作要求,如失手掉工具、机器失灵等,这些动作和所花费的时间有可能使测出的时间不正确,因此在时间研究中必须排除这样的动作时间。但哪些动作是规则

的、哪些是不规则的,需要研究人员进行主观判断。

再次,宽放时间应该多大,也需要进行主观判断。通常宽放时间的范围是正常时间的10%~20%,给出这样的宽放时间主要是考虑到人员的疲劳、动作迟缓等不易测量的因素。本章后面的样本法中还要提到宽放时间的估计问题。

最后,需要通过主观判断决定的一个最大问题是绩效评价因子的确定。在时间研究中,通常只是选择几名人员来进行观察和测量,他们的工作速度不一定正好代表大多数人的正常工作速度。这时,研究人员必须判断,通过对他们的观测所获得的数据是否代表正常速度;如果不是,应在多大程度上予以纠正(即因子数值的确定)。因为如果被观测者的平均速度高于正常水平,那么根据他们的工作速度制定的时间标准对于其他大多数人来说就是不公平的,实际上也是无法达到的。反过来,如果他们的速度低于正常水平,那么根据这样的结果制定的工作标准对于企业是不公平的,企业会遭受一定的损失。尤其是在工作标准与工作报酬挂钩的情况下,工作标准过高或过低不是使员工,就是使企业遭到损失。常常有这种可能性,即员工一旦看到他们被观察,就会有意放慢工作速度,因此研究人员在研究过程中还需判断有无这样的情况发生。如果有,则需进一步判断其程度,并将其反映在绩效评价因子的设定中。

(三) 时间研究方法的优劣分析

时间研究方法是制定工作标准时使用最多的一种方法。训练有素并具有一定经验的研究人员使用这种方法可以制定切合实际的工作标准。但是,这种方法也有其局限性。首先,这种方法主要适用于工作周期较短、重复性很强、动作比较规律的工作,对于某些主要是思考性质的工作就不太适用,例如,数学家求解问题、大学教授准备讲义,或寻找汽车故障的原因等。对于某些非重复性的工作也是不适用的,例如,非常规设备检修。其次,秒表的使用有一定的技巧性,一个没有任何使用经验的人测出的时间值有时误差可能很大,基于这样的数据很可能会制定出不正确的时间标准。再次,时间研究中所包含的一些主观判断因素有时会遭到被观测者的反对。

二、标准要素法

一个企业内如果有上千种甚至更多种工作需要制定工作标准,那么逐一使用时间研究方法所花费的时间和成本可能会相当可观。在这种情况下,可以使用标准要素法(elemental standard data approach)。该方法基于这样一种基本原理:在不同种类的工作中,存在大量相同或类似的工作单元,实际上不同工作是若干种(这个种类是有限的)工作单元的不同组合。因此,对于工作单元进行的时间研究和建立的工作标准,可应用于不同种类工作中的工作单元。而这样的工作单元的标准一经测定,即可存入数据库,需要时随时可用。

但是有时候同一个工作单元在具有不同特点的工作中所需的时间是不同的,如果能将这些工作分类并给予不同的系数,将这些系数也作为数据库的数据,那么仍然可以很方便地为各种工作制定正常工作时间。此外,一个不可忽视的问题是宽放时间,需要将其加到正常工作时间中,以获得真正的时间标准。

这种方法有很多好处。首先,可以大量减少时间研究的工作量。其次,为工作单元建立的数据库可用来制定新上马的生产线的工作标准,从而可预先估计产品的成本、价格并制订生产计划。而且当单元的工作方法改变时,也可很容易地决定新的正常时间。总之,这样的数据库一旦建立,就可以方便地为每一项包括这些单元的工作制定工作标准。

三、PTS 法

(一) 什么是 PTS 法

PTS 法又称为既定时间标准设定法(predetermined time standards)。这种方法比标准要素法更进了一步,它是将构成工作单元的动作分解成若干个基本动作,对这些基本动作进行详细观测,然后制成基本动作的标准时间表。要确定实际工作时间时,只要把工作任务分解成这些基本动作,从基本动作的标准时间表上查出各基本动作的标准时间,将其加总,即可得到工作的正常时间,然后再加上宽放时间,就可以得到标准工作时间。

PTS 法有好几种,根据基本动作的分类与使用时间单位的不同而不同。使用最广泛的一种是 MTM 法(methods of time measurement)。在 MTM 法中,也有若干种基本动作标准数据,这里介绍其中最精确的一种:MTM-1。在这种方法中,将基本动作分为如表 7.5 所示的 8 种。

表 7.5　MTM-1 的基本动作分类

伸手(reach)	移动(move)
施压(apply pressure)	抓取(grasp)
放置(定位,对准)(position)	解开(disengage)
放手(release)	转动(turn)

这些基本动作的标准时间是用微动作研究方法,对一个样本人员在各种工作中的动作加以详细观测,并考虑到不同工作的变异系数而得出的,表 7.6 所示的是美国 MTM 标准研究协会制作的其中一个动作"移动"的标准时间。这里所用的时间测量单位(time measurement unit,TMU)是 TMU,1TMU 等于 0.000 6 分钟,即 1 分钟等于 1 667TMU。这个表中的标准时间考虑了移动重量、移动距离和移动情况三种因素,每个因素不同,所需的标准时间也不同。例如,有这样一个动作,需要用双手将一个 18 磅的物体移动 20 英寸,移到一个确切的位置,在该动作发生前两手无动作。为了得到这个动作的标准时间,首先应该根据对移动情况的描述确定该动作属于哪种情况。从表中的三种情况描述中可知,属于 C,然后,根据移动距离为 20 英寸,在 20 英寸的行与 C 列的交叉处,找到该动作所需时间为 22.1TMU。现在,还需进一步考虑重量,并根据重量对刚才查出的时间做些调整。因为该动作中是用两手移动 18 磅的物体,每只手为 9 磅,在表中的重量允许值中,处于 7.5 与 12.5 之间,因此动态因子为 1.11,静态常数(TMU)为 3.9。这样该动作的标准时间可按下式计算:TMU 表格值×动态因子静态常数 = 22.1×1.11＋3.9＝28TMU。

每一种基本动作都有这样的类似表格。这些标准数据是经严格测定、反复试验后确定的,其科学性、严密性都很高,而且有专门的组织制定这样的数据,表7.6中的数据就是美国MTM标准研究协会(MTM Association for Standard and Research)制作的。

表7.6 MTM法中的动作"移动"的标准时间数据表

移动距离(英寸)	时间(TMU)			重量允许值			不同移动情况
	A	B	C	重量	动态因子	静态常数(TMU)	
1或以下	2.0 2.5	2.0 2.9	2.0 3.4	2.5	1.00	0	A. 移动物体至另外一只手
2 3	3.6 4.9	4.6 5.7	5.2 6.7	7.5	1.06	2.2	
4 5	6.1 7.3	6.9 8.0	8.0 9.2	12.5	1.11	3.9	
6 7	8.1 8.9	8.9 9.7	10.3 11.1	17.5	1.17	5.6	B. 移动物体至一个大致位置
8 9	9.7 10.5	10.6 11.5	11.8 12.7	22.5	1.22	7.4	
10 12	11.3 12.9	12.2 13.4	13.5 15.2	27.5	1.28	9.1	
14 16	14.4 16.0	14.6 15.8	16.9 18.7	32.5	1.33	10.8	
18 20	17.5 19.2	17.0 18.2	20.4 22.1	37.5	1.39	12.5	C. 移动物体至一个精确位置
22 24	20.8 22.4	19.4 20.6	23.8 25.5	42.5	1.44	14.3	
26 28	24.0 25.5	21.8 23.1	27.3 29.0	47.5	1.50	16.0	
30	27.1	24.3	30.7				

(二)使用PTS法制定工作标准的步骤

(1) 将工作或工作单元分解成基本动作;

(2) 决定调节因素,以便选择合适的表格值,调节因素包括重量、距离、物体尺寸以及动作的难度等;

(3) 合计动作的标准时间,得出工作的正常时间;

(4) 在正常时间上加上宽放时间,得出标准工作时间。

(三)PTS法的优劣分析

从上述对PTS法的特点描述中可以看出PTS法的一些优越性。PTS法的优点还有:首先,它可以用来为新设生产线的新工作设定工作标准,而这种新工作是无法使用时间研究方法的;其次,不用经过时间研究就可以对不同的新方法进行比较;再次,用这种方法设定的时间标准的一致性很高,因为这种方法大大减少了时间研究中常见的读数错误等引起不正确结果的可能性;最后,这种方法不需要容易带有主观偏见的绩效评价。

这种方法的主要局限性是:

（1）工作必须分解成基本动作。这使得这种方法对于许多进行多品种小批量生产、以工艺对象专业化为生产组织方式的企业来说是不实用的。在这样的企业中，工作种类繁多，而重复性较低。

（2）PTS法的标准数据也许不能反映某些具有特殊特点的企业的情况。对于一个企业是正常的事情，在另一个企业也许是不正常的。作为样本被观测的工人也许不能代表某些特殊企业中工人的一般状况。

（3）需要考虑调节的因素很多，几乎到了无法制作表7.6这样的表格的地步。例如，在某些情况下，移动物体所需的时间也许与物体的形状有关，但是表7.6并没有考虑这个因素。

（4）这种方法是建立在这样一种假设之上，即整个工作时间可用基本动作时间的加总得到，但这种方法忽略了实际工作时间也许与各个动作的顺序有关这一可能性。

（5）由于这种方法表面上看起来使用方便，因此容易被不分场合地错误使用。事实上，分解基本动作和确定调节因素是需要一定技能的，也需要一定经验，并不是人人都会用。

四、样本法

（一）样本法的概念

样本法（work sampling method）在作业测定中也是使用很广泛的一种方法。这种方法的基本原理是，不关心具体动作所耗费的时间，而是估计人或机器在某种行为中所占用的时间比例。例如，加工产品、提供服务、处理事务、等候指示、等候检修或空闲，这些都可看作某种"行为"，都会占据一定的时间。对这些行为所占用时间的估计是在进行大量观察的基础上作出的。其基本假设是：在样本中观察到的某个行为所占用的时间比例，一般来说是该行为发生时实际占用的时间比例。在给定的置信度下，样本数的大小将影响估计的精度。

从这样的样本观察中获得的数据除用于作业测定外，还可用来估计人或设备的利用率、决定在其他作业研究方法中已经讨论过的宽放时间、决定工作内容以及估计成本等。

（二）样本法的应用步骤

选择好准备用样本法进行观测的行为或活动后，需要经过以下几个步骤来测定其所占用的时间比例：①设计观测方式；②决定观测的时间长度；③决定最初的样本数；④选择随机的观测时间；⑤观察和获取数据；⑥检查是否需要更多的样本数。

下面通过一个事例来说明样本法的应用步骤。

某医院正在考虑引入一套医疗记录自动储存和检索系统。为了确定该系统的引入是否恰当（其利用性、经济性），院领导需要知道护士使用医疗记录所占用工作时间的比例。护士有两种：一种为医院的正式员工，以下简称正式护士；一种为临时聘用的计时护士，简称计时护士。这些护士用手工检索医疗记录，或者让人复印以后送到病房去。现在，需要通过样本法来了解护士使用医疗记录所占用的工作时间。

1. 设计观测方式

观察护士工作的方式可以有多种，根据将工作划分为不同行为的详略程度和划分方式的不同而不同。在本例中,只是为了了解护士使用医疗记录在整个工作时间中所占的比例,因此可按表 7.7 的方式设计观测表的格式,即把整个工作时间大致分为使用医疗记录、照顾病人、其他辅助工作和空闲 4 类。需要指出的是,其他几部分的数据是顺便得到的,如不记录也可,但顺便得到的这些数据有助于安排日程计划、了解护士工作的其他方面等,因此表 7.7 给出了完整表格。因为两种护士在使用医疗记录上所花费的时间是不同的,所以对她们的观测和记录需分别进行。

表 7.7 观测表的格式

护士类别	使用医疗记录	照顾病人	其他辅助工作	空闲	总计
正式护士					
计时护士					

2. 决定观测的时间长度

样本法中的观测时间长度必须具有代表意义,即在该时间段内,每一行为都应该有发生若干次的机会。例如,某行为一周只发生一次,那么将观测时间设定为一天就毫无意义,在这种情况下,观测的时间也许是几个月。在本事例中,使用医疗记录的行为可发生在一周内的任一天,且每周都发生,因此,观察时间可设为几周。

3. 决定最初的样本数

通常,研究人员在观测开始之前需要对被观测行为所占用的时间比例进行初步估计,并设定一个所希望的估计精度,在此基础上决定最初的样本数。经观测得出数据后,再进一步考虑是否要增加样本数。在本例中,医院领导初步估计,使用医疗记录占用正式护士工作时间的 20%,计时护士工作时间的 5%。院领导希望估计的置信度为 95%,估计精度为:绝对误差±0.03。现在必须决定,观测者需要去病房多少次才能达到这样的估计要求,即决定满足该要求的样本数。

根据对所占用时间的预先估计和所允许的误差,正式护士所占用的时间在 20%±3%以内,计时护士在 5%±3%以内。根据这样的数据和绝对误差值以及置信度,可查阅根据有关统计学原理制成的样本数表。从该表可查出,正式护士的样本数是 683,计时护士的样本数是 203。研究人员选定一个典型的病区进行观测,该病区配有 8 名正式护士、4 名计时护士。因为每去一趟病区可同时观察到 8 名注册护士和 4 名计时护士,因此对于正式护士来说,去病区次数应为 683÷8≈86 次;对于计时护士来说,去病区次数应为 203÷4≈51 次。显而易见,应该取其中的大数,即共去 86 次,这样可得到 688 位正式护士的样本数据和 344 位计时护士的样本数据,对于两种护士都足够了。

4. 选择随机的观测时间

观测者去病房获取数据的时间应该在选定的时间长度内随机确定,以避免数据失真。例如,假如护士知道观测者每天下午2:30来进行观测,他们就有可能在这一时间有意调整他们的行为方式,这样,所获数据就代表不了他们真正的工作方式。

5. 观察和获取数据

结果列于表 7.8 中。

表 7.8 观测数据

护士类别	使用医疗记录	照顾病人	其他辅助工作	空闲	总计
正式护士	124	258	223	83	688
计时护士	28	251	46	19	344

6. 检查是否需要更多的样本数

从表 7.8 可知，正式护士使用医疗记录所占用的时间为 $124 \div 688 = 0.18$，计时护士为 $28 \div 344 = 0.08$，这两个数据都在原来设定的误差范围内，因此现有样本数已足够，无须再增加样本。

7. 结论

数据得到以后，医院领导如何决定是否引入自动检索系统呢？他们算了这样一本账：引入新系统每年所花的成本是 15 万元。新系统提供者称，与手工检索相比，该系统可节省护士 25% 的检索时间。现在全部正式护士的年工资总额是 362.8 万元，全部计时护士的年工资总额是 237.5 万元。设 P_1 和 P_2 分别为正式护士和计时护士使用医疗记录所占用的时间比例，则使用新系统的年节省额可计算如下：

$$\begin{aligned} 节省额 &= (362.8 P_1 + 237.5 P_2) \times 25\% - 15 \\ &= (362.8 \times 0.18 + 237.5 \times 0.08) \times 25\% - 15 \\ &= 6.1 (万元) \end{aligned}$$

由此可见，引入新系统还是合算的。

（三）样本法优劣分析

样本法所具有的几个主要优点是：

(1) 观测者不需要接受专门训练（其他方法都需要）；

(2) 不需要使用秒表，因此可同时进行几种行为的观测（如上例中的使用医疗记录、照顾病人、空闲等几种行为）；

(3) 在工作循环较长的情况下，因为所需的观测时间不多，因此是一种很经济的工作研究方法；

(4) 与其他作业测定方法相比，被观测人员更喜欢这种方法。

由于样本法的这些优点，它在实际工作中也有广泛的应用。但与其他任何方法一样，它也有一些局限之处，主要表现在所需观察的样本数较大、需要保证一定的估计精度等。此外，这种方法对于重复性工作的标准时间的设定是不经济的。

五、自动化对作业测定的影响

当一个企业的自动化程度增高时，原来的作业测定结果和作业测定方法也需要相应改变，原有对宽放时间的考虑也可能变得不适当了。在一个自动化工厂里，因为机器正在越来越多地控制工作循环，许多工作循环都是由数控设备决定的，因此很少需要观测工人的动作和判断他们的能力发挥情况。此外，也许需要考虑人的疲劳，以决定宽放时间，但这种疲劳的本质正在从体力上的疲劳转变为精神上的疲劳。

自动化的发展也影响了作业测定方法本身。样本法在自动化设备中使用起来更容易了,因为可以用电子监视器同时对多个对象进行观测。PTS法的注目点转到了分析机器人的动作和知识阶层职员的活动上。现在有一种被称为"机器人时间和动作研究"(robot time and motion,RTM)的系统,专门用来评价机器人的各种工作方法。PTS的注目点之所以转向知识阶层职员的活动,主要是因为在一个自动化程度较高的企业中,他们往往占人员构成的很大比例。

展望未来,将会为自动化制造系统的各主要部分建立标准数据,而不是像现在这样只为某个工作或某个动作建立标准数据。这样的自动化制造单元的标准数据可用来模拟各种工作方法,也可以在产品开始生产以前估计生产成本。

关于自动化影响的这些讨论,对于非制造业来说同样存在。无论是制造业还是非制造业,进行作业测定的目的都是相同的,都是为了提高生产率、改善质量、降低成本。

第四节　工 作 研 究

一、工作研究概述

工作研究是指运用系统分析的方法排除工作中不合理、不经济、混乱的因素,寻求更好、更经济、更容易的工作方法,以提高生产率。其基本目标是避免浪费,包括时间、人力、物料、资金等多种形式的浪费。工作研究的目标在西方企业中曾经用一句非常简短的话描述过:work smart, not hard。

提高生产率的途径有很多种,例如购买先进设备、提高劳动强度。工作研究则遵循以内涵方式提高效率的原则,在既定的工作条件下,不依靠增加投资,不增加工人劳动强度,只通过重新组合生产要素、优化作业过程、改进操作方法、整顿现场秩序等方法,消除各种浪费,节约时间和资源,从而提高产出效率、增加效益、提高生产率。同时,由于作业规范化、工作标准化,还可使产品质量稳定和提高,人员士气上升。因此,工作研究是企业提高生产率的一个有效方法。

从某种意义上说,人类在发展过程中一直都在自觉不自觉地进行工作研究,并对工作研究的更高级形式——工具的改进和发明以及工作过程管理进行研究,因而人类的生产能力和生产率不断提高。而每个人在其一生中也都在尽力从各方面进行工作研究,例如,怎样更快、更好地割草、擦自行车,大学生怎样更省力地学习,等等。但是,并不是每个人都使用了科学方法来研究和改进自己的工作。这里介绍的工作研究,就是这样的科学方法和步骤。

工作研究所包括的方法技术主要有两大类:方法研究与时间研究。方法研究主要是通过对现行工作方法的过程和动作进行分析,从中发现不合理的动作或过程并加以改善。时间研究的主要内容是进行工作测定和设定工作标准,其详细内容如本章第二节和第三节所述。工作研究中的方法研究和时间研究是相互关联的,方法研究是时间研究的基础、制定工作标准的前提,而工作测定结果又是选择和比较工作方法的依据。

二、工作研究的步骤

工作研究的系统方法包括以下几个步骤。

(一)选择研究对象

生产与运作管理人员每天遇到的问题多种多样,而工作研究的范围也是极为广泛的,这就有一个如何选择合适的工作研究对象的问题。一般来说,工作研究的对象主要集中在系统的关键环节、薄弱环节,或带有普遍性的问题方面,或从实施角度容易开展、见效的方面。因此,应该选择效率明显不高、成本耗费较大、急需改善的工作作为研究对象。研究对象可以是一个生产与运作系统全部,也可以是某一局部,如生产线中的某一工序、某些工作岗位,甚至是某些操作人员的具体动作、时间标准等。

(二)确定研究目标

尽管工作研究的目标是提高劳动生产率或效率,但确定了研究对象之后还需规定具体的研究目标。这些目标包括:①减少作业所需时间;②节约生产中的物料消耗;③提高产品质量的稳定性;④增强职工的工作安全性,改善工作环境与条件;⑤改善职工的操作,减少劳动疲劳;⑥提高职工对工作的兴趣和积极性等。

(三)记录现行方法

将现在采用的工作方法或工作过程如实、详细地记录下来。可借助各类专用表格技术来记录,动作与时间研究还可借助录像带或电影胶片来记录。尽管方法各异,但都是工作研究的基础,而且记录的详尽、正确程度直接影响下一步对原始记录资料所做分析的效果。现在有不少规范性很强的专用图表工具,它们能够帮助工作研究人员准确、迅速、方便地记录要研究的事实,为分析这些事实提供标准的表达形式和语言基础。

(四)分析

详细分析现行工作方法中的每一步骤和每一动作是否必要,顺序是否合理,哪些可以去掉、哪些需要改变。这里,可以运用如表7.9所示的"5W1H"分析方法从六个方面反复提出问题。因为实际上并不存在"最好"的工作方法,而可以不断寻求"更好"的工作方法,所以"5W1H"法可以反复多次使用。其中Why(为什么)是最重要的,一般认为要解决某个问题,必须至少问五个"为什么"(如表7.9所示),才能由现象触及本质。

表7.9 5W1H分析法

Why (为什么)	·为什么这项工作是必不可少的? ·为什么这项工作要以这种方式、这种顺序进行? ·为什么为这项工作制定这些标准? ·为什么完成这项工作需要这些投入? ·为什么这项工作需要这种人员素质?	What How Who Where When	这项工作的目的何在? 这项工作如何能更好地完成? 何人为这项工作的恰当人选? 何处开展这项工作更为恰当? 何时开展这项工作更为恰当?

(五)设计和试用新方法

这是工作研究的核心部分,包括建立、试用和评价新方法三项主要任务。建立新的改进方法可以在现有工作方法基础上,通过"取消—合并—重排—简化"四项技术形成对现有方法的改进,这四项技术俗称工作研究的ECRS(或四巧)技术,其具体内容如表7.10所示。经过ECRS处理后的工作方法可能有很多,因此需要从中选择更佳方案。评价新方法的优劣主要需要从经济价值、安全程度和管理方便程度几方面来考虑。

表 7.10　ECRS(四巧)技术的内容

1. Elimination　取消：对任何工作首先要问：为什么要干？能否不干？包括：
   - 取消所有可能的工作、步骤或动作(其中包括身体、四肢和眼的动作)
   - 减少工作中的不规则性，如确定工件、工具的固定存放地，形成习惯性机械动作
   - 除需要的休息外，取消工作中一切怠工和闲置时间
2. Combination　结合、合并：如果工作不能取消，则考虑是否应与其他工作合并
   - 对于多个方向突变的动作合并，形成一个方向的连续动作
   - 实现工具的合并、控制的合并、动作的合并
3. Rearrangement　重排：对工作的顺序进行重新排列
4. Simplification　简化：工作内容、步骤方面的简化，亦指动作方面的简化、能量的节省

(六) 方法实施

工作研究成果的实施可能比对工作的研究本身要难得多，尤其是这种变化在一开始还不被人了解而且改变了人们多年的老习惯时，工作研究新方案的推广会更加困难。因此，实施过程要认真做好宣传、试点工作，做好各类人员的培训工作，切勿急于求成。

在研究工作中，使用图表进行分析是很方便的，下面介绍两种常用的图表分析方法。

三、流程图分析

流程图(flow process chart)可以表示一个工作流程中包括的全部活动，如操作、搬运、延误、检查、储藏等，所用符号如表 7.11 所示。其中的操作符号原本只有第一个，随着信息和信息处理的发展，后来又增加了两个为信息处理特设的符号。

表 7.11　流程图分析所用符号及表示内容示例

符号	含义	表示内容示例
○	加工、操作 (operations)	钉钉子，搅拌，钻孔
◎	操作，表示生成一个记录、报告	打印报告，修改程序，填写工作记录
⊘	操作，表示往一个记录中添加信息	贴产品标签，更新库存记录，张贴生产进度控制表
⇨	搬运 (transportation)	用小车搬运物料，传送带运送工件，专人传送信息
□	检查 (inspection)	检查物料质量和数量，阅读仪表数据，检查打印出来的通知格式
D	延误 (delay)	等待乘电梯，在制品等待加工，文件等待处理
▽	存储 (storage)	储存罐中的原料，货架上的成品库存，文件柜中的文件

在工作研究中运用流程图，可以把工作流程中的每一个详细活动都列出来，以便加以详细分析。在分析中，可使用"5W1H"等方法从提问入手。

下面用一个事例来说明该图的应用。

【应用事例 7.3】

流程图方法的应用

某校学生食堂的负责人请管理学院学生改进面条的制作过程,学生们决定利用流程图分析这一过程。

该过程从储藏架开始。面条被取下来送到厨房,开始加工,先在锅台上的一个大锅内煮熟,然后放到一个大碗内,再送到水池边过水,过水后的大碗面条被送到操作台,分成六份,装入六个盘子,上面加上肉末和番茄酱,然后被送到加热器,使之保温,直到有人需要。这样一个操作过程的流程图如图 7.3 所示。

经过分析以后,学生们决定在该工作流程中增加一个紧邻锅台的水龙头(已有现成水管),这样可在锅台边过水,并直接加上肉末和番茄酱,并就地在锅台保温。这样可节省几次搬运的时间。改进后的流程图如图 7.4 所示。

流程名称:	面条制作		
分析员:			
现　状:	× 改进后:___(在相应项填入×)		
日　期:	7月24日		

步　骤	符　号	备　注
1. 面条置于储藏架上	▽	
2. 将面条拿到厨房	⇨	
3. 煮熟	○	
4. 放到大碗里	⇨	
5. 送到水池边	⇨	需要搬运重物
6. 过水	○	
7. 送到操作台	⇨	需要搬运重物
8. 分装入盘	⇨	
9. 加肉末和番茄酱	○	6个重复动作
10. 将盘子送到加热器	⇨	6个重复动作
11. 保温	▽	
12. 送到出售台	⇨	6个重复动作

图 7.3　面条制作流程(现状)

流程名称:	面条制作		
分析员:			
现　状:	___ 改进后: × (在相应项填入×)		
日　期:	7月26日		

步　骤	符　号	备　注
1. 面条置于储藏架上	▽	
2. 将面条拿到厨房	⇨	
3. 煮熟	○	
4. 放到大碗里	⇨	
5. 在锅台过水	○	增加一个紧邻锅台的水龙头
6. 加肉末和番茄酱	○	
7. 保温	▽	
8. 分装入盘	⇨	6个重复动作
9. 送到出售台	⇨	6个重复动作

图 7.4　面条制作流程(改进后)

改进后的流程优点是显而易见的。首先,不需要移动重物(大碗);其次,搬运只剩下4次,节省了3次。

在原流程图中,步骤4和步骤8被视为搬运,但也可以视为操作。在这种情况下,把它们归于哪一类并不是很重要的,在很多情况下,同一活动都有很多种名称。

四、人机联合分析

人机联合分析主要是利用人机活动图(man-machine chart)进行的。人机活动图是对操作人员与机器交互作用的描述,可把机器与人在工作时间上的配合关系描述在图表上。

流程图只表示某一项工作或某一活动只在一个设施上进行,而人机活动图可表示同一时间某项活动同时在几个设施上进行或多人进行的情况,因此又称为多活动图。在使用这种方法时,首先,要决定研究什么活动或工作,分析人员可以把一张纸分成若干栏,每一栏表示一个人或一个设施的情况;其次,需要观察活动的进行情况,并建立时间标准。最后,给出每一活动所需的时间,使用条形的长度来表示时间长度。下面来看一个实际的例子。

【应用事例7.4】

沃尔森医生的牙科诊所

牙科医生沃尔森开了家牙科诊所,其中进行牙齿矫正的病人每两周来一次。诊所共有4张牙科椅,病人到达后,接待护士首先将其安排在一张椅子上,然后由沃尔森大夫检查病人并做清洗,这大约需要花1分钟时间。然后,由两名牙齿矫正技师之一给病人作治疗处理,每个病人大约需要花费8分钟。治疗完毕,沃尔森大夫再次进行检查,必要时再做调整,然后作最后清洗。这一步骤大约需要2分钟。沃尔森大夫的目标是使每个病人占据牙科椅的时间不超过20分钟。矫正技师在从一个病人转向另一个病人时需要花费1分钟洗手。此外,允许每个技师每小时有5分钟的休息时间。

现在,欲绘一张一天中第1个小时的多活动图,该图要表示的内容包括沃尔森和两个矫正技师的活动以及四张牙科椅(以及椅子上的病人)的状态。这样的图还可以包含护士的活动,但在本问题中,予以省略。假设技师1为牙科椅A、B的病人工作,技师2为牙科椅C、D的病人工作。还假设,早晨的第1个小时是繁忙的,只要牙科椅一空下来,马上就有下一个病人补充。

图7.5是一张这样的多活动图。从该图的分析结果可知,技师的时间利用率(其工作时间占全部时间之比)是很高的,为88%,但沃尔森大夫的时间利用率却很低,1小时内他只有36分钟工作,利用率仅为60%。从该图还可以看出牙科椅的空闲情况以及牙科椅虽然被病人占据,但病人却处于等待状态的情况。例如,在椅子A,病人只等待了2分钟,但该椅子有22分钟的空闲,椅子D只有15分钟空闲,但病人在其上的等待时间却达9分钟。但由于这9分钟是1小时内3个病人的总等待时间,平均每个病人只等待3分钟,因此病人尚可接受。

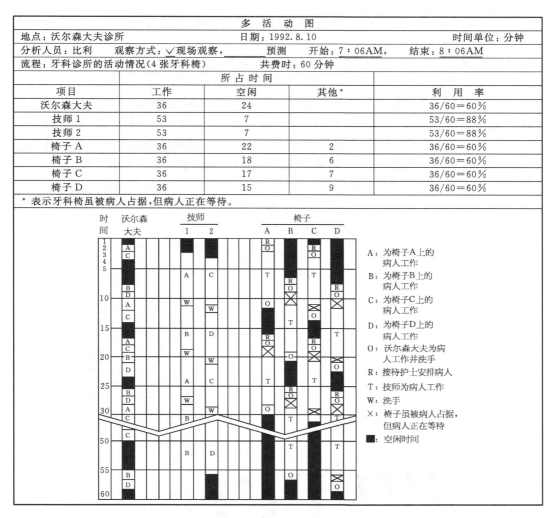

图7.5 多活动图(4张牙科椅)

下一步,如何改善该诊所的运作情况?通过绘制分析这样的多活动图,可以发现更好地在工作人员之间分配工作的方法,缩短各项活动所需的时间,此外还可以重新安排各项活动,以缩短完成一项工作(处理一个病人)所需的全部时间。这样的多活动图还可以帮助管理人员决定如何有效地利用人力、设备或工作地。这种图还常常被用来发现无谓的等待时间,以便去除。其结果将是生产率的提高。众所周知,在各种医疗服务中,牙科是最繁忙的一种,因此其生产率的提高也更具重要意义,类似的方法可应用于医疗系统的其他分支。同样的方法当然也可以应用到其他非制造业系统和制造业系统。

【应用事例7.5】

沃尔森医生的牙科诊所(续)

因为找沃尔森大夫看病的人越来越多,沃尔森大夫考虑:既不增加他在牙齿矫正这样的日常工作上花费的时间,又可以接受更多的病人,因此考虑再聘请一个技师和增加两张牙科椅。他的目的是，在技师开始为病人做处理之前，他仍然只花 1 分钟为病人检查和清洗，在技师完成处理后，也仍然只花 2 分钟做最后检查和清洗。那么，在增加一个技师和两把椅子之后，他现在 1 个小时能看多少病人，他的时间利用率和病人等待时间各是多少？

这些问题仍然可通过多活动图来回答。图 7.6 是增加新人员和牙科椅之后的多活动图。如该图所示，沃尔森的时间利用率明显提高，与技师相同，1 小时内有 53 分钟在工作，即利用率提高到 88%。在该图中，虽然每个病人在接受技师的治疗之前和之后仍需等待，但每个病人在牙科椅上的总时间都未超过 20 分钟，所以目标基本实现。现在，沃尔森每小时可看 18 个病人(原来是 12 个)，但他、技师和护士都比以前更忙了。

多　活　动　图				
地点：沃尔森大夫诊所		日期：		时间单位：分钟
分析人员：比利	观察方式：___现场观察，✓ 预测		开始：___，	结束：___
流程：牙科诊所的活动情况(6 张牙科椅)		共费时：60 分钟		
	所占时间			
项目	工作	空闲	其他*	利 用 率
沃尔森大夫	53	7		53/60＝88%
技师 1	53	7		53/60＝88%
技师 2	53	7		53/60＝88%
技师 3	53	7		53/60＝88%
椅子 A	36	17	7	36/60＝60%
椅子 B	36	16	8	36/60＝60%
椅子 C	36	14	10	36/60＝60%
椅子 D	36	13	11	36/60＝60%
椅子 E	36	11	13	36/60＝60%
椅子 F	36	12	12	36/60＝60%(包括下一个小时的 1 分钟)

* 表示牙科椅虽被病人占据，但病人正在等待。

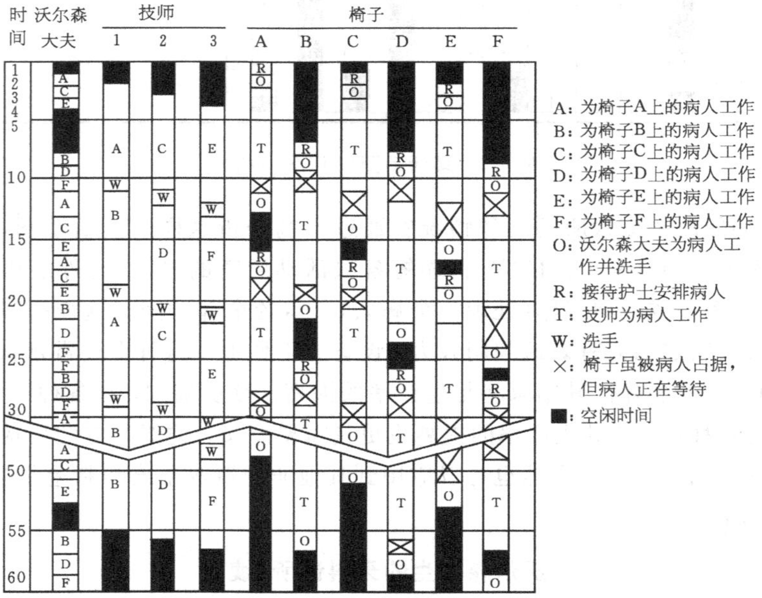
时间
沃尔森大夫
技师
1 2 3
椅子
A B C D E F
A：为椅子A上的病人工作
B：为椅子B上的病人工作
C：为椅子C上的病人工作
D：为椅子D上的病人工作
E：为椅子E上的病人工作
F：为椅子F上的病人工作
O：沃尔森大夫为病人工作并洗手
R：接待护士安排病人
T：技师为病人工作
W：洗手
×：椅子虽被病人占据，但病人正在等待
■：空闲时间

图 7.6　多活动图(6 张牙科椅)

思 考 题

1. 有人说泰勒的科学管理方法早就过时了,你如何看待这种说法?

2. 工作设计中的社会技术理论与泰勒的科学管理思想有什么区别?

3. 在适合建立工作标准的生产与运作系统中,如果使用了工作标准并与员工的工作绩效评价相挂钩,容易使人产生一种只重视产出数量而忽视产出质量的倾向。应该如何防止这种倾向?

4. 有人认为工作标准缺乏对人的尊重,是把人当作机器制定机械的标准,你认为这种说法有道理吗?为什么?

5. 工作扩大化和工作丰富化有何区别?

6. 你认为工作专业化程度究竟是高了好,还是低了好?各有什么利弊?在不同的运作系统中是否应该有不同考虑?举例说明。

7. 比较一个高度自动化装配线工人的工作和一个法律办公室秘书的工作,他们各自的工作动机有无不同?如何从行为理论出发考虑这两种不同工作的设计?

8. 在你所在的组织中,"工作职务轮换"有无意义?为什么?如有意义,你认为应该如何进行轮换?

9. 现在越来越多的企业开始采用团队工作方式,请问团队工作方式有无弊端?

10. 在当今互联网高度发展的大环境下,很多企业引入了远程工作、弹性工作制等方式,这给企业的工作设计和工作标准制定带来了什么新问题?试结合具体行业或具体企业说明。

第八章 设施选址

在第一章我们讲过,生产与运作管理有两大研究对象:生产与运作过程与生产与运作系统。其中生产与运作系统包括一个由设施、设备等物质实体构成的"硬件"系统,也包括一个由计划、组织、控制等方式构成的"软件"系统。所谓设施选址,就是将生产与运作的硬件系统设置在什么地方的问题。本章介绍设施选址的基本内容、决策影响因素以及一些具体的选址方法,并对当前全球经济一体化大趋势下的全球设置生产基地的问题作些讨论。

第一节 设施选址的基本问题和影响因素

一、设施选址的基本问题及其重要性

所谓设施,是指生产与运作过程得以进行的硬件手段,通常由工厂、办公楼、车间、设备、仓库等物质实体构成。所谓设施选址,是指如何运用科学的方法决定设施的地理位置,使之与企业的整体经营运作系统有机结合,以便有效、经济地达到企业的经营目的。

设施选址包括两个层次的问题:①选位,即选择什么地区(区域)设置设施,沿海还是内地,南方还是北方,等等。在当今全球经济一体化的大趋势之下,或许还要考虑是国内还是国外。②定址。地区选定之后,具体选择在该地区的什么位置设置设施,也就是说,在已选定的地区内选定一片土地作为设施的具体位置。设施选址还包括这样两类问题:①选择一个单一的设施位置;②在现有的设施网络中布新点。下面将分别展开对这些不同层次、不同类型问题的讨论。

对于一个企业来说,设施选址是建立和管理企业的第一步,也是事业扩大的第一步。设施选址的重要性首先在于:一个设施的位置对设施建成后的设施布置以及投产后的生产经营费用、产品和服务质量以及成本都有极大而长久的影响;一旦选择不当,它所带来的不良后果不是通过建成后的加强管理、完善管理等其他措施可以弥补的。因此,在进行设施选址时,必须充分考虑多方面因素的影响,慎重决策。其次,除新建企业的设施选址问题以外,近二三十年以来,随着经济的发展、城市规模的扩大以及地区之间的发展差异,很多企业面临重新迁址的问题。在美国、日本以及欧洲的发达国家,企业纷纷把设施,不光是生产厂,甚至包括公司总部迁往郊外或农村地区,这一方面是为了利用农村丰富而廉价的劳动力资源和土地资源,另一方面是为了避开大城市高昂的生活费用、城市

污染、高犯罪率等弊病。在中国,类似的趋势也在发生。例如,在20世纪90年代的北京,随着城市规模的扩大、地价的急剧上涨和城市格局的改变,"退二进三""退三进四"(退出二环路和三环路以内,迁往三环、四环之外)的潮流席卷了很多企业。在今天,进一步发展到"退四进五、进六"。因此,很多企业面临设施选址的问题。这是现代企业生产与运作管理中的一个重要问题。

二、设施选址的影响因素

设施选址的影响因素同样可分为两大类:选择地区时的影响因素和选择具体位置时的影响因素。选择地区时的主要影响因素有下面几个。

(1) 是否接近市场。这里,市场的概念是广义的,也许是一般消费者,也许是配送中心,也许是作为用户的其他厂家。设施位置接近产品目标市场的最大好处是有利于产品的迅速投放和运输成本的降低。

(2) 是否接近原材料供应地。即指与原材料供应地的相对位置。对原材料依赖性较强的企业应考虑尽可能接近原材料供应地,特别是与产品相比,原材料的重量和体积更大的情况下,应尽量靠近供应地设置设施。

(3) 运输问题。根据产品及原材料、零部件的运输特点,考虑应靠近铁路、海港还是其他交通运输条件较好的区域。美国的凯泽(Kaiser)钢铁公司,第二次世界大战期间建于加州南部,生产造船用的钢材,当时厂址选择是为了防止敌人的袭击,但后来,厂址成了阻碍钢铁厂本身发展的致命障碍,巨额交通运输费用使该厂无法与他人竞争,只好宣布破产。这是运输条件影响选址的典型例子。

(4) 与外协厂家的相对位置。如果企业所需的外协厂家较多,例如,机械装配工业的各种外协零部件,则应尽量接近外协厂家,或使中心企业与周围企业处于尽量接近的地域内。外协零部件较多的典型企业是汽车制造企业。美国的底特律、日本的丰田市,都是有名的汽车城,主要是由于集中了大批的汽车装配厂和零部件供应厂家而形成的。

(5) 劳动力资源。不同地区的劳动力,其工资水平、受教育状况等都不同,在特殊情况下,还有可能在某些特定地区更容易提供符合某些特定要求的熟练劳动力等,这也是进行设施选址时必须考虑的重要因素之一。实际上,今天的企业生产全球化的主要原因之一,就是企业试图在全球范围内寻找劳动力成本最低的地区。

(6) 基础设施条件。基础设施主要指企业生产与运作所需的水、电、燃气等保证。此外,从广义上说,还应考虑"三废"的处理。某些企业,如造纸、化学工业、制糖等,用水较多,需优先考虑在水源充足的地方建厂;有时根据产品的不同,还需要考虑水质的适用与否等问题;而电解铝厂等,用电比一般企业要多得多,则应优先考虑在电力供应充足的地方设置设施。

(7) 气候条件。根据产品的特点,有时还需要考虑对温度、湿度、气压等气候因素的要求,如精密仪器的生产对这方面的要求就比较高。

(8) 政策、法规条件。在某些国家或地区设置设施,可能会得到一些政策、法规上的优惠待遇,如我国的经济特区、经济开发区以及某些低税率国家等。这也是当今跨国企业在全球范围内选址时要考虑的重要因素之一。此外,与这方面因素相关联的还有政治和文化因素。在某些情况下,选址时必须考虑政治、民族、文化等方面的因素,否则也有可能带来严重后果。

选择具体位置时的影响因素主要有:

(1) 可扩展性。除了根据生产与运作规模规划决定所需的面积以外,还需考虑必要的生活区、绿地占地等。此外,最重要的是,要考虑未来的可扩展性,一开始就建设到容积极限,不留余地,显然是不明智的。

(2) 地质情况。如地面是否平整、地质能否满足未来设施的载重等方面的要求。

(3) 周围环境。所选位置能否为职工提供包括住房、娱乐、生活服务、交通等在内的良好生活条件。这也是确保生产与运作系统有效、高效运行的必要条件之一。对于一些技术密集型企业、高科技企业,如选择在大专院校、科研院所等科技人员集中的地区,还有利于依托。

此外,还有其他一些因素,例如,环境保护问题,水电、通信设施是否便利等,这里不再一一列举。

三、影响因素之间的权衡与取舍

如上所述,在进行设施选址时,企业会列出很多要考虑的影响因素,甚至远远多于以上所列的因素。需要注意的是,首先,必须仔细权衡所列出的因素,决定哪些是与设施位置紧密相关的,哪些虽然与企业经营或经营结果有关,但是与设施位置的关系并不大,以便在决策时分清主次,抓住关键因素。否则有时候所列出的影响因素太多,在具体决策时容易分不清主次,反而难以作出最佳决策。这一点从下面所述的设施选址方法中也可以看出来。其次,在不同情况下,同一影响因素会有不同的影响作用,因此绝不可生搬硬套原则条文,也不可完全模仿照搬已有的经验。例如,20 世纪 80 年代,美国通用汽车公司在考虑某一新轿车装配厂位置时,曾把"当地工会的态度"列为重要影响因素,甚至位于运输成本、与现有零部件供应商的相对位置以及生活条件等因素之上。而在其他一些情况下,例如在中国,这一因素可能就不重要。最后,还应该注意的一点是,对于制造业和非制造业企业来说,要考虑的影响因素以及同一因素的重要程度可能有很大不同。一项在全球范围内对许多制造业企业所作的调查表明,企业认为下列五组因素(每一组中又可分为若干个因素),是进行设施选址时必须考虑的:①劳动力条件;②与市场的接近程度;③生活质量;④与供应商和资源的接近程度;⑤与企业其他设施的相对位置。

四、服务设施选址的特殊考虑因素

从服务设施的角度出发,服务可分为三类:顾客到服务提供者处、服务提供者到顾客处、服务提供者与顾客在虚拟空间内完成交易。如果顾客必须到服务者处,那么服务设施选址就需要考虑与制造设施选址截然不同的因素,即必须考虑服务设施对最终市场的接近与分散程度,设施必须靠近顾客群。例如,宾馆、饭店、银行、商场等,其设施位置对经营收入有举足轻重的影响,该设施周围的人群密度、收入水平、交通条件等,将在很大程度上决定这类企业的经营收入。如果服务的进行需要服务提供者到顾客处,例如电梯维修、害虫控制和家庭清洁等,与服务设施对最终市场的接近与分散程度相比,交通条件和工具就成为更重要的关键因素。服务提供者与顾客在虚拟空间内完成交易是指顾客和服务提供者都不用移动，而是通过信件、电话、计算机等通信方式完成服务，如家庭银行、网络银行服务、网上购买保险等。这种服务是对传统服务的创新，知识含量较高。

此外，对于制造业企业的设施选址来说，与竞争对手的相对位置并不重要，而在服务业，这可能是一个非常重要的因素：在有些情况下，选址时应该有意识地避开竞争对手，但在商店、快餐店的情况下，靠近竞争对手可能有更多的好处。因为在这些情况下，可能会有一种"聚集效应"，即受聚集于某地的几个企业的吸引而来的顾客总数，大于分散在不同地方的这几个企业的顾客总数。与制造业企业的设施选址问题类似，服务业企业的设施选址问题也包括两个层次：第一，选择一个地区；第二，在该地区内选择一个具体地点。显而易见，选择地区和选择地点时的考虑因素是不尽相同的。一般来说，服务业企业选择地区时的考虑因素主要有三个：该地区的顾客特点（人群密度、平均收入水平等），公用基础设施（道路、水、电等能源的可利用性等），与顾客的接近程度以及可利用的劳动力的素质。但是，对于不同服务行业的企业，仍然会有不同考虑。有些服务行业的设施选址由于必须考虑接近顾客，因此受很大约束，如医院、学校、居民服务（邮局、洗衣房、职业介绍所等），而另外一些行业，如运输、仓储、批发等企业，这方面的约束较少。选择地点时的主要考虑因素是周围的可扩展性（包括停车场）、租金以及交通方便与否等。例如，对于零售业企业，必须考虑有足够的停车位和交通方便。较小的劳动密集型企业往往对低租金更感兴趣，而大公司则需要对周围的可扩展性和职工通勤条件做更多的考虑。

最后还需要注意的是，在当今技术进步日新月异的环境下，在很多服务业行业，传统的服务地点的选择模式已经发生变化。例如，传统的银行营业网点布局通常要考虑每一服务半径的人群和要求服务的频率，但现在越来越多的简单服务被ATM机、网上银行等所取代，导致银行在营业网点的布局上发生了很大变化。又如，传统的粮油、食品、副食店的选址历来是靠近居民区，而现在很多大型超市的选址则更看重交通便利、停车方便的位置。因此，企业在考虑服务设施选址问题时，需要思考更多的问题：如果服务不能在一个方便的地方提供，顾客的购买行为是否会改变？服务的可得性和方便性对企业的竞争能力到底有多大影响？能否通过设施地点的改变创新服务，形成竞争优势？如何利用新技术、新系统、新流程来确定最优设施地点？其他企业的设施位置决策是否会对本企业产生影响？等等。

第二节 企业生产运作全球化的趋势及其对设施选址的影响

一、企业生产运作全球化的趋势

过去二三十年间，出现了越来越明显的企业经营和生产运作全球化的趋势，这种趋势主要表现在以下几个方面：①企业在全球设置生产基地；②企业在全球采购物料；③一件产品往往是多国生产协作的结果；④跨国流动的产品越来越多。企业经营全球化还体现为技术转移全球化和对外直接投资全球化。前者指企业在全球范围内引进或转让技术、机器设备等;后者指企业在全球范围内选择投资场所,通过独资、合资、收购、兼并等方式在国外建立分部、附属公司或合营公司等,从事全方位的经营活动。

众所周知,美国的通用汽车、通用电气、IBM,日本的松下、索尼、丰田、本田,欧洲的大众、西门子等著名跨国公司,纷纷在北美、亚洲等地的多个国家和地区建立生产基地。一件产品往往要用到一个,甚至两个、三个或更多个国家的原材料和半成品。美国公司广泛地供应外国电器设备和零部件,如美国电子计算机产品的出口中,有30%以上是零部件。美国的波音747飞机有450万个零部件,是六个国家的1.1万家大企业和1.5万家中小企业协作生产的。福特汽车公司在比利时生产传动装置,在英国生产发动机和液压装置,在美国生产变速齿轮系统,然后互相提供部件,装配成拖拉机销往世界各地。法国的雷诺为意大利的阿尔法—罗梅奥公司装配的汽车提供零件,反过来,后者又为前者提供汽车发动机。这种跨国生产协作已成为一种越来越常见的运作方式。在很多领域,诸如纺织、制鞋、服装、玩具、电子零部件、汽车零部件,乃至计算机零部件本身,都是在全球很多不同的地点生产和制造的,全球制造业现在约有一半依赖发展中国家的出口,美国、日本等发达国家的鞋、玩具、服装等产品几乎不再有本国制造的。产品的跨国流动,生产地与消费地的分离已经是司空见惯的事情,没有任何一个国家的市场上不存在别国制造的产品,生产和贸易已经变得没有国界。对于很多公司来说,国外业务的增长甚至使国内业务显得无足轻重,因此,它们正在重新考虑其经营方式。在非制造业,这种趋势也正在上升。

二、企业生产运作全球化的发展动因

如上所述,企业经营和生产运作全球化的趋势首先来自发达国家及新兴工业化国家和地区。它们面对国内劳动力成本不断升高的压力,不得不向外转移劳动力密集型产品,这是各个企业在全球选择和设置生产基地的主要动因。与此相关联的动因是发达国家的人口状况。这些国家的适龄劳动力人数在下降,这促使大公司在人口比较众多的发展中国家建厂,它们需要劳动力,也需要众多的消费者。这种动因在今天的中国更加明显,外国公司在中国建厂是因为既看好中国廉价和众多的劳动力,也看好中国这个巨大的市场。

其次,交通运输技术和通信技术的迅速发展及价格的迅速下降,为生产全球化提供了便捷的工具。近三四十年来交通运输技术的发展使全球运输的成本变得更加低廉,且可靠性、安全性进一步提高。通信技术,尤其是发展迅速的信息技术提供了全球范围内随时随地可以进行"联络"的条件,而且不必再为昂贵的国际通话费用伤脑筋。

再次,第二次世界大战以后的新技术革命极大地推动了社会生产力的发展,形成了一批高技术、新技术产业,如巨型飞机、航天器、原子能电站、大规模集成电路、巨型电子计算机以及新型汽车等。这些产业的发展,从原材料供应、产品设计、研制、加工到产品销售等各个环节、各个方面都需要若干国家的资源和技术的配合与合作。当代任何一个国家,不论其资源如何丰富,资金如何雄厚,技术如何先进,都做不到在一国完全独立地进行这样的产品开发、生产和销售。此外,出于各国政治、经济、军事上的竞争考虑,各主要国家都要求有相同的最好技术。这就使得世界各国及其企业之间,以其占有优势的生产要素(资金、技术、人才、设备、管理、土地等)进行某种形式的合作,并根据一定的协议分担一定的义务和风险,共同分享合作收益。从这个意义上说,生产全球化实际上就是社会分工超越国界的结果。马克思指出:"大工业与国土无关,只有依靠世界市场、国际交往和国际分工。"[①]正是 20 世纪 50 年代以来新的科学技术革命,使整个生产过程发生了巨大变革,使国际分工进一步向深度和广度发展。

最后一个主要动因是世界金融体制的开放和资本市场的全球化。随着各国金融体制和金融政策的日益开放,再加上遍及全球的信息网络的迅速形成,全球资本市场正在实现一体化,可以快速、低成本地迅速流动,为企业在全球范围内投资建厂提供了资金条件,进一步促进了生产运作全球化的趋势。

三、全球运作背景下设施选址的考虑因素

当一个企业进行全球生产与运作时,其设施选址决策要考虑的因素有更多。如图 8.1 所示,全球化背景下的设施选址决策包括四个步骤:第一,制定企业的全球供应链战略;第二,构思不同地区(亚太、北美、欧洲等)的设施布局框架;第三,在既定地区内进行设施选位;第四,在既定选位方位内进行设施定址。在每一步决策中,要分别考虑不同的因素。例如,制定全球供应链战略时,既要考虑企业已有的竞争战略和企业进行全球运作的内部条件,也要考虑一般性的全球竞争要素;在构思不同地区的设施布局框架时,则要分别考虑该地区是否能够提供所需的生产技术、是否具有足够的熟练技能人员、当地需求如何、关税政策如何以及是否会面临政治、汇率风险等不同要素。在接下来的决策步骤中,要考虑的因素与上述第一节所述类似,但是也离不开与前两个步骤的结合。总而言之,在全球生产与运作的情况下,设施选址决策要考虑更多的因素。

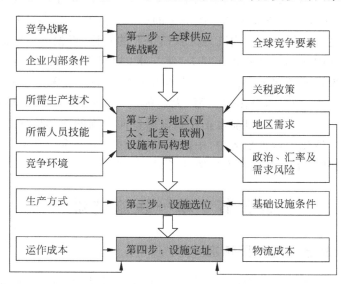

图 8.1 全球运作背景下设施选址的考虑因素

---

① 马克思恩格斯全集:第五卷[M]. 北京:人民出版社,1972:388.

四、生产运作全球化趋势在中国的体现

中国是发展中国家,正处于国民经济高速发展时期,西方发达国家目前所面临的一些问题,如劳动力成本过高等,在中国可以说尚不存在。面对生产运作全球化的这种大趋势,一方面,中国企业有许多吸收外来资金和先进技术、学习西方先进管理经验的机会;另一方面,也同样面临世界范围内的激烈竞争。同时,从长远的眼光来看,中国企业同样面临在世界范围内寻求最佳资源、最佳生产协作伙伴的问题,因此对生产运作全球化的趋势及其发展动态同样需要引起足够的重视。

进一步,这种全球范围内的生产分工已经波及中国,主要反映在中国东中西部不同经济发展水平地区之间的重新分工。中国是一个发展不均衡的国家,工业产值、人均收入等经济指标在东南沿海一带和西部地区尚存在较大差别。因此,正如20世纪70年代,西方发达国家把它们的生产据点纷纷转移到中国台湾和香港地区以及韩国、新加坡等亚洲国家,20世纪80年代,亚洲新兴工业国家和地区又把它们的生产据点转移到中国广东、福建等沿海地区一样,今天,经过二十多年高速发展的中国沿海地区已经积累了一定的资金、技术和管理优势,又开始与中西部的自然资源、劳动力优势相结合,在中西部地区建立生产基地。西部的资源、能源、劳动力与东部的资金、技术、人才和管理等因素正好形成了一种相互补充的互惠关系。例如,深圳充分利用特区优势,依托内地,面向海外,以产品加工、贸易、科技成果、资金等为纽带,将"内地—深圳—国际市场"三点连成一线,形成最佳组合,在国内各地形成了一批专业化、大批量、高水平的生产厂,也为中国企业占领国际市场赢得了竞争优势和比较优势。

在这一产业结构、分工结构的调整过程中,乡镇企业也发挥了重要作用。正如大家有目共睹的,乡镇企业越来越成为中国经济中的一支生力军。东部沿海地区乡镇企业生产成本的上升促进了它们与西部内陆地区乡镇企业的合作,以便在内陆地区逐渐形成生产基地。它们把在中西部地区的发展视为"第二次创业"或"开辟第二战场"。由于这种动向与中国政府投资逐渐向中西部倾斜、重点开发中西部的政策是一致的,这种合作在今后还会进一步扩大。此外,很多以上海、大连等地的乡镇企业为对象而设立了合资企业的外国企业,如日本企业等,目前也正在积极筹备向中国的内陆地区投资。由此可见,在企业生产运作全球化的这种趋势中,中国不可能例外,中国企业在进行设施选址、设施布置的决策时,同样离不开对这种大环境的考虑。

第三节 单一设施选址

一、单一设施选址的不同情况

单一设施选址是指独立地选择一个新的设施地点,其运营不受企业现有设施网络的影响。在有些情况下,所要选择位置的新设施是现有设施网络中的一部分,如某餐饮公司要新开一个餐馆,但餐馆是与现有的其他餐馆独立运营的,这种情况也可看作单一设施选址。在以下几种情况下,会遇到单一设施选址问题。

（1）新成立企业或新增加独立经营单位。在这种情况下，设施选址基本不受企业现有经营因素的影响，在选址时要考虑的主要因素如本章第一节所述。

（2）企业扩大原有设施。这种情况下可首先考虑两种选择：原地扩建及另选新址。原地扩建的益处是便于集中管理，避免生产与运作的分离，充分利用规模效益，但也可能带来一些不利之处，例如，失去原有的生产与运作方式的特色，物流变得复杂，生产控制也变得复杂。在某些情况下，还有可能失去原来的最佳经济规模。另选新址的主要益处是，企业可以不依赖唯一的设施场地，便于引进、实施新技术，可使生产组织方式特色鲜明，还可在更大范围内选择高质量的劳动力等。只有在后一种选择下，才会有真正选址的问题。

（3）企业迁址。这种情况不多，通常只有小企业才有可能考虑这种方式。一个白手起家的小企业，随着事业的发展，可能会感到原有的空间太小，而考虑重新选择一处更大的设施空间，这种情况下的新选位置不会离原有位置太远，以便仍能利用现有的人力资源。但在某些特殊情况下，也会遇到一些大企业迁址的问题，例如，由于环境问题而被迫迁址，军转民企业所遇到的迁址问题等。

二、单一设施选址的一般步骤与方法

单一设施选址通常包括以下几个主要步骤。

第一步，明确目标。即首先要明确，在一个新地点设置一个新设施是符合企业发展目标和生产与运作战略的，能为企业带来收益。只有在此前提下，才能开始进行选址工作。目标一旦明确，就应该指定相应的负责人或工作团队，并开始工作。

第二步，收集有关数据，分析各种影响因素，对各种因素进行主次排列，权衡取舍，拟订初步的候选方案。这一步要收集的资料数据应包括多个方面，如政府部门有关规定，地区规划信息，工商管理部门有关规定，土地、电力、水资源等有关情况，以及与企业经营相关的该地区物料资源、劳动力资源、交通运输条件等信息。在有些情况下，还需征询一些专家的意见。在收集数据的基础上，列出很多要考虑的因素，但对所有列出的影响因素，必须逐一加以分析，分清主次，并进行必要的权衡取舍。在必要的情况下，对多种因素的权衡取舍也需要征询多方面的意见，如运用德尔斐方法等。经过这样的分析后，将目标相对集中，拟订初步的候选方案。候选方案的个数根据问题的难易程度或可选择范围的不同而不同，例如3～5个，或者更多。在前述的通用汽车选择新轿车装配厂的案例中，通用汽车曾考虑了多达1 000个候选方案。

第三步，对初步拟订的候选方案进行详细分析。所采用的分析方法取决于各种要考虑的因素是定性的还是定量的。例如运输成本、建筑成本、劳动力成本、税金等因素，可以明确用数字度量，因此可通过计算进行分析比较，如下述的负荷距离法。也可以把这些因素都用金额来表示，综合成一个财务因素，用现金流等方法来分析。另外一类因素，如生活环境、当地的文化氛围、扩展余地等，难以用明确的数值来表示，需要进行定性分析，或采用本书第二章描述过的分级加权法，人为地加以量化，进行分析与比较。也有一些方法，可同时考虑定性与定量因素，如下述的选址度量法。

在对每一个候选方案都进行了上述的详细分析之后，将会得出各个方案的优劣程度,或找到一个明显优于其他方案的方案。这样就可选定最终方案,并准备详细的论证材料,以提交企业最高决策层审批。

三、单一设施选址的方法之一——负荷距离法

设施选址中要用到多种分析方法:定性与定量分析方法,以及将定量与定性分析相结合的选址度量法等方法。这里介绍其中的两种方法:负荷距离法和选址度量法。

负荷距离法(load-distance method)的目标是在若干个候选方案中选定一个目标方案,它可以使总负荷(货物、人或其他)移动的距离最小。当与市场的接近程度、与供应商的接近程度等因素至关重要时,使用这一方法可从众多候选方案中快速筛选出最有吸引力的方案。这一方法也可在下一章所述的设施布置中使用。

(一)距离与负荷的计算方法

在负荷距离法中,首先需要计算新选址位置距目的地的距离,如图 8.2 所示,A 表示一个待选的配送中心的位置,B 表示向 A 供应产品的生产厂家。那么,AB 之间的距离如何计算?最好的方法是按实际距离来计算,例如,如果是用卡车运输,则实际距离取决于公路系统和所行走的路线。粗略计算(这足以达到负荷距离法的目的),有两种计算距离的方法:

(1)几何距离:$d_{AB} = \sqrt{(x_A - x_B)^2 + (y_A - y_B)^2}$

(2)直线距离:$d_{AB} = |x_A - x_B| + |y_A - y_B|$

其中 d_{AB} 表示 A、B 两点之间的距离,x_A、x_B、y_A、y_B 分别表示 A、B 两点的横坐标和纵坐标。显然,几何距离表示两点之间的最短距离,但这种距离有时是不现实的。直线距离表示行走路线是沿图 8.2 中所示的虚线行驶。这在很多情况下,例如,城市中不同街区之间的行走,是比较符合实际的。

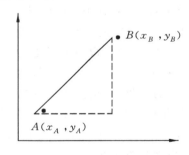

图 8.2 两点之间的距离

总负荷的一般计算公式为

$$ld = \sum_i l_i d_i \tag{8.1}$$

其中,ld 表示总负荷,即新选位置与各个目的地之间的负荷距离乘积的和。d_i 和 l_i 分别表示目的地 i 距新选位置的距离和移动负荷的大小。其中 d_i 可以是几何距离或直线距离。很明显,在各个候选方案中,总负荷数值越小,该方案越优。

【应用事例 8.1】

某健康诊断中心负责 7 个社区的服务,各个社区的中心位置和人口如图 8.3 所示。如果该健康诊断中心设在 $F(7,2)$,总负荷数是多少(使用直线距离)?

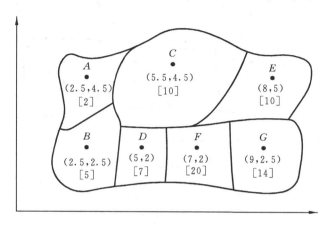

图 8.3　社区位置及人口分布

根据式(8.1),如果健康诊断中心设于 F,则总负荷数为

$$
\begin{aligned}
ld = &(|7-2.5|+|2-4.5|) \times 2 + \\
&(|7-2.5|+|2-2.5|) \times 5 + \\
&(|7-5.5|+|2-4.5|) \times 10 + \\
&(|7-5|+|2-2|) \times 7 + \\
&(|7-8|+|2-5|) \times 10 + \\
&(|7-9|+|2-2.5|) \times 14 = 168
\end{aligned}
$$

(二) 负荷距离法的两种解法

在【应用事例 8.1】中,有可能得到最优解(请读者自行思考)。但在现实问题中,往往会遇到无法选择该点作设施位置的情况。例如,该点的地价过高,该点的其他应考虑因素极不理想,等等。因此,需要考虑其他尽可能优的可行方案。下面是两种可用的方法。

(1) 穷举法。在可选范围内均匀地选择若干个点,计算每个点的总负荷数,然后加以比较。图 8.4 显示了在上述【应用事例 8.1】中使用穷举法计算的结果。从该图可以看出,社区 F 的中心位置(7,2)应是最优位置,其总负荷数最小。但是,如果该点的其他影响因素使决策者无法选择该点作健康诊断中心,可考虑临近其他的较优位置,如距 F 点北面两公里之处的总负荷数为 197 的位置。

(2) 重心法。重心法可比穷举法更快地得到较优的位置。该方法的步骤如下。

步骤 1:用下式求所考虑区域的重心:

$$x^* = \frac{\sum_i l_i x_i}{\sum_i l_i} \tag{8.2}$$

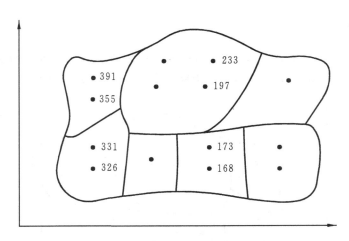

图 8.4　负荷距离法中的穷举法示例

$$y^* = \frac{\sum_i l_i y_i}{\sum_i l_i} \tag{8.3}$$

其中，x^*、y^* 分别表示重心的横坐标和纵坐标。以该重心为所选位置，计算其总负荷数。

步骤 2：计算 (x^*, y^*) 上、下、左、右的邻近点，例如，各相距 2 公里之处的总负荷数，与步骤 1 所选位置的总负荷数进行比较。如有更好的，则以该点为新的中心位置，再计算其相邻各点的总负荷数。

步骤 3：步骤 2 反复进行，直至找不出更优的点，则最后一步的中心位置就作为所选位置。

可见，重心法能较快地得到相对较优的位置，但得不到穷举法所示的那么多信息。

读者可自行用重心法考虑【应用事例 8.1】所示的问题，看其重心在哪里，是否与最优解的位置一致，以及能否用此方法找到最优解。

四、单一设施选址的方法之二——选址度量法

选址度量法是一种既考虑定量因素，又考虑定性因素的用以支持设施选址的方法。这种方法的步骤如下：

(1) 明确必要因素。在分析研究影响设施位置的各种因素时，首先明确哪些是必要因素。凡是不符合任何一个必要因素的方案，先将其筛选掉。

(2) 对因素进行分类。对各种因素进行分类，凡是与成本有直接关系、可以用货币表示的因素，归为客观因素，其他的则归为主观因素。同时，对客观因素和主观因素要分别确定其比重。如果客观因素和主观因素同样重要，则其比重都是 0.5。设 X 为主观因素的比重，则

$$\text{客观因素的比重值} = 1 - X \qquad 0 \leqslant X \leqslant 1$$

X 越接近 1，主观因素显得越重要，反之亦然。

(3) 计算客观度量值。对每一可行性位置方案，应该计算它的客观度量值。其计算

方法为

$$C_i = \sum_{i=1}^{m} C_{ij} \tag{8.4}$$

$$M_{o,i} = \left[C_i \sum_{i=1}^{n} (1/C_i) \right]^{-1} \tag{8.5}$$

式中，C_i——第 i 可行性位置方案的总成本；

C_{ij}——第 i 可行性位置方案中的第 j 项成本；

$M_{o,i}$——第 i 可行性位置方案的客观度量值；

$\sum_{i=1}^{n}(1/C_i)$——各可行性位置方案的总成本的倒数之和；

m——客观因素的项数；

n——可行性位置方案的数目。

若将各可行性位置的度量值相加，则其总和等于 1，即

$$\sum_{i=1}^{n} M_{o,i} = 1 \tag{8.6}$$

（4）确定主观评比值。由于各主观因素多属定性因素，难以按量化值直接比较。但可以采用某些方法，将它们间接转化为数量值表示，如采用强迫选择法衡量各位置的优劣。这种方法是针对每一项主观因素将每一可行性位置分别成对的比较。较佳位置的比重值定为 1，较差位置的比重值则定为 0。然后，根据各位置所得到的比重值和总比重值，求出某一主观因素在某一可行性位置的主观评比值。一般可按下式计算：

$$S_{ik} = \frac{W_{ik}}{\sum_{i=1}^{n} W_{ik}} \tag{8.7}$$

式中，S_{ik}——第 i 可行性位置对第 k 因素的主观评比值；

W_{ik}——第 i 可行性位置在第 k 因素中的比重；

$\sum_{i=1}^{n} W_{ik}$——第 k 因素的总比重值。

主观评比值为一数量化的比较值，可以利用此数值来比较各可行位置的优劣。此数值一般介于 0~1 之间，越接近 1，则说明该位置越优于其他位置。

例如，现有甲、乙、丙三个地点能够建厂，但就竞争能力（因素 A）来看，甲、乙两地相似，而丙地较甲、乙两地为优。在竞争能力方面甲、乙、丙的主观评比值计算如表 8.1 所示。

表 8.1 因素 A：竞争能力的主观评比值计算表

位置	成对比较			比重	S_{iA}
	甲	乙	丙		
甲		1	0	1	0.25
乙	1		0	1	0.25
丙		1	1	2	0.50
合计				4	1.00

(5) 计算主观度量值。在评价时,主观因素可能超过一个。同时,各主观因素的重要性也可能不完全一样。因此,对多项主观因素进行综合评价时,还应确定各主观因素的重要性指数。这种指数的确定方法也可应用上述的强迫选择法(或采用专家评估法)。然后,根据每一因素的主观评比值和该因素的重要性指数,分别计算每一可行性位置的主观度量值,其计算公式为

$$M_{s,i} = \sum_{k=1}^{m}(I_k \cdot S_{ik}) \tag{8.8}$$

式中,$M_{s,i}$——第 i 可行性位置的主观度量值;

I_k——第 k 项主观因素的重要性指数;

S_{ik}——第 i 可行性位置对第 k 项主观因素的评比值;

m——主观因素的项数。

(6) 确定位置度量值。位置度量值是对某一可行性位置方案的综合评价,其计算公式为

$$M_{l,i} = X \cdot M_{s,i} + (1-X) \cdot M_{o,i} \tag{8.9}$$

式中,$M_{l,i}$——第 i 可行性位置方案的位置度量值;

X——主观类因素的比重值;

$(1-X)$——客观类因素的比重值;

$M_{s,i}$、$M_{o,i}$——含义同前。

(7) 决策。应当从多种可行性位置方案中选择位置度量值最大的可行性位置方案,作为设施位置。

第四节　设施网络中的新址选择

一、两种不同的设施网络

有时候一个企业需要在现有的设施网络中再选择一个新的设施地址,它包括两种情况:

(1) 各个设施相互独立。企业拥有多处设施或营业地点,但彼此之间的运营是基本相互独立的。例如,拥有多个餐馆、医院、银行支店、商店等。

(2) 各个设施相互作用。企业拥有多处设施,但彼此之间的运营不是独立的。例如,一个大制造企业的不同分厂分别制造不同的部件,或分别是零件厂与装配厂;又如,生产厂与配送中心分处不同地点,等等。

第一种情况下的选址问题,基本上可以按照单一设施选址的方式进行。但在第二种情况下,就涉及一些新问题,例如,各个设施之间的运输问题,如何在不同设施之间分配工作任务,如何决定每一设施的生产能力,等等。只有这些问题得到了综合考虑,才有可能使整个设施网络的生产与运作效果最优。本节将讨论第二种情况。

二、选择分析要点

设施网络中的新址选择比单一设施选择问题更复杂,因为在这种情况下决定新设施

的地点位置时,还必须同时考虑新设施与其他现有设施之间的相互影响和作用。如果规划得好,各个设施之间会相互促进,否则就会造成负面效果。下面两个问题是选择分析中的要点。

(一) 考虑不同类型设施网络的特点

在相互作用的设施网络中,实际上还可以分为几种类型,不同类型在选址上的主要考虑因素不尽相同。主要类型有以下几种。

(1) 产品型。这种类型的设施网络是指以某一种或某一系列产品为中心,分别建立不同的设施。例如,家电公司的电饭锅厂、电熨斗厂等,日用化学品公司的护肤用品厂、洗涤用品厂等。这种类型的主要目的是进行大批量生产,各个厂分别面向所有的市场区域,运费是其次的。这种类型的设施在选址时较注重接近原材料产地或供应商,在可能的条件下也应考虑产品外运的方便和低成本。

(2) 市场地区型。这种类型的设施网络是指各个设施分别面向各自一定的市场区域。这种设置方法考虑的主要是运输问题(运费、运输时间),常用于体积、重量较大的产品。例如,造纸、塑料、玻璃、管道等制造业的产品在每一地区均有需求,因此对于规模较大的企业来说,往往以区域需要为中心来设置不同的生产设施。此外,为了以"快速交货"为主要竞争重点,有时也采用这种方式布置设施。例如,在西方很多国家都有承诺"30 分钟以内送货上门"的比萨饼店,其选址自然选在目标市场附近。

(3) 生产工艺型。这种类型的设施网络是指,以企业整个生产环节中的某一环为中心,分别建立不同的设施或工厂。每个工厂有各自的生产工艺和技术,分别负责整个生产过程的几个阶段,然后把其产品供应给装配总厂。这种设置方法使得各个不同工厂的生产均可达到一定批量,以取得规模经济效果。这种设置方法的各个设施之间的相互作用、相互依赖性是最强的。

(二) 考虑问题的三个方位

设施网络中的新址选择往往不仅要决定新设施的地点位置,还必须同时考虑添加新设施后整个网络的工作任务重新分配问题,以达到整体运营效果最优的目的。而工作任务的重新分配又会影响各个设施的最优运营规模或生产能力问题。所以,在设施网络中的新址选择中,至少有问题的三个方位必须同时考虑和解决:位置、工作任务的重新分配及生产能力。

对于多设施制造系统或流通系统来说,企业通常可以自主地选择每一设施想要提供产品或服务的对象(如某一工厂、某一仓库、某一配送中心等),所以常用的方法之一是把市场分成多个区域,分别在每个区域内设置必要的设施,这些设施提供该区域内的服务。如果市场区域进一步扩大了,则在新区域再增添新的设施;如果某一区域内的需求增大了,则可以在该区域内再增加一处设施,或如同上一节所述,在原设施基础上扩建。因此,对于这样的企业和生产与运作系统来说,上述问题的三个方位主要根据生产厂、配送中心、仓库等不同设施之间的联系和功能作用来考虑。下面将给出一个解决这种三方位问题的具体方法,即运输表法。

服务和零售系统,恰恰与制造、流通系统相反,不是由企业,而是由顾客来选择能够给他们提供服务的设施,因此这一特点要求使用不同的方法来决定选择的三方位问题。

在这种情况下,由于顾客选择的随机性很大,最简单的手工方法是采用反复试行方法,决策者先选择一个试验性的位置,根据对顾客将选择利用该设施的设想或预测,进行工作任务的重新分配并估计能力需求,然后评价该方案的效果。设想几个不同的方案,进行比较决定。也有一些通过用数学模型求解的方法。

三、基于运输表法的新址选择

运输表法是一种迭代方法,用来在 m 个"供应源"和 n 个"目的地"之间决定一个任务分配方法,使得运输成本最小。这是一种可用来进行设施网络选址的优化方法,它也可用来决定一个最优生产计划(见本书第十二章)或最优服务台设置。这种方法实际上是线性规划法的一种特殊形式,关于这种方法的原理和详细步骤,读者可参考有关的运筹学书籍。这里,我们仅使用这种方法解决设施网络中的选址问题,其中的"供应源"为制造产品的工厂,"目的地"为配送中心。

读者可能已经感到:这种方法并不能全面顾及设施网络选址问题的三个方位,而是在设施位置和各个设施的生产能力给定的条件下,求得最优运输方式。因此,管理者必须对"位置"和"能力"两因素变量进行多种组合,在每一种组合下分别使用此方法,寻求一个最优的运输方式和最优位置。此外,用这种方法得到的最优选择只是考虑了运费最优,还需要考虑投资成本、生产成本以及其他一些定性因素,才有可能得出最后的结论。

运输表法的基本模型如表 8.2 所示。其中的"供应源"是工厂(已有工厂或准备新建工厂),"目的地"是配送中心。对于这样一个运输问题,无论是用手工计算还是计算机求解,首先都需要建立一个如表 8.2 所示的矩阵,或称为表格。表中的行和列分别代表工厂和配送中心(最后一行和最后一列除外),矩阵中的每一个单元中应填入从该格所在行的工厂向该格所在列的配送中心运输的量,其中单位运输成本表示在该单元的右上角。运输成本假定与运输量成正比。有时候不希望或不可能有从某一供应源至某一目的地的运输,在这种情况下,可使该单元的单位运输成本足够大,例如其他单元的 100 倍,这样在模型求解过程中就自然会排除这种选择。

表 8.2 运输表法的模型示例

工厂	配送中心运量与运费			生产能力
	1	2	3	
A	5.0	6.0	5.4	400
B	7.0	4.6	6.6	500
需求	200	400	300	900 / 900

在上述模型中,每一行运输量的和应该等于该行所代表的工厂的生产能力,每一列运输量的和应该等于该列所代表的配送中心的需求,分别表示在矩阵的最后一行和最后一列,该生产能力总量还应该等于需求总量。

【应用事例 8.2】

表 8.2 表示的是某体育用品公司的例子。该公司的某产品系列在工厂 A 生产,生产能力是 400。随着市场需求的增长以及公司业务量的扩大,现有的三个配送中心的需求都在增长,预计分别为 200、400 和 300。公司正在考虑再建一个生产能力为 500 的工厂,初步考虑建在 B 地。从 A 地的工厂向三个配送中心的单位运输成本分别是 5.0 元、6.0 元和 5.4 元,从 B 地的工厂向三个配送中心的单位运输成本分别是 7.0 元、4.6 元和 6.6 元。现在,公司首先想运用运输表法确定在此情况下的最优运输方式和总运输成本。表 8.2 就是为这个问题所建立的运输表法模型。

在这种选址情况下的最优运输方式如表 8.3 所示,总运输成本是 4 580 元。

表 8.3 运输表法模型的求解示例

工 厂	配送中心运量与运费			生产能力
	1	2	3	
A	200 5.0	6.0	200 5.4	400
B	7.0	400 4.6	100 6.6	500
需求	200	400	300	900 / 900

上述事例中的求解过程是一个迭代过程,当问题不太复杂时,可用手算,如上例。当问题较复杂时,可选用适当的软件包来求解。无论采用什么方法,最后矩阵中的非零单元数都不会超过 $m+n-1$ 个。此外,得出的结果应保证用完每个工厂的生产能力,每个配送中心的需求也都得到满足。

还应指出的是,上述事例中得出的最优解并不意味着 B 地是最优选址,而只是该选址情况下的最佳任务分配方式。在其他选址方式下,可能有更优的运费结果。例如,在 C 地、D 地开设生产能力为 500 的新工厂,或扩建原有的 A 地工厂,再建一个较小的新工厂等。在每一种选址情况下,都可以运用运输表法求得一个最优运输方式。比较不同选址情况下的总运输成本,再综合考虑其他定性定量因素,才可最终得出一个较好的选址方案。

四、设施选址的几类不同方法

实际上,现在很多设施网络中的选址问题都比上述事例复杂。例如,考虑一个大型制造业企业的选址,它需要考虑通过多个配送中心把其产品分别送往不同的需求地点(或需求中心),要决定这些配送中心的数量、规模,产品向各个配送中心的分配方式以及每个配送中心的位置。需求中心可能有几千个,应该考虑设置的配送中心也许是几百个或几十个,而企业所拥有的生产中心,即生产设施可能只有几个。解决这样的问题通常需要利用计算机来建立一个数学模型求解。在有些情况下,可求出最优解,有时则难以求出最优解,需要用到其他一些类型的方法。以下是几种不同类型方法的概括。

(一) 启发式方法(heuristics)

启发式方法只寻找可行解,而不是最优解,上节所述的负荷距离法中的重心法就是一种启发式方法。有许多计算机化了的启发式方法,可解决 m、n 达几百、几千的问题。早在 20 世纪 60 年代,就有人提出了用启发式方法解决大型设施选址问题。[①] 今天,启发式方法已在很多场合广泛应用。

(二) 模拟方法(simulation)

模拟是试图通过模型重现某一系统的行为或活动,而不必实地去建造并运转一个系统,那样会造成巨大的浪费,或根本没有可能实地去进行运转实验。模拟方法有许多种应用,在选址问题中,模拟可以使分析者通过反复改变和组合各种参数,多次试行来评价不同的选址方案。模拟方法可描述多方面的影响因素,因此比运输表法更有实用意义。这种方法还可进行动态模拟,例如,假定各个地区的需求是随机变动的,通过一定时间长度的模拟运行,可以估计各个地区的平均需求,从而在此基础上确定流通中心、生产中心的分布,还可通过需求的变动模拟库存的变动水平,用于帮助决定生产规模、生产、运输、仓储费用等。这种方法常用来求解较大型的、无法手算的问题。例如,某公司有 137 个需求中心、5 个地区性的配送中心、4 个生产工厂。通过动态模拟计算分析得出的结论是:如果把现有的 5 个配送中心归并成 3 个,可使总成本最小。该方案得到了实施,实施后每年可节约 13 万美元。这是 20 世纪 70 年代的一个真实事例。

(三) 优化方法(optimization)

运输表法实际上就是一种优化方法,虽然它只是某一方位问题的最优。这种方法求出的不是可行解、满意解,而是最优解,即在所有可能的方案中,不会有比它更好的了。但是由于这种方法要从理论上证明是最优,所以它在使用上有两大局限性:①模型必须较抽象、较简单,否则得不出解。但这样会使模型的描述距实际较远;②很多定性因素被忽略掉了,因此不可能得出在考虑定性条件下可能得出的很多结论。

总而言之,在设施选址中,有许多方法可以应用,特别是计算机技术的发展使得设施选址的方法更加多样化了,但这些方法只是用来支持决策,使决策更方便,也更节省时间和费用,不可能 100% 地依赖它,也无 100% 的"对"与"错"。

思 考 题

1. 简述设施选址的主要考虑因素,对每一个要素列举一个此要素在其中起主要作用的设施选址的例子。

2. 在当今全球经济一体化的大趋势下,哪些因素扩大了可能的选址范围?哪些因素变得更重要?

---

① Kuehn, A. Alfred, M. J. Hamburger. Aheuristic Program for Location Warehouses[J]. Management Science, 1963, 9(4):643-666.

3. 服务设施选址与制造设施选址最主要的不同点是什么？举几个具体的例子加以说明。

4. 服务设施选址时要考虑"聚集效应"，制造设施选址时有无"聚集效应"？举例说明。

5. 对服务业来说，哪一选址要素最重要？它同竞争策略如何联系起来？用一两个服务行业的例子说明。

6. 在什么情况下，企业愿意再选址而不愿意扩大原有工厂？另建工厂而不扩大原有场地有何优点？

7. NPV等财务分析可以帮助企业进行设施选址决策，但是不能把它作为决策的唯一依据，请解释原因。

8. "几何距离和直线距离是不同的，而且按照实际距离，二者均不正确，所以，它们均不可以用于设施选址分析。"这种说法是否有道理？在什么情况下是例外？举例说明。

9. 某零售公司准备在一个城市新开两家连锁超市，试用本书第二章给出的"分级加权法"设计一个选址方法。

10. 设施选址中的启发式方法、模拟方法和优化方法各有何优缺点？各自在什么情况下适用？能否举例说明？

11. "运输表法是一种优化方法，但在用于解决设施选址问题时却变成启发式方法的一部分。"这种说法对吗？为什么？

第九章 设施布置

前面讨论了一个企业要提供什么产品或服务、采取什么样的生产组织方式、如何设计工作方法、采用什么样的技术、需要准备多少生产能力,以及在哪儿设置设施等问题。设施布置也是与"什么、如何、在哪儿"有关的问题,并且把以上这些较抽象的问题进一步具体化到实实在在的人、机器、设施空间。本章介绍设施布置(layout)的基本概念、基本分类,设施布置中的主要考虑因素以及一些布置方法。

第一节 基本问题与基本分类

一、基本问题

设施布置是指在一个给定的设施范围内,对多个经济活动单元进行位置安排。

所谓经济活动单元,是指需要占据空间的任何实体,也包括人。例如,机器、工作台、通道、桌子、储藏室、工具架等。所谓给定的设施范围,可以是一个工厂、一个车间、一座百货大楼、一个写字楼或一个餐馆等。

设施布置的目的是将企业内的各种物质设施进行合理安排,使它们组合成一定的空间形式,从而有效地为企业的生产与运作服务,以获得更好的经济效果。设施布置在设施位置选定之后进行,它要确定组成企业的各个部分的平面或立体位置,并相应地确定物料流程、运输方式和运输路线等。具体地说,设施布置要考虑以下4个问题。

(1) 应包括哪些经济活动单元?这个问题取决于企业的产品、工艺设计要求、企业规模、企业的生产专业化水平与协作化水平等多种因素,关于这一点后文将做一些详细讨论。反过来,经济活动单元的构成又在很大程度上影响生产率。例如,有些情况下一个工厂集中有一个工具库就可以,但另一些情况下也许每个车间或每个工段都应有一个工具库。

(2) 每个单元需要多大空间?空间太小,可能会影响生产率,影响工作人员的活动,有时甚至容易引起人身事故;空间太大,是一种浪费,同样会影响生产率,并且使工作人员之间相互隔离,产生不必要的疏远感。

(3) 每个单元空间的形状如何?每个单元的空间大小、形状如何以及应包含哪些单元,这几个问题实际上是相互关联的。例如,一个加工单元应包含几台机器,这几台机器应如何排列,因而占用多大空间,需要综合考虑。如果空间已限定,则只能在限定的空间内考虑是一字排开,还是三角形排列等;若根据加工工艺的需要,必须是一字形排列或三角形排列,则必须在此条件下考虑需多大空间以及所需空间的形状。在办公室设计中,办公桌的排列也属于类似的问题。

(4) 每个单元在设施范围内的位置? 这个问题包括两个含义:单元的绝对位置与相对位置。如图9.1所示,由(a)改为(b),几个单元之间的相对位置未变,但绝对位置变了。如A与D对调,则相对位置也发生改变。相对位置的重要意义在于它关系到物料搬运路线是否合理,是否节省运费与时间,以及通信联络是否便利。此外,如内部相对位置影响不大,还应考虑与外部的联系,例如,将有出入口的单元设置于靠近路旁。

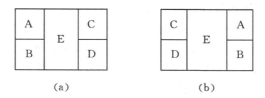

图9.1 设施单元的相对位置与绝对位置

二、影响企业经济活动单元构成的因素

(一) 企业的产品

企业的目标最终是要通过它所提供的产品或服务来实现的,因此企业的产品或服务从根本上决定企业经济活动单元的构成。对于制造业企业来说,首先,企业的产品品种将决定企业所应配置的主要生产单元,如汽车制造厂需要有冲压车间,而仪表制造公司则不需要;其次,由于产品的结构工艺特点决定产品粗加工和原材料的种类,决定产品的劳动量构成,因此影响生产单元的构成;最后,产品的生产规模也会影响生产单元的构成,如当某产品的产量较大且加工劳动量也较大、具有一定规模时,就有必要考虑设置该种产品的专门生产车间或分厂,反之则没有必要。对于服务业企业来说也是如此,所提供服务内容不同、服务规模不同,经济活动单元的构成自然不同。

(二) 企业规模

企业经济活动单元的构成与企业规模的关系是十分密切的。这是因为企业所需经济活动单元的数目、大小是由企业规模决定的。企业规模越大,所需要的单元数目越多。

(三) 企业的生产专业化水平与协作化水平

这主要从两方面影响企业的经济活动单元构成:一是采用不同专业化形式(指产品对象专业化或工艺对象专业化)的企业,对工艺阶段是否配备完整的要求不同,从而带来了经济活动单元构成上的不同;二是企业的协作化水平越高,即通过协作取得的零部件、工具、能源等越多,企业的主要生产单元就越少,例如,很多标准件都可以容易地通过外协得到,没必要全部自己建立这样的生产单元。在今天,企业正在向两个不同的趋势发展:一是生产的集中化和专业化,即生产要素越来越多地向大型专业化企业集中;二是生产的分散化,即生产要素向与大企业协作配套的小型企业扩散,以大企业为核心构成一个企业群体,以固定的协作关系从事某些专门零部件的生产或完成某些工艺过程。这两种发展趋势给企业的设施布置提出了一些新的要求。

(四) 企业的技术水平

其中主要是装备的技术水平,它直接影响企业经济活动单元的构成。装备的技术水平高,数控设备、加工中心等高技术设备拥有率较高的企业,其生产单位的组成较简单;反之,则较复杂。

三、设施布置的基本类型及其选择

设施布置类型在很大程度上取决于企业基本的生产运作流程形式。主要有以下 4 种类型。

(一) 工艺对象专业化布置(process layout)

这种设施布置是与工艺对象专业化的生产组织方式相对应的。当产品品种较多,每一种产品的生产量都不是很大,只能断续生产时,通常采用工艺对象专业化的生产组织方式,而工艺对象专业化布置则能实现这一战略。在这种布置方式下,设备是按照其所具有的功能来布置的。例如,机械制造厂将车床、铣床、钻床等设备分别放置。这种布置方法对产品的适应性较高,设备的利用率也较高,但产品的物流比较复杂、无序,在制品库存量也较高,从而整个生产周期较长。因此,这种布置下的一个主要课题是:如何设置各个不同的经济活动单元,使本来无序的物流稍加有序。在非制造业企业,有时也可以用类似的思路来考虑设施布置。例如,一个办公大楼专门设置复印机室,而不是每个办公室均有复印机,就类似于工艺对象专业化设置。

(二) 产品对象专业化布置(product layout)

这种布置使产品对象专业化的生产组织方式得以实现。在这种布置下,设备是按照某一种或某几种(但这几种产品的加工路线基本类似)产品的加工路线或加工顺序顺次排列的,所以常称为生产线。但生产线并不一定是一条直线,它可以采取 L 形、O 形、S 形、U 形等多种形状,或这几种形状的组合。在多层厂房的情况下(如小型产品、精密仪器、电子产品、鞋厂等),还可以有如图 9.2 所示的生产线。在地价越来越高的情况下,这样的多层厂房会越来越多,如电视机厂、缝纫机厂的厂房等。

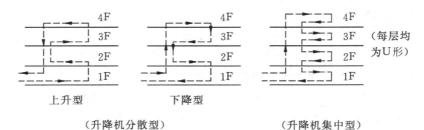

图 9.2 多层厂房的生产线

在产品对象专业化布置中,工艺对象专业化布置下的主要问题——每个单元分别设置在哪里——几乎不成问题,因为只能按照加工顺序来排列。在这种布置下的主要课题是:如何使每一单元的操作时间都大致相等。否则,整个生产线的产出速度只能是费时最多的单元的产出速度。这就是生产线平衡问题。

(三) 混合布置(hybrid layout)

混合布置是指上述两种布置类型的混合。实际上这种布置是最常见的,因为在许多企业,产品有一定的批量,但不足以形成单一的生产线;然而,系列产品常常有加工类似性,又有可能使单件生产下完全"无序"的设施布置在某种程度上"有序",因此采取前两种布置方式的结合。混合布置有多种形式,例如,零部件生产采取工艺对象专业化布置、装配车间采取产品对象专业化布置等。在第四章讲过的 FMS(柔性生产系统),也可看作一种混合布置。

(四) 固定布置(fixed layout)

这种布置的示意图如图 9.3 所示。

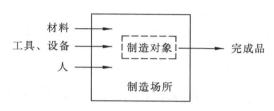

图 9.3 固定布置

从图 9.3 可以看出,这种布置是将要加工的对象固定在一个位置,人带着工具、设备向其移动,并在该处工作。这种布置方法比较特殊,通常只限于体积和重量都非常大、不易移动的产品,而且通常只能是以单件或极小批量生产的产品,如船舶、机车、重型机床、发电机组等。这种布置通常是没有其他选择余地的,因此即使搬运工具和设备费时费力,最优先考虑的重点仍然是不移动或最小限度地移动加工对象。

四、设施类型选择中的其他影响因素

在设施布置中到底选择上述 4 种基本类型中的哪一种,除考虑上述生产组织方式战略以及产品加工特性外,还应该考虑其他一些因素。也就是说,一个好的设施布置方案应该能够使设备、人员的效益和效率尽可能好。为此,还应该考虑下列因素。

(一) 所需投资

设施布置将在很大程度上决定所要占用的空间、所需设备以及库存水平,从而决定投资规模。如果产品的产量不高,设施布置人员可能愿意采用工艺对象专业化布置,这样可节省空间,提高设备的利用率,但可能会带来较高的库存水平,因此这其中有一个平衡的问题。如果是对现有的设施布置进行改造,更要考虑所需投资与可能获得的效益相比是否合算。

(二) 物流

在考虑各个经济活动单元之间的相对位置时,物流的合理性是一个主要的考虑因素,即应该使量比较大的物流的距离尽量短,使相互之间搬运量较大的单元尽量靠近,以便使物流费用尽可能小,搬运时间尽可能短。曾经有人统计过,在一个企业中,从原材料投入直至产品产出的整个生产周期中,物料只有 15% 左右的时间是处在加工工位上,其余都处在移动过程或库存中,其成本可达总生产成本的 25%~50%。由此可见,物流是生产与运作管理中相当重要的一个问题。而一个好的设施布置可使物流成本大为减少。

(三) 柔性

设施布置的柔性一方面是指对生产的变化有一定的适应性,即使变化发生后仍然能达到令人满意的效果;另一方面是指能够容易地改变设施布置,以适应变化了的情况。因此在一开始设计布置方案时,就需要对未来进行充分预测;同时,从一开始就应该考虑到以后的可改造性。

(四) 其他

其他还需着重考虑的因素有:劳动生产率,为此在进行设施布置时要注意不同单元操作的难易程度悬殊不宜过大;设备维修,注意不要使空间太狭小,这样会导致设备之间的相对位置不好;工作环境,如温度、噪声水平、安全性等,均受设施布置的影响;人的情绪,要考虑是否可使工作人员相互之间能有所交流,是否给予不同单元的人员相同的责任与机会,使他们感到公平等。

第二节 工艺对象专业化和产品对象专业化的布置方法

不同类型的设施布置需要采用不同的方法。对于上述 4 种基本类型,固定布置是不需要考虑布置方法问题的:当你只能采用这种布置并已决定采用它时,设施布置的问题就算基本完成了。但其他 3 种类型,当你选定某一种类型后,还必须采用某种方法有效、合理地实现这一方案。不同的类型,所需要的方法也是完全不同的。

一、工艺对象专业化布置的基本方法

无论是进行一个全新的设施布置,还是对原有的设施布置进行改变,基本方法都是一样的,都需要经过以下 3 个基本步骤。

(1) 汇集有关信息、数据。其中主要信息包括 4 个方面:各个经济活动单元所需的空间面积;可利用空间的大小(或现有布置图);各个单元之间的相互关系;其他约束条件。

(2) 初步做出平面布置方案(块状区划图),进行评价。

(3) 最终确定块状区划图,做出详细方案。

下面通过一个事例来说明具体的布置方法。该事例是某机械厂生产各种小型金属零件的一个车间,其设备大都为通用机械,现在拟对现有的设施布置进行改造。

(一) 汇集有关信息和数据

第一步是汇集有关信息和数据。该车间所包括的经济活动单元及各个单元所需的空间面积如图 9.4(a)所示。这里要注意的是,在计算各单元所需空间时,必须与企业的生产能力结合起来考虑。除了考虑设备、人员等所需占用的空间以外,还必须加上足够的"周边"空间,以保证有足够的通道等辅助用空间。一般来说,周边空间占单元全部空间的 25%。

图 9.4(b)表示这个车间可利用的总面积和现有的块状区划图(block plan)。块状区划图是对各个活动单元相对位置的初步安排,并不完全等于最后的实际形状,但可以大致确定各单元的相对地理位置,明确各单元之间的物料流向。从图 9.4(b)可以看出,6

个单元划定的面积是相等的,但实际上并非如此。如果是进行新的规划,在给定总的可利用面积后,也可首先把它分成相等的 6 个区域。如果其中 4 个区域的面积大致相等,而另外两个要大 1 倍,可大致分为相等的 8 块,但必须加上一个约束条件:有两块是不可分离的。

单元	面积（m²）
1. 磨床	1 000
2. 数控机床	950
3. 装卸处	750
4. 车、铣床	1 200
5. 工具组	800
6. 检验组	700
总计	5 400

（a）各单元所需空间面积

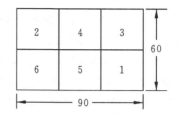

（b）现有块状区划图

（c）物料从至表   （d）关系重要程度分类表

5	4	3
2	1	6

（e）改变后的块状区划图

图 9.4　某机械厂设施布置改造事例

还必须知道各个单元之间的相关关系。有两种主要的方法可用来提供这样的信息。一种方法是"物料从至表"(from-to matrix),如图 9.4(c)所示。它给出每两个单元之间的物料流动情况,该数字可以是搬运次数、搬运重量,或其他度量。当新设计一个设施布置方案时,可以根据主要产品的预测生产数量、历史统计数据等估计,还可以参考有经验的现场管理人员或物料管理人员的意见。通常这些数据表示两个单元之间的双向物流总量,即假设 A→B 与 B→A 的物料搬运成本相等。若不等,可用比例因子加以修正。

从图 9.4(c)可以看出,该例中搬运量最大的在单元 3 与单元 6 之间,其次在单元 1 与单元 6 之间,因此应该尽量使单元 1、3 与单元 6 靠近,但现有的布置并非如此。

另一种方法是用关系重要程度分类表(REL chart,REL 是 relationship 的缩写)。它是定性描述单元之间相对位置重要性的一种方法,如图 9.4(d)所示。它把相对位置的重要性分成 6 个等级。关系重要程度分类表的一个主要优点是可以把影响设施布置的多个因素考虑进去,而不仅仅是物料搬运一项,特别是一些定性因素,如柔性、工作环境等因素,给出一个综合的相关重要性的度量。但是,有时为了便于进行不同方案之间的比较,特别是用计算机进行辅助计算时,也可把它转化成数字,如图 9.4(d)所示。最后一项为 0,表示不允许这样的情况发生。

有关信息中的其他约束条件是指物料从至表或关系重要程度分类表反映不出来的一些影响因素或约束条件。例如,某个单元的绝对位置是不宜改变的。又如,移动某个单元虽然可使物流变得合理,但移动成本过高,或引起其他一些与环境有关的问题(如噪声、振动等),也需综合考虑。本例中的两个主要约束条件为:①单元 3 必须保持原位置,因靠近轨道(厂内小火车);②单元 4 位置保持不变,因移动预算过于庞大。

(二) 做出块状区划图

在上述信息和数据的基础上,要做出初步的块状区划图。做块状区划图的最简单办法是采取反复试行法,从相关性最重要的单元开始,依次往下排列,如遇到其他约束条件,再进行调整,反复进行,直至得出一个较满意的、符合全部约束条件的解。如本例,应优先考虑的是:①使单元 3 和 6 尽量接近;②使单元 1 和 6 尽量接近;③使单元 2 和 5 尽量接近;④使单元 4 和 5 尽量接近。

因此移动顺序应是:①由于 3 不能移动,将 6 移至 1 的位置;②1 最好是在原 4 的位置,但 4 不宜移动,退而求其次,将 1 放在原 5 的位置,紧邻 6;③2、5 应尽量接近,可将 5 放在原 6 的位置;④由于 4、5 应尽量接近,可将 2、5 对调,最后的结果如图 9.4(e)所示。

这种方法得出的结果不能保证是最优的。因为:第一,不可能将所有因素(尤其是定性因素)考虑进去;第二,当单元数量较多时,不可能考虑到所有可能的方案,即无法做到穷举。例如,20 个单元,其可能的组合 $= 20! = 2.43 \times 10^{18}$。即便用计算机计算,假定 1 秒钟算一个方案,一天工作 8 小时,也要算 25 万年才可以算完。因此现在有一些专门用来进行设施布置的计算机软件,也不是求最优解的,而只是用启发式方法来快速得出满意解。曾有人研究认为,上述试行法的结果并不比计算机辅助得出的结果更差。因此实践中,特别是单元数不是太多时,常常采用这种方法。

在进行不同方案的比较时,也可以用前边讲过的负荷距离法进行评价,特别是不同单元之间的物料搬运量、通信联络等因素相对较重要时。例如,可用下式表示总负荷量:

$$ld = \sum_{j=1}^{n} \sum_{i=1}^{n} l_{ij} \cdot d_{ij} \tag{9.1}$$

式中,l_{ij}——单元 i 与 j 之间的搬运量;

d_{ij}——单元 i 与 j 之间的搬运距离;

n——单元总数。

ld 还可以转换成搬运成本或其他与距离有关的量。在本例中,距离可用 i,j 之间的相隔单元数来表示。例如,在原方案中,$d_{12}=3$,$d_{14}=2$,$d_{34}=1$。相应地,$l_{12}=20$,$l_{14}=20$,$l_{34}=15$。因此可计算出,原方案中的总负荷量是 785,修改后的是 400,几乎节省了一半。

这个方案也不一定是最优的,因为有时还必须考虑其他一些因素。如在此方案中,需要改变4个单元的位置,改造费用也许会相当庞大。为了节省改造费用,可能需要考虑其他一些方案。例如,因为1与6、3与6之间的搬运量是最大的,只把5与6对换,使1、3尽量靠近6,在这个方案下算出的总负荷量是610,但只需改变2个单元的位置,因此综合考虑下来,也许更优。

(三) 做出最终详细方案

确定了满意的块状区划图后,最后一个步骤是按照每个单元的实际面积与形状做出详细布置,其中还要包括必要的通道、走廊、休息场所等周边空间的布置。这个最终设计可以用平面图来表示,也可以用三维立体模型来表示,还可以用计算机辅助图示来表示。这一步骤也是很重要的,它可以使最高决策者易于直观理解,易于使其他人员发现一些设计人员未曾注意的问题。最后方案通常要在公司一级的各有关人员中进行讨论方可最后确定,讨论时也需要用这个最终方案,而不是块状区划图。

二、工艺对象专业化布置的其他方法

工艺对象专业化类型还有其他一些布置方法,如最简单的模拟试验法,这种方法是用缩小了的活动单元模板在设施平面图上进行试验布置,或用单元立体模型在设施建筑模型内进行。在布置模板或模型之前,应先绘测草图,考虑或计算大致的物流方向、流量、工艺特征等因素。这种方法直观易懂,而方法本身的成本也较低,常用于小型布置。当物流量等负荷移动量较大时,可首先用数学规划法(如线性规划、目标规划等)求出使总负荷量最小的布置方案,然后再结合考虑其他定性因素。在较大型的设施布置问题中,还可以采用计算机辅助布置方法。这种方法并不刻意求最优解,而只是求满意解或可行解。因为在较大型的设施布置中,可选择方案太多,不可能一一比较,也难以建立规范的数学规划模型。两种常用的计算机辅助设施布置方法如下。

1. ALDEP(automated layout design program)

这种程序使用关系重要程度分类表来进行布置方案设计。首先,随机选取一个活动单元;然后,选与其有最强的相对关系(A或E)的单元为第二个;再选与第二个有最强相对关系的单元为第三个,依此类推,直至找不到有较强关系的单元,再随机选取下一个。程序可以给每个方案打一个综合评价分数,按照分数的高低把所有方案都排列、打印出来,供决策者考虑。打分的方法可以采取多种,例如,把相对关系的字母变成数字打分、计算总负荷数、二者的结合等。

2. CRAFT(computerized relative allocation of facilities technique)

这是一种启发式方法。它以物料的总运输费用最低为原则,逐次对初始的布置方案进行改进,以寻求最优的布置方案。它的基本方法是使用物料从至表来进行,通过依次将两个单元的位置相互对换求得可行解。它首先从一个初始的块状区划图(可以是任意的)开始,评价每对可能的单元交换会给方案带来什么结果。评价基准也可以采用总负荷数。CRAFT所得出的答案虽不是唯一的最优解,但难以再改进。还应注意的一点是,CRAFT方法求得的最终解与初始布置方案有关。因此,通常需要以若干个不同的初始布置方案求得几个最终解,然后再从中比较取舍。

三、产品对象专业化的布置方法

产品对象专业化的布置方法与工艺对象专业化的布置方法可以说完全不同。在产品对象专业化的布置下,设备或工作地(活动单元)之间的相对位置几乎没有其他选择,均按产品的加工顺序或装配顺序排列,产品顺次从一个工作地流向下一个,直至生产线的最后一个,即被完成。通常在每个工作地有一个工人,重复地完成若干种作业,不同的工作地之间很少有库存,产品一件件地流向下一个工作地。在这种布置之下,生产线的产出速度等于作业速度最慢的工作地的产出速度。因此,这种方式下的布置方法主要是希望每一工作地的工作任务都大致相等,减少或消除忙闲不均的现象。这也就是生产线的平衡问题。

进行生产线的平衡时,首先需要把所有的工作分成一个个工作单元,即最小的、不可再分解或没必要再分解的独立作业动作(例如,拧螺丝,没必要把它分成拿起、拧、放下等几个单元),然后确定其标准工作时间,把它们组合进不同的工作地,使每个工作地的时间尽量相等。生产线平衡的另一个目的是:当生产线节拍(即生产速度)一定时,通过合理设计,使工作地的数目尽量少,也就是说,使所需人员尽量少,以提高效率。详见参考文献[15]。

第三节 混合布置的布置方法

这种布置方法的主要目的是:在产品产量不足以使用生产线的情况下,尽量根据产品的一定批量、工艺相似性来使产品生产有一定顺序,物流流向有一定秩序,以达到减少中间在制品库存、缩短生产周期的目的。我们在第四章提到过的 FMS,可以说就是一种混合布置。这里再介绍其他两种。

一、一人多机

一人多机(one worker, multiple machines, OWMM)的基本原理是:如果生产量不足以使一个人看管一台机器就足够忙的话,可以设置一个人可看管的小生产线,既可使操作人员保持满工作量,又可在这种小生产线内使物流流向有一定秩序。这个所谓的小生产线,即指由一个人同时看管的几台机器,如图 9.5 所示。M1、M2 等分别表示不同的机器设备。

在一人多机系统中,因为有机器自动加工时间,工人只在需要看管(装、卸、换刀、控制等)的时候才去照管,因此有可能在 M1 自动加工时,去看管 M2,依此类推。通过使用不同的装夹具或不同的加工方法,具有相似性的不同产品可以在同一一人多机系统中生产。这种方法可以减少在制品库存并提高劳动生产率,其原因是工件不需要在每一台机器旁积累到一定数量后再搬运至下一台机器。通过一些小的技术革新,例如在机器上装一些自动换刀、自动装卸、自动启动、自动停止的小装置,可以增加一人多机系统中的机器数量,以进一步降低成本。

如图 9.5 所示的一人多机系统呈现一种 U 形布置,其最大特点是物料入口和加工完毕的产品的出口在同一地点。这是最常用的一种一人多机布置,其中加工的产品并不一定必须通过所有的机器,可以是 M1→M3→M4→M5,也可以是 M2→M3→M5 等。进一步,通过联合 U 形布置,可以获得更大的灵活性,这在日本丰田汽车公司的生产实践中已被充分证实,读者可参考本书第十七章第二节介绍的有关事例。

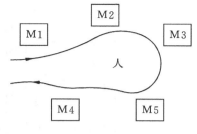

图 9.5 "一人多机"布置示意图

二、成组技术

成组技术(group technology,GT)是按照产品或零件在某种特征上的相似性把它们分组归类,然后在不同的设备群上进行加工的一种方法。所谓"某种特征的相似性",是指形状的相似性、加工工艺或加工路线的相似性。有时尽管生产多种产品,每种产品的产量都不足以达到组成流水线的程度,而这许多种产品的通用零部件也不多,但只要这些零部件具有类似这样的相似性,就可尽量把它们分组归类加工。例如,同是轴类形状、盘类、齿轮类等,这是指形状类似。还可以是形状虽不很类似,但加工路线和工艺相同或近似,也可以依据这一方面的特征把各种要加工的产品分组归类。

显而易见,在采用成组技术的情况下,产品要按其相似性来分组;设备则恰恰相反,不是按其相似性,而是把进行某一组相似产品的加工所需的设备布置在一起,构成一个小小的生产线,或一组设备,称为加工单元。可想而知,这样一个加工单元内的设备不可能是同一类设备。

采用成组技术可以带来很多好处:减少作业更换时间,减少中间在制品库存,减少物流量,缩短生产周期,易于实现自动化等。

图 9.6 表示某车间运用成组技术前后的物流状况。在运用成组技术之前,设备是按照其功能的相似性来布置的,即分别把车床、铣床、钻床、磨床等布置在一起,如图 9.6(a) 所示。加工工件进入车间之后,首先被车削,然后被移动到铣床组,等待加工。当任意一台铣床完成前一工件的加工、变成空闲状态后,该工件则进入,开始自己的加工,然后移动到下一设备组——钻床组,等待加工。如此依次等待、加工,再等待、再加工,直至装配。显然,在这种方式下,工件的等待时间很长,整个生产周期拉长,而且即使同一种工件,其行走的路径也会有多种,物流很复杂。在运用成组技术对该车间的工件进行分析之后,管理人员发现,该车间的主要加工任务可分成三大组:第一组需要两种车削加工,然后再进行一种铣削加工;第二组必不可少的加工是铣和磨;第三组需要使用车、铣、钻床各一台。因此,运用成组技术对原有的车间布置进行了改造。图 9.6(b)是改造后的布置图(为简便起见,该图只表示了与上述三大组主要工件有关的部分)。从图 9.6(b)可以看出,三个成组单元的使用大大简化了物流。

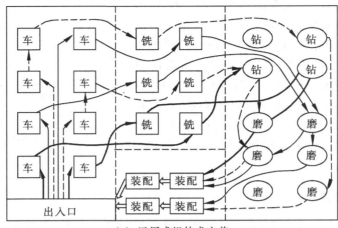

(a) 运用成组技术之前

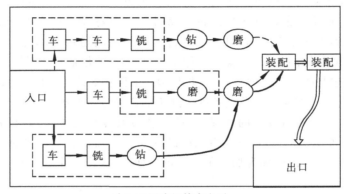

(b) 运用成组技术之后

图 9.6 运用成组技术前后的物流状况

第四节 非制造业的设施布置

如本书第一、二章所述,非制造业行业种类繁多,难以归纳成如制造业的几种基本类型。这里,仅以两种具有代表性的非制造业行业的布置为例,说明其布置方法的特点。一种是仓库布置。众所周知,仓储业是非制造业中占比重很大的一个行业,通过仓库布置来缩短存取货物的时间、降低仓储管理成本具有重要的意义。另一种是办公室布置。当今,"白领"人员在一国就业人口中所占比重越来越大,因此,如何通过合理、有效的办公室布置提高工作效率、提高"白领"的劳动生产率日益成为一个重要问题。

一、仓库布置

从某种意义上说,仓库类似于制造业的工厂,因为物品也需要在不同地点(单元)之间移动。因此,仓库布置也可以有多种不同的方案。图 9.7 所示的是一种最普通、最简单的仓库类型。这是一个家电用品仓库,共有 14 个货区,分别储存 7 种家电。仓库有一个出入口,进出仓库的货物都要经过该口。假设该仓库每种物品每周的存取次数如表 9.1 所示,应该如何布置不同物品的货区?

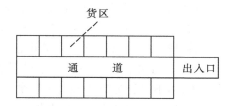

图 9.7　家电用品仓库的平面示意图

表 9.1　家电用品仓库的存储信息

存储物品	每周搬运次数/次	所需货区/个
电烤箱	280	1
空调	160	2
微波炉	360	1
音响	375	3
电视	800	4
收音机	150	1
其他	100	2

这实际上就是一个典型的仓库布置问题。显而易见,这个问题的关键是寻找一种布置方案,使得总搬运量最小。这个目标函数与很多制造业企业设施布置的目标函数是一致的。因此,读者可能自然会想到,可借助类似前面所述的负荷距离法等方法。实际上,这种仓库布置的情况比制造业工厂中的经济活动单元的布置更简单,因为全部搬运都发生在出入口和货区之间,而不存在各个货区之间的搬运。

这种仓库布置进一步区分为两种不同情况:①各种物品所需货区面积相同。在这种情况下,只需把搬运次数最多的物品货区布置在靠近出入口之处,即可得到最小的总负荷数。②各种物品所需货区面积不同。需要首先计算某物品的搬运次数与所需货区数量之比,取该比值最大者靠近出入口,依次往下排列(请读者自己考虑,为什么?)。如在上例中,各种物品的该比值从大到小的排列顺序为(括号中为比值数):3(360),1(280),5(200),6(150),4(125),2(80),7(50)。图 9.8 是根据这种排列给出的布置方案。

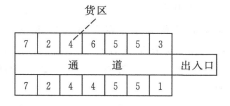

图 9.8　家电用品仓库的布置方案

上面是以总负荷数最小为目标的一种简单易行的仓库货区的布置方法。在实际中,根据情况的不同,仓库布置可以有多种方案、多种考虑目标。例如,不同物品的需求经常是季节性的,因此在上例中,也许在元旦、春节期间应把电视、音响放在靠近出入口处,而在春夏之季将空调放在靠近出入口处。又如,空间利用的不同方法也会带来不同的仓库布置要求,在同一面积内,高架立体仓库可存储的物品要多得多。由于拣运设备、存储记录方式等的不同,也会带来布置方法的不同。再如,新技术的引入会带来考虑更多有效方案的可能性:计算机仓储信息管理系统可以让拣运人员迅速知道每一物品的准确仓储位置,并为拣运人员设计一套汇集不同物品于同一货车上的最佳拣出行走路线;自动分拣运输线可使仓储人员分区工作,而不必跑遍整个仓库;等等。总而言之,根据目标的不同,所使用技术的不同以及仓储设施本身的特点,仓库的布置方法有多种。

二、办公室布置

办公室布置对于办公室工作效率的提高、"白领"人员劳动生产率的提高以及改善"工作生涯质量"都具有重要作用。在今天,办公室工作人员在整个就业人员中所占的比重越来越高,因此办公室布置的问题就显得越发重要。近 20 年来,不断有新的有关研究结果出现,这里仅做简单介绍。

办公室与生产制造系统相比,有许多不同的特点。首先,生产制造系统加工处理的对象主要是有形的物品,因此,物流是进行设施布置的一个主要考虑因素。而办公室工作的处理对象主要是信息以及组织内外的来访者,因此,信息的传递和交流方便与否,来访者办事是否方便、快捷,是主要的考虑因素。其次,在生产制造系统中,尤其是自动化生产系统中,产出速度往往取决于设备的速度,或者说与设备速度有相当大的关系。在办公室,工作效率的高低往往取决于人的工作速度,而办公室布置又会对人的工作速度产生极大影响。再次,在生产制造系统中,产品的加工特性往往在很大程度上决定设施布置的基本类型,生产管理人员一般只在基本类型选择的基础上进行设施布置。而在办公室布置中,同一类工作任务可选用的办公室布置有多种,包括房间的分割方式、每个人工作空间的分割方式、办公家具的选择和布置形式等。此外,组织结构、各个部门的配置方式、部门之间的相互联系和相对位置的要求对办公室布置有更重要的影响,在办公室布置中要予以更多的考虑。但在办公室布置中,也有一些考虑原则与生产制造系统是相同的,例如,按照工作流程和能力平衡的要求划分工作中心和个人工作站,使办公室布置保持一定的柔性,以便于未来的调整和发展等。

办公室布置的主要考虑因素有两个:①信息传递与交流的迅速、方便;②人员的劳动生产率。其中信息的传递与交流既包括各种书面文件、电子信息的传递,也包括人与人之间的信息传递和交流。对于需要跨越多个部门才能完成的工作,部门之间的相对地理位置也是一个重要问题。在这里,应用本书第七章所述的工作设计和工作方法研究中的"工作流程"概念来考虑办公室布置问题是很有帮助的,第七章所述的各种图表分析技术同样可以应用于办公室布置。

办公室布置中需要考虑的另一个主要因素是办公室人员的劳动生产率。当办公室人员主要由高智力、高工资的专业技术人员构成时,劳动生产率的提高就具有更重要的意义。而办公室布置会在很大程度上影响办公室人员的劳动生产率。必须根据工作性质、工作目标的不同来考虑什么样的布置更有利于生产率的提高。例如,在银行营业部、贸易公司、快餐公司的办公总部，开放式的大办公室布置使人们感到交流方便，促进了工作效率的提高；而在出版社，这种开放式的办公室布置可能会使编辑们感到无端的干扰，无法专心致志地工作。

尽管办公室布置根据行业、工作任务的不同有多种，但仍然存在几种基本的模式：一种是传统的封闭式办公室，办公楼被分割成多个小房间，伴之以一堵堵墙、一扇扇门和长长的走廊。显然，这种布置可以保持工作人员足够的独立性，但却不利于人与人之间的信息交流和传递，使人与人之间产生疏远感，也不利于上下级之间的沟通。而且，这种布置几乎没有调整和改变布局的余地。另一种模式是近20年来发展起来的开放式办公室布置，在一间很大的办公室内，可同时容纳一个或几个部门的十几人、几十人甚至上百人共同工作。这种布置方式不仅方便了同事之间的交流，也方便了部门领导与一般职员的交流，在某种程度上消除了等级的隔阂。但这种方式的弊病是，有时会相互干扰，职员之间容易闲聊等。因此，后来进一步发展起来的一种布置是带有半截屏风的组合办公模块。这种布置既利用了开放式办公室布置的优点，又在某种程度上避免了开放式布置情况下的相互干扰、闲聊等弊病。而且，这种模块式布置有很大的柔性，可随时根据情况的变化重新调整和布置。有人曾估计过，采用这种形式的办公室布置，建筑费用能比传统的封闭式办公建筑节省40%，改变布置的费用也低得多。

实际上，在很多组织中，封闭式布置和开放式布置都是结合使用的。20世纪80年代，在西方发达国家又出现了一种被称为"活动中心"的新型办公室布置。在每一个活动中心，有会议室、讨论间、电视电话、接待处、打字复印、资料室等完成一项完整工作所需的各种设备。楼内有若干个这样的活动中心，每一项相对独立的工作集中在这样一个活动中心进行，工作人员根据工作任务的不同在不同的活动中心之间移动，但每个人仍保留一个小小的传统式个人办公室。显而易见，这是一种比较特殊的布置形式，较适用于项目型的工作。

20世纪90年代以来，随着信息技术的迅猛发展，一种更加新型的办公形式——"远程"办公正在从根本上冲击着传统的办公布置方式。所谓"远程"办公，是指利用信息网络技术，将处于不同地点的人们联系在一起，共同完成工作。例如，人们可以坐在家里办公，也可以在出差地的另一个城市或飞机、火车上办公，等等。可以想象，当信息技术进一步普及，其使用成本进一步降低以后，办公室的工作方式和对办公室的需求，从而办公室布置等，均会发生很大的变化。

思 考 题

1. 生产运作组织方式和设施布置之间的关系是什么？哪些生产类型必须通过设施布置来完成？
2. 生产运作流程设计和设施布置的区别是什么？举例说明。
3. 设施布置还同哪些决策领域有重要联系？举例说明。
4. 请找出对以下各种行业至关重要的设施布置类型：
   (1) 银行；

(2) 停车场；

(3) 法律事务所；

(4) 小金属加工厂。

5. 企业自动化程度的提高对一个设施中的经济活动单元带来的主要影响是什么？

6. 随着市场竞争的加剧，很多企业产品多样化程度越来越高，这给设施布置带来了什么样的新问题？举例说明。

7. "物料从至表"法可否用于服务行业的设施布置？举例说明。

8. "一人多机"的布置方法给操作人员带来的最大挑战是什么？给管理层带来的最大挑战是什么？

9. 对于一个便民连锁店的设施布置人员来说，什么方面的设计标准最重要？对于一个大型超市呢？

第十章 库存管理

本章讨论物品的库存,而不泛指顾客、文件等其他"流动单位"(见第六章)。任何一个企业或多或少,无论什么类型,都持有库存。因此,库存管理是企业生产与运作管理中的一个重要问题。本章首先介绍库存的基本概念和分类,分析其利弊,然后在此基础上讨论企业可能采取的一般性的库存管理策略。在后半部分,讨论独立需求库存管理问题,包括经济订货批量模型、几种基本的库存控制系统以及单期库存控制问题。

第一节 库存管理的基本问题

一、库存的基本概念

从客观上来说,所谓库存,是企业用于今后销售或使用的储备物料(包括原材料、半成品、成品、设备备件等不同形态)。但是对于管理者来说,库存这一概念的含义是复杂和广泛的。按照管理学上的定义,库存是"具有经济价值的任何物品的停滞与储藏";在企业的财务报表上,库存表现为给定时间内企业的有形资产。

持有库存的理由在不同情况下、不同企业内可能各有不同、各有侧重。但一般来说,主要是为了三个目的:预防不确定性的、随机的需求变动;为了保持生产的连续性、稳定性;为了以经济批量订货。但是,持有库存要发生一定费用,还会带来其他一些管理上的问题,因此,库存的作用及其弊端之间有一个折中、平衡问题。这也就是库存管理所要研究、解决的问题。

二、库存的不同类型

从不同角度可以对库存进行多种不同的分类。

(一)按其在生产过程和配送过程中所处的状态,库存可分为原材料库存、在制品库存和完成品库存

如图 10.1 所示,三种库存可以存放在一条供应链上的不同位置。原材料库存可以放在供应商或生产商处;原材料进入生产企业后,依次通过不同的工序,每经过一道工序,附加价值都有所增加,从而成为不同水准(以价值衡量)的在制品库存。当在制品库存在最后一道工序被加工完后,变成完成品。完成品也可以放在不同的储存点:生产企业内、配送中心、零售点,直至转移到最终消费者手中。如图 10.1 所示的物流系统只是一个示意,现实中的系统可能比其更简单或更复杂。例如,对于一个零售业企业来说,其库存只有完成品一种形态。对于一个大型制造业企业来说,生产工序较多,各种不同水准的在制品就会大量存在,使库存包括多种不同程度的中间产品。企业还有可能拥有自己的配送中心,从而完成品的库存也会大量存在,这样整个物流和库存系统就会相当复杂。

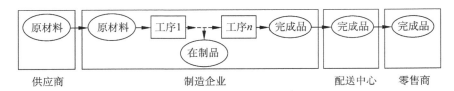

图10.1　不同状态的库存及其位置

(二) 按库存的作用分,库存可分为周转库存、安全库存、调节库存和在途库存

(1) 周转库存的产生是基于这样的思想:采购批量或生产批量越大,单位采购成本或生产成本就越低(节省订货费用或作业交换费用,得到数量折扣),从而每次批量购入或批量生产。这种由批量周期性地形成的库存就称为周转库存。这里有两个概念:一个是订货周期,即两次订货之间的间隔时间;另一个是订货批量,即每次订货的数量。这二者之间的关系是显而易见的:每次订货批量越大,两次订货之间的间隔也越长,周转库存量也就越大。平均周转库存量为 $Q/2$,其中 Q 为订货批量。由于周转库存的大小与订货的频率成反比,因此如何在订货成本和库存成本之间进行权衡,是决策时考虑的主要因素。

(2) 安全库存是为了应付需求、生产周期或供应周期等可能发生的不测变化而设置的一定数量的库存。例如,供货商没能按预订的时间供货;生产过程中发生意外的设备故障导致停工等。设置安全库存的一种方法是:比正常的订货时间提前一段时间订货,或比交货期限提前一段时间开始生产。例如,假定从发出订单到货物到位需3周,企业可提前5周发出订单,这样安全库存量是2周的需要量。另一种方法是:每次的订货量大于到下次订货为止的需要量,多余部分就是安全库存。安全库存的数量除了受需求和供应的不确定性影响外,还与企业希望达到的顾客服务水平有关,这些是制定安全库存决策时的主要考虑因素。

(3) 调节库存是用于调节需求或供应的不均衡、生产速度与供应速度的不均衡、各个生产阶段的产出不均衡而设置的。例如,季节性需求产品(空调、电扇等),为了保持生产能力的均衡,在淡季生产的产品置于调节库存,以备满足旺季的需求。有些季节性较强的原材料,或供应商的供应能力不均衡时,也需设置调节库存。

(4) 在途库存是指正处于运输中以及停放在相邻两个工作地之间或相邻两个组织之间的库存,这种库存是一种客观存在,而不是有意设置的。在途库存的大小取决于运输时间以及该期间内的平均需求。

(三) 按用户对库存的需求特性分,库存可分为独立需求库存与相关需求库存

独立需求库存是指用户对某种库存物品的需求与其他种类的库存无关,表现出对这种库存需求的独立性。从库存管理的角度来说,独立需求库存是指那些随机的、企业自身不能控制而是由市场所决定的需求。这种需求与企业对其他库存产品所作的生产决策没有关系,如用户对企业最终完成品、维修备件等的需求。独立需求库存无论在数量上还是时间上都有很大的不确定性,但可以通过预测方法粗略地估算。

相关需求是指与其他需求有内在相关性的需求,根据这种相关性,企业可以精确地计算出它的需求量和需求时间,是一种确定性需求。例如,用户对企业完成品的需求一旦确定,与该产品有关的零部件、原材料的需求就随之确定,对这些零部件、原材料的需求就是相关需求。

库存需求特性的这种分类构成了库存管理的两大部分。一部分是对相关需求库存的管理,这种需求实际上是对完成品生产的物料需求,与完成品的需求之间有确定的对应关系,其中的数量关系可以用物料清单(bill of materials,BOM,它说明完成品所需零部件的构成,详见第十三章)来表示,时间关系可用生产周期、生产提前期、运输时间等通过计算得出,这实际上也就是生产计划所要控制的对象,即相关需求的库存控制实际上是生产计划与控制系统中的一部分。关于这部分内容,将放在后面的生产计划的章节中再详细展开。

另一部分是对独立需求库存的管理,由于其需求时间和数量都不是由企业本身所能控制的,所以不能像相关需求那样来处理,只能采用"补充库存"的控制机制,将不确定的外部需求问题转化为对内部库存水平的动态监视与补充的问题。关于这部分内容,将在本章的后三节展开讨论。

三、库存利弊分析

关于库存,有人说它是企业生产与运作所必不可少的,有人说它是一个"必要的恶魔",还有人说它是"万恶之源"。也就是说,库存的存在有利有弊。因此,有必要分析库存的大小主要取决于哪些因素,会带来什么样的影响和作用。

(一) 库存的作用

库存的作用主要在于能有效地缓解供需矛盾,使生产尽可能均匀,有时甚至还有"奇货可居"的投机功能。具体而言,库存的作用包括以下几项。

(1) 改善服务质量。持有一定量的库存有利于调节供需之间的不平衡,保证企业按时交货,快速交货,能够避免或减少由于库存缺货或供货延迟带来的损失,这些对于企业改善顾客服务质量都具有重要作用。

(2) 节省订货费用。订货费用指订货过程中为处理每份订单和发运每批订货而产生的费用。这种费用与订货批量的大小无关。因此,如果通过持有一定量的库存增大订货批量,就可以减少订货次数,从而减少订货费用。

(3) 节省作业交换费用。作业交换费用是指生产过程中更换批量时调整设备、进行作业准备所产生的费用。作业的频繁更换会耗费设备和工人的大量时间,新作业刚开始时也容易出现较多的产品质量问题,这些都会导致成本增加,而通过持有一定量的在制品库存,可以加大生产批量,从而减少作业交换次数,节省作业交换费用。

(4) 提高人员与设备的利用率。持有一定量的库存可以从三个方面提高人员与设备的利用率:减少作业更换时间,这种作业不增加任何附加价值;防止某个环节零部件供应缺货导致生产中断;当需求波动或季节性变动时,使生产均衡化。

(二) 库存带来的弊端

反过来,库存也会给企业带来不利的影响。

(1) 占用大量资金。这是不言而喻的。

(2) 发生库存成本。库存成本是指企业为持有库存所需花费的成本。库存成本包括:占用资金的利息;储藏保管费(仓库费用、搬运费用、管理人员费用等);保险费;库存物品价值损失费用(丢失或被盗、库存物品变旧、发生物理化学变化导致价值的降低、库存物品过时导致的价值降低)等。

(3) 掩盖企业生产经营中存在的问题。这是精益生产方式的一个基本管理思想。精益生产方式认为,高库存有可能掩盖一系列的生产经营问题,例如,掩盖经常性的产品或零部件的制造质量问题。当废品率和返修率很高时,一种很自然的做法就是加大生产批量和在制品、完成品库存;掩盖工人的缺勤问题、技能训练差问题、劳动纪律松弛和现场管理混乱问题;掩盖供应商的供应质量问题、交货不及时问题;掩盖企业计划安排不当问题、生产控制不健全问题等。总之,生产经营中的诸多问题都有可能用高库存掩盖。而问题如果不暴露到表面,就不会有压力和动力去致力于改进。反过来,如果库存水平很低,所有这些问题就会立刻暴露出来,迫使企业去改进。所以,在精益生产方式(见第十七章)中,把库存当作"万恶之源",致力于尽量通过减少库存来暴露生产经营中潜藏的问题,从根本上解决问题,从而不断提高生产经营系统的"体质"。这种思想可以用图10.2很形象地表示出来。

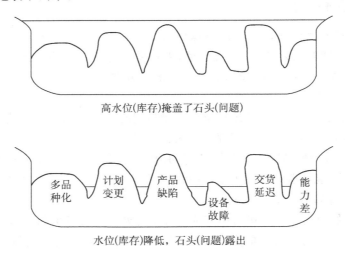

图 10.2 高库存掩盖生产经营中的问题

第二节 库存管理的基本策略

由于库存有利有弊,在企业生产与运作管理中,必须对库存加以控制,使其既能为企业经营有效利用,又不为企业带来太多的负面影响。因此,制定正确的库存管理策略非常重要。这里讨论几个库存管理中的基本策略问题,在后面的章节中,尤其是生产计划与控制部分,还会涉及库存管理的具体问题。

一、库存管理的衡量指标

管理学中有一种说法:没有衡量就没有管理(If you can't measure it, you can't manage it)。在库存管理中,管理者也需要用一些指标对库存进行监控和衡量,使其保持在一个适当的水平。衡量库存的方法有很多种,例如,库存物品的种类、数量、重量等。但是,在管理中具有重要意义的衡量指标有三个:平均库存值、可供应时间和库存周转率。

1. 平均库存值

平均库存值是指全部库存物品的价值之和。之所以用"平均"二字,是因为这一指标一般来说是指某一时间段内(而不是某一时刻)库存所占用的资金。这一指标可以告诉管理者,企业资产中的多大部分是与库存相关联的。一般来说,制造业企业大约是25%,而批发、零售业有可能占到75%左右。管理人员可以根据历史数据或同行业的平均水平从纵横两方面评价本企业的这一指标是过高还是过低。但是,一个不可忽视的因素是市场需求。也就是说,必须从满足市场需求的角度来考虑库存管理的好坏。为此,下面两个指标可能更重要。

2. 可供应时间

可供应时间是指现有库存能够满足多长时间的需求。这一指标可用平均库存值除以相应时间段内单位时间(如每周、每月等)的需求来得到,也可以分别用每种物料的平均库存量除以相应时间段内单位时间的需求量来得到。在有些情况下,后者更具现实意义。例如,在有些企业,根据物料可获得性的不同,有些物料的库存量为两周的用量,而另外一些物料的库存量可能只是两三天的用量。

3. 库存周转率

库存周转率可用下式表示:

$$库存周转率 = \frac{年销售额}{年平均库存值} \times 100\% \tag{10.1}$$

还可以细分为以下三种:

$$完成品库存周转率 = \frac{年销售额}{完成品平均库存值} \times 100\% \tag{10.2}$$

$$在制品库存周转率 = \frac{生产产值}{在制品平均库存值} \times 100\% \tag{10.3}$$

$$原材料库存周转率 = \frac{原材料消耗额}{原材料平均库存值} \times 100\% \tag{10.4}$$

需要注意的是,式(10.1)至式(10.4)中的分子分母的数值均应指相同时间段内的数值。

库存周转越快表明库存管理的效率越高。反过来,库存周转慢意味着库存占用资金量大,保管等各种费用也会大量发生。库存周转率对企业经营中至关重要的资金周转率指标也有极大的影响。

二、库存的放置位置

这里分两种情况来考虑库存的放置位置。①完成品的放置位置。在这种情况下,是要决定在产品制造完毕后、送到消费者手中之前,完成品的库存置于何处。②制造业企业内的标准品库存的放置位置。在这种情况下,是要决定把原材料在制品预先制造成什么水平(距最终产品完成所需的加工时间)的标准品。

(一) 完成品的放置位置

完成品的放置位置是配送管理中的一个重要问题。有两种基本选择:向前放置和靠后放置。向前放置是指尽量把完成品库存储放在靠近用户的仓库或配送中心,或放置在批发商或零售商处。靠后放置是指将完成品储放在生产厂家的仓库内或不保持完成品库存(见图10.3)。向前放置的两个优点是快速交货和降低运输成本。前一个优点是显而易见的,因为完成品放置的位置距用户越近,对用户要求的响应时间就越短。后一个优点是指,在向前放置中,产品出厂后不是零散地送往各个用户,而是集中送到几个配送中心,这样运费可以用整车,而不是零担费用来计。尤其是企业产品品种较多的情况下,如果分别送往各个用户,可能全部需要以零担费用来计,但如果送到配送中心,配送中心可把不同工厂送来的、给同一用户的产品再集中起来,以整车方式运送。这种前置的优点在连锁商店、超市等批发、零售业中得到了最好的体现。在企业的全球生产与运作中,将多个生产基地生产的多种产品按不同国家和地区分别设置配送中心,以加速全球销售,也已经成为越来越重要的一个问题。

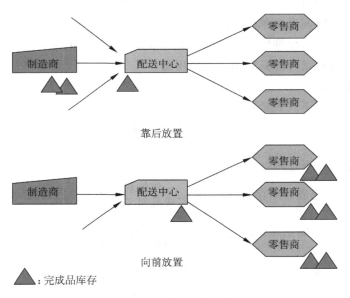

图 10.3 完成品的放置位置

但前置放置在有些情况下也不一定适用。例如,当竞争策略是把重点放在产品顾客化、多样化上时,就不应该持有大量的库存。又如,一个地区的需求可能是某月高、某月低,而且这种变化难以精确预测,在这种情况下,如果把几个地区的需求品种集中放置在靠后的中心仓库里,而不是向前放置在各个地区,地区之间的不同需求就会有一种互补效应,使总需求的不确定性变小,并使必要的总库存量降低(即第十一章所述的"风险吸收"效应)。此外,还可以避免需求变化较大时从一个地区向另一个地区的重复运输。

(二) 标准在制品的放置位置

与完成品的放置位置类似,制造业企业内也需要考虑把库存置于什么样的半成品位置上,即标准品的放置位置。所谓标准品,是与特殊品相对应的概念。特殊品是指按照用户的特定要求生产的产品,通常只是有了订单才生产,没有现成的库存。标准品是指常备品,库存中常有,随时可以利用。显而易见,标准品大多指各种不同程度的半成品,可用来加工或装配成用户所需的特殊品。一个订单接收以后,供货周期的长短取决于从库存中的标准品制成用户所需的特殊品的生产周期,而生产周期的长短与标准品的放置位置有很大关系。图10.4(a)是产品A的物料清单和形成不同程度的标准品所需的生产周期。例如,D本身的生产周期为5周,从D和C装配成B需要11周,从B和E装配成A需要1周。如图10.4(b)所示,标准品的放置位置可有6种不同的选择,每一种选择之下的供货周期各有不同。例如,如果把B和E作为标准品放置,一个订单接收以后,一周之后即可交货。而把C和D作为标准品放置的情况下,则12周以后才可交货。可见,标准品库存越向前放置,满足用户需求所需的时间也就越短。但反过来,标准品库存越靠前,因其附加价值越大,所占用的库存金额值也就越大。

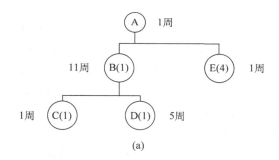

(a)

标准品位置	最长路径	供货时间/周
无	D→B→A	5+11+1=17
D	C→B→A	11+1+1=13
C&D	B→A	11+1=12
B	E→A	1+1=2
B&E	A	1
A	—	0

(b)

图 10.4 标准品的放置位置

三、降低库存的基本策略

企业总是不断地寻求降低库存的方法。下一节将介绍的 EOQ 模型和第十七章的精益生产方式中的若干方法,以及 MRP 等生产计划模式,其目的都是降低库存。这里仅从库存的作用的角度出发,讨论降低库存的基本策略和具体措施。如表 10.1 所示,基本策略是指降低该种库存所必须采取的行动,具体措施是指如何降低由于采取基本策略可能带来的成本增加,以及如何减少对该种库存的需求。

表 10.1 降低库存的基本策略

库存类型	基本策略	具体措施
周转库存	减小批量 Q	降低订货费用 缩短作业交换时间 利用"相似性"增大生产批量
安全库存	订货时间尽量接近需求时间 订货量尽量接近需求量	改善需求预测工作 缩短生产周期与订货周期 减少供应的不稳定性 增加设备、人员的柔性
调节库存	使生产速度与需求变化吻合	尽量"拉平"需求波动
在途库存	缩短生产—配送周期	标准品库存前置 慎重选择供应商与运输商 减小批量 Q

1. 关于周转库存

由于平均周转库存等于 $Q/2$,所以降低周转库存的基本策略很明了:减小批量 Q。有一些运作管理水平较高的日本企业可以做到周转库存只相当于几个小时的需求量,而对于大多数企业来说,至少需要几周,甚至几个月的需求量。但是,只单纯地减小 Q 而不在其他方面做相应的变化将是很危险的,有可能带来严重的后果,例如,订货成本或作业交换成本有可能急剧上升。因此,必须再采取一些具体措施,寻找使订货成本或作业交换成本降低的办法。在这方面,精益生产方式有很多成功的经验,如"快速换模法"等。利用一人多机、成组技术或柔性制造技术,即尽量利用"相似性"来增大生产批量、减少作业交换是另一种可以考虑的途径。此外,还可尽量采用通用零件等。

2. 关于安全库存

如前所述,安全库存是为了防止意外情况发生而比需要的时间提前订货,或订货量大于需求量而产生的。因此,降低这种库存所必须采取的行动也很明显:订货时间尽量接近需求时间,订货量尽量接近需求量。但是与此同时,由于意外情况发生而导致供应中断、生产中断的危险也随之加大,从而影响顾客服务,除非有可能使需求的不确定性和供应的不确定性消除,或减到最小限度。这样,至少有四种具体措施可以考虑使用:①改善需求预测。预测越准,意外需求发生的可能性就越小。还可以采取一些方法鼓励用户提前订货。②缩短订货提前期与生产提前期,这一期间越短,在该期间内发生意外的可能性也越小。③减少供应的不稳定性。其中的途径之一是让供应商知道你的生产计划,以便他们能够及早作出安排。另一个途径是改善现场管理,减少废品或返修品的数量,从而减少由于这种原因造成的不能按时按量供应。还有一种途径是加强设备的预防维修,以减少由于设备故障而引发的供应中断或延迟。④增加设备、人员的柔性。这可以通过生产运作能力的缓冲、培养多面手人员等方法来实现。这种方法更多地用于非制造业,因为对于非制造业来说,服务无法预先储存。

3. 关于调节库存

降低调节库存的基本策略是尽量使生产速度与需求变化相吻合。但这是一件说到容易做到难的事情。一种思路是想办法把需求的波动尽量"拉平",有针对性地开发新产品,使不同产品之间的需求"峰""谷"错开,相互补偿;又如在需求淡季通过价格折扣等促销活动转移需求。

4. 关于在途库存

影响在途库存的变量有两个:需求和生产－配送周期。由于企业难以控制需求,因此,降低这种库存的基本策略是缩短生产－配送周期。可采取的具体措施之一是前面所述的标准品库存前置。另一个措施是选择更可靠的供应商和运输商,以尽量缩短不同存放地点之间的运输和存储时间。还可利用计算机管理信息系统来减少信息传递上的延误,以及由此引起的在途时间的增加。此外,还可以通过减小批量 Q 来降低在途库存。

从以上所述可以看出,这四种库存的不同降低策略实际上是相互关联、相互作用的。因此在实际的库存管理中需要全盘统筹,综合考虑。

四、ABC 分类法的应用

ABC 分类法的基本思想是:按照所控制对象价值的不同或重要程度的不同进行分类,分别采取不同的管理方法。ABC 分类法对很多问题都具有普遍指导意义,对大量聚合体的分类研究有共同的指导作用,是一个重要的管理手段,尤其是在库存管理中。

企业的库存种类往往有很多,但其价值并不一样,有的很昂贵,有的很便宜,所以,可以如表 10.2 所示,把它们分成 ABC 三类(或根据情况的不同,分成两类或四类),分别进行管理。不言而喻,表 10.2 中的 A 类物品应尽可能从严控制,保持完整和精确的库存记录,给予最高的处理优先权等,而对于 C 类物品,则可以尽可能简单地控制。

ABC 分类法的操作十分简单,但实践证明,应用这种方法可取得显著效果。实际上这种方法在库存管理中应用得很普遍。但需要注意的一个问题是,在库存管理中,ABC 分类法一般是以库存价值为基础进行分类的,它并不能反映库存品种对利润的贡献度、紧迫性等情况,而在某些情况下,C 类库存缺货所造成的损失也可能是十分严重的。因此,在实际运用 ABC 分类法时,需具体、灵活地根据实际情况来操作。

表 10.2 ABC 分类法

	A	B	C
品种种类	约 20%	约 30%	约 50%
所占金额	约 80%	约 15%	约 5%

第三节 独立需求的库存管理

一、独立需求的特点

独立需求库存是指那些随机的、企业自身不能控制而是由市场所决定的需求产品的库存。很多企业都存在大量的这种库存。例如,批发和零售业的库存,医院的药品库存,制造业企业的成品库存和配件库存,制造业和非制造业企业用于维护、修理、办公的各种用品等,都属于独立需求库存。

独立需求的一大特点是具有很大的不确定性。来自任何一个个体顾客的需求通常都是随机的、时起时落的,但是需求总和的波动却远远小于个体需求的波动,如图10.5所示。这就要求对独立需求的预测和控制采取一些与相关需求不同的方法。

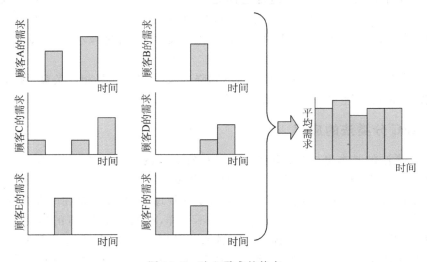

图 10.5 独立需求的特点

二、独立需求库存的控制机制

如上所述,独立需求不是企业本身所能控制的,所以不能像相关需求那样处理,只能采用"补充库存"的控制机制,将不确定的外部需求问题转化为对内部库存水平的动态监视与补充的问题,通过保持适当的库存水平来保证对外界随机需求的恰当服务水平。这种"补充库存"的控制模型可以形象地用图10.6加以描述。即可以将它想象为一个水池,右下端是用户使用的水管开关,左上端是自来水公司。右下端用户对水池中水的需求完全是随机的,要达到对用户的一定服务水平,便要维持一定的库存量,这就构成了两项任务:①监视库存状态——确定何时需要补充库存;②设置库存量——决定每次补充到多少,即确定订货批量。解决了这两个问题便可以达到库存管理的基本目标:以最小库存保证一定水平的服务,或者说在保持一定服务水平的条件下使库存水平更低。

从图10.6的模型可以看出,独立需求库存问题的解决取决于两个方面,即如何对

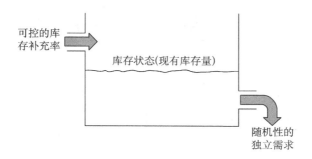

图 10.6　独立需求库存的控制模型

现有库存量进行监视和如何使补充库存活动达到优化。其中采用什么方式进行监测是设计库存控制系统首先应该明确的方面,在此基础上才可能对现有库存进行补充并使其达到优化。

三、经济订货批量(EOQ)模型

库存管理中的一个重要问题是确定每次补充库存所需的订货量。但是,要想选择一个最优订货批量并不是一件易事。寻找合理的订货批量的一个好的出发点是利用 EOQ 模型,这是一个可以使库存成本和订货成本的总和最小的订货批量。它基于下述假设。

(1) 对某产品的需求率恒定(例如,总是每天 10 个)。

(2) 产品以批量生产或采购,整批到货;批量的大小无限制(如卡车运输能力或搬运限制)。

(3) 存在两种有关的成本:一是库存成本,它可以用某一时期的单件库存成本乘以库存量来得到;二是每批订货成本或作业交换成本,它不随批量的大小而变化。订货成本是指准备订单所花费的时间、人力和物力等成本;作业交换成本是指为了完成不同的订单,在设备上更换工具等所带来的成本。假定产品的采购价格不受批量影响,即不考虑未来的批量折扣和价格提升。

(4) 各个产品的决策互相独立,例如,不考虑同时向一个供应商订购几种产品的可能优惠,不考虑同时生产几种产品可能带来的生产能力利用率的提高。

(5) 不存在需求、订货周期或供应的不确定性。需求稳定且已知,订货提前期(从订单发出至订货到达所花费时间)也是稳定且已知的(例如,总是 14 天)。最后,也不存在供应的不确定性,每次收到的量恰好等于订货量。这一假设排除了供应量短缺或生产现场产生废品的可能性。在完全确定的情况下,不会发生库存缺货,因为计划人员可以精确地决定为了避免缺货应该什么时候订货。

基于上述假设,现有库存量的变化情况将如图 10.7 所示。由于假设需求率是恒定的,库存水平呈直线下降状态。这样平均周转库存量就等于批量 Q 的 1/2。因此,每次订购 Q 个产品的总成本[①]为

---

① 为了方便,通常 EOQ 计算的是年库存总成本,但也可以用其他时间单位(如月),但必须注意,如果总成本是以月为单位,D 和 H 也必须相应地换成月的单位。

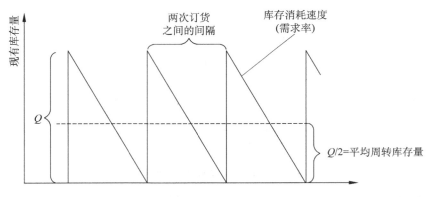

图 10.7 周转库存的变化

总成本 = 年库存成本 + 年订购成本(或作业交换成本)

即
$$C = \frac{Q}{2}(H) + \frac{D}{Q}(S) \tag{10.5}$$

其中,C——年总成本;
　　　D——需求量(个/年);
　　　H——单位产品的年库存成本(通常以其价值的百分比来计算);
　　　S——订货或作业交换成本(元/批);
　　　Q——批量(个)。

式(10.5)中的第一项,即年库存成本等于平均周转库存乘以单位产品的年库存成本,所以该成本随 Q 而直线增加;式(10.5)中的第二项,即年订购成本是每年订货的次数乘以每次订货的成本,而每年订货的次数等于年需求量除以 Q,所以这一项随 Q 的增加而减少[①]。这两项的值随 Q 的变化而变化的情况如图 10.8 所示。从该图可明显地看出,存在一个订货批量,使用该批量,可使总成本最小。这个批量就被称为经济订货批量(economic order quantity, EOQ)。

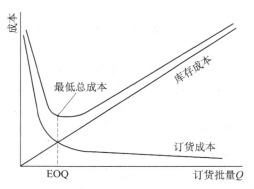

图 10.8 经济订货批量模型(EOQ)

---

① 年订购次数实际上是一个整数,但在计算中允许使用分数,因为所计算的是年平均量,因此非整数也是符合现实的。

从式(10.5)可推导出经济订货批量的公式。求该式的极小值,即对 Q 求导,令其导数为零,可得经济订货批量为

$$\text{EOQ} = \sqrt{\frac{2DS}{H}} \tag{10.6}$$

【应用事例10.1】

某博物馆两年前开了一个纪念品商店,销售纪念品、小礼品、小型装饰物等商品。商店的生意很好,年销售额迅速上升。但商店并不满足,想进一步考虑降低成本、增加利润的可能性。商店的采购经理开始关注库存管理方式。其销售情况不错的一个商品(B310),现在每周平均可销售 18 个,单价为 60 元/个。每次的订购费用为 45 元,单件年库存保管费用是单价的 25%。为了减少订货次数,现在每次的订货量是 390 个。试分析:

(1) 该商品现在的年库存总费用是多少?
(2) 经济订货批量(EOQ)是多少?
(3) 如采用 EOQ,每年的节约额是多少?节约幅度多大?

分析:

(1) 按照式(10.5),在现行批量=390 的情况下,总成本为 3 033 元。
(2) 根据式(10.6)的 EOQ 公式可知,经济订货批量大约为 75 个。
(3) 采用经济订货批量时的总成本为 1 124 元,比现行总成本节约 1 909 元,节约幅度高达 63%。

四、EOQ 模型的应用意义

EOQ 模型早在 1915 年就已被提出。从上述对 EOQ 模型所做的假设可知,EOQ 模型是一个十分理想的抽象模型,它对现实的库存系统做了相当的简化,在现实世界中,很少有这么简单、理想的情况。因为现实世界中需要考虑不同的订货批量来取得批量折扣,需要考虑不均衡的需求率以及不同产品之间的相互作用等。但是,EOQ 模型在库存管理中具有非常重要的作用,因为从这个模型中,可以得出一些十分重要的管理原则和思想。正因为如此,这个模型才这么多年以来一直被使用,并且从这个基本模型中又派生出适合各种不同情况的具体库存模型。从 EOQ 模型中,我们可以得出下面一些结论。

(1) 需求与平均库存之间的关系。如果需求增加了,平均周转库存的变化如何?从 EOQ 模型的公式中可知,因为 D 是分子,所以需求的增加会带来最优库存水平的增加,但是按照年需求量增加倍数的平方根的比例来增加,即库存的增加率小于需求增加率。这就是高重复性,例如更大众化的产品有助于降低成本的原因之一。换句话说,如果两种不同产品的需求(D_1 和 D_2)合成为 D(变成通用产品),则 D 的 EOQ 要小于 EOQ_1 与 EOQ_2 的和。

(2) 订货成本(或作业交换成本)与批量之间的关系。如果订货成本减少,批量的变化如何?从 EOQ 的公式中可知,由于订货成本 S 是分子,所以订货成本的降低会带来批

量的减小,从而周转库存也变小,这样可以更经济地小批量生产。这就是制造业企业必须格外注意减少作业交换时间的原因。如果作业交换成本变得微不足道了,则小批量生产的主要障碍就没有了。

(3) 变量估计误差对库存管理策略的影响。在现实情况中,对需求的预测不可避免地会有一定误差。对库存成本和订购成本的估计也可能有一定误差,这些误差对库存管理策略的制定会有多大影响呢?从 EOQ 的公式中可以看出,由于 EOQ 是 D、H 和 S 这三个量的平方根的函数,对这些误差不太敏感,而且一个变量的误差有可能抵消另一个变量的误差,从而使模型具有一定的强壮性。

五、数量折扣

随着企业订货数量的增大,供货商一般会降低单位产品的价格。如果买方的订货量大于供货厂商规定的折扣限量,买方自然会欣然接受优惠的折扣;但是当订货量小于这一限量时,买方是否还应该增加订货量以取得这一价格优惠是需要分析的。因为买方争取批量折扣时,一方面可以使库存的单位成本下降、订货费用减少、运输费用降低、缺货损失减小、抵御涨价的能力增强,但另一方面又使库存量增大、库存管理费用上升,流动资金的周转减慢,库存货物可能老化、变质。这种情况与 EOQ 假设中的"价格固定"的情况不同,需要有一种新的方法来寻找最优批量。

在这种情况下,我们必须意识到,现在全部成本必须包括物品本身的采购价格。设某一数量下的价格为 P_j,则全部成本为

$$C = \frac{Q}{2}(iP_j) + \frac{D}{Q}(S) + P_j D \tag{10.7}$$

单位产品在单位时间内的平均库存成本可以表示为单位采购价格的一个百分比 i,所以上式中 iP_j 即相当于式(10.5)中的 H,其他符号的含义与前面相同。

总成本的计算公式会形成 U 形的总成本曲线,如图 10.9 所示,它表示表 10.3 所示的具有数量价格折扣情况下的不同的库存总成本,其中每一条曲线表示一种价格水平。没有一条曲线能覆盖全部采购量。相对的或可行的总成本始于最上面一条曲线,然后在"价格分割点"(price break quantity)逐次下降。价格分割点是得到价格折扣的最小数量。在图 10.9 中,有两个价格分割点:$Q=100$ 和 $Q=200$。

表 10.3 某供应商的数量价格折扣

订购量	单价/元
0~99	4.00
100~199	3.50
≥200	3.00

从图 10.9 中还可以看出,每条曲线上的价格最低点(即 EOQ)并不总是可行的。例如,价格为 3.00 元的曲线表明,其最成本最低点在大约 $Q=175$ 处。但是,表 10.3 表明,在这个数量上,供应商的价格并不是 3.00 元,因此只能在如图 10.9 所示的实线范围内寻找最优批量。

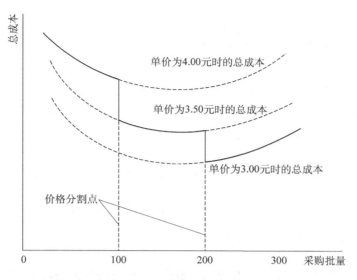

图 10.9 具有数量折扣的库存总成本曲线

寻找最优批量的三个步骤如下。

步骤 1：从最低价格开始，计算每一价格之下的 EOQ，每一 EOQ 都会比前一个小，因为 iP_j 变大了。一直计算到发现第一个可行的 EOQ，即该量处于相应的价格段内。

步骤 2：如果最低价格的 EOQ 可行，则以此为最优批量；否则进入下述步骤 3。

步骤 3：就每一价格水平计算总成本。如果 EOQ 可行，则使用 EOQ 来计算。否则的话，使用该价格的价格分割点的量。具有最低总成本的量则是最优批量。

【应用事例 10.2】

具有价格折扣情况下的最优订货批量

某医院经常购买一种外科手术消毒用品，供应商为了鼓励医院大批量购买，引入了如下的批量折扣政策：

购买批量/包	单价/元
0～99	50.00
≥100	45.00

该医院对该用品的年需求量为 1 800 包，订货成本为每次 16 元，库存持有成本是单价的 20%，为了使总成本最小，应以什么批量订货？

解：

步骤 1：从最低价格开始寻找可行的 EOQ。

$$\text{EOQ}_{45.00} = \sqrt{\frac{2DS}{iP_j}} = \sqrt{\frac{2 \times 1\,800 \times 16}{0.2 \times 45}} = 80(\text{包})$$

在 $Q=80$ 处，价格为 50 元，而不是 45 元，因此该 EOQ 不可行。接下来计算价格为

50 元的 EOQ：

$$\mathrm{EOQ}_{50.00} = \sqrt{\frac{2DS}{iP_j}} = \sqrt{\frac{2 \times 1\,800 \times 16}{0.20 \times 50}} = 76(包)$$

这个是可行的。

步骤 2：因为最低价格的 EOQ 是不可行的，因此进入步骤 3。

步骤 3：计算可行的 EOQ(76 包)以及大于 76 的价格分割点(100)的总成本。

因为

$$C = \frac{Q}{2}(iP_j) + \frac{D}{Q}(S) + P_j D$$

所以

$$C_{76} = \frac{76}{2}(0.20 \times 50) + \frac{1\,800}{76} \times 16 + 50 \times 1\,800 = 90\,759(元)$$

$$C_{100} = \frac{100}{2}(0.20 \times 45) + \frac{1\,800}{100} \times 16 + 45 \times 1\,800 = 81\,738(元)$$

由此可见，最优批量是 100，利用了最大的价格折扣。

第四节　几种不同的独立需求库存控制系统

在现实的库存管理中，对独立需求库存的监控基本可分为两大类：一类是定量控制系统，简称 Q 系统，通过连续观察库存数量是否达到再订货点来实现；另一类是定期控制系统，简称 P 系统，通过周期性地检查库存水平来实现对库存的补充。此外，还有其他一些混合系统。

一、定量控制系统(Q 系统)

(一) 定量控制系统的基本描述

定量控制系统的工作原理是：连续不断地监测库存水平的变化，当库存水平降到再订货点(reorder point)R 时，就按照预先确定好的量 Q 进行订货，经过一段时间(订货提前期 L)，新订货到达，库存得到补充(见图 10.10)。定量控制系统有时又被称为再订货点系统(reorder point system)，或固定订货量系统，或 Q 系统。

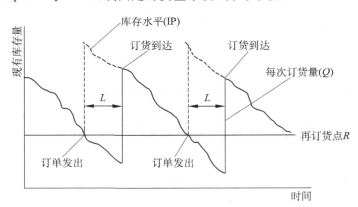

图 10.10　定量控制系统(Q 系统)

在实际运用中,所谓连续观测并不是分分秒秒都在观测,而通常是以某一个频率,例如每天。这种控制系统很容易用计算机来做,每次观测之后,根据当时的库存水平(inventory position,IP)决定是否需要订货。IP 是衡量某库存产品能否满足未来需求的一个指标,取决于预计到货量(scheduled receipts,SR)和现有库存量(on-hand inventory,OH)。也就是说

$$IP = OH + SR - BO \tag{10.8}$$

其中,IP——库存水平;

OH——现有库存量;

SR——预计到货量(订单已发出,尚未到货的量);

BO——延迟交货量或已分配库存量(已确定要交货,尚未实施的量)。

延迟交货量是指确定了要交货,但因库存缺货(等待预计到货量)尚未交货的量。这种量只有在顾客同意等待,而不是取消订单的情况下才会存在。已分配库存量是指其用途已指定的现有库存量,例如,某零件的现有库存量可能已经指定要用于某订单的装配,虽然它现在仍然放在库里,未被运走。

图 10.10 表示了该系统是如何运行的。向下的斜线表示现有库存量,它以相对稳定的速度被消耗,当到达再订货点时(即横线),发出一个新订单。订单发出之后,现有库存量继续被消耗,直至新订购的货物到达(该期间即为订货提前期)。在新订货到达点,现有库存量直线增加 Q 个单位。

库存水平 IP 也表示在图中,除了在订货提前期 L 以内,它与现有库存量是相同的,而在订货提前期的起点(即订单发出的时刻),它就马上增加 Q 个单位(预计到货量),所以在订货提前期 L 内,IP 大于现有库存量。从这里可以得出要注意的一个重要问题,即决定是否该再订货时,应该看 IP,而不是 OH。一个常见的错误就是忽略预计到货量或延迟交货量,从而引起库存系统的不正常变化。

(二) 定量控制系统的两个主要控制参数:每次订货量 Q 和再订货点 R

定量控制系统的两个主要控制参数是每次订货量 Q 和再订货点 R。首先来看每次订货量 Q。Q 通常可以采用 EOQ,但也可能是价格分割点,即能够得到价格折扣的最小量,也可能是容器的容量(如集装箱的大小、卡车装载量的大小),或管理者选择的其他量。

再来考虑再订货点 R。回忆 EOQ 的一个假设:不存在需求、订货提前期或供应的不确定性。例如,对【应用事例 10.1】所述的博物馆纪念品商店的商品 B310,假定对该商品的需求是每周 18 个,订货提前期总是两周,供应者总是能按时按量地准确交货。在这种理想情况下,商店可以等库存降到 36 个(18 个/周 × 2 周)时再订货,这样再订货点等于订货提前期内的需求,不需要安全库存,新订货在库存降到零的那一刻到达。

而在现实世界中,情况并不是完全可预测的,需求是一个随机变量。最好的情况下,商店也顶多知道每周的"平均"需求是 18 个。这意味着该商品在订货提前期内的销售数量是一个变数。假定商店将再订货点 R 定为 46,从而提前订货,这就意味着设定了一个数量为 10 的安全库存量,以应对需求的不确定性。

因此,一般来说,再订货点为

$$R = \overline{D}_L + B \tag{10.9}$$

其中，$\overline{D}_L$——订货提前期内的平均需求；

B——安全库存量。

由于 $\overline{D}_L$ 在很大程度上取决于顾客，所以决定 R 时主要考虑的是安全库存水平 B。

（三）安全库存的确定

安全库存 B 的大小取决于对顾客服务水平和库存持有成本二者之间的折中。可以使用成本最小化模型来寻找最优的 B，但这需要估计缺货或延迟交货的成本，这实际上不是一件容易的事。因此管理者通常的做法是，基于判断，选择一个合理的顾客服务水平，然后决定能够满足这一顾客服务水平的安全库存量。

顾客服务水平可以用多种方法来表示，例如，在一定周期内不缺货的概率，通常称为"周期服务水平"（cycle-service level）；年需求总量中可实现按时交货的百分比（可以产品个数、订单数或金额为单位），通常称为"交货率"（fill rate）；每年可允许的缺货数量；或一年中某产品库存不缺货的天数等。以下用周期服务水平来确定安全库存量。

定量控制系统所用的一个典型假设是，一定期间 L 内的实际需求 D_L 服从正态分布，如图 10.11 示，管理者首先必须估计该分布的平均值和标准偏差，这可以根据历史数据或基于判断。

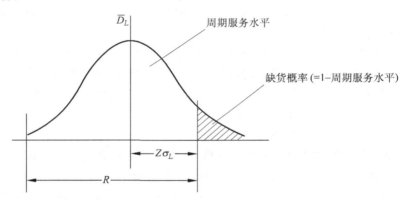

图 10.11 需求 D_L 的正态分布概率

然后计算安全库存：

$$B = Z\sigma_L \tag{10.10}$$

其中：Z——为了满足周期服务水平，从均值开始所需的标准偏差的倍数。Z 是一个常数，其含义是保证预先设定的周期服务水平，可从附录 A 的标准正态分布函数表查出。例如，如果希望周期服务水平为 95%，从该表可知，所对应的 Z 值为 1.64。

σ_L——正态分布 D_L 的标准偏差。

Z 的值越高，B 和周期服务水平也就越高。如果 Z 等于零，则没有安全库存，缺货在一个周期内发生的概率将达 50%。从这里可以看出预测的重要性：对需求和订货提前期的预测做得越好，σ_L 和 B 的值则有可能越小。较低的安全库存水平可以说是对精确预测的回报。

【应用事例 10.3】

确定正态分布下的安全库存 B 和再订货点 R

仍回到博物馆纪念品商店的例子,假定在订货提前期内商品 B310 的需求服从均值为 36,$\sigma_L=15$ 的正态分布,为了达到 90% 的周期服务水平,安全库存量应为多少?再订货点 R 为多少?

解:第一步是决定 Z。查附录 A 的标准正态分布函数表,可得 Z 为 1.28。应用该信息,可得

$$B = z\sigma_L = 1.28 \times 15 = 19.2 (\approx 19)$$

$$R = \overline{D_L} + B = 36 + 19 = 55$$

选择 R 需要知道需求在订货提前期内的标准偏差(σ_L),但这一数值不太容易直接从历史数据中得到。需求数据通常可能按日、周或月来收集,而不是恰好按订货提前期的间隔来收集。例如,假定只有日需求数据,日需求的标准偏差可以计算,但订货提前期可能需要几天。如果日需求的概率分布是独立(即某一天的需求不影响另外一天)相同分布,则以下的变换是可能的:

$$\sigma_L = \sigma_t \sqrt{L} \tag{10.11}$$

其中,σ_t——在时间间隔 t 内的需求的标准偏差,已知;

L——订货提前期,可表示为 t 的倍数(或分数)。

运用该公式,则可以向前述那样求得 B。

【应用事例 10.4】

从 σ_t 到 σ_L 的转换

在博物馆纪念品商店的例子中,过去的历史数据表明,商品 B310 周需求的标准偏差是 50,但是订货提前期是 4 周,那么订货提前期内的标准偏差是多少?

解:

因为 $t=1, L=4$

所以 $\sigma_L = \sigma_t \sqrt{L} = 50\sqrt{4} = 100$

在现实的库存管理工作中,还可以使用其他概率分布进行分析。例如,当数据不全或主观判断是估计的主要来源时,管理者可能更喜欢用离散分布。一个离散分布列出订货提前期内每一可能的需求及其发生的概率。为简化起见,通常假定只有所列的需求(而不是其中间值)有可能发生。将 R 设定为这样的值,即需求小于等于该水平的概率等于周期服务水平。这样,为了确定安全库存量 B,只需从 R 中减去 $\overline{D_L}$。

【应用事例 10.5】

确定离散分布下的安全库存 B 和再订货点 R

根据过去的数据和判断,博物馆纪念品商店估计其商品 B310 在订货提前期内的需求 D_L 具有如下的离散分布:

D_L/个	概率
10	0.10
20	0.15
30	0.20
40	0.25
50	0.20
60	0.10
	1.00

如果订货提前期是 2 周,平均每周的需求量仍是 18 个,该商店仍然选择 90% 的周期服务水平,则只有当 $D_L=60$ 时,才有可能缺货,缺货发生的概率是 10%。问:再订货点应该是多少?安全库存是多少?

解:再订货点 R 应该是 50。该量在订货提前期内可避免缺货的概率是 $0.90(0.10+0.15+0.20+0.25+0.20)$。

在订货提前期内需求分布的平均值 $\overline{D_L}$ 可计算如下:

$$\overline{D_L} = 10(0.10) + 20(0.15) + \cdots + 60(0.10) = 36(个)$$

这样可计算安全库存量 B 如下:

$$B = R - \overline{D_L} = 50 - 36 = 14(个)$$

【应用事例 10.5】中算出的 R 和 B 与【应用事例 10.3】之所以不同,是因为使用了不同的概率分布。在正态分布下所设定的 $R=55$,在离散分布下是没有意义的,因为已经假定的离散分布中不存在这样的值。总而言之,无论采用哪一种方法,在实施再订货点系统之前都必须知道 R。知道 B 也是一个重要的信息,以便管理者可以知道安全库存花费了多少钱。在正态分布下,首先计算 B,然后导出 R,而在离散分布下,则正好相反。

二、定期控制系统(P 系统)

(一)定期控制系统的基本描述

另一种常用的库存控制系统是定期控制系统。这种系统的工作原理是,按照预先规定的间隔 P 定期检查库存,并随即提出订货,将库存补充到目标库存量 T。在这种系统中,库存水平被周期性地而不是连续性地观测,每两次观测之间的时间间隔是固定的。但是,由于需求是一个随机变量,所以两次观测之间的需求量是变化的,从而每次的订货量也是变化的(见图 10.12)。这是定量控制系统与定期控制系统的最主要区别,在定量控制系统中,每次订货量 Q 是固定的,而两次订货之间的间隔是变化的。定期控制系统的一个例子是软饮料供应商,它每周循环向食品店供货。店铺的库存水平每周都会被观测并将库存补充到一定的水平。

图 10.12 说明定期控制系统是如何运行的。向下的斜线表示现有库存量,每隔预先决定好的时间间隔 P,就发出一个新的订单,使库存水平提高到目标库存量 T。在第一个观测点的订货量是 Q_1,等于 IP_1 和 T 之间的差。与定量控制系统相同,IP 和现有库存量只在订货提前期内不同,当预订的货物到达时,二者变得相同。从图 10.12 可以看出,由

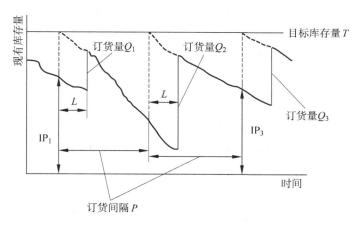

图 10.12 定期控制系统（P 系统）

于在每次的订货点所观测到的库存水平不同，为了达到同样的目标库存量 T，每次的订货批量就不同。

（二）定期控制系统的两个主要控制参数：观测间隔 P 和目标库存量 T

从以上的分析中可以看出，定期控制系统的两个主要控制参数是观测间隔 P 和目标库存量 T。我们首先看 P。它可以是任何方便的间隔，例如每周五，或每隔周五。另一种确定 P 的方法是利用上节给出的经济订货批量（EOQ）来计算经济订货间隔（EOI），即用 EOQ 除以单位时间的需求来求得。

现在考虑如何选择目标库存水平 T。仔细观察图 10.12 可以发现，在定期控制系统中，每隔时间 P，库存水平才有可能改变，如果再考虑到订货提前期 L 的话，这就意味着，目标库存量的设定必须使 $P+L$ 间隔内的库存量非负。从这里又可以看出 Q 系统与 P 系统之间的一个根本性区别：一个 Q 系统只需在订货提前期 L 之内保证不缺货即可，而一个 P 系统需要在整个 $P+L$ 间隔内保证不缺货。

因此，T 必须至少等于 $P+L$ 间隔内的期望需求，这还没有考虑任何安全库存。如果再把安全库存 B 考虑进去，则 T 的大小应该能够应付 $P+L$ 间隔内的需求的不确定性。这样，T 可以用下式来表示：

$$T = \overline{D}_{P+L} + B = \overline{D}_{P+L} + Z\sigma_{P+L} \tag{10.12}$$

其中，$\overline{D}_{P+L}$——$P+L$ 间隔内的平均需求；

σ_{P+L}——$P+L$ 间隔内需求的标准偏差；

Z——为了满足周期服务水平所需的标准偏差的倍数（与 Q 系统相同）。

因为 P 系统所需的安全库存变量的时间段比 Q 系统长，因此 P 系统需要更多的安全库存（即 σ_{L+P} 大于 σ_L），这样 P 系统的整体库存水平要高于 Q 系统。

【应用事例 10.6】

计算订货间隔 P 与目标库存量 T

某产品的需求服从正态分布，其均值为每周 40 个，周需求的标准偏差是 15 个。订货提前期为3周。一年的工作周是52周。在使用 P 系统的情况下,如果 EOQ=400 个,观测间隔 P 应为多长?如果顾客服务水平为 80%,T 应为多大?

解:首先求解年需求 D 和观测间隔 P:

$$D = (40 \text{ 个}/\text{周}) \times 52 \text{ 周} = 2\,080 (\text{个}/\text{年})$$

观测间隔使用经济订货间隔,则有

$$D = \frac{\text{EOQ}}{D}(52) = \frac{400 \text{ 个}}{2\,080 \text{ 个}} \times 52 \text{ 周} = 10 (\text{周})$$

因此,每隔10周需要观测一次库存水平。现在让我们来找出 $P+L (=13)$ 间隔内的标准偏差。由于周需求的标准偏差 σ 为15,所以有

$$\sigma_{P+L} = \sigma \sqrt{P+L} = 15 \sqrt{13} = 54 (\text{个})$$

在计算 T 之前,还需要知道 Z 的值。从附录A的标准正态分布函数表中,可以找到顾客服务水平为80%的 Z 值为0.84,因此

$$T = \overline{D}_{P+L} + Z\sigma_{P+L}$$
$$= (40 \text{ 个}/\text{周}) \times (13 \text{ 周}) + 0.84 \times 54 = 565 (\text{个})$$

即,每次的订货数量应该使库存水平达到565个。

三、Q 系统与 P 系统的比较

无论是 Q 系统还是 P 系统,都不可能是全部情况下的最佳解决方案。表10.4列举了 P 系统的三种主要优势,但是这三种优势与 Q 系统的三种优势正好相反,每一种系统的优势恰是另一种系统的劣势。

表10.4 Q 系统与 P 系统的比较

P 系统的优势	Q 系统的优势
• 固定补充间隔	• 补充间隔是变化的
• 可以将若干订货组合起来给一个供应商	• 更适合有订购批量折扣或能力限制的情况
• 没必要连续观测	• 安全库存较少

(一)P 系统的优势

P 系统的第一个优势是以固定的时间间隔进行补充订货。这给管理带来了很大方便,尤其是在库存控制是某一员工若干职责之一的情况下,有些员工更愿意以一种有规律的时间间隔来集中精力于该项工作上。固定时间间隔对于运输管理也很有好处,运输管理部门可以以日、周或月等有规律的时间间隔来安排取货或送货,从而使不同运输地点之间的运输路径标准化。

P 系统的第二个优势是可以将多个订单组合起来。类似产品如果都来自同一个供应商,又在同一时间订货,就可以将其组成一个订单。这种方法有可能产生协同效应,从而带来价格上的优惠。即使没有价格上的好处,订单组合至少可以节省采购人员的工作量,从而降低订货成本,这种方法还使得后续的开放订货变得容易。当采购人员要求供应商确认某一产品的订单处理情况时,也可同时要求确认同一组合订单中其他产品的情况。从供应商的角度来说,供应商也可能更喜欢组合订单,例如,组合订单中的所有产品

有可能同时发运,从而减少运输成本,增加车辆的利用率。

P 系统的第三个优势是,只在观测时刻知道库存水平 IP 即可。在 Q 系统中,必须随时知道库存水平,以便判断是否到了再订货点,为此需要频繁地更新库存记录,而 P 系统则没有这种必要,这对于中小企业以及手工控制库存的企业来说非常合适。但是,当一个库存系统被计算机化,每一项进货出货的记录都十分迅速和方便时,P 系统的这一优势就不再存在。

(二)Q 系统的优势

Q 系统的第一个优势是可以使每一产品的观测频率个性化,这样有可能节省订货成本和库存持有成本。

Q 系统的第二个优势是,固定批量在有些情况下是理想的,或者必需的,例如,在有批量折扣的情况下。有时物理性的限制也要求固定批量,例如,卡车装载的限制、搬运方式的限制以及容器的限制等。

Q 系统的第三个优势是可以持有较少的安全库存。Q 系统的安全库存只需能够对应订购提前期 L 内的需求不确定性即可,而 P 系统的安全库存需要对应 $P+L$ 内的不确定性。

总而言之,选择 Q 系统还是 P 系统,其优势并不是绝对的,哪一个更有利取决于这些优势中的哪一个对于企业来说更重要,在进行决策时必须仔细权衡这些不同特点及其相互的折中作用。更进一步,还可以考虑结合使用两种系统。

四、混合控制系统

在独立需求库存管理中,除以上介绍的两种基本控制系统以外,还有各种各样的混合系统可以利用,这些混合系统包括 P 系统和 Q 系统的一部分特征。以下我们讨论三种混合系统:随机补充系统、基本库存系统和目视系统。

(一)随机补充系统

随机补充系统又称随机观测系统,或 (s,S) 系统。它与 P 系统有些类似。随机补充系统以固定的时间间隔观测库存水平,如果库存水平降到了一个预定的最低水平 s,就以一个可变数量补充订货,以满足预计的需求。新的订货量应足够大,以使库存水平达到一个目标库存量 S,类似于 P 系统中的 T。但是,订货并不是在观测之后立刻进行,除非库存水平已经降到了预定的最低水平 s。该最低水平即相当于 Q 系统中的再订货点 R。其结果可以保证以一个最合理的量来订货。随机补充系统可以避免连续观测,因此,当观测成本和订货成本相当可观时,这种系统就很有吸引力。

(二)基本库存系统

这种系统的基本特点是:在每次出货之后都要重新订货,订货量等于出货量。这种一一对应的补充订货方式可以使库存水平保持在一个"基本库存"的水平,该基本库存的水平等于订货提前期内的平均需求再加上安全库存量。因此,基本库存水平相当于 Q 系统中的再订货点 R。但是,与 Q 系统不同的是,基本库存系统的每次订货量是不同的。因为这是维持一定顾客服务水平所需的最低库存水平(IP)。基本库存系统可看作一种使周转库存最小化的方法。如果订货次数很多,而每一订单批量都较少,但价值又较高

(例如,喷气式飞机的发动机),这种系统就比较适用。在实际应用中,基本库存系统还经常用下面两种方法加以修正。一种是将需要订货的订单加以累积,以便以固定的时间间隔发订单,这类似于 P 系统。例如,一个配送中心可能每周从制造商收到一次货,可使其收货量等于自上次收货以来一周内的出货量。另一种是将订单累积到一个固定的批量,这类似于 Q 系统。

(三) 目视系统

这种系统适于低价值、需求较稳定的物品,如螺钉螺母。在这种方式下,库存量有可能较大,但是由于物品价格较低,因此库存持有成本并不见得很高。这种系统的两种基本做法是单箱系统和双箱系统。

在单箱系统中,最大库存量被标在容器箱或一个度量尺上,库存水平被周期性地补充到该尺度(例如,每周)。一个例子是加油站的汽油储藏罐,另一个例子是制造厂的小零件。这种方法在本质上是一个 P 系统,其目标库存水平和现有库存水平都是可通过"目视"知道的。

在双箱系统中,某物品的库存放置在两个不同的位置,第一箱放在首先被取用的地方,如果该箱空了,则第二箱开始供应,直至新的订货到达。第一箱空了则意味着要重新订货。订单的表格可放在物品箱的附近,以便员工可将其送到采购部门甚至直接送给供应商。当新订货到达以后,第二箱则被补充到它原先的水平,其余的放到第一箱。双箱系统实际上是一个 Q 系统,第二箱的库存量则相当于再订货点 R。这一系统也可通过在箱上刻上再订货点来只用一个箱实施。有时候再订货点甚至可以由供应商融合进产品中。例如,使用日历、在日历中插入有关通知,以提醒买方在新的一年中的重新订货日期。

第五节 单期库存控制问题

以上所讨论的独立需求库存问题的共同特征是:需求周而复始地发生,因此库存管理者需要通过多次补充库存来满足需求。这种库存系统可统称为"多期库存系统"。现实中还有一类独立需求库存控制问题,其基本特征是对库存产品的需求集中于一段很短的时间,只能在需求到来之前通过一次性的订购来满足需求。这类库存问题被称为单期库存控制问题。

一、单期库存产品的基本特征

单期库存产品的一个典型例子是报纸。一位卖报人每天下午去报站批发当天的晚报,设批发价格为 0.4 元。每天傍晚,卖报人以每份报纸 1 元的价格去零售。但是,对晚报的需求只发生在当天傍晚,如果他所批发的报纸数量过多,在当晚没全部卖掉,第二天就会一文不值。反过来,如果批发的报纸数量过少,满足不了当晚的需求,每缺一份报纸,就会失去 0.6 元的收益。卖报人到底应该批发多少份报纸,才能取得最大收益? 这就是一个典型的单期库存控制问题,因此,人们也把这种单期库存控制问题称为"报童问题"(newsboy problem)。

单期库存产品并不仅限于报纸,大量具有季节性、时尚性的产品都可以说是单期库存产品,例如,圣诞树、月饼、情人节的巧克力以及时装,乃至一些生命周期较短的高科技电子产品。这些产品的基本特征是:需求的不确定性较大,通常集中在一段较短的时间,生产商或销售商必须在需求到来之前决定生产或订购多少库存,需求发生后将来不及再次生产或订购产品。

单期库存产品的另一个主要特征是:需求期内边际利润较高,但过期后迅速贬值,远远低于当初的订购或生产成本,如上述报纸的例子。时装、高科技电子产品也是一样。因此,对这种库存的决策要权衡销售期内库存不足带来的高额收益损失与产品过期后库存剩余带来的贬值损失。

二、单期库存问题的基本模型

在单期问题中,由于是在需求不确定性的情况下做决策,无论订货量多大,都有可能面临订货量过多或过少两种情况,从而产生"库存过量损失"或"库存缺货损失"。前者意味着销售期过后低价处理或报废剩余库存带来的贬值损失,后者意味着销售期内高额边际利润的机会损失。确定单期库存最优订货量实际上是要权衡过量损失和缺货损失,在两种情况中找到平衡点,以使期望利润最大。

设库存量大于需求时带来的单位过量损失为 v,库存量小于需求时带来的单位缺货损失为 s。如上所述,s 也意味着售出单位产品所带来的边际利润。再设某产品的需求 D 为随机变量,分布函数为 $F(\cdot)$,则订购第 Q 个产品的期望过量损失=单位过量损失×第 Q 个产品卖不出去的概率=$vF(Q)$,而订购第 Q 个产品的期望缺货损失=单位缺货损失×第 Q 个需求得不到满足的概率=$s[1-F(Q)]$。当 $Q=1$ 时,期望过量损失几乎为零,期望缺货损失,即期望边际利润很大。随着订货数量的增加,卖不出去的概率逐渐增大,期望过量损失开始变大,而期望边际利润开始变小。但是,只要期望边际利润大于期望过量损失,就有利可图,就应该继续订购,直至订购到这样一个量:订购的最后一件产品所能获得的期望边际利润等于这件产品的期望过量损失,如果再多订购一件,则期望边际利润就会小于期望过量损失,就不划算了。也就是说,最优订货量 Q^* 应该满足

$$vF(Q^*) = s[1-F(Q^*)]$$

通过等式变换,得到

$$F(Q^*) = \frac{s}{v+s} \tag{10.13}$$

这就是单期库存模型的基本形式,也被称为报童模型。从式(10.13)可以看出,最优订货量与需求分布有关,因此,还需要预先知道具体的需求分布。

【应用事例 10.7】

夏季来临之前某时装店要预订一批 T 恤衫,进货成本为每件 100 元,在销售旺季,可按每件 280 元售出;但过季后如果还有存货,则只能按每件 50 元折价处理。预测需求服从均值为 800、标准差为 260 的正态分布。最优订货量应是多少?

按照以上条件分析,需求旺季时如库存不足,带来的单位缺货损失,即边际利润损失 $s=280-100=180$(元);而过季后如库存剩余,折价处理带来的单位过量损失 $v=100-50=$

50(元)。所以有

$$F(Q^*) = \frac{180}{50+180} = 0.78$$

上式意味着,当订货量以78%的概率满足需求时,期望利润最大。在正态分布下

$$Q^* = \mu + Z\sigma$$

其中,μ 和 σ 分别表示上述正态需求分布的均值和标准差。Z 的取值应该使标准正态分布下 $-\infty$ 到 Z 的面积等于 0.78。查附录 A 可得,$Z=0.77$,所以,最优订货量

$$Q^* = 800 + 0.77 \times 260 = 1\,000 \text{(件)}$$

三、单期库存模型的其他应用

在服务运作计划中,也可以考虑单期库存模型的类似应用。例如,度假酒店往往在周末满员,但平日有部分房间空闲。这种情况下,酒店可以考虑在平日用折扣价吸引更多顾客。但是需要权衡的问题是,预留多少房间允许打折预订?因为如果预留量过多,有可能失去一部分可用全价预订的机会,这部分顾客往往是最后一刻才到达的;而如果预留量过少,则有可能面临当天房间空闲的风险。诸如机票、汽车租赁等,也面临类似问题。这些决策问题与单期库存问题都很类似,也可以用单期库存模型来分析。

【应用事例 10.8】

一个位于城郊风景区的度假村有 85 套标准客房,标准房价为 380 元/日。在整个夏季,客房通常在周末会客满,甚至有一部分顾客的要求无法得到满足,但在非周末(周日至周四)往往有部分空闲。下表给出了非周末客房占用情况的历史数据。

非周末客房占用数量/套	概 率
45	0.25
55	0.35
65	0.25
75	0.15

某退休人员俱乐部来洽谈订房事宜,声称如果房价降到 180 元/日,他们可以在整个夏季的非周末预订全部房间。

问题:度假村是否应该把房间全部预订给该协会?如只答应部分房间,应该将多少套房间预订给他们?

分析:度假村如果不考虑退休人员俱乐部的要求,把全部房间都作为高价房保留,所面临的风险是届时有部分房间预订不出去,则这些房间当日的收入为零,损失了可能的每套 180 元的收入;但反过来,如果将房间全部用折扣价预订出去,有可能失去临时到达的顾客,例如,愿意支付高价的商务客,这样本来有可能得到 380 元的收入,结果只得到了 180 元,这部分房间的当日收入损失是每套 380−180=200(元)。

从以上分析可以看出,度假村的问题实际上与单期库存问题很类似,同样要权衡两种损失:一是高价房保留"不足"带来的收入损失;二是高价房保留"过量"导致的收入损失。可见,合理的策略是只保留一定数量的高价房。利用单期库存模型,可以找到使收

入最大化的合理保留数量。

设高价房需求小于等于 Q 的概率为 $P(Q)$，根据以上分析，可运用单期库存模型的公式直接得出：

$$P(Q^*) = \frac{200}{180+200} = 0.53$$

上式意味着，高价房保留数量能以 53% 的概率满足需求时，期望收入最大。从上表可知，应保留 55 套房间作为高价房，其余则折价预订给退休人员俱乐部。

思 考 题

1. 你认为"库存是万恶之源"这种说法有道理吗？为什么？

2. "由于服务业企业的生产与运作活动不包括直接的物质生产，所以它不存在库存管理问题。"你是否同意这种观点？为什么？

3. 将最终产品作为库存的标准品可以提供最短的顾客响应时间，但相应带来的成本是什么？

4. 安全库存的目的是满足在特殊情况下的需求（如订单外突然增加的需求、机器故障不能生产等情况下的需求等）。那么周转库存的目的是什么？

5. 哪些措施可以减少从供应商处购买原材料的订货成本和储存成本？

6. "空间距离较近的供应商数量的增多可以提高公司的库存周转率。"这种观点是否有道理？为什么？对于安全库存和在途库存会有什么影响？

7. "通过选择不同的库存放置位置有可能带来库存成本的降低。"你认为这种说法有道理吗？能否举例说明？

8. 除了本章所列举的那些以外，你认为 EOQ 模型还有什么其他应用意义？举例说明。

9. 试用 EOQ 模型说明高重复性产品（更大众化的产品）有助于降低成本的原因。

10. 在你所熟悉和了解的行业、企业以及日常生活中，哪些企业或产品使用定量控制库存系统或定期控制库存系统？试举几个例子。

11. 在【应用事例 10.3】中，如果把顾客服务水平从 90% 提高到 95%，安全库存的增加幅度有多大？用这个例子讨论提高顾客服务水平与降低库存成本之间的矛盾关系。

12. "机票超售"是航空公司普遍采用的一个策略。试用单期库存模型制定一个最优超售量策略。

第十一章 供应链管理

一个企业发现,虽然花费了大量的投资用于生产线改造,将内部生产周期从原来的6天缩短到了2天,但由于零部件采购周期平均仍然长达3周,因此顾客服务水平并未得到明显的改进;另一个企业发现,虽然经过多年的努力,其产品的总制造成本不断地下降,但由于其后的流通批发环节较多,产品到最终消费者市场上时仍然价格很高……20世纪90年代以来,越来越多的企业意识到了这样的问题,开始思索解决的办法,这就是供应链管理思想和方法产生的主要背景。本章首先介绍供应链管理的概念及其产生背景,然后讨论与企业生产运作战略相匹配的两种供应链管理基本策略,最后详细介绍原材料零部件供应环节的采购管理策略和产品分销配送环节的配送管理策略。

第一节 供应链管理的基本思想

一、供应链管理的基本概念

"供应链"(supply chain)由原材料零部件供应商、生产商、批发商、零售商、运输商等一系列企业组成。原材料零部件依次通过"链"中的每个企业,逐步变成产品,产品再通过一系列流通配送环节,最后交到最终用户手中,这一系列活动就构成了一个完整供应链的全部活动(见图11.1)。在传统的企业管理中,一条"链"上的各个企业互相只把对方视为"买卖关系""交易对手",各自只关注自己企业内部的运作和管理,而供应链管理的目的,则是把整条"链"看作一个集成组织,通过"链"上各个企业之间的合作和分工,致力于整个"链"上物流、信息流和资金流的合理化和优化,从而提高整条"链"的竞争能力。这是一种跨企业集成管理的新型思想。

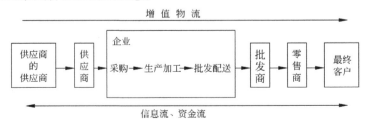

图 11.1 供应链的基本概念

实际上,无论企业是否有"供应链管理"的意识,供应链本身是一种客观存在,只不过是以前"链"上的各个企业没有一种通过"链"上各个企业的合作而增强整个"链"的竞争力的意识,从而这条"链"处于一种"断裂"的状态,导致链上各个企业之间的交易成本居高不下,更有甚者,还有可能导致整个链上各个企业在企业内部管理上所取得的绩效相互抵消。通过实施供应链管理,可以使这条断裂的"链"有机地连接起来,使"链"上的各个企业都受益。

二、供应链管理思想的产生背景

供应链管理已经成为企业管理中的一个新热点,其产生原因主要有以下几个方面,从中也可以看出供应链管理对企业的重要意义。

(1) 到目前为止,企业为降低成本、提高竞争力,在企业内部管理上下了很大功夫,引入了 TQC、MRP Ⅱ、ERP,精益生产等多种科学管理方法,因此,对于很多内部管理比较规范的发达国家的大企业来说,似乎在企业内部进一步大幅度降低成本的潜力已经不是很大。而在供应链的两头,即零部件供应管理和完成品的流通配送环节,尚有很大的节约成本的潜力,需要加以关注和研究。

(2) 由于当今市场竞争日益激烈,缩短产品的开发周期、生产周期、上市周期就成为提高竞争力的一个重要方面,而全部生产周期、上市周期的缩短取决于从产品开发周期、采购供应周期、加工制造周期直至流通配送周期全过程的缩短,这就有必要关注整个供应链上物流和信息流的快速流动。

(3) 当今世界各国企业越来越专注于自己的"核心能力"(core competence),通过突出自己独特的核心能力来加强竞争力,而把非核心业务外包(outsourcing)给其他企业,这意味着整个供应链变长,意味着更加需要"链"上各个企业加强合作,从而更突出了加强供应链管理的必要性。

(4) 当今很多企业已经感到,单靠一个企业的努力在日益激烈的市场竞争中难以取胜,有必要多个企业结成"联盟",共同与其他"联盟"竞争。而联盟的"盟友",首先是与本企业事业内容相关的上下游企业,即供应链上的其他成员。集成供应链正是这样的一种企业联盟。

正是由于这些原因,企业开始探讨如何致力于跨企业的供应链管理,从而使供应链管理的思想理论和方法获得了急速发展。

三、供应链管理的主要对象——三种"流"

如图 11.1 所示,一条供应链中存在三种"流":物流、信息流和资金流。供应链管理的主要对象,就是这三种"流"。

(一) 物流

毫无疑问,物料沿供应链的流动是最主要的流。物料沿着供应链从最初的供应商流动到不同的生产商、装配商,完成整个制造过程,又从生产商流到一层层批发商、零售商,到达顾客手中,最终实现其价值。供应链管理,首先关注的是这种物料流动:怎样使其在必要的时候,流动到必要的地点,怎样使这种流动所需的成本更低,怎样使流动过程中可能出现的偏差更小,一旦出现偏差怎样尽快地加以纠正,等等。

(二)信息流

不言而喻,对供应链中物流的控制必须依赖及时、可靠的相关信息。因此,物流与信息流这二者是相互作用、互不可分的。但是,与物料从最初供应商流动到最终消费者不同,市场信息主要是沿相反方向流动的。为了确定什么时候使何种物料流到下一环节,其驱动信息来自下一环节。从这个意义上说,实际上信息可以代替物料,因为包含真正需求情况的信息可以避免库存,这也正是供应链管理的重要意义所在,正如一句口号所说:"用信息取代很费钱的库存"。例如,现在很多公司利用计算机信息网络设置了与零部件企业共享的关于生产计划和生产实绩的数据库,供应商可以不用等待买方的订货通知而自己随时扫描数据库提供的信息,由此判断什么时候需要送什么样的零部件,保证按时送货。由于从该数据库可以了解买方以后的生产计划,零部件供应商能够在此基础上制订自己的生产计划。这种信息的共享使买方的工厂和零部件供应商如同一个公司似的运行,二者的库存费用和管理费用都大为降低。但是,市场信息只是一种信息,从总体上说,还需要技术、经营组织、库存或人员等其他方面的信息。在物料从供应链的上游到下游的流动过程中,用户需求、产品规格、链中各个环节的生产能力、绩效、所遇到的困难和出现的偏差等信息,均应沿反向反馈到供应链的上游环节。

此外,还应考虑信息的双向流动问题。供应链上的每一企业不仅需要知道其下游客户的需求,还需要知道其上游供应商的供应能力。因此,供应链上的企业需要共同分享有关的信息。关于这一点,信息技术可以给供应链提供有力的支持。在有些情况下,有关组织变化(如新的组织结构、新的人员、新的组织功能等)的信息也应予以充分交流,以使链上各个环节之间的相互联系保持高效性。在另外一些情况下,生产厂商需要让供应商分享他们的技术、管理方法,以提高生产能力、产品质量和交货可靠性。例如,许多下游企业有供应商发展小组,帮助上游企业提高供应能力。采用这种方法还可以增强灵活性,因为这些小组可以及时地对变化状况作出反应。

(三)资金流

供应链上资金流的含义不仅是链上各个企业之间的款项结算,还包括供应链上各个企业之间如何通过资金的相互渗透来结成更加紧密的供应链的问题。原先,典型的西方企业可能不愿意在其供应商企业中注入资金、投资入股,但是在日本,这种资金流动的现象很普遍,甚至日本公司在其美国的供应商公司中也入股。此外,许多企业以提供原料、模具、检测设备等形式为供应商提供资金,以结成更加可靠的供应链。

四、供应链管理的本质——跨企业的集成管理

供应链管理意味着包括供应商、生产商、批发商和零售商等不同组织在内的整个链的计划和运作行为的协调,意味着跨越各个企业的边界,在整条链上应用系统观念,即强调供应链的集成化管理。没有集成化,链上的每个组织就会只管理自己的库存,以这种方式来防备由于链中其他组织的独立行动而给本组织带来的不确定性。例如,零售商会需要安全库存来防止分销商货物脱销情况的出现,而分销商也会需要安全库存以防止生产商出现供货不足的情况。由于在一条链的各个界面中都存在不确定因素,而且没有相

互间的沟通与合作,所以需要重复的库存。而在供应链的集成化管理中,链中的全部库存管理可通过供应链所有成员之间的信息沟通、责任分配和相互合作来协调,这样就可以减少链上每个成员的不确定性,减少每个成员的安全库存量。在供应链集成管理的协调下,所有的成员可以用更少的库存来为顾客提供更好的服务。较少的库存又会带来减少资金占用量、削减库存管理费用的结果,从而降低成本。除库存的减少外,供应链集成管理还可以减少生产过剩情况的发生,并增加在其他领域的协调,如运输、包装、标注和文书处理等。通过对链上每个成员信息处理行为和产品处理行为的检查,可以鉴别出整条链上的冗余行为和非增值行为,从而提高整个供应链,即链上每一个成员的效益和竞争力。

第二节 供应链管理基本策略

一、实现战略匹配的两种基本策略

企业供应链管理的基本策略首先要考虑与企业生产运作战略的匹配。回顾第二章的生产运作战略的制定,三个主要决策事项分别是竞争重点的选择与权衡、企业资源配置方式以及基本的生产运作组织方式。如该章所述,企业资源配置方式实际上决定了企业的供应链结构,本节的供应链管理基本策略要考虑的是在这样的供应链结构之下,为了与企业的市场竞争策略及基本的生产运作组织方式相匹配,应如何制定企业的供应链管理基本策略。

企业的竞争策略和生产运作组织方式都是在对企业所面临的市场需求的深刻分析之上所确定的,以便用最有效的方式最大限度地满足市场需求,赢得市场竞争。企业供应链管理要想实现战略匹配,也应该有同样的目标。因此,企业供应链管理基本策略的制定思路应该是:首先要深刻理解企业所面临的市场需求的特点,其次要决定为满足这样的市场需求,企业的供应链管理应该具有什么特色。只有二者相匹配,才有可能通过好的供应链管理绩效来实现企业的竞争目标。

首先,如何描述企业所面临的市场需求特点?企业的产品服务不同,所面临的市场需求特点也不同。例如,对于粮油米面、日用洗涤用品等生活必需品以及需求量较大的轴承阀门等常规工业产品,顾客更看重的是物美价廉而不是品种、包装、规格的多样性以及产品更新速度,这类产品的需求不确定性较小,企业对这些产品的需求较容易预测;而对于时装、手机等时尚产品以及顾客定制产品,顾客更看重的是款式多样性、产品更新换代速度、交付周期等特性,需求的不确定性较大,企业预测这类需求也有一定难度。从最大限度满足顾客需求的角度来说,需求的不确定性程度是对需求进行分类的最基本指标。市场需求的其他一些基本特性,也往往与需求的不确定性程度相关。例如,诸如生活必需品等需求不确定性较小的产品,通常产品的生命周期较长,顾客对价格比较敏感,企业的边际利润较低,此外产品的多样性也相对较少,反之亦然。需求的这些特性总结如表11.1所示。

应对这两种不同需求所需要的供应链能力截然不同。对于不确定性较小的需求来说,同时具有顾客的价格敏感性较高、边际利润较低的特点,这种情况下企业通常采用 MTS 生产运作组织方式(见第二章),即按照销售预测来进行生产,用成品库存来进行销售。与此相适应,供应链应该更具效率、运行成本更低。而对于不确定性较大的需求来说,企业通常采用 ATO(如戴尔的计算机)、MTO(如定制服装、定制家装)和 DTO(如建筑项目、演出服装等)生产运作组织方式,与此相适应的供应链管理基本策略应该是追求快速响应能力,只有这样,才能避免或者缺货或者持有过量库存最终只能折价处理的结局。因此,企业供应链管理的基本策略可以大致分为两种类型,或者追求高效率、低成本,或者牺牲一定成本追求快速响应客户需求,分别简称为效率型和响应型。这两种不同特点的供应链分别对应不同特点的市场需求与企业不同的生产运作组织方式,三者之间的关系如图 11.2 所示。更详细的注解见表 11.1。

表 11.1 需求特性、生产运作战略与供应链管理策略的匹配

		效率型供应链	响应型供应链
需求特点	不确定性	小	大
	产品寿命	长	短
	边际利润	低	高
	多样性	高	低
生产运作战略	竞争重点	低成本,稳定的质量	产品开发速度,快速交付,产量柔性,产品多样性,高质量
	生产运作组织方式	MTS,标准化产品服务,大批量	ATO,MTO,DTO,多品种小批量,大规模定制
供应链管理基本策略	管理目标	以尽可能低的成本满足需求	快速响应需求,并尽可能减少缺货或库存过量
	能力规划	尽量提高利用率以降低成本	维持高能力缓冲
	库存策略	追求供应链全程的低库存	设置零部件或完成品缓冲库存
	供应商选择	强调其成本、质量的控制能力	强调其快速交付、产量柔性、产品多样性、高质量的能力

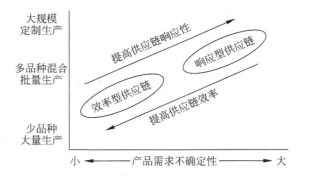

图 11.2 需求特性、生产运作组织方式与供应链策略之间的关系

二、灵活运用不同策略

以上两种不同的供应链管理基本策略并不是非此即彼，企业须根据自身所处的市场环境灵活运用。

灵活运用的含义首先是，企业如有多元化的产品服务组合，分别面对不同市场细分，可能分别适应响应型与效率型供应链，而不是一概而论。例如，一个造船企业，同样造海轮，但造一条油轮和一条豪华客轮，所面对的客户需求截然不同；一个服装企业，有可能同时生产流行期很短、顾客需求高度不确定的时尚性产品和款式变化不大但对价格相对敏感的基础产品，因此对不同产品需要采用不同的供应链管理策略。

其次，在同一条供应链上，也许需要同时兼有效率型和响应型的特点，在不同环节各自突出不同特点。例如，吉列使用效率型供应链来制造产品，以便充分利用高度资本密集的制造设备来降低成本，但在包装和配送环节考虑到不同国家、不同地区对产品说明书语言以及电压的不同需求，采用了更多的快速响应措施。同样是家具制造和销售公司，宜家采取的策略是每家零售商场规模庞大和通过模块化设计来丰富产品的品种规格，销售现场保持充足的库存，从而减小了商场发给制造商的补货订单的波动性，相当于商场吸收了尽可能多的需求不确定性，快速响应，而使得供应链的上游可以平稳高效地运行。而专注定制家具的广州尚品宅配则恰恰相反，该公司根据客户空间的实际状况和需求喜好，为其提供不同颜色、不同风格、根据空间定制的家具，实现这一点靠的是快速设计、快速制造，把提升供应链响应能力的重点放在了产品设计和制造环节。正因为整个供应链流程可以分解为多个环节，供应链策略也可以在不同环节采取不同策略，以实现最大绩效。

再次，企业的供应链管理策略不应该是一成不变的，随着时间的推移，顾客的需求在变，企业有可能在基本的产品组合之上增加新品种，因此产品多样性不断提高，需求的可预测性下降。这种情况下供应链管理策略也必须随之改变。例如，早先的自行车企业一直在追求高效率，通过少品种、大批量来降低成本、保证质量，现如今却发现顾客对自行车也有了越来越多的个性化需求，不得不改变竞争策略，加快新产品研发和产品多样化程度，甚至有企业开始采用为顾客定制自行车的策略，如松下自行车公司。这种情况在诸如个人计算机、汽车等行业也存在。这就要求原先效率型的供应链管理策略向响应型转变，以保持供应链与竞争策略的一致性。

反过来，对于一些创新性较强的高科技产品，例如药品，在产品刚刚上市的阶段，需求尚不稳定、很难预测，边际收益往往很高，产品可获得性是抢占市场的关键，这种情况下供应链的响应能力最为重要。而随着时间的推移，产品进入生命周期的后半期，需求会变得较为确定、容易预测，且由于竞争的加剧边际收益降低，这时供应链策略就须进行调整，下工夫降低成本、提高效率。

总之，在当今市场需求日益多变且变化速度越来越快的环境下，企业的产品多元化程度也在增加，从而对不同产品、供应链上的不同环节、不同时间段都应考虑采用不同的供应链管理策略。

三、跨部门、跨企业协同管理

一个完整的供应链流程跨越企业上下游的多家企业，在企业内部也跨越企业内多个职能部门，因此供应链管理绩效的好坏离不开跨部门、跨企业的协同，这就需要克服传统企业管理的一些弊病。

在传统的企业管理方式之下，各个职能部门分别追求各自职能目标的最优，追求各自的成本最小化，这就会造成一些职能目标的相互冲突。例如复杂产品的售后服务，现场维修人员通常希望库存越充足越好、距客户越近越好，以缩短顾客服务要求的响应时间，这就要求库存分散于顾客周围；而仓储管理人员为了提高效率、降低成本，却希望库存相对集中；企业的运输部门为了降低成本往往采用整车运输方式，却不怎么考虑这种做法对库存或响应能力的影响；采购部门为了采购成本最小化，会选择远地的供应商，但如果选择成本较高的当地供应商，由此降低的运输成本和库存成本有可能足以弥补产品采购成本的增加。这些职能目标的冲突在企业内部比比皆是。因此，为了实现企业的整体经营目标，即企业整体利润最大化，企业内部各个职能部门之间应该协同作战，每个部门的决策和行动都应该对其他部门形成支撑而不是相反。企业的供应链管理要跨越企业内部采购、制造、仓储、运输等多个职能部门，因此最应该在这个问题上做出努力，在进行相关决策时要在追求企业整体经营目标的同时，兼顾各个部门之间的协调。这也是现在很多企业设置供应链管理总监的原因。

供应链管理的另一个任务是追求整个供应链的协同作战。企业传统的以自身利益最大化为目标的决策，有时会引起与供应链上下游其他企业的冲突。例如，供应链上的制造商和供应商可能都希望另一方持有大部分库存以降低自己的成本。如果双方都只是单纯考虑自身利益，则实力占上风的一方必然会强迫另一方持有库存，而并不考虑库存究竟放在什么位置对供应链整体更有利。其结果是导致供应链整体本应有的收益总和减小，实际对双方都有损害。又如，传统的企业管理很少考虑与供应链上下游的信息共享，各个环节分别预测需求，导致需求波动被无端放大，引起严重的牛鞭效应（见下一节），各个企业都只好层层增大库存以应对这些需求波动，其结果同样对供应链上的各方都有损害。实际上，无论是制造商还是供应商，其最终要满足的都是供应链终端顾客的需求，合理的做法是供应链上各方协商合作，共享信息，共同努力，使整个供应链能够以更少的库存满足顾客需求，这样供应链整体的成本下降了，对供应链上的各方都有好处。如第二章所述，当今越来越多的企业的经营战略转向降低纵向集成度，专注于自己的核心业务，这意味着越来越多地依赖供应链上的其他企业，从某种意义上说，企业与企业之间的竞争转向了供应链之间的竞争，这就更需要企业与供应链上其他企业合作，实现共赢。这也是上一节所强调的供应链管理的本质意义。

第三节　采购管理

一、采购管理的意义

采购是对物料从供应商到企业组织内部移动的管理过程，是企业供应链管理中的基本活动之一。采购管理在企业经营管理和生产与运作管理中是一个十分重要的问题。它的重要性首先体现在它在企业经营生产中的中心作用上。任何一个组织,其生产与运作所需的投入中都离不开物料。对一个制造业企业来说,它需要从外部供应商那里购买所需的原材料和零部件;对一个服务业企业来说,它需要从外部供应商那里购买各种消耗品(纸张、文具、药品等);对于批发、零售业的企业来说,采购更是其整个运作活动中的主要部分。在一个企业的经营中,物料采购成本占很大比重,而且在很多行业,随着企业越来越专注于自己的核心能力,把大部分非核心业务都外包出去,这种采购的比重更有上升趋势。因此,通过采购管理降低物料成本是企业增加利润的一个极有潜力的途径。【应用事例11.1】说明了这一点。

采购管理重要性的另一个表现是它与库存之间的关系。采购管理不当,会造成大量的、多余的库存,而库存会占用企业的大量资金并发生管理成本。从质量的角度来说,劣质物料给产品带来的潜在影响会非常大,带来的潜在成本也非常高。此外,采购管理的好坏还会影响供货的及时性,而这些都与企业最终产品的价格、质量和及时性直接相关。

【应用事例 11.1】

某企业今年的销售额为1亿元,其中物料成本占60%,人工成本占15%,税前利润为10%。该企业希望明年的税前利润能增加100万元,即从现有的1 000万元增加到1 100万元。现有如下三种基本途径可考虑,见表11.2。

表11.2 增加利润的基本途径

基本途径	现状改变幅度
1. 增加销售额1 000万元	1 000万/1亿=10%
2. 人工成本降低100万元	100万/1 500万=7%
3. 物料成本降低100万元	100万/6 000万=2%

表11.2同时给出了采用每一种途径的情况下所需的现状改变幅度。由于改变幅度越小,越容易实现,因此降低物料成本是企业增加利润的极有潜力的重要途径。也正因为如此,20世纪90年代以后,人们开始将采购作为企业取得竞争优势的根本能力之一,认为采购管理的战略研究与企业的营销战略具有同等重要的意义。

二、采购管理的主要内容

(一) 接受采购要求或采购指示

采购要求的内容包括采购品种、数量、质量要求以及到货期限。在制造业企业中,采购指示来自生产计划部门,而生产计划部门又是根据既定的"自制—外协"策略来决定采购什么,根据生产日程计划的安排来决定何时采购。但反过来,企业在制定"自制—外协"策略时,采购部门有很大的发言权,因为它们最清楚从外部获得各种所需资源的可能性,清楚各个供应商的供应能力。对于非制造业企业如批发与零售业企业来说,决定采购什么是与决定销售什么相一致的,采购策略和市场策略紧密相连。

(二) 选择和管理供应商

一个好的供应商是确保供应物料的质量、价格和交货期的关键。因此,在采购管理中,供应商的选择及如何保持与供应商的关系是一个主要问题。在采购管理的程序中,这一步骤包括调查供应商提供所需品种的能力,汇总该供应商所能提供的物料种类,就这些物料的供货要求进行商谈,评价多个候选供应商(使用定性、定量多个标准),最后确定供应商。确定供应商以后,需要根据物料本身的特点考虑是否有必要与供应商保持长期的业务关系,采取什么样的关系模式等,这一点我们在下面还要详细地展开讨论。

(三) 订货

订货手续有时可能很复杂,例如,昂贵的一次性订货物品;有时也可能很简单,例如,常年使用的、有固定供应商的物品。在全球采购中,各种文书、函件的处理量可能非常大,但在某些情况下,可能一个电话就完成了订货手续。如果一个企业的采购品种非常多、采购频率(次数)也很高,日常的订货管理工作量就会非常大,发生大量的管理成本,还有可能带来很高的差错率,从而进一步增加成本。现在,信息技术使得企业可以和供应商通过网络连接,不需要任何纸的媒介,就可简洁、迅速地完成订货手续,节省大量的管理成本。采购管理的这种"e 化"将是今后企业采购管理发展的一个重要方向。

(四) 订货跟踪

主要是指订单发出后的进度检查、监控、联络等日常工作,目的是防止到货延误或出现数量、质量上的差错。这些工作较琐碎,但却是非常重要的,因为物料供应的延误或差错将影响生产与运作计划的执行,有可能导致企业生产与运作活动的延误甚至中断,进而造成失去顾客信誉和市场机会等多种严重后果。严格说来,订货跟踪是一种被动式的管理,这种问题的来源往往在于供应商自身的经营管理以及与供应商的关系处理。如果能在供应商选择上严格把关,恰当地处理与供应商的关系,给予必要的合作,这种问题就会大大减少。

(五) 货到验收

这也是采购管理部门的责任。但是,如上所述,如果供应商很可靠,这一步骤的工作就可省略。例如,很多日本企业与它们的供应商之间就可以做到货到无检验,直接送到生产线。

三、分类管理策略

一个企业需要采购的物料可能有几百种、上千种,甚至更多。这么多的物料如果用同一种方法来管理,势必要考虑最复杂、最困难的情况,从而采取最繁杂的管理办法。这样一来,会极大地增加管理成本。因此,需要考虑一种分类方法,将全部物料合理分类,对不同物料采取不同的、最经济的管理方法。

第十章描述的 ABC 分类法也可以作为采购物料的分类方法。更周密的物料分类方法应该从两个维度去考虑:一是物料本身对企业的重要程度,例如,对企业产品的性能、质量、成本等有重大影响;二是供应市场的复杂度,例如,企业在供应市场上的选择余地,能否得到可靠的供应商,与供应商的相对优劣势等。以这两个维度为基本指标,可以构造出如图 11.3 所示的采购物料的基本分类模型。

图 11.3 采购物料的分类模型

按照这种分类方法,可以把各种物料基本分成四类:战略性物料、瓶颈物料、重要物料和一般物料。针对这四种不同的物料,可以考虑采取如表 11.3 所示的不同的管理策略组合。下面就这四种不同物料的特点以及相应的管理策略做一些更详细的讨论。

表 11.3 不同物料的采购管理策略组合

项 目	战略性物料	瓶颈物料	重要物料	一般物料
供应商管理模式	• 战略伙伴关系 • 长期合作	• 稳定、长期的合作关系	• 一般合作关系	• 一般交易关系
基本策略	• "双赢"策略	• 灵活策略	• 最低成本策略	• 管理成本最小化
管理重点	• 详细的市场调查和需求预测 • 严格的库存监控 • 严格的物流控制和后勤保障 • 对突发事件的准备	• 详细的市场数据和长期供需趋势信息 • 寻找替代方案 • 备用计划 • 供货数量和时间的控制	• 供应商选择 • 建立采购优势 • 目标价格管理 • 订购批量优化 • 最小库存	• 产品标准化 • 订购批量优化 • 库存优化 • 业务效率
安全库存量	• 中等	• 较高	• 较低	• 最小化
订购批量	• 中等	• 较大	• 较小	• 经济批量
绩效评价准则	• 长期可得性 • 质量可靠性	• 来源的可靠性	• 采购成本与库存成本	• 业务效率

(一) 战略性物料

战略性物料的特点是:采购量大,本身价值昂贵,其质量的好坏对企业产品会产生重大影响;同时,能够提供这种物料的合格供应商不多,企业要想从外购改为自制也不是能简单做到的,因此这类物料对于企业来说具有战略性意义。基于这些特点,企业对于战略性物料的采购管理策略首先必须致力于与质量可靠的供应商建立一种长期的、战略伙伴式的关系。这种关系的基本特点是保持"双赢",即通过致力于合作使供应商也得到应有的好处。唯有这样,才有可能保持长期、稳定的关系。在具体的管理策略上,由于这种物料本身价值昂贵、库存占用资金大,必须进行详细的市场调查和需求预测,并尽可能进行严格的库存控制。同时,由于有一定的供应风险,还必须设置一定量的安全库存,对突发事件有所准备。

(二) 瓶颈物料

瓶颈物料的基本特点是这种物料本身的价值可能不太昂贵,在企业经营中的重要性并不高,但是获取这种物料有一定难度,原因包括:难以找到合格的供应商;与供应商的距离较远,而又缺乏可靠的运输保障;该物料属于专利产品,供应商占优势地位等。因此,对于这种物料的供应商,应该根据情况采取灵活的策略,例如,对于供应物料质量有问题的供应商,致力于帮助它们改进;对于占优势地位的供应商,致力于建立稳定的合作关系等。在采购和库存策略上,需要考虑设置较高的安全库存,并采用较大的订购批量。还应在企业的整体生产与运作安排上考虑替代方案,并预先制订备用计划。

(三) 重要物料

重要物料的基本特点是供应市场比较充足,但该种物料本身价值昂贵、库存占用资金大。因此,这种物料的基本管理策略应该是致力于总成本最小,为此,需要在库存管理上多下功夫,尽量减少总库存量。对于供应商管理来说,没必要花费大量的时间和成本与供应商建立密切关系,保持一般合作关系即可。从某种意义上说,还有可能建立采购优势地位。

(四) 一般物料

一般物料的基本特点是小件物料,本身价值不高,市场上也容易获得,但这类物料往往种类繁多,能够占到企业全部采购种类的一半以上。因此,对于这类物料,所应采用的基本管理策略是致力于管理成本最小化。在库存管理上,有可能采用经济批量等优化方法,并尽量利用信息技术等手段简化管理程序,提高业务效率。在企业的整体生产与运作安排上,应致力于标准化,以减少物料的种类。

最后还应指出的是,对于采用了不同管理策略的物料,应该采用不同的绩效评价办法。表11.3给出了相应的评价准则。

四、供应商管理模式

供应商是企业外部影响企业生产与运作系统运行的最直接因素,也是保证企业产品质量、价格、交货期和服务的关键要素之一。因此,现代企业已经认识到了供应商对企业的重要影响,并把建立和发展与供应商的关系作为企业整个经营战略,尤其是生产与运作战略中的一个必不可少的重要部分。特别是日本式的与供应商的合作关系模式广为流传以后,这一问题受到了更多的关注和研究。

传统的企业与供应商的关系是一种短期的、松散的,相互间作为交易对手、竞争对手的关系。在这样一种基本关系之下,买方和卖方的交易如同"0—1"对策,一方所赢则是另一方所失。与长期互惠相比,短期内的优势更受重视。买方总是试图将价格压到最低,而供应商总是以特殊的质量要求、特殊服务和订货量的变化等为理由尽量抬高价格,哪一方能取胜主要取决于哪一方在交易中占上风。例如,买方的购买量占供应商销售额总量的百分比很大,买方可以容易地从其他供应商那里得到所需物品、改换供应商不需要花费多少成本等,在这些情况下,买方均会占上风。反之,则有可能是供应商占上风。在过去的几十年间,与供应商的这种以竞争为主的关系模式曾经是企业采用的主要模式。

这种模式的一般特征可概括如下。

(1) 买方以权势压人来讨价还价。买方以招标的方式挑选供应商,报价最低的供应商被选中。而供应商为了中标,会报出低于成本的价格。

（2）供应商名义上的最低报价并不能带来真正的低成本。供应商一旦被选中，就会以各种借口要求买方企业调整价格，因此，最初的最低报价往往是暂时的。或者，供应商会在生产过程中采取各种方式把自己的损失"找回来"。

（3）由于买方和供应商之间是受市场支配的竞争关系，因而双方都小心翼翼地保护技术、成本等信息，不利于新技术、新管理方式的传播。

（4）由于双方关系松散，双方都会用较高的库存来缓解出现需求波动或其他意外情况时的影响，而这种成本的增加，实际上最后都转嫁到了消费者身上。

（5）不完善的质量保证体系。以次品率来进行质量考核，并采取事后检查的方式，造成产品已投入市场，仍然要不断地解决问题。

（6）买方的供应商数目很大，每一种物料都有若干个供应商，使供应商之间保持竞争，买方从中获利。

例如，直至 20 世纪 80 年代初期，美国汽车公司采购汽车零部件是通过向供应商招标的方式进行的，汽车公司向多个供应商提供零部件设计图纸，要求它们报价，然后货比三家，从中选择价格最低的供应商。在这种方式下，由于买方和卖方之间讨价还价，双方缺乏信息交流，成本难以下降，质量不能很好地满足要求，供应周期也拉得很长。这种方式已经难以适应今天快速响应市场需求的要求。

相反，另一种与供应商的关系模式——合作模式，受到了越来越多企业的重视，尤其是这种模式在日本企业中取得巨大成功、日本的经验广为流传之后。在这种模式中，买方和卖方互相视对方为"伙伴"(partner)，双方保持一种长期互惠的关系。这种模式的主要特征如下：

（1）买方将供应商分层，尽可能地将完整部件的生产甚至设计交给第一层供应商，这样买方企业的零件设计总量大大减少，有利于缩短新产品的开发周期，还使买方可以只与数目较少的第一层供应商发生关系，从而降低了采购管理费用。

（2）买方与卖方在一种确定的目标价格下，共同分担成本，共享利润。目标价格是根据对市场的分析制定的，目标价格确定以后，买方与供应商共同研究如何在这种价格下生产，并使双方都能获取合理的利润。买方还充分利用自己在技术、管理、专业人员等方面的优势，帮助供应商降低成本。由于通过降低成本供应商也能获利，因此调动了供应商不断改进生产过程的积极性，从而有可能使价格不断下降，在市场上的竞争力不断提高。

（3）共同保证和提高质量。由于买卖双方认识到不良产品会给双方都带来损失，因此能够共同致力于提高质量。一旦出现质量问题，买方会与供应商一起分析原因、解决问题。由于双方建立了一种信任关系，互相沟通产品质量情况，因此买方甚至可以对供应物料不进行检查就直接使用。

（4）信息共享。买方积极主动地向供应商提供自己在技术、管理等方面的信息和经验，供应商的成本控制信息也不再对买方保密。除此之外，供应商还可以随时了解买方的生产计划、未来的长期发展计划、生产现场所供应物料的消耗情况等，据此制订自己的生产计划、长期发展计划和供货计划。

（5）JIT 式的交货。即只在需要的时候，按需要的量，供应所需的物品。由于买卖双方建立了一种长期信任的关系，不必为每次采购谈判、讨价还价，不必对每批物料进行质量检查,而且双方都了解对方的生产计划,这样就有可能做到 JIT 式的交货,这种做法使双方的库存都大为降低,双方均可受益。

(6) 买方只持有较少数目的供应商。一般一种物料只有 1~2 个供应商,这样可以使供应商获得规模优势,采用专业化更高的生产组织方式,从而实现大批量、低成本的生产。当来自买方的订货量很大,又是长期合同时,供应商甚至可以考虑扩大设施和设备能力,并考虑将新设施建在买方附近,这样几乎就等于买方的一种"延伸"组织。

显而易见,"合作"模式比"竞争"模式具有更多的优势。在当今市场需求日益多变、市场竞争日益激烈的环境下,合作模式更有利于企业竞争力的提高。但是,采用合作模式也要考虑几个可能的不利之处:如果一种物料只有 1~2 个供应商,那么供应中断的风险将增加;保持长期合同关系的供应商缺乏竞争压力,从而有可能缺乏不断创新的动力;JIT 式的交货方式随时有中断生产的风险等。因此,有必要根据企业的具体情况,结合两种基本模式的优点,制定自己的供应商关系模式。

第四节 配 送 管 理

供应链上的流通配送环节是指产品制造完成之后,从制造商、批发商、经销商、零售商直至到达最终顾客手中的一系列环节。很多产品出厂后,尤其是消费品,都需要经过这一系列过程才能到达最终顾客,即产品的使用者手中。配送管理与物料采购管理相比,其重要意义在于,由于完成品的附加值远远高于零部件的附加值,该环节任何冗余的库存、时间上的延误、制造商和经销商之间的不友好关系都会给链上的各个成员带来更高额的成本。该环节的链条越长,该环节对于产品在最终市场上的竞争能力的影响就越大。著名管理学家德鲁克曾指出:"配送、流通是工业的'黑色地带',是可以大量节省成本的地方。"

配送管理中需要考虑的几个重要问题是:如何设定合理的流通配送环节;如何与整个流通配送环节中各个节点上的企业保持合作伙伴关系;如何合理设定各个环节的库存;如何防止牛鞭效应(bullwhip effect)。以下讨论其中的一些重要概念和基本策略。很多企业已经成功地运用了这些概念和策略,但是必须指出,这些概念和策略的运用必须与具体的供应链结构及其特点相结合,进行具体分析。

一、流通配送环节的设定——集中型与分散型配送系统

考虑某公司的配送系统。该公司制造和分销配送电子设备,有两大配送中心,位于相隔一定距离的两地,分别供应周围的两个市场。两个市场的顾客(主要是零售商)直接从各自的配送中心得到产品,而两个配送中心则都由同一个制造基地供货(见图 11.4)。

从制造基地到两个配送中心的供货周期分别为一周,假定制造基地有足够的生产能力满足配送中心的任何要货要求。现在的配送管理方针要求有 97% 的顾客服务水平,即每个配送中心必须保持一定的库存水平,从而对顾客的缺货率不超过 3%。无法满足的顾客需求将被竞争对手夺走,而不可能延迟供货。

现有的配送系统是 7 年前设计的,公司现在想考虑一种新的配送策略:将两个配送中心合二为一,用单一的配送中心服务全部市场(见图 11.5)。

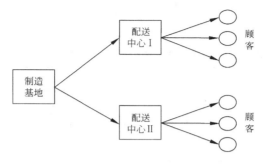

图 11.4 分散型配送系统

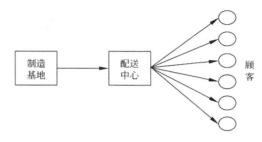

图 11.5 集中型配送系统

我们把如图 11.4 所示的系统称为分散型系统,把如图 11.5 所示的系统称为集中型系统。这两种系统各有什么特点呢?很显然,与集中型系统相比,分散型系统的一个最大好处是可以更靠近自己的顾客,从而缩短供货时间,运输成本也比较低。但是,集中型系统也有很大好处:它可以使企业用更少的库存来达到 97% 的顾客服务水平,或在相同总库存量的条件下达到更高的顾客服务水平。

集中型系统之所以有这种结果,是因为虽然来自各个顾客的需求是随机的,波动有可能是很大的,但总需求量的变化波动相对而言是稳定的,有一个平均值。在集中型系统的情况下,某一个顾客高于平均值的需求与另一个顾客低于平均值的需求累加在一起,一个地点的需求高峰与另一个地点的需求低谷累加在一起,就有可能使总需求的变动性减小。这样,需求变动性的减小可使安全库存减少,从而降低平均库存水平。一个配送中心服务的顾客数越多,这种互补效应就越明显。

但是,如果确实采用集中型系统,且仍然保持 97% 的顾客服务水平,系统的总库存量究竟能降低多少呢?让我们通过 A 和 B 两个产品做进一步的分析。但请记住,在实际的运作系统中,应该对全部产品进行分析。

假定 A、B 两种产品从制造基地的订货费用都是每次 60 元,库存持有费用为单位产品每周 0.27 元。在现有系统下,产品从配送中心到顾客的运输成本为平均每一产品 1.05 元。按照估计,在集中型系统的情况下,运输费用将增至 1.10 元。为便于分析,假定两种系统下的供货时间差别不大。

表 11.4 和表 11.5 分别提供了 A、B 两种产品的历史数据,即过去 8 周以来每个市场每周分别对两种产品的需求。从表中可以看出,对产品 B 的需求比对产品 A 的需求要小

得多。表 11.6 还提供了两种产品周需求的平均值和标准偏差,以及需求的变异系数(标准偏差与平均需求的比值)。

表 11.4 过去 8 周以来每个市场对产品 A 的需求

市场	周次							
	1	2	3	4	5	6	7	8
市场Ⅰ	33	45	37	38	55	30	18	58
市场Ⅱ	46	35	41	40	26	48	18	55
合计	79	80	78	78	81	78	36	113

表 11.5 过去 8 周以来每个市场对产品 B 的需求

市场	周次							
	1	2	3	4	5	6	7	8
市场Ⅰ	0	2	3	0	0	1	3	0
市场Ⅱ	2	4	0	0	3	1	0	0
合计	2	6	3	0	3	2	3	0

表 11.6 两种产品周需求的统计数据

市场	产品	平均需求	标准偏差	变异系数
市场Ⅰ	A	39.300	13.20	0.34
市场Ⅰ	B	1.125	1.36	1.21
市场Ⅱ	A	38.600	12.00	0.31
市场Ⅱ	B	1.250	1.58	1.26
合计	A	77.900	20.71	0.27
合计	B	2.375	1.90	0.81

需要指出的是,必须注意标准偏差和变异系数之间的区别。虽然二者都用来反映顾客需求的变动性,但是标准偏差表示顾客需求的绝对变动性,而变异系数表示相对于平均需求的变动性。例如,在上述所分析的两种产品中,我们可以看到,产品 A 的标准偏差比产品 B 大得多,而产品 B 的变异系数比产品 A 大得多。这一特点在最终分析中将起重要作用。

此外,还应注意到,对于每种产品来说,集中型系统所面临的平均需求等于分散型系统下两个配送中心各自的平均需求之和。但是,集中型系统的需求变动性(无论是用标准偏差还是用变异系数来衡量)比分散型系统下两个配送中心的相应数据之和小得多。这种特点将对供应链上游的生产系统产生重要影响。参照第十章给出的方法进行计算,可将这种影响概括为表 11.7。

表 11.7　两种产品的库存水平

市　　场		产　品	周平均需求	安 全 库 存	每次订货量	最 大 库 存
分散型	市场Ⅰ	A	39.300	25.08	132	158
		B	1.125	2.58	25	26
	市场Ⅱ	A	38.600	22.80	131	154
		B	1.250	3.00	24	27
集中型		A	77.900	39.35	186	226
		B	2.375	3.61	33	37

从表 11.7 可知,在分散型系统下,产品 A 在配送中心Ⅱ的平均库存为 88 个(安全库存+$Q/2$),在配送中心Ⅰ的平均库存为 91 个。而在集中型系统下,平均库存为 132 个。如果该公司采用集中型系统,则产品 A 的平均库存能减少 26%。同样,在分散型系统下,产品 B 在两个配送中心的平均库存分别为 15 个,而在集中型系统下,平均库存为 20 个,减少 33%。

以上事例说明了供应链管理中的一个重要概念:"risk pooling",即"风险吸收"。这个概念是说,多个地点需求总和的变动性小于各个地点需求的变动性之和。因为各个地点的需求是随机变动的,一个地点的需求高峰与另一个地点的需求低谷累加在一起,就有可能使总需求的变动性减小。因此,需求变动性的减小可使安全库存减少,从而降低平均库存水平。例如,在上述集中型系统中,其需求的变动性无论是用标准偏差还是用变异系数来衡量,都减少了。这是分销配送环节供应链管理中的一个重要概念。其三个要点如下。

(1) 集中型库存可以同时减少系统中的安全库存和平均库存。因为在一个集中型系统中,如果原来两个分散市场的需求一个高一个低,集中型系统可以很容易地将原先准备供应给一个市场的产品转而供应给另一个市场。而这一点在分散型系统的情况下很难做到,或者说需要付出高额成本才能做到。

(2) 需求的变异系数越大,从集中型系统中的获益就越大。也就是说,"风险吸收"的程度越高。这是因为,平均库存实际上由两部分组成:一部分对应于需求的平均值(即Q),另一部分对应于需求的变动(即安全库存)。由于平均库存的降低主要是通过降低安全库存来实现的,所以变异系数越大,安全库存对整个库存减少的影响也越大。

(3) "风险吸收"的效应还取决于不同市场需求变化模式的相关性。如果一个市场的需求高于平均值,而另一个市场也同样,或一个市场的需求低于平均值,而另一个市场也同样,则这两个市场有一种正相关的关系。在正相关的情况下,"风险吸收"的效应将减弱,反之则增强。

二、牛鞭效应

(一) 什么是牛鞭效应

配送管理中的另一个重要问题是防止"牛鞭效应"。所谓牛鞭效应,是指订货量的波动在从零售商到批发商、批发商到制造商,直至制造商到零部件供应商的过程中,不断地增大(见图 11.6)。这种效应曲解了供应链中的需求信息,使各个节点对需求都做出了不同估计,其结果,只好在供应链上层层增大库存,以缓解被放大的需求波动。这种做法无疑使得整个供应链上拥有庞大的库存,从而导致整个供应链出现损失。

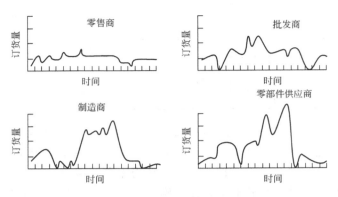

图 11.6 牛鞭效应示意图

很多企业在其供应链中都发现了牛鞭效应。例如,宝洁公司发现,它的一个主要产品——婴儿纸尿布的生产量的计划波动很大,从而向供应商订购的原材料有相当大的波动。但是沿供应链往下再研究零售点的销售量,却发现波动很小,即市场上对纸尿布的需求实际上是相对稳定的。虽然对最终产品的需求是稳定的,但是供应链上游订单的波动却很大,且越往上越大。这就给制造商以及原材料供应商满足订货要求带来了很大困难,同时也增加了成本。又如,惠普公司在其打印机供应链中发现,在沿着从零售商到批发商、从批发商到惠普的打印机制造部门,直至其集成电路采购部门的整个供应链中,订单的波动在不断放大。这使得惠普按时履行订单合同的难度大为提高,并造成了成本的增加。此外,在对服装、食品,甚至汽车工业的研究中,也发现了类似现象。

(二) 产生牛鞭效应的原因分析

引起牛鞭效应的原因有多种,这些原因往往与供应链的构造方式以及各节点之间的信息沟通方式有关。其中一些主要原因如下。

(1) 多级需求预测。大部分流通配送系统的结构是多级的。供应链上的每个企业为了安排生产日程、采购计划、运输计划,都要进行需求预测,而预测的基础则是其下游直接客户的订货数据。传统做法是供应链流通配送环节的每一节点将其自身需求的预测结果经过整理以订单的形式向上一级报告。上一级将其下游所有直接节点的订单进行汇总和整理,然后再向其上一级发出订单。对产品需求的预测信息就以订单的形式一级一级地向供应链上游流动。然而,由于各个节点出于自身利益考虑,会根据自己既定的库存补充方针、顾客服务水平等对其下游企业需求预测数据进行人为的整理和"修改",再形成自己向上一级的订单,导致对产品需求信息的波动被逐步放大,从而导致供应链中牛鞭效应的发生。

(2) 批量订货。供应链中每个企业都依照一定的控制规则来进行库存管理并补充订货。虽然随着销售,产品库存量每天都会减少,但企业不会马上就向其上游供应商订货,而是等库存的减少积累到一定数量后,才会向供应链的上一级提出订货要求。例如,一个按照定量控制系统进行库存管理的分销配送商只有在某种产品的库存量低于再订货点时才会向其供应链上游企业订货。供应链上每一节点采取批量订货的主要原因是为了节省订货成本和利用批量带来的价格折扣,但是,这种做法无疑会"扭曲"需求的真正信息,使供应链上游企业所获得的需求信息同市场真正的需求信息产生出入。同时,企业每次的订货量也会随市场需求情况的变化而变化。由于订货批量的影响,企业订货量波动幅度要远远大于该企业自己所面对的市场需求的波动幅度。此外,供应链上的每一企业都几乎会同时面对下一级的多个分销配送商或零售商。如果下一级这些企业中的大部分有着相同的订货周期,例如都集中在月初或月末,则对上一级企业来说,所接到的订单就会出现显著的周期性峰值,则牛鞭效应有可能会被再次加剧。

(3) 价格波动。产品促销的有效手段之一是在特定时期内为顾客提供特价优惠。尽管这一促销方式能够暂时扩大企业的销售量,但从长远来看,采取这一策略对企业来说并非明智之举。企业在为顾客提供特价优惠时,只要库存成本低于这一价格差异值,很多分销配送商和零售商都会借机大量增加采购量,将以较低价格购进的产品储备起来用于以后的销售,同时很多顾客自然也要购买多于实际需求量的产品储备起来供家庭或个人日后消费之用。如此一来,企业提供特价优惠销售的一个直接后果,就是供应链下游企业"自愿地"增加了库存量,这显然不利于整条供应链的优化。同时,这一价格波动还造成了更为严重的间接后果:低价优惠促销策略使得经销商和消费者提前购买他们当时并不需要的产品,这使得企业经销商和顾客的购买行为与其消费行为并不吻合,而企业也无法准确区分增加的购买量中有多少是顾客因低价而当时增加的消费,多少是顾客储备起来以供日后消费所需。这最终导致消费者的购买波动远远大于其实际消费量的波动,使得企业在较长时间内面临较大的需求波动。

(4) 产品短缺时按比例供应的策略。当市场上出现产品供不应求的情况时,供应链上游的企业往往会按下游的配送商或零售商的订货量占总订货量的比例来分配供给它们的产品数量。但这样一来,供应链下游的订货方有可能故意加大订货数量,即使供应商只给它们一部分,它们仍将得到实际所需数量。这种做法对于上游供应商准确预测市场对其产品的真正需求显然是不利的。例如,惠普公司就曾因对其 LaserJet III 打印机采用产品短缺时按比例供应的策略而蒙受了巨大损失。当市场对惠普 LaserJet III 打印机的需求量大于惠普公司的供货能力时,惠普公司就采取了上述按比例给经销商提供打印机数量的做法。结果,惠普公司收到的订单订货数量剧增。在惠普公司投入大量人力、物力加紧生产 LaserJet III 打印机时,获得了惠普公司按比例供给的打印机数量就已经基本满足的经销商开始大量取消先前人为增加的订单量,结果惠普公司因产品积压和不必要的生产能力扩充而蒙受了巨大损失。

三、减小牛鞭效应的对策与措施

明确了产生牛鞭效应的原因,接下来就可以考虑相应的对策和措施。这些对策和措施在很多行业的分销配送管理中都具有参考意义。但是在实际应用中,企业必须根据自己的实际情况灵活使用和组合使用这些措施。

(一) 提高信息精度

牛鞭效应产生的根本原因是需求信息在沿供应链的传递过程中的失真和波动放大。

因此不言而喻，提高信息精度是最主要的一项措施。

提高信息精度的一个方法是分享 POS 数据。引起供应链上牛鞭效应的一个基本原因是供应链上各级企业都用下游的订单数据来预测需求，这种多级需求预测的方法导致信息每经过一个环节，波动就被放大一些。但实际上，整个供应链中真正需要满足的只是最终顾客的需求，这种需求通常可由零售商的 POS 数据反映出来。如果直接与顾客打交道的零售商能够与供应链上的其他环节分享 POS 数据，各个环节就可以在同一基础上进行需求预测，从而减少牛鞭效应。很多企业现在已经成功地实现了这种信息共享（例如，戴尔计算机公司、宝洁公司以及沃尔玛公司），避免了不必要的订单波动。

除了 POS 数据以外，供应链上的各环节还需要分享其他有关信息。例如，一个零售商 1 月份的需求很大，因为其进行了促销，如果在接下来的 2 月份没有促销计划，则零售商的需求量和制造商的预测结果就有可能不同，即使二者分享了 POS 数据。在这种情况下，制造商还必须知道零售商的促销计划，以便及早做好准备。

（二）由单一节点控制补充供货

如果在整个供应链上由单一节点控制补充供货，也有助于减少牛鞭效应。因为如上所述，引起牛鞭效应的一个关键原因是供应链上每一节点使用来自直接下游节点的订货数据作为需求数据，每一节点都自己向直接上游节点订货。这就导致各个节点的要求供货量不一致，从而增加了整个供应链上的库存。如果采用单一节点控制整个供应链的补充供货，就可以消除各个节点之间的不一致，达到整个供应链的协调。

对于像戴尔这样直接面向顾客的销售商，单一节点的控制是自动实现的，因为在制造商和顾客之间不存在中间节点，制造商自动变成了补充供货的单一控制者。当销售是通过多个环节的经销商、零售商进行时，就需要采取一种有效的方法来实现单一节点控制。近年来发展起来的一种方法被称为"卖方管理库存"（vender-managed inventory，VMI）或"连续补充供货"（continuous replenishment programs，CRP），即供应链的上游企业（供应方）根据下游企业（订货方）的 POS 数据和库存数据有规则地向下游补充供货，这就相当于由原来供应链上的企业各自管理各自的库存改为由上游企业统一管理下游企业的库存。在诸如日用品、食品等消费品行业的供应链中，纳贝斯克、沃尔玛、宝洁等很多企业都采用这种方法来减少牛鞭效应、降低库存，取得了很好的绩效。

（三）减小订货批量

订货批量的减小可以减少供应链上任意两个节点之间可能积累起来的需求波动。但是，批量的减小会带来订货次数的增加和小批量运输成本的增加等问题。因此，要想减小批量，必须采取措施减小与订货、运输和收货等相关的固定成本。

批量减小带来的成本之一是由于订货次数增加，所需的下订单、收货等相关业务量的增加，从而带来交易成本的增加。克服这个问题的方法之一是利用计算机辅助订货（computer-assisted ordering，CAO）。CAO 是指使用计算机来准备订单，实现"无纸化"作业。今天，已经有越来越多的企业利用 EDI、互联网等技术进行订货业务，这一方面降低了商品买方的订货成本，另一方面也降低了商品供应商的供货成本。

从运输费用的角度来说，小批量零担运输的成本比大批量整车运输的成本要高得多，因此，要想减小批量，还必须克服批量减小带来的运输成本上升的问题。一种既能减小批量又不至于带来运输成本提高的方法是"交叉站台"（cross docking），即把多种小批量商品汇集在一起，拼成整车运输批量。例如，沃尔玛向其零售店的商品配送就广泛采用了这一方法。日本最大的零售连锁店之———7-11便利店也成功地运用了这一方法，一辆运货车上，按食品所需的不同温度分别组合，可以在保持送往每一零售店的商品的多样性的同时实现整车运输，减少了送货所需车辆。

批量减小所遇到的另一个问题是：如果订货和送货批量减小，则收货作业的频率和成本会上升。为此，还需要采取措施，例如，利用某种技术使收货作业简化，从而降低收货成本；利用电子手段确认装运内容、数量、到货时间，从而减少卸货时间，增加交叉装运的效率；装货托盘上的条形码也有助于货物接收作业效率的提高。

（四）产品短缺情况下的分配策略与信息共享

在产品短缺情况下，传统的做法是根据每个零售商（订货方）的订货要求，按一定比例供给它们。但正如前面所提到的，这样一来，订货方就会加大订货数量，即使供应商只给它们一部分，它们仍然会得到实际所需数量。订货方的这种夸大了的订货数量使得牛鞭效应更严重。因此，现在的一种新方法是，不是按照订货方的要货数量，而是按照过去的销售业绩，将可供的产品按比例供货。这就促使订货方在需求低谷时销售更多的产品。很多企业，诸如通用汽车公司、惠普公司等，都采取了这种做法。

还有一些企业试图通过在整个供应链上实现信息共享来减少产品短缺情况的发生，例如，有些公司向大顾客提供提前订货的优惠，这种信息使得公司可以改进预测精度，并据此安排自己的生产能力。如果生产能力能够合理地分配给各种产品，则能减少产品短缺情况的发生，这样就能起到抑制牛鞭效应的效果。从这个意义上说，灵活的生产能力也有助于牛鞭效应的缓解。

（五）利用适当的价格策略来稳定需求

可采用的价格策略之一是将传统的批量价格优惠改为数量价格优惠。如果企业采用以批量为基础的价格优惠，则零售商倾向于增大批量，以利用这种优惠。而以数量为基础的价格优惠是指以一定时期内（如一年）购买的数量总和为基础的价格优惠。采用后一种方法可以避免单一订单的大批量，实现小批量多订单，这样就可以减少供应链上订单的波动。但使用这种方法需要注意一点：如果以数量为基础的价格优惠有一个固定的截止日期，有可能在此日期之前引起大批量的订购，因此，一个更好的方法是采用滚动时间周期，以减少这种订购波动。

可采用的另一种价格策略是"稳定价格"（stabilizing pricing），即去掉促销，而改用"每日低价"（every day low pricing，EDLP）。如果没有周期性或临时性促销，零售商就不会集中在此期间大量订购，而是按照顾客需求来订购。宝洁以及其他一些日用品公司都实施了这种策略。

还有种方法是把给零售商的促销优惠额与其销售额挂钩，而不是与其采购量挂钩。零售商得不到提前购买的好处，只会购买它们能够销售出去的量，这样也可以显著地缓解牛鞭效应。

（六）建立信任与合作伙伴关系

以上所讨论的减少牛鞭效应的很多方法都需要供应链上的各个企业协力合作和相

互信任才能够做到。因为,首先,只有合作才有可能共享供应链上各节点的信息,从而更好地使供应链上的供需吻合。其次,相互之间的更好的关系也可以节省交易成本,例如,如果一个供应商能够认定来自零售商的预测和订货信息完全可靠,则可以省却自己进行预测工作。类似地,如果零售商信任供应商的供货质量和交货时间,就可以省却催促、验货等收货工作。一般来说,在相互信任和友好关系的基础上,供应链上各节点的很多重复性工作都可以省却。伴随精确信息共享而来的交易成本的降低也可以帮助缓解牛鞭效应。从这个意义上说,建立供应链上的信任和合作关系是减小牛鞭效应、改进整个供应链管理绩效的前提。

思 考 题

1. 描述你原来工作过的一个单位的供应链构成。

2. 供应链管理的一个基本思想是要致力于链上各个企业之间的合作,而历来供应链上各个企业之间的关系都是一种"交易对手"的关系,你认为能否从"交易对手"变为合作伙伴?怎样才能实现这种转变?转变的主要障碍是什么?

3. "高纵向集成度有利于使企业对供应链具有更强的控制力",你如何看待这个问题?

4. 为什么要强调"对不同物料采取不同的管理策略"?如果采用同一策略,效率是否会更高?

5. 对于时装和日用洗涤用品这两种不同产品的供应链,你认为供应链管理的重点应该有何不同?

6. 与供应商保持长期关系的好处之一是供应商有可能愿意为你的业务进行设备投资。你认为这种说法如何?什么情况下可行?

7. 一种观点认为,与供应商建立长期的业务关系有可能使供应商变得松懈,不再努力改进。你如何看待这个问题?应如何避免这种情况出现?

8. 业务规模较小的企业在与大供应商(例如,钢厂、铝厂等原材料供应商)打交道时会遇到一系列不同的问题。你能否举例说明有哪些问题?

9. 集中型配送系统和分散型配送系统分别适用于什么情况?举例说明。

10. 什么情况下"风险吸收"的效应不明显?什么情况下比较明显?

11. 除了本章所分析的几种产生牛鞭效应的原因之外,你认为还有什么原因有可能导致牛鞭效应的产生?举例说明。

12. "卖方管理库存"(VMI)的含义是什么?你认为供应链上的下游企业(购货方)愿意让卖方管理自己的库存吗?为什么?

13. 什么样的产品容易利用"延迟制造"的概念来降低成本?举例说明。

预测与计划

预测与计划是管理的重要职能之一。生产运作计划是根据市场需求和企业生产运作能力的限制,对一个生产与运作系统的产出品种、产出速度、产出时间、劳动力和设备配置以及库存等问题预先进行的考虑和安排。而制订生产运作计划的主要依据之一,是市场需求,因此在制订计划之前首先要对市场需求进行预测。本章首先简要介绍市场需求预测方法,然后以较为复杂的加工装配型制造业的生产计划为主,讨论其综合计划和主生产计划的制订。

第一节　市场需求预测

一、市场需求预测中的主要决策问题

预测是对未来可能发生的事件的估计和推测。预测有多种,如对宏观经济形势的预测、对技术发展的预测、对汇率的预测等。本章所讨论的市场需求预测是指对一个企业所面临的未来市场需求的走势和需求量的大小做出估计,以此作为制订企业生产运作计划的依据。广义地说,企业所做的市场需求预测对于企业制订长期能力规划、人员招聘计划和财务计划也都有作用。

市场需求预测中的主要决策问题包括预测对象和预测方法选择,以及预测结果的评价方法选择。

市场需求预测的对象可分为两个层次:一层是面向未来一段较长时间,对企业产品系列所做的预测,这些产品系列中包括多个产品品种,但是其需求类似,生产制造工艺以及所需原材料零部件也类似;另一层是面向未来相对而言较短的一段时间,对某个具体品种的预测。以自行车为例,第一层预测只是针对24型、28型产品系列进行预测,预测的时间单位与时间长度也比较大,例如以月需求为单位,预测未来6个月的需求;第二层则要细化到24型、28型产品系列中的诸如男车、女车、山地车等可库存的具体规格型号(即stock keeping unit,SKU),预测的时间单位与时间长度也比较小,例如以周需求为单位,预测未来8周的需求。这两种预测对象分别对应企业综合计划与主生产计划的制订对象,见下一节所述。

市场需求预测方法也有多种。首先,可分为定性预测方法与定量预测方法。定性预测方法也称主观预测法,常用的方法有销售人员估计、企业高管估计、市场调研和德尔菲法。定量预测方法也称为统计预测法,根据历史统计数据以及一定的数学模型对未来需

求进行估计。定量预测方法又可以分为两大类：一类是因果分析法，根据一个因素的变化估计另一个相关因素的变化，例如，根据某地区的房产销售情况，估计家电的需求；另一类是时序列分析法，根据某一个因素过去的需求变化情况推测其未来的变化。这两大类方法分别又可以细分为多种，如图12.1所示。

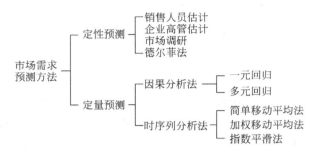

图 12.1　市场需求预测方法分类

预测结果的评价主要通过预测误差来衡量，但其中要考虑预测误差指标的选取。不同的预测误差指标分别侧重不同评价要素，这也是需要管理者认真考虑的一个问题。

市场需求预测中这几个主要问题的决策取决于预测对象的特点、预测时间长度、数据的可得性、期望实现的预测精度等几个因素。通常定性预测方法较适于第一层次预测对象的预测，以及一些新上市产品、过去没有相关数据的产品预测，而定量预测方法更适于在过去已经有相关销售数据、未来同类需求仍将继续的第二层次的预测。但这并不是绝对的，有时也需要几种方法组合使用。此外，在信息技术、互联网技术高度发展的今天，管理者有了更方便的手段掌握大量的数据，可以方便地比较不同预测方法的优劣和适用性，在预测方法的选择上有了更大的余地。

二、定性预测方法

下面介绍几种主要的定性预测方法。

（1）销售人员估计法。即由企业销售人员定期或不定期地对市场需求做出估计。销售人员直接与市场接触，可以说是企业内部对市场需求最有发言权的人。每个销售人员对其所在地区、销售渠道的需求估计汇总起来，就可以得出企业某个产品在某段时期需求总量的估计。这种方法可以得到来自各个地区的意见，具有较好的普遍性，但是反过来要注意，销售人员的个人偏好、判断局限性也有可能导致需求预测的误差变大。例如，有的销售人员偏于乐观，而有的偏于保守，这些性格特点也有可能反应在他们对市场需求的估计上。

（2）企业高管估计法。企业高管凭借其知识、经验、悟性对市场需求做出估计。通常对新上市的产品或技术变化进行预测时会更多地使用这一方法，但是预测已有产品的市场需求时，企业高管凭借其在行业内长期摸爬滚打的经验，有时候也能够保持对市场变化的敏锐嗅觉。这种方法简便易行，但要注意如果是通过召集高管开会来收集意见，与会人员之间容易相互影响。

（3）市场调研法。通过直接向潜在的顾客发放问卷、打电话、面访等方式调查了解他们对企业产品的兴趣、期望以及可能的需求量。市场调研法包括设计问卷、选择调查样本、分析数据等多个环节,还需要用到一些统计方法对得来的数据进行解释,这种方法能够得到比较多的关于企业产品的信息,对于帮助企业改进产品也有一定作用,但比较费时费力,此外也要注意顾客对产品表达出的兴趣和期望不一定就是购买需求,需要仔细分析。

(4) 德尔菲法。又称专家调查法,通过对一组彼此互不通气的专家的匿名调查得到预测信息。当没有多少历史数据可以参考且企业管理者也没有多少经验知识可以应用时,这种方法就比较适合。具体做法是首先给这些专家各自发出问题,收集到专家的第一轮回复后,主持人对专家意见进行统计,把统计结果反馈给每位专家,再请专家们根据第一轮的汇总结果再次思考,修正自己的想法,给出第二轮的意见。通常经过三轮左右,专家的意见如果逐渐由分散变得收敛,就可以认为是有意义的预测结果。

以上四种方法各有利弊,使用环境也各有不同,现实中需要根据预测对象酌情选用。此外,根据预测的不同需要,也可以几种方法组合使用,还可以与以下所描述的定量预测方法结合使用。

三、定量预测方法

各种定量预测的方法很多,分类很细,例如,因果分析法可分为一元线性回归、多元线性回归、一元非线性回归、多元非线性回归等多种方法;时序列分析法可以分为简单移动平均、加权移动平均、指数平滑等多种方法。这里只描述常用的几种。

(一) 因果分析法——一元线性回归

如果有两种因素具有相互影响且这两种因素的历史数据都可以得到的话,就可以用因果分析法进行预测。这两种因素之间的关系可能是线性相关,也可能是非线性相关。其中最常用的是一元线性回归模型。

图 12.2 展示了典型的一元线性回归模型。其中 x 代表自变量,例如,某地区历年新上市的商品房;y 代表因变量,例如,该地区的地毯销售量。数据显示,这二者之间存在线性相关关系,该关系可以表达为

$$y = a + bx \tag{12.1}$$

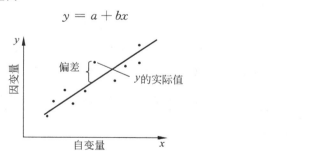

图 12.2　一元线性回归模型

其中,a 为截距,b 为斜率。表达式分别为

$$a = \bar{y} - b\bar{x} \tag{12.2}$$

$$b = \frac{\sum xy - n\bar{x} \cdot \bar{y}}{\sum x^2 - n\bar{x}^2} \tag{12.3}$$

其中，$\bar{x}$ 和 $\bar{y}$ 分别为变量 x 和 y 的均值。

为了衡量 x 和 y 之间的相关方向和相关强度，还可以计算相关系数 r，计算公式为

$$r = \frac{\sum(x-\bar{x})(y-\bar{y})}{\sqrt{\sum(x-\bar{x})^2(y-\bar{y})^2}} \tag{12.4}$$

r 的取值范围为 $-1 \leqslant r \leqslant 1$。$r=1$ 为正意味着 x 和 y 正相关，即 x 增大 y 也增大；r 为负意味着 x 和 y 负相关，即 x 增大时 y 反而减小；$r=0$ 则意味着二者之间不相关。图 12.3 展示了 r 取不同值时两个变量之间的相关关系，即 r 值越接近 1 或 -1，实际值与所作出的直线越接近。

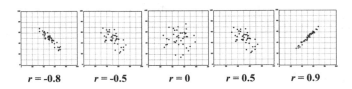

图 12.3　线性相关模型中不同相关系数下的图形显示

还可以用估计的标准差 S_{yx} 来衡量预测模型的误差，其公式为

$$S_{yx} = \sqrt{\frac{\sum(y-Y)^2}{n-2}} \tag{12.5}$$

S_{yx} 越小，表示预测值与直线的距离越接近。

只要根据以往的历史数据计算出系数 a 和 b，就可以根据该方程进行预测，并通过计算相关系数 r 和 S_{yx} 来估计预测模型的精确度。借助计算机，这些指标都可以很方便地进行计算。

【应用事例 12.1】

某家居商店拟预测一种房门把手的需求，根据以往经验，认为该房门把手的销售与广告费用有直接的相关关系。表 12.1 给出了过去 5 个月房门把手的销售量与广告费用。利用线性回归模型预测：如果下月的广告费用预算是 1 750 元，房门把手的需求是多少？

表 12.1　过去 5 个月房门把手销售量与广告费用

月　份	房门把手销售量/千个	广告费用/千元
1	264	2.5
2	116	1.3
3	165	1.4
4	101	1.0
5	209	2.0

利用 Excel 中的有关函数计算可得

$$a = -8.135$$
$$b = 109.229$$
$$r = 0.980$$
$$S_{yx} = 15.603$$

回归模型为

$$Y = -8.135 + 109.229x$$

相关系数高达 0.98,说明广告费与房门把手销售量之间有非常强的正相关关系。如果 6 月份的广告费为 1 750 元,计算可得 6 月份的房门把手需求 $= -8.135 + 109.229 \times 1.75 = 183.016$(千个)。

(二) 时序列分析法

时序列分析法的基本假设是该变量的变化趋势在未来仍然持续,所以这种方法的基本原理是根据某个变量过去需求随时间变化的关系来估计其未来的需求。下面介绍三种主要的时序列分析模型。

1. 简单移动平均法

基本公式为

$$F_{t+1} = \frac{n \text{期需求之和}}{n} = \frac{D_t + D_{t-1} + D_{t-2} + \cdots + D_{t-n+1}}{n} \tag{12.6}$$

其中,D_t——t 期的实际需求;

n——期数;

F_{t+1}——第 $t+1$ 期的预测值。

从该公式可以看出,预测值与所选的期数 n 有关。期数 n 越大,预测的稳定性越好。但反过来,较小的 n 对近期的变化比较敏感。

2. 加权移动平均法

基本公式为

$$F_{t+1} = W_1 D_1 + W_2 D_2 + \cdots + W_n D_{t-n+1} \tag{12.7}$$

其中,$W_t = t$ 期的加权系数,$\sum W_t = 1$,其余符号含义不变。

简单移动平均法对各期数据不分远近,同样对待,而加权移动平均法则弥补了这一缺陷,若近期的数据更多地反映了需求的未来变化趋势,通过为近期数据赋予较大权重就可以更好地在预测值中反映这一变化。如果每期的加权数均相同,加权移动平均值就变成了简单移动平均值。所以,简单移动平均是加权移动平均的一种特例。此外,与简单平均移动法类似,期数 n 也会影响预测结果。

3. 指数平滑法

基本公式为

$$F_{t+1} = \alpha D_t + (1 - \alpha) F_t \tag{12.8}$$

其中,α 为平滑系数,取值在 0 和 1 之间。其余符号含义不变。

指数平滑法的公式实际上是一个递推公式,第 $t+1$ 期的预测值可以看作前 t 期实测值指数形式的加权和。随着实测值期数的增大,其权数以指数形式递减。这正是指数平滑法名称的由来。显而易见,这种方法对近期、远期数据的不同强调程度也是用平滑系数 α 来调节。此外,从公式中可以看出,这种方法需要一个预测的初始值,可以将第一期的实际需求值作为初始预测值,也可以将前两期的实际需求值的均值作为初始预测值,随着预测期数的增加,初始值的影响会越来越小,因此对预测精度的影响不大。

实践中到底采用哪种方法来预测,预测中所需的加权系数、平滑系数如何确定,不可一概而论。下面用一组数据来比较这三种方法各自的特点。为了进行比较,首先介绍一个预测误差的简单衡量指标(更精确的预测误差衡量指标在下节描述):

$$E_t = D_t - F_t \tag{12.9}$$

其中,E_t——t 期的预测误差;

D_t——t 期的实际需求;

F_t——t 期的预测值。

例如,如表 12.2 所示的实际需求数据,分别用三种方法预测第 4、5 期需求,其中加权移动平均与指数移动平均所需的参数值以及预测结果如表 12.3 所示。表 12.3 还在假设第 4 期的实际需求为 415 时,给出了三种预测方法的各自简单误差。

表 12.2 一组需求数据

期	实际需求
1	400
2	380
3	411

表 12.3 三种时序列预测方法的比较

	简单移动平均	加权移动平均	指数平滑	
公式	$F_{t+1} = \dfrac{D_t + D_{t-1} + \cdots + D_{t-n+1}}{n}$	$F_{t+1} = W_1 D_1 + W_2 D_2 + \cdots + W_n D_{t-n+1}$	$F_{t+1} = \alpha D_t + (1-\alpha) F_t$	
第 4 期的预测值	397	$W_1=0.5, W_2=0.3, W_3=0.2$	$\alpha=0.8$	$\alpha=0.2$
		399.5	406.8	394.2
第 4 期的预测误差* ($E_4 = D_4 - F_4$)	18	15	8	21
第 5 期的预测值 F_5	402	406.8	413.4	398.4

*设第 4 期的实际需求是 415。

在上例中,加权移动平均法的预测精度要好于简单移动平均法,而指数平滑发的预测结果随平滑系数的不同呈现出两种截然相反的结果。这告诉我们,现实中预测方法的选择以及其中所需参数的选择会在很大程度上影响预测结果。因此,应当尽量利用已有数据对各种预测方法及预测参数的选择进行比较,不断改进预测绩效。

四、预测误差衡量与预测方法的组合运用

预测总是存在一定误差的,现实中需要仔细斟酌适用于不同预测环境的预测方法,使预测误差尽量小。预测误差的衡量包括两个方面:一是误差的大小,即预测精度;二是预测的无偏性,这是指误差有正负之分,当预测值大于实际值时,误差为正,反之为负,无偏的预测模型应该是正负误差出现的概率大致相同,否则就意味着预测方法有系统性缺陷。

式(12.9)给出的 E_t 是预测期内某一期的预测值与实际需求之间的差,这是进行需求预测误差评价的开始,在此基础上可以得到真正能够衡量预测误差的如下几个重要指标。这些指标大多用多期预测误差的平均值来表示,因为显而易见,只考虑某一期的预测误差的话,难以判断是随机因素还是系统性因素。这几个主要指标如下。

1. 平均预测误差(average forecast error, MFE)

$$\text{MFE} = \frac{\sum E_t}{n} \tag{12.10}$$

假如预测值持续地低于或高于需求,即是有偏的,MFE 的值会很大。如果预测模型是无偏的,MFE 应接近零。因此,这个指标可以很好地衡量预测模型的无偏性,但不能够反映预测值偏离实际值的程度。

2. 平均绝对偏差(mean absolute deviation, MAD)

$$\text{MAD} = \frac{\sum |E_t|}{n} \tag{12.11}$$

这一指标反映的是每次预测值与实际值的绝对偏差的均值,不分偏差值的正负,只考虑偏差值的大小,所以能较好地反映预测精度,但不能衡量预测的无偏性。

3. 平均平方误差(mean square error, MSE)

$$\text{MSE} = \frac{\sum E_t^2}{n} \tag{12.12}$$

这一指标与 MAD 类似,能较好地反映预测精度,但不能衡量预测的无偏性。

4. 误差的标准偏差(standard deviation of the errors, σ)

$$\sigma = \sqrt{\frac{\sum (E_t - \overline{E})^2}{n-1}} \tag{12.13}$$

可以看出,MAD、MSE 和 σ 衡量的都是预测误差的离差,如果 MSE、σ 或 MAD 较小,意味着预测值比较接近实际值。但这几个指标都不能衡量预测的无偏性,无法判断误差是对需求的高估还是低估。

5. 平均绝对百分误差(mean absolute present error, MAPE)

$$\text{MAPE} = \sum \frac{|E_t|}{D_t} \cdot \frac{100}{n} \tag{12.14}$$

MAPE 描述的是预测误差与需求值的相对大小,是把预测误差放在一个相对场景下考虑。例如,平均绝对偏差同样为 100,但是当平均需求分别为 200 和 10 000 时,其含义是截然不同的。这个指标适于比较不同产品的预测结果。

【应用事例 12.2】

表 12.4 给出了某家居公司一种扶手椅过去 3~10 月的销售值。使用这些数据用指数平滑法预测 4~10 月的需求,其中取 $\alpha=0.2$,5 月的初始预测值 $=105$,并计算预测结果的 MFE、MAD、MSE、σ 和 MAPE,讨论该预测方法的适用性。

表 12.4 扶手椅过去 3~10 月的销售值

月 份	销 售 值
3	100
4	80
5	110
6	115
7	105
8	110
9	125
10	120

分析:用指数平滑法预测的 4~10 月的需求以及预测结果的 MFE、MAD、MSE、σ 和 MAPE 的有关计算如表 12.5 所示。

表 12.5 扶手椅 4~10 月的预测值以及预测误差相关值

t	D_t	F_t	$E_t = D_t - F_t$	E_t^2	$|E_t|$	$(|E_t|/D_t) \cdot 100$
4	80	104	−24	576	24	30.00%
5	110	99	11	121	11	10.00%
6	115	101	14	196	14	12.17%
7	105	104	1	1	1	0.95%
8	110	104	6	36	6	5.45%
9	125	105	20	400	20	16.00%
10	120	109	11	121	11	9.17%
合 计			39	1451	87	83.75%

根据表 12.5,有如下计算:

$$\text{MFE} = \frac{\sum E_t}{n} = \frac{39}{7} = 5.57$$

$$\text{MAD} = \frac{\sum |E_t|}{n} = \frac{87}{7} = 12.43$$

$$\text{MSE} = \frac{\sum E_t^2}{n} = \frac{1451}{7} = 207.29$$

$$\sigma = \sqrt{\frac{\sum (E_t - \overline{E})^2}{n-1}} = \sqrt{\frac{\sum (E_t - 5.57)^2}{7-1}} = 14.34$$

$$\text{MAPE} = \sum \frac{|E_t|}{D_t} \cdot \frac{100}{n} = \frac{83.75\%}{7} = 11.96\%$$

从以上结果中可以看出，MFE 为正值，说明预测值有偏，对实际需求的估计偏低。从其他几项指标可以看出，预测的绝对偏差的均值为 12.43，与实际需求相比，预测误差大约是实际需求的 12%。这一预测结果可以说不尽如人意。其实仔细分析数据的话可以看出，这 8 个月的需求有逐渐向上的趋势，所以，可以尝试选择线性趋势模型等其他预测方法。

上例说明了几个重要问题。首先，很多时间序列是由几种成分叠加在一起的：趋势成分（按规律稳步上升或下降）、季节成分（在一年中按通常的频率有规则地波动）、周期成分[在较长的时间里（一年以上）有规则地上下波动]，以及随机波动成分，如图 12.4 所示。在企业现实的需求预测中，周期成分通常要几年甚至十几年才能看出来的，可以不予考虑，而随机成分无法控制，因此在预测中需要加以考虑的主要是趋势成分和季节成分。关于趋势成分，如上例，通过描点以及预测误差的评价可以找出，而季节成分相对而言也容易把握（很多产品的季节性特点是一目了然的）。其次，面对同一预测对象，不同预测方法以及其中参数的选择均可能对预测结果产生影响。现实中为了取得更好的预测结果，需要通过预测误差的衡量来反复比较、鉴别不同预测方法的优劣和适用性。此外，根据预测对象的不同，有时几种预测方法的结合使用能够取得更好的预测结果。

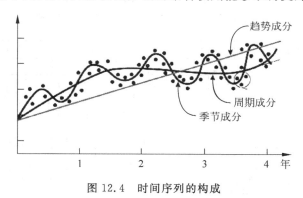

图 12.4 时间序列的构成

第二节 计划管理概论

按照计划来管理企业的生产经营活动，称为计划管理。计划管理是一个过程，通常包括编制计划、执行计划、检查计划完成情况和拟订改进措施四个阶段。计划管理包括企业生产经营活动的各个方面，如生产、技术、劳资、供应、销售、设备、财务、成本等。它不仅是计划部门的工作，其他所有部门和车间都要通过四个阶段来实行计划管理。

一、企业的不同计划及其相互关系

企业里有各种各样的计划，这些计划是分层次的。一般可以分成战略层计划、战术层计划与作业层计划三个层次。战略层计划涉及产品发展方向、生产发展规模、技术发展水平、新生产设施的建造等。战术层计划是确定在现有资源条件下所从事的生产经营活动应该达到的目标，如产量、品种、产值和利润。作业层计划是确定日常的生产经营活动的安排。三个层次的计划有不同的特点,如表 12.6 所示。由表中可以看出,从战略层到作业层,计划期越来越短,计划的时间越来越细,覆盖的空间范围越来越小,计划内容越来越详细,计划中的不确定性越来越小。

表 12.6 不同层次计划的特点

项 目	战略层计划	战术层计划	作业层计划
计划期	长(≥5 年)	中(1 年)	短(月、旬、周)
计划的时间单位	粗(年)	中(月、季)	细(工作日、班次、小时、分)
空间范围	企业	工厂	车间、工段、班组
详细程度	高度综合	综合	详细
不确定性	高	中	低
管理层次	企业高层领导	中层,部门领导	低层,车间领导
特点	涉及资源获取	资源利用	日常活动处理

企业战略层计划主要是企业长远发展规划。长远发展规划是十分重要的一种计划,它指导企业的全局,关系到企业的兴衰。战略计划下面最主要的是经营计划(business plan),再往下是各种职能计划。这些职能计划不是孤立的,它们之间的联系如图 12.5 所示。本书主要讨论的是生产与运作计划,一般来说,可分为三种:综合计划、主生产计划和物料需求计划。这是三种不同层次的计划,其作用和主要内容如下。

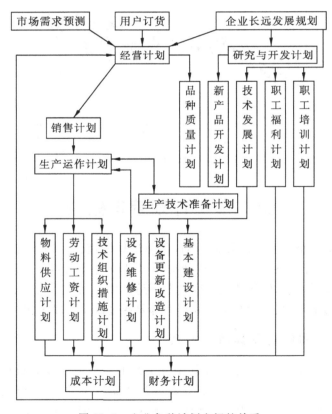

图 12.5 企业各种计划之间的关系

二、综合计划

综合计划又称生产大纲,它是对企业未来较长一段时间内资源和需求之间的平衡所作的概括性设想,是根据企业所拥有的生产能力和需求预测对企业未来较长一段时间内的产出内容、产出量、劳动力水平、库存投资等问题所做的决策性描述。

例如,一个空调企业,其产品需求的特点是季节性非常强,通常的生产方式是将秋季和冬季生产的产品放置于仓库,等需求高峰的春季和夏季到来时再卖。这种方式可以在某种程度上满足需求高峰时的订货要求,但是当某个夏季异常炎热的时候,就有可能发生缺货,产品供不应求。如果企业预先扩大能力,增加产量,那么当夏季来临,确实很热时,企业的销售额和市场份额会大增,给企业带来较大的利润。但如果夏季来临,但很凉快,企业就有可能积压产品,背上大量库存的沉重包袱。天气变化的难以预测使得这种决策变得很难。对于某些企业来说,宁可根据平均需求和历年的平均增长来考虑能力的扩大和产量增加问题,而不去试图猜测实际上难以预测的天气情况。这种问题就是综合计划的内容。

综合计划并不具体制定每一品种的生产数量、生产时间,每一车间、人员的具体工作任务,而是按照以下的方式对产品、时间和人员作安排。

(1) 产品。按照产品的需求特性、加工特性、所需人员和设备上的相似性等,将产品综合为几大系列,以系列为单位来制订综合计划。例如,服装厂根据产品的需求特性分为女装和童装两大系列,自行车厂分为 24 型和 28 型两大系列。

(2) 时间。综合计划的计划期通常是年(有些生产周期较长的产品,如大型机床等,可能是两年、三年或五年),因此有些企业也把综合计划称为年度生产计划或年度生产大纲。在该计划期内,使用的计划时间单位是月、双月或季。在采用滚动式计划方式的企业,还有可能未来 3 个月的计划时间单位是月,其余 9 个月的计划时间单位是季等。

(3) 人员。综合计划可用几种不同方式来考虑人员安排问题,例如,将人员按照产品系列分成相应的组,分别考虑所需人员水平;或将人员根据产品的工艺特点和人员所需的技能水平分组,等等。综合计划中对人员还需考虑到需求变化引起的对所需人员数量的变动,决定是采取加班,还是扩大聘用等基本方针。

三、主生产计划

主生产计划(master production schedule,MPS)要确定每一具体的最终产品在每一具体时间段内的生产数量。这里的最终产品,主要指对于企业来说最终完成、要出厂的完成品,它可以是直接用于消费的消费产品,也可以是作为其他企业的部件或配件。这里的具体时间段通常以周为单位,在有些情况下,也可能是旬、日或月。

表 12.7 是某自行车厂的综合计划和与其相对应的主生产计划的一个例子。从该例中可以明显地看出这两种不同计划之间的区别和关系。如上所述,综合计划是企业对未来一段较长时间内企业的不同产品系列所做的概括性安排,它不是一种用来具体操作的实施计划。而主生产计划,正是把综合计划具体化为可操作的实施计划。如表 12.7(a)所示,在该厂的综合计划中,未来 3 个月 24 型系列产品的月产量分别为 10 000,15 000

和20 000辆。但实际上24型自行车又可分为三种不同车型:C型,带有辅助小轮的儿童用车;D型,耐用型,适于道路条件不好的情况;R型,带有装饰的豪华型。这三种车型的车轮大小是一样的,同属24型。而所谓"24型"车是无法生产的,只能具体生产出C型、D型或R型。表12.7(b)是根据表12.7(a)的综合计划制订的主生产计划。从该表中可以看出,由于D型车的需求量较大,是连续生产的,而其他两种车型的需求量较小,生产是断续的,即分批轮番生产。

表12.7(a) 某自行车厂的综合计划

月 份	1	2	3
24型产量/辆	10 000	15 000	20 000
28型产量/辆	30 000	30 000	30 000
总工时/h	68 000	68 000	75 000

表12.7(b) 某自行车厂的MPS

月 份	1				2				3			
周 次	1	2	3	4	5	6	7	8	9	10	11	12
C型产量/辆		1 600		1 600		2 400		2 400		3 200		3 200
D型产量/辆	1 500	1 500	1 500	1 500	2 250	2 250	2 250	2 250	3 000	3 000	3 000	3 000
R型产量/辆	400		400		600		600		800		800	
月产/辆	10 000				15 000				20 000			

四、物料需求计划

主生产计划确定以后,生产管理部门下一步要做的事是保证生产主生产计划规定的最终产品所需的全部物料(原材料、零件、部件等)以及其他资源能在需要的时候供应上。这个问题看似简单,做起来却并不容易。因为一个最终产品所包括的原材料、零件、部件的种类和数量可能是相当大的,而且对于自行车、汽车、家电等复杂产品来说,不同的零部件之间还有相关的"母子"关系,从而构成一个多层结构。所谓的物料需求计划,就是要制订这样的原材料、零件和部件的生产采购计划:外购什么,生产什么,什么物料必须在什么时候订货或开始生产,每次订多少、生产多少,等等。

也就是说,物料需求计划要解决的是与主生产计划规定的最终产品相关的物料的需求问题,而不是对这些物料的独立的、随机的需求问题。这种相关需求的计划和管理比独立需求要复杂得多,对于一个企业来说也十分重要,因为只要在物料需求计划中漏掉或延误一个零件,就会导致整个产品完不成或延误。

对于大多数制造业企业来说,其生产计划都大致可以分为上述三类。本章详细讨论综合计划和主生产计划。关于物料需求计划,由于其复杂性,放在下一章专门讨论,并在下一章一并介绍在物料需求计划基础之上发展起来的综合生产经营计划系统——制造资源计划(MRPⅡ)。

第三节　综合计划的制订

一、所需主要信息和来源

如第二节所述,综合计划是对企业未来较长一段时间内资源和需求之间的平衡所做的概括性设想,它要根据企业所拥有的生产能力和需求预测对企业的产出内容、产出速度、劳动力水平、库存投资等问题做概括性的决策。这些决策必须在与企业生产经营有关的多种信息基础上才能作出。这些信息需要由企业不同的部门提供,如表12.8所示。

表12.8　综合计划的所需信息及其来源

所　需　信　息	信　息　来　源
新产品开发情况 主要产品和工艺改变(对投入资源的影响) 工作标准(人员标准和设备标准)	技术部门
成本数据 企业的财务状态	财务部门
劳动力市场状况 现有人力情况 培训能力	人事管理部门
现有设备能力 劳动生产率 现有人员水平 新设备计划	制造(生产)部门
市场需求预测 经济形势 竞争对手状况	市场营销部门
原材料供应情况 现有库存水平 供应商、承包商的能力 仓储能力	物料管理部门

由于综合计划对一个企业来说是非常重要的,因此各种信息应尽量正确,并保证及时提供。所以,每一部门应由一个级别较高的人来负责此事,提供信息,并参与综合计划的制订。在制订一项计划的过程中,各部门的利益有可能会发生冲突(这一点下面还要提到),因此有时还需要通过召集各部门负责人会议来讨论综合计划的制订问题,并解决其中的矛盾。

二、综合计划的主要目标及其相悖关系分析

综合计划是企业的整体计划,要达到企业的整体经营目标。它不是一个部门计划,因此其目标与部门目标也有所不同。而且,这些目标的综合实现与部门目标有时是相悖的。因此,在综合计划的制订过程中必须处理好这些关系,妥善解决矛盾。

综合计划的主要目标可概括为表12.9。很显然,这六个目标之间存在某种相悖的特性。例如,最大限度地提供顾客服务要求快速、按时交货,但这是通过增加库存,而不是减少库存达到的;在业务量随季节变化的部门,以成本最小为目标的人员计划不可能同时做到既使人员变动水平最低,又使顾客服务最好;在一个制造业企业,当产品需求随季节波动时,要想保持稳定的产出速率,需要同时保持较大的库存;等等。这些均说明了这六个目标之间的相悖性。但是,可以把这些目标归结为:用最小的成本,最大限度地满足需求。因此在制订综合计划时,需要权衡上述目标因素,进行适当的折中,并同时考虑一些非定量因素。

表 12.9　综合计划的目标

成本最小/利润最大
顾客服务最大化(最大限度地满足顾客要求)
最小库存投资
生产速率的稳定性(变动最小)
人员水平变动最小
设施、设备的充分利用

在对这些具有相悖关系的目标进行平衡时,首先需要提出一些初步的候选方案,然后综合考虑,作最后抉择。制订初步的候选方案时,一般来说,有以下两种基本思路。

三、两种基本的决策思路

在进行综合计划决策时,可以有多种方法和手段,但其基本思路可分为两种:稳妥应变型和积极进取型。

(一)稳妥应变型

这种类型的基本思路是根据市场需求制订相应的计划,也就是说,将预测的市场需求视为给定条件,通过改变人员水平、加班加点、安排休假、改变库存水平、外协等方式来应对市场需求。在这种基本思路之下,常用的应变方法有如下几种。

(1) 调节人力水平。通过聘用和解聘人员来实现这一点。当人员来源充足且主要是非熟练工人或半熟练工人时,采用这一方法是可行的,但是对于很多企业来说,符合其技能要求的人员来源是非常有限的,并不是什么时候想聘用什么时候就有。新工人需要加以培训,而培训是需要时间的,一个企业的培训设施能力也是有限的。此外,对于很多企业来说,解聘工人是很困难的,或者说很特殊情况下才有可能(例如,社会制度的不同;工会强大与否;行业特点,社会保险制度的特点),而对于某些产业来说,解聘再聘则是很平常的事,例如,旅游业、农场等。

(2) 加班或部分开工。调节人员水平的另一个方法是加班或者减少工作时间(部分开工)。当正常工作时间不足以满足需求时,可考虑加班;反之,当正常工作时间的产量大于需求量时,可部分开工,只生产所需的量。但是,加班需要付出更高的工资,通常为正常工资的1.5倍,这是生产与运作管理人员经常限制加班时间的主要原因。工人有时候也不愿意加班太多,或长期加班。此外,加班过多还会导致生产率降低、质量下降等。部分开工是在需求量不足,但又不解聘人员的情况下才使用的方法。在许多采取工艺对象专业化组织方式的企业,对工人所需技能的要求较高,再聘具有相当技能的人不容易,因此常常采用这种方法。在有些情况下,这只是一种不得已而为之的方法,例如,根据合同或有关法规不能解聘人员。这种方法的主要缺点是生产成本升高（单位产品中的人工成本增加），人力资源、设备资源的效率低下。

(3) 利用调节库存。第十章曾讲过，可在需求淡季储存一些调节库存，在需求旺季时使用。这种方法可以使生产速率和人员水平保持一定，但需要耗费相当的成本。如前所述，完成品的储存是最费钱的一种库存投资形式，因为它所包含的附加劳动最多。因此，如果有可能，应该尽量储藏零部件、半成品，当需求到来时，再迅速组装。

(4) 外协。这是用来弥补生产能力短期不足的一种常用方法。可利用承包商提供服务、制作零部件，某些情况下，也可以让它们承包完成品。

总而言之，稳妥应变型的决策最终要决定不同时间段的不同生产速率，无论考虑上述哪一种应变方法或哪几种应变方法，都意味着在该时间段内的产出速率被决定了。

(二) 积极进取型

用稳妥应变型的思路来处理季节性需求或其他波动较大的需求往往需要花费较高的成本。与之相反，积极进取型则力图通过调节需求模式来影响、改变需求，通过调节对资源的不平衡要求来达到有效地、低成本地满足需求的目的。常用的方法有以下几种。

(1) 导入互补产品。也就是说，使不同产品的需求"峰""谷"错开。例如，生产拖拉机的企业可同时生产机动雪橇，这样其主要部件——发动机的年间需求可基本保持稳定（春、夏季主要装配拖拉机，秋、冬季主要装配雪橇）。关键是找到合适的互补产品，它们既能够充分使用现有资源（人力、设备），又可以使不同需求的峰、谷错开，使产出保持均衡。

(2) 调整价格，刺激淡季需求。在需求淡季，可通过各种促销活动，降低价格等方式刺激需求。例如，夏季削价出售冬季服装；冬季降价出售空调；航空货运业在需求淡季出售廉价飞机票等。

一般来说，基于稳妥应变型思路的候选方案主要由生产与运作管理人员来审查合适与否，而基于积极进取型思路的方案主要由市场营销人员来考虑。重要的是这两种基本思路的有机结合以及这两个部门人员的密切合作，只有这样，才能使综合计划达到最优或较优。

四、制订综合计划的优化方法

综合计划的制订方法有多种，这里介绍两种常用的优化方法。

(一) 图表法

图表法又称运输表法。这种方法的基本假设是：每一单位计划期内正常生产能力、加班生产能力以及外协量均有一定限制；每一单位计划期的预测需求量是已知的；全部成本都与产量呈线性关系。在这些假设之下，图表法可给出整个计划内每一单位计划期的最优生产计划。当问题的规模较大时，还可用计算机软件来求解。

这种方法可以分别考虑两种情况：允许生产任务积压和不允许积压。这里介绍不允许积压情况下的手算方法。

首先需要画出一张表格，它可以表示每一单位计划期的生产能力计划、需求量、初始库存量以及可能发生的成本。图12.6是一个包括4个单位计划期的图表法模型的表格,该表中各个符号的含义如图注所示。

计划方案		计划期				未用生产能力	全部生产能力
单位计划期		1	2	3	4		
	期初库存	0	h	$2h$	$3h$		I_0
1	正常生产	r	$r+h$	$r+2h$	$r+3h$		R_1
	加班生产	c	$c+h$	$c+2h$	$c+3h$		OT_1
	外协	s	$s+h$	$s+2h$	$s+3h$		S_1
2	正常生产	×	r	$r+h$	$r+2h$		R_2
	加班生产	×	c	$c+h$	$c+2h$		OT_2
	外协	×	s	$s+h$	$s+2h$		S_2
3	正常生产	×	×	r	$r+h$		R_3
	加班生产	×	×	c	$c+h$		OT_3
	外协	×	×	s	$s+h$		S_3
4	正常生产	×	×	×	r		R_4
	加班生产	×	×	×	c		OT_4
	外协	×	×	×	s		S_4
需求		D_1	D_2	D_3	D_4+I_4		

h——单位计划期内单位产品的库存成本
r——单位产品的正常生产成本
c——单位产品的加班生产成本
s——单位产品的外协成本
I_0——第1期期初库存
I_4——所期望的第4期期末库存
R_t——t期的正常生产能力
OT_t——t期的加班生产能力
S_t——t期的外协生产能力
D_t——t期需求量

图12.6 图表法模型

下面对该表中的一些元素做些解释。首先,每一行表示一个计划方案,例如,第一行表示期初库存,它可以用来满足4个单位计划期内任一期的需求。第二行是第一期内正常工作时间的生产量,它也可以用来满足4个单位计划期内任一期的需求。再下来的两行是该期加班生产量和外协量,依此类推。其次,列表示一个计划所覆盖的计划期,此外还有尚未使用的生产能力和总生产能力。再次,矩阵中每一格(称为单元)的右上角表示单位产品的相应成本,包括生产成本和库存成本。例如,在第一单位计划期,正常时间的生产成本是r,如果在第1期生产出来的产品准备第2期再销售,则成本为$r+h$,因为又发生了一个月的库存成本。第1期生产的产品如第3期销售,则成本为 $r+2h$,依此类推。大×表示生产任务不得积压(即不能在后几期生产前几期的需求产品)。很明显,成本最低的方案是当期生产当期销售。但是,由于生产能力的限制,这一点并不是总可以做到的。最后,第1期的期初库存费用为零是因为它是前一个计划期(例如,上一年)决策方案的函数,又在本计划期内考虑。

由于不允许任务积压,利用该表手算可求得最优解,具体步骤如下:

① 将总生产能力列的生产能力数字放到"未用生产能力"一列;

② 在第1列(即第1单位计划期)寻找成本最低的单元;

③ 尽可能将生产任务分配到该单元,但不得超出该单元所在行的未使用生产能力和该单元所在列的需求;

④ 在该行的未使用生产能力中减掉所占用的部分(注意:剩余的未使用生产能力绝不可能是负数,如果负数是无法避免的,说明在该生产能力的约束条件下无可行解,必须增加生产能力),如果该列仍然有需求尚未满足,则重复步骤②至步骤④,直至需求全部满足;

⑤ 在其后的各单位计划期重复步骤②至步骤④,注意在完成一列后再继续下一列(不要几列同时考虑)。

使用这种方法时应时刻记住一个原则:一行内各单元记入量的总和应等于该行的总生产能力,而一列内各单元记入的总和应等于该列的需求。遵循这条原则才能保证总生产能力未被超过及全部需求得到满足。

【应用事例 12.3】

TR公司生产各种油漆,油漆的需求是具有季节波动特性的,通常3季度是需求高峰。需求预测及有关的成本数据如表12.10(a),表12.10(b)所示。此外,现有库存量为250 000加仑,所希望的期末库存为300 000加仑。该公司每季度的最大加班能力为该季度正常生产能力的20%。外协厂家在每一季度可提供的产品数量均为200 000加仑。公司现在打算根据表12.10(c)所示的生产能力计划来制订综合计划。按照公司的经营方针,不允许任务积压和库存缺货。

表 12.10(a) 需 求 预 测   单位:千加仑

季 度	1	2	3	4	合 计
需 求	300	850	1 500	350	3 000

表 12.10(b) 成 本 数 据

单位产品的库存成本	0.3元/季度
单位产品的正常生产成本	1.00元
单位产品的加班生产成本	1.50元
单位产品的外协成本	1.90元

表 12.10(c)　生产能力计划　　　　　　　　　单位：千加仑

季　度	1	2	3	4
正常生产	450	450	750	450
加班生产	90	90	150	90
外协	200	200	200	200

这个问题可以用图表法来解决,图 12.7 为该问题的解。

第一步是将各行总生产能力的数字填入该行的未使用生产能力单元。这里要注意,由于需求总量比能力总量少 270 000,在求解过程结束时还应该有 270 000 未使用生产能力。

计划方案		计划期				未用生产能力	全部生产能力
单位计划期		1	2	3	4		
	期初库存	0.00 250	0.30	0.60	0.90	0	250
1	正常生产	1.00 50	1.30 400	1.60	1.90	0	450
	加班生产	1.50	1.80	2.10 90	2.40	0	90
	外协	1.90	2.20	2.50 20	2.80	180	200
2	正常生产	×	1.00 450	1.30	1.60	0	450
	加班生产	×	1.50	1.80 90	2.10	0	90
	外协	×	1.90	2.20 200	2.50	0	200
3	正常生产	×	×	1.00 750	1.30	0	750
	加班生产	×	×	1.50 150	1.80	0	150
	外协	×	×	1.90 200	2.20	0	200
4	正常生产	×	×	×	1.00 450	0	450
	加班生产	×	×	×	1.50 90	0	90
	外协	×	×	×	1.90 110	90	200
需　求		300	850	1500	650	270	3 570

图 12.7　用图表法求解的 TR 公司综合计划(单位：千加仑)

下一步,对每一季度重复步骤②至步骤④。首先从 1 季度开始。在 1 季度,成本最小的方案是使用现有库存,所以尽可能多地将任务分配到该单元,即 250 000 加仑,这样还剩 50 000 加仑的需求尚未被满足,可再寻找成本最低的单元——利用正常生产能力,这样该行的未使用生产能力被减掉 50 000 加仑。

1 季度的需求在上述步骤中已得到了满足,现在考虑 2 季度。在 2 季度,成本最小的方案是利用该季度的正常生产能力,全部利用(450 000 加仑)之后,还剩 400 000 加仑需求未被满足,那么下一个成本最小的方案是利用1季度的正常生产能力,在该单元可使剩余需求全部得到满足。现在1季度和2季度的正常生产能力已全部用完。在3季度,可利用的1、2季度的生产能力只剩下加班生产能力和外协能力。首先,将任务最大限度地分配给3季度的正常生产能力,这是成本最低的。此后的分配顺序是:3季度的加班生产能力,2季度的加班生产能力,3季度的外协能力,1季度的加班能力和2季度的外协能力。最后,还需分配20 000加仑到1季度的外协能力,方可全部满足需求。这样的任务分配意味着:在1季度和2季度必须生产调节库存,以满足3季度的需求。在分配了任务的相应行,还需修改未使用生产能力的数字。在4季度,仍重复相同的步骤。

检查最后作出的方案是否可行的一个办法即是上述提到的原则:未使用能力不得是负数,每一行的生产任务总额(包括未使用能力)应等于该行的总生产能力,每一列(即每一季度)的生产任务总额等于该列(季度)的需求。

该计划的总成本是各单元生产任务乘该单元单位成本的和,总计为4 010 000元。用图表法得出最优计划之后,应该将该计划从图表形式改写为如表12.11所示的一目了然的形式。

表12.11　TR公司的综合计划　　　　　　　　　　　单位:千加仑

季　　度	正常生产	加班生产	外　　协	调节库存
1	450	90	20	510
2	450	90	200	400
3	750	150	200	0
4	450	90	110	300

当一个季度的生产量加外协量超过需求时,就会产生调节库存。例如在1季度,正常时间内生产了450 000加仑,其中1季度将销售50 000加仑,2季度将销售400 000加仑,此外,在该季度还加班生产了90 000加仑,并从外协厂家购买了20 000加仑,以备3季度用,合计总量为560 000加仑,这样,如表12.10所示,全部库存为超出需求部分的510 000加仑。反过来,当生产量加外协量小于需求量时,调节库存将被消耗。如表12.11所示,在2季度就出现了这种现象。在该季度,生产和外协的总量为740 000加仑,而需求为850 000加仑,因此消耗掉库存110 000加仑,如图所示,调节库存从1季度的510 000加仑变为2季度的400 000加仑,在3季度全部被消耗。

在上述应用事例中,使用了大量的加班生产和外协生产。但是,一个更好的能力计划也许是增加人员,从而增加正常生产能力,它所带来的生产成本的降低也许会远远抵消增加人员所带来的成本。可以尝试制订不同能力计划下的最优生产计划,进行比较,这也是一个反复试行的过程。

用这种方法也可以考虑允许任务积压的情况。例如,在上述应用事例中,3季度的正常生产能力可用来满足2季度的需求,当然可以考虑加上一些违约罚款的成本。事实上,图表法中的大×表示成本非常高,不可能考虑这样的方案,当使用计算机软件来求解这类问题时,可允许问题包括任务积压。

(二) 线性规划法

上面讨论的图表法实际上是线性规划法的一种特殊形式。用于制订生产计划的线性规划模型在给定的线性目标函数和一系列线性约束条件下可求出最优生产计划方案。这样的线性规划模型可处理有大量变量和约束条件的问题,并不仅限于如图表法所示的那样,只以能力计划为约束条件,它可以决定最优库存水平、任务积压量、外协量、生产量(正常)、加班生产所需的临时聘用和解聘等多个问题。这种模型的主要局限性在于,各个变量之间的全部关系都必须是线性的,决策变量的最优值可能不是整数。在实际生产中,有时变量之间的关系是非线性的,例如,在同一期内生产两种产品所发生的作业交换成本。有时变量只能取整数值,例如,表示人员数、设备数时。因此,在这些情况下,这种模型有其应用的局限性。

现在用一个例子来说明线性规划法在综合计划中的应用。假设要为某一产品族制订一个综合计划,基本方针是不积压生产任务。每一工人每月可生产 5 000 件产品,外协和加班都是可以选择的,但每月加班量不得超过正常工作量的 15%。设

D_t: t 月的需求(假定预先已知,不是变量)

W_t: t 月初可使用的工人人数

H_t: t 月初聘用的工人人数

L_t: t 月初解聘的工人人数

I_t: t 月初的库存量

S_t: t 月的外协生产量

O_t: t 月的加班生产量

这样,每月都可以得到下列约束关系式:

$$W_t = W_{t-1} + H_t - L_t \quad \text{(人员数量关系式)}$$
$$I_t = I_{t-1} + 5\,000W_t + O_t + S_t - D_t \quad \text{(库存量关系式)}$$
$$O_t < 0.15 \times (5\,000W_t) \quad \text{(加班量关系式)}$$

其中有 6 个变量,3 个基本约束关系式,如果整个计划期长度是 12 个月,单位计划期为月,则有 72 个决策变量和 36 个约束关系式。此外,还需要决定目标函数,或成本最小,或利润最大。例如,设

C_w: 每个工人每月的正常工资

C_h: 一个工人的聘用费用

C_l: 一个工人的解聘费用

C_i: 单件产品的月库存费用

C_s: 单件产品的外协费用

C_o: 单件产品的加班生产费用

则成本最小的目标函数为

$$\text{TC} = \sum_{t=1}^{12}(C_wW_t + C_hH_t + C_lL_t + C_iI_t + C_sS_t + C_oO_t)$$

由此可以看出,即使是这样一个较简单的问题,其中所包括的变量和约束条件也是相当多的。很显然,采用这种模型制订综合计划离不开计算机的支持。

第四节 主生产计划的制订

一、主生产计划的制订程序及其约束条件

主生产计划(MPS)是要确定每一具体的最终产品在每一具体时间段内的生产数量。

MPS 的制订程序如图 12.8 所示。首先,它是从综合计划开始的,是对综合计划的分解和细化。MPS 方案的制订也是一个反复试行的过程。当一个方案制定出来以后,需要与所拥有的资源做对比(设备能力、人员、加班能力、外协能力等),如果超出了资源限度,则须修改原方案,直至得到符合资源约束条件的方案,或得出不可能满足资源条件的结论。在后者的情况下,则需要对综合计划作出修改,或者增加资源。最终,方案需要拿到决策机构去审批,然后作为物料需求计划的输入(或前提条件)来制订 MRP。该计划将确定每一零部件生产和装配的具体时间。

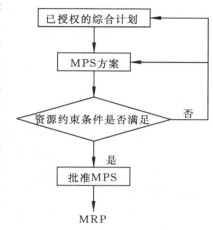

图 12.8 MPS 的制订程序

MPS 所需满足的约束条件首先是 MPS 所确定的生产总量必须等于综合计划确定的生产总量。这一点从本章第二节的表 12.7(a)和表 12.7(b)所示的某自行车厂的例子中可以看得很清楚。该约束条件包括两个方面:第一个方面是每个月 C、D、R 三种型号的自行车生产总量必须等于综合计划中所确定的每个月 24 型自行车的生产总量。如果综合计划的生产总量不是用产品件数,而是用钱数或人工数来表示的,MPS 也必须转换成相应的单位。但是,为了有利于进行库存管理,仍然应该有用产品件数表示的 MPS。第二个方面是,综合计划所确定的某种产品在某时间段内的生产总量(也就是需求总量)应该以一种有效的方式分配在该时间段内的不同时间生产。例如,在该例中,1 月份的生产总量被分为 C 型 3 200 个,D 型 6 000 个,R 型 800 个,总量与综合计划一致,共 10 000 个。这种组合应该是基于多方面考虑的,例如,需求的历史数据、对未来市场的预测、订单以及企业经营方面的其他考虑。此外,在该例中,其 MPS 是以周为单位的,但也可以日、旬或月为单位。当选定以周为单位以后,必须根据周来考虑生产批量(断续生产的情况下)的大小,其中重要的考虑因素是作业交换成本和库存成本。

MPS 所需满足的另一个约束条件是,在决定产品批量和生产时间时必须考虑资源的约束。与生产量有关的资源约束有若干种,如设备能力、人员能力、库存能力(仓储空间的大小)、流动资金总量等。在制订 MPS 时,必须首先清楚地了解这些约束条件,根据产品的轻重缓急来分配资源,将关键资源用于关键产品。

二、制订主生产计划的基本模型

本节介绍制订 MPS 的基本模型,其程序包括计算现有库存量、决定 MPS 产品(即

MPS 计划的产品)的生产量与生产时间、计算待分配库存等多个步骤。这一节的讨论中要引入多个术语,并说明实际的 MPS 的制订过程是一个反复试行的过程。为简便起见,假定要研究的企业不需要最终产品的安全库存(在实际中,很多企业是需要的,下一章将强调安全库存在 MRP 中的重要性)。

(一) 计算现有库存量

现有库存量(projected on-hand inventory, POH)是指每周的需求被满足之后手头仍有的、可利用的库存量。它等于上周末库存量加本周 MPS 生产量,再减去本周的预计需求量或实际订货量(取其中的大数)。可用公式表示为

$$I_t = I_{t-1} + P_t - \max(F_t, CO_t) \tag{12.15}$$

式中,I_t——t 周末的现有库存量;

P_t——t 周的 MPS 生产量;

F_t——t 周的预计需求;

CO_t——t 周准备发货的顾客订货量。

上式中的 P_t 是企业准备在 t 周完成并发送的产品数量。式中之所以减去预计需求量和实际订货量之中的大数(这二者往往是不一样的),是为了最大限度地满足需求。

现在来考虑这样一个例子:某工业阀门制造企业,其产品包括一系列不同的型号和规格。现在企业想要为其 3 型产品制订一个 MPS。市场营销部门预测,该产品 4 月份的需求为 80 个,5 月份为 160 个。MPS 以周为单位来制订,以便更好地控制零件生产进度。

图 12.9 是用于记录 MPS 有关数据的表格形式(要做的 MPS 将在后面再加)。现有库存量(期初)是 45,在预计需求一栏内,标明了 4 月和 5 月 8 周内每周的需求量。要注意的是,这些需求预计量不一定能反映实际的销售情况。顾客订单栏标明的是顾客的实际订货量,即每周应发往顾客的量。应注意,第 1 周顾客的订货量为 23,大于需求预计量,用式(12.15)来计算,第 1 周末的 POH 为 45+0-23=22。虽然第 1 周顾客订货量超过了预计需求量,但 4 月份的全部订货量(50 个)仍在需求预计范围内(80 个)。第 3 周末的 POH 显示将发生 18 个缺货,该负数是一个要求生产的信号,表示需要在该周至少生产这么多量。(到目前为止,该表的 MPS 一栏仍空着,未做任何计划。)

期初库存:45　　　　　　　　　　　　　　生产批量:80

	4月				5月			
	周次				周次			
	1	2	3	4	5	6	7	8
需求预计	20	20	20	20	40	40	40	40
顾客订货	23	15	8	4	0	0	0	0
现有库存量	22	2	-18					
MPS量								

图 12.9　3 型产品的现有库存量

（二）决定 MPS 的生产量和生产时间

这是 MPS 制订过程中的第 2 个步骤，应时刻记住的一点是，所制订的 MPS 的生产量和生产时间应保证 POH 是非负的。一旦 POH 有可能变负，就应通过 MPS 来使之补上，MPS 生产时间的决定基准之一就在于此。现在仍通过上例说明 MPS 的这一步骤。

如果企业首先想要消耗掉现有库存，则第一个 MPS 量的生产周应该是直至库存用完的那一周，即如图 12.10 所示的第 3 周。第 3 周的生产量应使 POH 大于或等于零，然后继续计算库存的消耗，直至下次缺货发生。下次缺货的发生与第一次类似，仍是一个要求生产的信号。这一过程反复进行，直至该计划长度内各期的需求都得到满足。用这种方法，可依次检索 MPS 记录的各栏，在需要的栏内填入 MPS 生产量。

现假设该企业 3 型产品的生产批量（由企业生产方针所决定）为 80 个，在 4、5 两个月 8 周内各周的期初库存（即上周库存）、期末库存（当周库存）以及 MPS 量的计算如表 12.12 所示。将该计划用类似图 12.8 的图表表示，如图 12.10 所示。

表 12.12 3 型产品 MPS 量的计算

周	期初库存		需求量	是否缺货		MPS 量		期末库存
1	45	—	23	否	+	0	=	22
2	22	—	20	否	+	0	=	2
3	2	—	20	是	+	80	=	62
4	62	—	20	否	+	0	=	42
5	42	—	40	否	+	0	=	2
6	2	—	40	是	+	80	=	42
7	42	—	40	否	+	0	=	2
8	2	—	40	是	+	80	=	42

期初库存：45　　　　　　　　　　　　　　　　生产批量：80

	4月				5月			
	周次				周次			
	1	2	3	4	5	6	7	8
需求预计	20	20	20	20	40	40	40	40
顾客订货	23	15	8	4	0	0	0	0
现有库存量	22	2	62	42	2	42	2	42
MPS 量	0	0	80	0	0	80	0	80

图 12.10 3 型产品的 MPS 量

（三）计算待分配库存

计算待分配库存（available-to-promise inventory，ATP）是指，营销部门可用来答应顾客在确切的时间内供货的产品数量。对于临时的、新来的订单，营销部门也可利用

ATP 来签供货合同,确定具体的供货日期。

ATP 的计算在第 1 周与以后各周略有不同。第 1 周的 ATP 量等于期初库存量加本周的 MPS 量减去直至下一期(不包括该期)MPS 量到达为止的全部订货量。在以后的各周,只在有 MPS 量时才计算,计算方法为:该周的 MPS 量减去从该周至下一期(不包括该期)MPS 量到达为止的全部订货量。以后各周的 ATP 计算中之所以不考虑 POH,是因为已经在第 1 周的计算中被使用过了。

仍以上述的阀门制造企业为例,假定该企业又收到了 3 型产品的下列订单(见表 12.13),企业必须判断在现在这种生产计划的安排下能否接受这些订单。该判断主要是根据这些订单所要求的发货日期来决定的,为此还需要更新 MPS 的记录。

表 12.13 3 型产品的新订单

订单序号	订货量/个	交货时间(周序号)
1	5	2
2	38	5
3	24	3
4	15	4

首先需要决定该产品的 ATP 量。如图 12.11 所示,第 1 周的 ATP 为 45+0−(23+15)=7,即直至下一期的 MPS 量(第 3 周),现有的 POH 可满足业已接受的全部订单,除此之外,还剩余 7 个,可满足要求在第 1、2 周发货的新订单。第 3 周的 ATP 为 80−(8+4+0)=68,该 ATP 可满足要求在第 3、4、5 周发货的新订单。由于在 5 月份没有已接受的订单,因此第 6 周和第 8 周的 ATP 就等于 MPS 量,即 80。80 可全部用来满足要求第 6、7、8 周发货的新订单要求。

期初库存: 45　　　　　　　　　　　　　　生产批量: 80

	4月				5月			
	周次				周次			
	1	2	3	4	5	6	7	8
需求预计	20	20	20	20	40	40	40	40
顾客订货	23	15	8	4	0	0	0	0
现有库存量	22	2	62	42	2	42	2	42
MPS量	0	0	80	0	0	80	0	80
ATP量	7		68			80		80

图 12.11 3 型产品的 ATP 量

由此可见,对于上述 4 个订单,1、2、3 均可接受,即满足订单 1 以后,第 1 周 ATP 还剩 2 个。满足订单 2 之后,第 3 周的 ATP 还剩 30 个(68−38)。满足第 3 个订单以后,第 3 周的 ATP 还剩 6 个(30−24)。但是第 4 个订单要求在第 4 周发货 15 个,但现在第 1 周和第 3 周的 ATP 总共还剩 8 个(2+6),少于订单要求的量,因此可以与买主协商,在第 6 周交货,否则只好放弃。

三、主生产计划制订中的技巧问题

(一) MPS 与综合计划的连接

在上述 MPS 的基本模型中,我们并未考虑利用生产速率的改变、人员水平的变动或调节库存来进行权衡、折中。但是,正如上节所讨论的,综合计划是要考虑生产速率、人员水平等折中因素的,因此在实际的 MPS 制订中,是以综合计划所确定的生产量而不是市场需求预测量来计算 MPS 量,也就是说,以综合计划中的生产量作为上述 MPS 模型中的预测需求量。综合计划中的产量是按照产品系列来规定的[例如,表 12.7(a)中的 24 型自行车多少辆,28 型自行车多少辆],为了使之转换成 MPS 中的市场需求量,首先需要对其进行分解,分解成每一计划期内对每一具体型号产品的需求[例如,表 12.7(b)中对 24 型自行车中 C、D、R 型的不同需求]。在做这样的分解时,必须考虑不同型号、规格的适当组合,每种型号的现有库存量和已有的顾客订单量等,然后,将分解结果作为 MPS 中的需求预测量。

总而言之,MPS 应是对综合计划的一种具体化,当 MPS 以上述方式体现了综合计划的意图时,MPS 就成为企业整个经营计划中一个不可或缺的部分。

(二) MPS 的"冻结"(相对稳定化)

MPS 是所有部件、零件等物料需求计划的基础。由于这个原因,MPS 计划的改变,尤其是对已开始执行但尚未完成的 MPS 计划进行修改时,将会引起一系列计划的改变以及成本的增加。当 MPS 量要增加时,可能会由于物料短缺而引起交货期延迟或作业分配变得复杂;当 MPS 量要减少时,可能会导致多余物料或零部件的产生(直至下一期 MPS 需要它们),还会导致将宝贵的生产能力用于现在并不需要的产品。当需求改变,从而要求 MPS 量改变时,类似的成本同样会发生。

为此,许多企业采取的做法是,设定一个时间段,使 MPS 在该期间内不变或轻易不得变动,也就是说,使 MPS 相对稳定化,有一个"冻结"期。

"冻结"的方法可有多种,代表不同的"冻结"程度。一种方法是,规定"需求冻结期",它可以包括从本期开始的若干个单位计划期,在该期间,没有管理决策层的特殊授权,不得随意修改 MPS。例如,将 MPS 的冻结期设定为 8 周。在该期间内,没有特殊授权,计划人员和计算机(预先装好的程序)均不能随意改变 MPS。

另一种方法是规定"计划冻结期"。计划冻结期通常比需求冻结期长,在该期间内,计算机没有自主改变 MPS 的程序和授权,但计划人员可以在两个冻结期的差额时间段内根据情况对 MPS 进行必要的修改。在这两个期间之外,可以进行更自由的修改,例如,让计算机根据预先制定的原则自行调整 MPS。这几种方法实质上只是对 MPS 的修改程度不同。例如,某企业使用 3 个冻结期:8 周、13 周和 26 周。在 8 周以内,是需求冻结期,轻易不得修改 MPS;从 8 周到 13 周,MPS 仍较呈刚性,但只要零部件不缺,可对最终产品的型号略作变动;从 13 到 26 周,可改变最终产品的生产计划,但前提仍是物料不会发生短缺。26 周以后,市场营销部门可根据需求变化情况随时修改 MPS。

总而言之,应周期性地审视 MPS 冻结期的长度,不应该总是固定不变。此外,MPS 的相对冻结虽然使生产成本得以减少,但同时也减少了响应市场变化的柔性,而这同样是要发生成本的。因此,还需要考虑二者之间的平衡。

(三) 不同生产类型中 MPS 的变型

我们在前面定义过,MPS 是要确定每一具体的最终产品在每一具体时间段内的生产数量。其中的最终产品,是指对于企业来说最终完成的、要出厂的产品,但实际上,这主要是指大多数"备货生产型"(make-to-stock)的企业而言。在这类企业中,虽然可能要用到多种原材料和零部件,但最终产品的种类一般较少(见图 12.12),且大都是标准产品,这种产品的市场需求预测的可靠性也较高。因此,通常是将最终产品预先生产出来,放置于仓库中,随时准备交货。

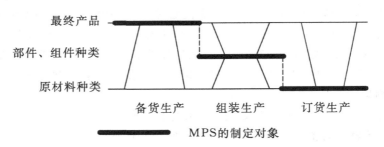

图 12.12 MPS 的制定对象

在另外一些情况下,特别是随着市场需求的日益多样化,企业要生产的最终产品的"变型"是很多的。所谓变型产品,往往是若干标准模块的不同组合。例如,以汽车生产为例,传统的汽车生产是一种典型的大批量备货生产类型,但在今天,一个汽车装配厂每天所生产的汽车可以说几乎没有两辆是一样的,因为顾客对汽车的车身颜色、驱动系统、方向盘、座椅、音响、空调系统等不同部件可以自由选择,最终产品的装配只能根据顾客的需求来决定,车的基本型号也是由若干种不同部件组合而成的。例如,某汽车厂生产的汽车,顾客可选择的部件包括:3 种发动机(大小)、4 种传动系统、2 种驱动系统、3 种方向盘、3 种轮胎尺寸、3 种车体、2 种平衡方式、4 种内装修方式、2 种制动系统。基于顾客的这些不同选择,可装配出的汽车种类有 $3 \times 4 \times 2 \times \cdots = 10\,368$ 种,但主要部件和组件一共只有 $3+4+2+\cdots=26$ 种,即使再加上对于每辆车来说都是相同的那些部件,部件种类的总数仍比最终产品种类的总数要少得多。因此,对于这类产品,一方面,对最终产品的需求是非常多样化和不稳定的,很难预测,因此保持最终产品的库存是一种很不经济的做法;另一方面,由于构成最终产品的组合部件的种类较少,因此预测这些主要部件的需求要容易得多,也精确得多。所以,在这种情况下,通常只是持有主要部件和组件的库存,当最终产品的订货到达后,才开始按订单生产。这就是本书第二章第四节所描述的"组装生产"(assemble-to-order)。在这种生产类型中,若以要出厂的最终产品编制 MPS,由于最终产品的种类很多,该计划将大大复杂化,而且由于难以预测需求,计划的可靠性也难以保证。因此,在这种情况下,MPS 是以主要部件和组件为对象来制订的。例如,在上述汽车厂的例子中,只以 26 种主要部件为对象制订 MPS。当订单来了以后,只需将这些部件做适当组合,即可在很短的时间内提供顾客所需的特定产品。

还有很多采取"订货生产"(make-to-order)的企业,如特殊医疗器械、模具等生产企业,当最终产品和主要的部件、组件都是顾客订货的特殊产品时,这些最终产品和主要部件、组件的种类可能比它们所需的主要原材料和基本零件的数量要多得多。因此,与组装生产类似,在这种情况下,MPS 也可能是以主要原材料和基本零件为对象来制订的。

思 考 题

1. 举例说明企业在进行市场需求预测时,如何组合使用定性与定量预测方法。
2. 预测同一类产品时,是否有可能组合使用因果分析法与时序列分析法?举例说明。
3. 在当今手机款式更新换代速度非常快的情况下,一个手机企业预测未来 1 个月、3 个月、6 个月的市场需求时,分别适用什么预测方法?
4. 什么是综合计划?综合计划与企业其他计划之间的关系是什么?
5. "因为综合计划不是一个具体的实施计划,因此一个企业没有综合计划也可。"这种说法是否有道理?
6. 制订综合计划时要考虑多个相悖目标的实现,请举例说明有哪些具体的相悖目标。
7. 你是否还可以举出一些用"积极进取型"策略制订综合计划的例子?
8. 综合计划与主生产计划的主要区别是什么?在有些情况下二者是一致的吗?
9. 提高生产能力灵活性的一种方法是频繁地招聘解聘人员,你认为这种方法的利弊何在?
10. 除了本章所描述的制订主生产计划的方法以外,你认为还可以采用什么方法?能否举例说明?
11. 只按照备货生产、组装生产和订货生产三种方式考虑 MPS 的制订对象是否足够?有无其他的分类方法?举例说明。

第十三章 MRP，MRP Ⅱ 与 ERP

主生产计划（MPS）确定以后，生产管理部门下一步要做的事是保证生产 MPS 所规定的最终产品所需的全部物料（原材料、零部件、组件等）以及其他资源能在需要的时候供应上。这个问题看似简单，做起来却并不容易。因为一个最终产品所包括的原材料、零部件等的种类和数量可能是相当多的。所谓物料需求计划（materials requirement planning，MRP），就是要制订这样的原材料、零部件的生产和库存计划（决定外购什么、生产什么、什么物料必须在什么时候订货或开始生产、订多少、生产多少、每次的订货和生产批量是多少，等等）。本章介绍 MRP 方法的基本原理、基本计算模型和计算机化的 MRP 信息管理系统，以及在 MRP 基础上发展起来的综合生产经营计划系统——制造资源计划（manufacturing resources planning，MRP Ⅱ）和企业资源计划（enterprise resources planning，ERP）。

第一节　MRP 的基本原理和基本计算模型

一、独立需求库存与相关需求库存的本质区别

如上所述，MRP 要解决的是与 MPS 规定的最终产品相关联的物料的生产和采购计划。由于企业中相关需求物料的种类和数量相当多，而且不同的零部件之间还具有多层"母子"关系，因此这种相关需求物料的计划和管理比独立需求要复杂得多。多年以来，企业对这种相关需求物料的管理采用的是与独立需求相同的管理方法——再订货点法（reorder point system）。所谓再订货点法，就是人们所熟悉的采用统计方法确定订货批量和再订货点，每当库存降到再订货点时，就按照既定的批量再订购（生产）一批的方法。其实质是基于"库存补充"的原则，目的是在需求不确定的情况下，为了保证供应而将所有的库存都留有一定的储备。这种方法实际上是处理独立需求库存的一种方法，用于处理相关需求，实际上是有很大局限性的。这种局限性主要表现在以下几方面。

（1）独立需求库存理论假定需求是连续的、均衡的，但对于相关需求而言，由于生产往往是成批进行的，因此需求是断续的、不均衡的。

（2）独立需求库存理论假定需求是独立的，但相关需求是取决于最终产品的。这种相关关系是由物料清单（bill of materials，BOM）决定的，何时需要多少则是由最终产品的生产计划决定的。

（3）独立需求库存理论依据历史数据或市场预测来决定库存和订货的时间与量,相关需求则以确定的生产计划为依据。

因此,用再订货点法来处理相关需求问题,是一种很不合理、很不经济、效率极低的方法。它很容易导致库存量过大、需要的物料未到、不需要的物料先到、各种所需物料不配套等问题。为了更好地理解这些结论,让我们来看一个例子。

某办公家具公司的两种主要产品(即企业要出厂的最终产品)是办公用椅 A 和 B,其需求大致稳定:产品 A 每周需 30 个,产品 B 每周需 20 个。这两种产品都需要用到一种支架部件 C,每个产品各用 1 个。因此,对 C 的平均需求量是每周 50 个。

A 和 B 的装配周期是 1 周。假定公司对 A、B、C 都采用独立需求库存的管理方法,并具体采用第十章介绍过的"定量控制"方法。同时,公司根据产品的需求特点和生产特点确定,产品 A 的生产批量为 150,再订货点为 60;产品 B 的批量为 120,再订货点为 40;部件 C 的批量为 230,再订货点为 150。图 13.1 表示当某一产品或部件的库存达到再订货点时会发生什么情况。

假定椅子 A 和 B 的库存按正常的速度均匀下降。要注意的是,对 C 的需求的发生是非均匀的。如图 13.1(c)所示,第 1 周需要 120 个,第 2 周需要 150 个,第 7 周则需要 270 个。虽然如上所述,对 C 的平均需求是每周 50 个,但是在好几周内(如第 3 到第 6 周),实际上无任何需求。因此,C 的库存的下降是非均匀的,无法均衡地降到再订货点。在第 7 周,C 的库存从 240 个减少到缺货 30 个。假定 C 的生产周期是 2 周,A 的装配就延迟到第 9 周才能开始。A 本身的装配还需要 1 周,这样如图 13.1(a)所示,A 也会发生缺货。

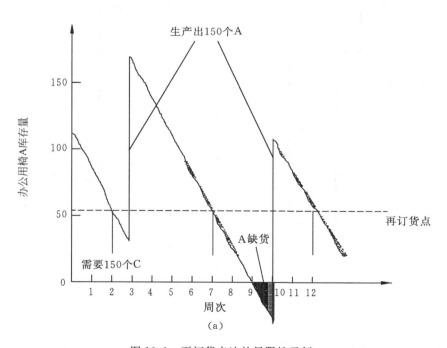

图 13.1　再订货点法的局限性示例

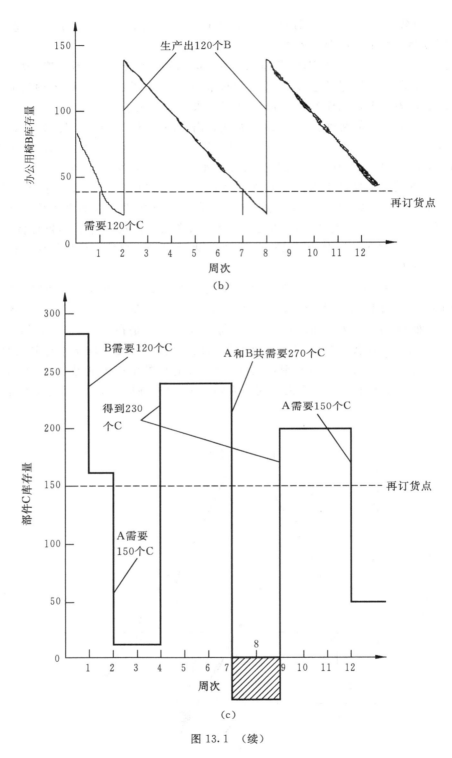

图 13.1 （续）

这其中的问题到底何在呢？首先，对 C 的需求是连续的、均衡的这一假定是不现实的。因为其"母"产品——A 和 B 的装配是成批进行的,因此对 C 的需求是成批的。因此,用统计方法来预测对 C 的需求为平均每周 50 个,将导致很大的预测错误。为了弥补这样的预测误差,原来常用的方法是增大安全库存,但这是非常浪费的,而且仍然无法保证不发生缺货。

其次,假定"对 C 的需求是独立的"也是错误的。实际上,对 C 的需求取决于其"母"产品 A 和 B。也就是说,用来制造最终产品的原材料、零部件的需求量取决于最终产品的生产计划。例如,在本例中,对 C 的需求取决于 A、B 的装配批量和装配时间,而再订货点法没有考虑到这个事实。

最后,再订货点法不是着眼于未来的需求,而是根据过去的需求统计数据来确定再订货点和安全库存量。实际上,如果对类似于 C 这样的部件的需求是确定的、可预知的,在制订 C 的生产计划时就没必要参照历史数据。如果 A 和 B 的生产计划已经确定,计划人员实际上在一开始(如第 1 周)就可推算出第 7 周 C 会发生缺货。而且,既然知道 C 的生产周期是 2 周,计划人员实际上就可提前安排(如在第 5 周)生产足够的 C。

因此,从上例中可看出,对于相关需求物料来说,最好是用已有的最终产品的生产计划作为主要信息来源,而不是根据过去的统计平均值来制订生产和库存计划。MRP 正是基于这样一种思路的相关需求物料的生产与库存计划。

二、MRP 的基本原理和关键信息要素

MRP 的基本原理有两条。

(1) 从最终产品的生产计划(MPS)导出相关物料(原材料、零部件、组件等)的需求量和需求时间。

(2) 根据物料的需求时间和生产(订货)周期来确定其开始生产(订货)的时间。例如,对于一个外购件来说,如第 5 周最终产品的装配要用到它,其订货周期为 2 周,则最晚第 3 周应开始订货;对于一个自加工件来说,如第 5 周需用于装配,而其本身的生产周期为 1 周,则最晚第 4 周应开始加工。

由此可见,MRP 的制订不是基于过去的统计数据,而是基于未来的需求。因此,制订 MRP 所需的关键信息要素有下面三个。

(1) MPS。即上一章所讲的每一最终产品的生产计划。可以据此推算出所需的相关物料。

(2) 物料清单(bill of materials,BOM)。它说明一个最终产品是由哪些零部件、原材料构成的,以及这些零部件之间的时间、数量上的相互关系是什么。例如,如图 13.2 所示,最终产品 A 由三个部件 B,C,D 组成,而 B 又由 a 和 b 组成,D 又由 b 和 c 组成。这种产品结构反映在时间结构上,则以产品的应完工日期为起点倒排计划,可相应地求出各个零部件最晚应该开始加工时间或采购订单发出时间(见图 13.3)。从该图可以看出,由于各个零部件的加工采购周期不同,即从完工日期起倒排进度计算的提前期不同,当一个最终产品的生产计划任务确定之后,各零部件的订单下达日期仍有先有后。即在保证配套日期的原则下,生产周期较长的物料先下订单,生产周期较短的后下订单,这样就可以做到在需用的时候所有物料都能配套备齐,不到需用的时候不过早投料,从而达到减

少库存量和占用资金的目的。

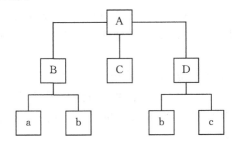

图 13.2 物料清单

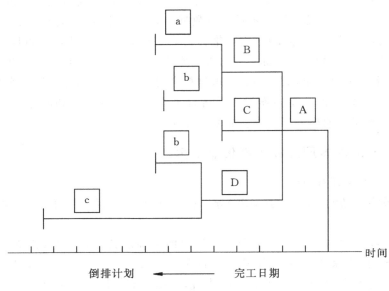

图 13.3 时间坐标上的物料清单

(3) 库存记录。告诉计划人员，现在库存中有哪些物料，有多少，已经准备再进多少，从而在制订新的加工、采购计划时减掉相应的数量。

综上所述，MRP 可以回答下面四个问题：

(1) 要生产什么？（根据主生产计划）

(2) 要用到什么？（根据物料清单）

(3) 已经有了什么？（根据库存记录）

(4) 还缺什么？何时生产或订购？（MRP 运算后得出的结果）

这四个问题是任何工业企业，不论其产品类型、生产规模、工艺过程如何，都必须回答的、带普遍性的基本问题。因此，MRP 产生以后，很快就受到了广大企业的欢迎。

三、MRP 的基本计算模型

在 MRP 的三个关键信息要素中，MPS 和 BOM 在前面的章节已经讨论过了，这里介绍 MRP 中的库存记录形式，以及如何计算和使用 MRP 的库存记录。这种库存记录形式被称为 MRP 表格，其计算方法就构成了 MRP 的基本计算模型。

MRP 表格在很多方面都与 MPS 记录表格类似。它所包括的内容有计划因子、粗需求量、预计入库量、现有库存量、计划订货入库量和计划发出订货量等。它与 MPS 类似，将未来的需求分成一个个时间段来表示，这种时间段的单位通常是周，有时也用日或月来表示。下面仍用前述的办公家具公司办公用椅 A 和 B 的例子来说明 MRP 表格的计算过程。

图 13.4 是办公用椅 A 和 B 的主生产计划表格以及部件 C 的库存记录表格（尚未完成）。这种表格没有标准格式，该例所用的是一种常见的格式。

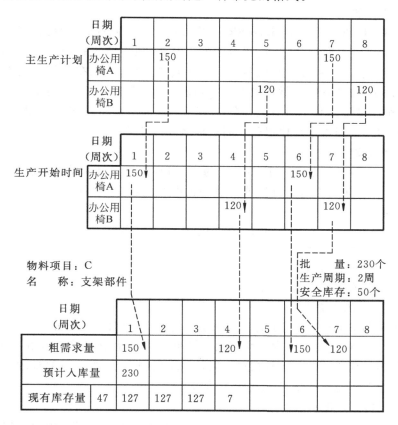

图 13.4 部分完成的部件 C 的 MRP 库存记录

在这种格式中，左上方通常要标出产品名称及其性质（见图 13.4，标明 C 是支架部件），右上方表示计划因子，通常包括三项：生产批量、生产周期和安全库存量。在本例中，C 的批量是 230 个，生产周期为 2 周，安全库存量为 50 个。这些计划因子的量都需要预先选定。当这些值发生变化时，管理人员必须及时更新库存记录。关于计划因子的确定，后面再讨论，下面首先来看库存记录的内容和确定方法。

(一) 库存记录要素及其计算

1. 粗需求量

上例中未来 8 周的粗需求量如图 13.4 所示。其需求量是根据 C 的最终产品 A 和 B

的主生产计划决定的,但有时候需要加上一些作为配件(更换件)使用的量。

对 C 的需求之所以比 MPS 中 A,B 的时间提前 1 周,是因为上一章所讲的 MPS 中表示的各周的量实际上是指当周应该完成的量。但由于生产或装配是需要一个周期的,因此该生产指令的发出必须给出这部分时间的提前量。在该例中,第 2 周需 150 个 A,其装配周期为 1 周,故第 1 周应发出生产订单,开始装配。图 13.4 中的第二个表格表示的是考虑了生产周期之后 MPS 生产订单发出的时间和生产量。同样,MRP 库存记录中粗需求的需要量是指当周应准备好的量。例如,为了在第 2 周装配完 150 个 A,第 1 周必须准备好 150 个 C。

2. 预计入库量

预计入库量(scheduled receipts,SR)是指订单已发出而货尚未收到的量。对于外购件,它现在可能处于几种状态之一:买方刚发出订单,供应商正在加工;正在从供应商至买方的途中;已到买方、买方正在验货等。对于自加工件,它现在可能的状态包括:正在生产现场被加工;等待它的原材料或零件的到达;正在机床前排队等待加工;正从一个工序移至下一个工序等。第 1 周需 150 个 C,其生产周期为 2 周,故至少在 2 周之前已发出了该生产的订单,但通常不会比提前 2 周更早地发出订单。

3. 现有库存量

现有库存量(POH)的概念与 MPS 中的概念相同,是指每周需求被满足之后手头仍有的库存量。该记录随着每周进货或出货的情况而更新,未来各周的 POH 则可计算得出。计算式为

$$I_t = I_{t-1} + SR_t + PR_t - GR_t$$

式中,I_t——t 周末的 POH;

SR_t——t 周的预计入库量;

PR_t——t 周的计划订货入库量;

GR_t——t 周的粗需求。

可见,上式与 MPS 中给出的计算方式是一致的,即 $SR_t + PR_t$ 相当于 MPS 量,GR_t 相当于 $\max(F_t, CO_t)$,这里不存在预测值或订单值的选择,因为需求是相关的、确定的。图 13.4 只给出了前 4 周的 POH,在第 4 周,POH 只剩 7 个,少于所要求的 50 个安全库存量,这是一个要求生产的信号,即要求增加 PR 的信号。

4. 计划订货入库量

计划订货入库量(planned receipts,PR)的含义是,计划进货或生产,但订单尚未发出的订货量。这个量的意义是要保持 POH 的量不低于安全库存(在 MPS 中,未考虑安全库存,保持 POH 非负即可)。对于某些不需要安全库存的中间物料,则如同 MPS,其意义是要保持 POH 非负。在库存记录中所表示的 PR 量应包括这两种情况。

PR 的确定方法为:①在 POH 出现短缺(或为负值或小于安全库存量)的当周制定一个 PR 量,其值的大小应使 POH 大于等于安全库存;②继续计算其后各周的 POH,当又出现短缺时,制定下一个 PR 量。

这两个步骤反复进行,直至整个计划期的 POH 记录和 PR 记录格都填满。

5. 计划发出订货量

计划发出订货量(planned order release,POR)实际上是要说明订单的发出时间或开

始生产时间。之所以将其称为"××量",是因为这种对时间的说明在库存记录中是通过将该订单的量记入相应的时间栏内来说明的。该时间的基本计算式是:到货时间减去生产周期。利用这一项可容易地导出构成某项物料的 BOM 中下一层物料的粗需求。

【应用事例 13.1】

仍以上例为例,计算部件 C 未来 8 周的 PR 量、POH 量和 POR,并记录在库存记录中。

求解:第 1 次库存缺货(POH 降至安全库存之下)发生在第 4 周,因此该周应收到一批部件 C,共 230 个(即 PR 为 230 个)。到第 7 周,POH 第 2 次发生缺货,再补充 230 个。因此这 8 周内,共需有两个 PR 批量入库。由于 C 的生产周期是两周,故这两个批量的生产开始时间应分别在第 2 周和第 5 周,即计划发出订货量(POR)应分别记入该栏的第 2 周和第 5 周。这一计算过程如表 13.1 所示,所完成的库存记录表格如图 13.5 所示。还应注意的一点是,其中最后一栏的 POR 只考虑了 8 周内的 PR 量,但实际上 8 周以后的 PR 量的生产开始时间可能在 8 周以内。从这个意义上说,POR 一栏尚未全部填满。

表 13.1 部件 C 的 POH 和 PR 计算过程

周次	期初库存		SR		粗需求	是否缺货		PR		POH
1	47	+	230	—	150	否	+	0	=	127
2	127	+	0	—	0	否	+	0	=	127
3	127	+	0	—	0	否	+	0	=	127
4	127	+	0	—	120	是	+	230	=	237
5	237	+	0	—	0	否	+	0	=	237
6	237	+	0	—	150	否	+	0	=	87
7	87	+	0	—	120	是	+	230	=	197
8	197	+	0	—	0	否	+	0	=	197

物料项目:C 批　　量:230个
名　　称:支架部件 生产周期:2周
　　　　　　　　　安全库存:50个

日期（周次）	1	2	3	4	5	6	7	8
粗需求量	150			120		150	120	
预计入库量	230							
现有库存量 47	127	127	127	237	237	87	197	197
计划订货入库量				230			230	
计划发出订货量		230			230			

图 13.5 部件 C 的完整 MRP 库存记录

(二) 计划因子分析

MRP 记录中的计划因子在整个 MRP 系统的运行中起重要作用。通过计划因子的操作,管理人员可以很好地、精密地进行库存管理。这里讨论计划因子中的三项内容。

1. 确定生产周期

生产周期(lead time)又称提前期,需要分两种情况来考虑。对于外购件,提前期是指从订单发出直至物料进入仓库的时间。对于这类物料来说,如果所制定的提前期比实际所需的时间长,会导致库存费用的增加;反过来,如果提前期太短,会导致缺货发生,或产生催促费用,或二者同时出现。对于企业内的自加工件来说,提前期包括加工时间、作业交换时间、物料在不同工序间移动所需的时间以及等待时间等因素。当一个加工件需要经过多道工序时,对每一道工序都需要估算上述四种时间因素。其中前三种的时间比较确定,很容易估算,但等待时间(包括等待被加工和被搬运)的估算是比较困难的。在工艺对象专业化的生产组织方式下,例如,在专业车间内,设备的负荷随着时间的推移变化很大,因此对于各个具体的待加工件来说,实际的等待时间波动很大,无确定的数值,因此难以进行较精确的估算。在这种情况下,等待时间在加工件预计的整个生产周期中所占的比重很大。而在产品对象专业化的生产组织方式下,例如装配线上,加工件的通过路径是标准的、规范的,因此等待时间比较容易估算。在这种情况下,等待时间在整个生产周期中所占的比重也较小,意义不大。

2. 确定批量规则

在 MRP 的运行中,为了计算计划订货入库量(PR)以及计划发出订货量(POR),需要对每一物料预先确定批量规则(lot-sizing rules)。批量规则有多种,大体可分为两大类型。

一类为静态批量规则。静态批量规则是指每一批量的大小都相同。典型的静态批量规则之一是"固定订货量"(fixed order quantity,FOQ)。在这种规则之下,批量大小预先确定。例如,FOQ 可以是由设备能力上限所决定的量。对于外购件,FOQ 可以是可得到价格折扣的最小量、整船量,或被限定的最小购买量。FOQ 也可以按照经济订货批量(EOQ)公式来决定。图 13.5 所示的就是这种 FOQ。

另一类为动态批量规则。动态批量规则允许每次订货的批量大小都不一样,但至少要大到足以防止缺货发生。一种动态批量规则是"周期性批量规则",在这种规则下,批量的大小等于未来 P 周(从收到货的当周算起)的粗需求加安全库存量,再减去前一周的POH。这样的批量可以保证安全库存量和充分保证 P 周的粗需求,但并不意味着每隔 P 周必须发放一次订单,而只是意味着,当确定批量时,其大小必须足以满足 P 周的需求。因此,在实际操作中,可首先根据理想的批量(如 EOQ)除以每周的平均需求来确定 P,然后,用 P 周的需求表示目标批量,并取与之最接近的整数。

周期性批量规则的一种特殊形式是 L4L 规则(lot for lot)。在这种规则下,批量的确定目标是可以满足一周的需求量。这种规则的目的是使库存水平保持最小,批量大小等于一周的粗需求加安全库存减前一周的 POH。

总而言之,静态批量规则会产生较多的库存,但反过来会使生产过程有较大的稳定性。多余库存可作为意外消耗的补充、生产能力瓶颈环节的缓解、库存记录有误情况下的补偿、粗需求变动的调节等。相反,动态批量规则可降低库存水平,但有可能由于批量与需求的精确吻合而导致生产的不稳定性,因为如果需求发生变化,批量大小也会发生变化,这会引起物料加工计划上的困难。

3. 安全库存

所需的安全库存是生产和库存管理中的一个重要问题。这个问题在相关需求中比在独立需求中更复杂。过多相关需求物料的安全库存是没有什么意义的,只有在未来的粗需求或预计入库量的时间和数量都很不确定的情况下,相关需求的安全库存才有意义。因此通常采取的方针是,只保留主要最终产品(MPS 决定的产品)和外购件的安全库存。这样既可以应付 BOM 顶层顾客订单的波动,又可以预防 BOM 底层的供应商的不可靠性。

第二节　MRP 的计算机管理信息系统

如上所述,MRP 的原理和计算方法是简明易懂的。但是真要根据这两条原理来制订各种物料的生产计划,却不是一件容易的事。因为一个企业所包括的各种物料的数量是非常庞大的,如果用手工一一制订各种物料的生产、采购计划,计划本身就要耗费相当多的人力和时间,而且非常容易出错。但是,如果这项工作交给计算机去做,就是一件比较容易、花费时间也很少的工作了。因此,当 MRP 的思想提出来后,很快就实现了计算机化。本节讨论作为计算机管理信息系统的 MRP。其构成如图 13.6 所示,它描述了 MRP 信息管理系统的输入、输出内容,这些输出结果可从多方面支持物料管理和生产管理。

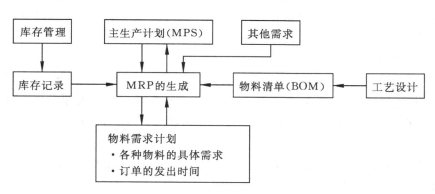

图 13.6　MRP 计算机管理信息系统

一、MRP 的输入信息

MRP 的输入信息主要包括以下几项。

(1) 已经确定的主生产计划。这是 MRP 的主驱动力。MRP 将提供发放新订单、调整作业优先顺序以及分配生产能力所需的信息,目的都是为了实施 MPS。

（2）库存记录。库存记录将如实、及时、准确地记载和随时更新库存管理的各种信息，包括进货情况、出货情况、到货日期的更改、有误的库存信息的更正、订单取消情况、不合格品退货情况、库存品损耗情况，等等。正确的库存记录是制订正确可行的 MRP 的前提。

（3）物料清单（BOM）。MRP 要从关于最终产品的 MPS 导出这些产品的物料需求量和需求时间，首先必须确定最终产品与各种物料之间的相关关系。这种信息由 BOM 来提供，而 BOM 的信息又是从工艺设计部门来的。

（4）其他需求信息。即未反映在 MPS 中的需求信息。例如，修理配件需求，来自其他工厂或仓库的需求，用于质量控制的需求（用于破坏性试验等）。这些需求独立于 MPS 所反映的最终产品的需求，因此需要单独输入这样的需求信息。

二、MRP 的生成

一个 MRP 系统就像一台发动机，可以把输入转换成有效的输出。MRP 系统把 MPS 和其他需求信息转换成为完成这些产品对各种物料的需求。这个转换过程就称为 MRP 的生成过程。

（一）MRP 的生成类型

有两种 MRP 系统。一种为再生成系统（regenerative MRP system），它周期性地生成 MRP，一般为每周一次，库存记录也每周更新一次。一周后，原来的 MRP 过时，再根据最新的 MPS、BOM 以及库存记录等信息生成新的 MRP。另一种为净改变系统（net change MRP system），它在必要时随时更新记录，生成新的 MRP。即只要 MPS 或其他条件发生变化，MRP 系统就相应地更新与这些变化有关的记录。这种系统主要适用于环境变化较大的企业。但这种系统的缺点是，可能需要花费较多的计算机处理时间和生成较多的新指令（这种情况有时被称为"系统发神经"）。绝大多数 MRP 的使用企业都是从再生成系统开始引入的。

（二）分层处理原则

对一项物料的需求可能来自三种源泉：最终产品（"母"产品）的 MPS；低于 MPS 层次的、BOM 中某层"母项"的需求；不是源于 MPS 的其他需求。为了累计来自不同源泉的、对某一项物料的需求，MRP 系统从 MPS 开始计算，然后按照 BOM 一层层往下进行，这就是所谓的分层处理原则。

具体方法是，首先，对全部物料项目（简称为"料项"）进行分层编码，编码数字越小表明层次越高。因此，MPS 中制定的产品的编码层次均为零，直接与最终产品有"母子"关系的料项编码为 1，与该料项又有直接母子关系的料项编码为 2，以下依此类推。其次，当一个料项与不止一个其他料项或最终产品有母子关系，或其直接的母项之上又有多个母项时，则该料项在不同的 BOM 中可能会处于不同的层次。在这种情况下，按其在各个 BOM 中的最低层次编码。如图 13.7 所示，料项 A4 有两个直接的母项：R1 和 G2（G2 是 MPS 规定的最终产品），在两个不同的 BOM 中分别处于不同的层次，其编码应编在第 2 层。再次，MRP 系统运行时，信息处理是从上至下，n 层（"母"层）未处理完之前，

不能处理 $n+1$ 层("子"层)。也就是说,一个料项在其全部母项均被处理完之后,才能被处理。

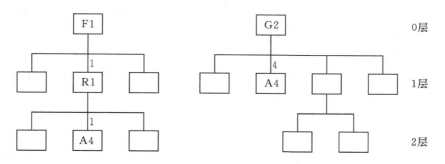

图 13.7　BOM 的层次

图 13.8 是表示这种分层处理方法的一个例子。计算机从计算 0 层的 MPS 量 F1 和 G2 开始,然后扫描 F1 和 G2 的直接"子项",即编码为 1 的料项,如 R1。计算 R1 的量的全部所需信息都是已知的,因此可通过计算更新 R1 的 MRP 记录。F1 的装配周期是 2 周,因此第 25 周对 F1 的需求量变为第 23 周对 R1 的需求量,依此类推。R1 的预计入库量、POH、计划订货入库量等也可以相应地计算。计算机将依次计算第 1 层的其他全部料项,但是将 A4 排除在外,因为它的编码在第 2 层。

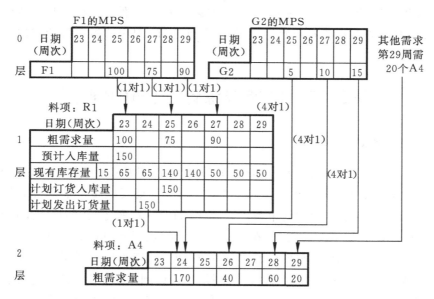

图 13.8　分层处理法示例

当计算机开始处理第 2 层时,A4 的 MRP 记录才被更新。这时,从 R1 的计划发出订货量(POR)与 G2 的 MPS 量,可导出对 A4 的总需求量。其中要注意的是,G2 的装配周期是 1 周,每个 G2 需要 4 个 A4。此外,在第 29 周还需要 20 个 A4 作为已经在使用产品的更换件,该量也必须加到 A4 在该周的粗需求量中。

三、MRP 的输出结果

MRP 的输出结果主要包括两项：①对各种物料的具体需求，包括需求量和需求时间；②订单的发出时间。这些结果被称为措施提示信息。

MRP 记录的计算是针对 BOM 中的每一料项进行的，这些记录的汇总就表示当前的物料需求信息，然后计划人员根据这些信息做出发放新订单、催促正执行订单等决定。实际上，计划人员并不需要浏览 MRP 的全部计算结果，而需要注意那些需要引起他们注意的料项，浏览这些料项的 MRP 记录即可。这就需要用到有关这些需要处理的料项的措施提示信息。

所谓措施提示信息，是指 MRP 系统经计算后输出的一种信息，它说明外购订单的应发出时间和自加工件的应开始生产时间，以及对预计入库量、入库时间的调整。例如，如果在计划发出订货量的第 1 栏有非零数值，MRP 系统就会给出"发出新订单"的提示信息。但是，MRP 系统虽然可以生成这样的提示信息，有关这些提示信息的决策最后仍需要人来做，即需要计划人员来做。计划人员看到这样的措施提示信息后，首先会查看所提示料项的全部 MRP 记录，以及构成该料项的全部"子项"的库存记录。如果这些子项的现有库存足以支持提示信息中的新订货要求，计划人员就会按提示发出订货指令，然后更新相应的 MRP 记录。这个新订单在重新生成的 MRP 记录中将显示在计划订货入库量一栏中。所提示料项如果是自加工件，相应的指令将会送到车间，授权其领取所需的物料并开始生产；如果是外购件，相应的指令将变成向供应商订货的新订单。

第三节　制造资源计划（MRPⅡ）

一、从 MRP 到 MRPⅡ

从以上对 MRP 的介绍可以看出，要想使 MRP 系统正常运行，首先要有一个现实可行的主生产计划。而主生产计划的切实可行与否，除了要反映市场需求和合同订单以外，还必须满足企业的生产能力约束条件。因此，如上一章所述，在制订主生产计划时，必须考虑与生产能力的平衡。同理，在制订 MRP 时，也要制订能力需求计划（capacity requirement planning，CRP），与各个工作中心的能力进行平衡。只有在采取了措施做到能力与资源满足负荷需求时，才开始执行计划，尽力做到下达的计划基本上是可行的。也就是说，在得到上一节所述的 MRP 的提示信息以后，在根据这些提示信息下达生产或采购指令之前，先要进行能力平衡。

进一步，要保证实现计划就要控制计划，执行 MRP 时要用调度单或派工单来控制加工的优先级，用请购单和采购单控制采购的优先级。这样，MRP 系统进一步发展，把能力需求计划和执行及控制计划的功能也包括进来，形成一个环形回路，称为闭环 MRP，见图 13.9。只有这样的闭环系统，才能把计划的稳定性、灵活性和适用性统一起来。因此,与 MRP 主要是作为零部件计划制订系统相比,闭环的 MRP 则成为一个完整的生产计划与控制系统。

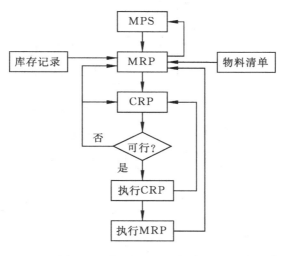

图 13.9　闭环 MRP 逻辑流程图

再进一步,在这样的 MRP 系统推行近 10 年后,20 世纪 70 年代末,一些企业提出,希望 MRP 系统能同时反映财务信息,因为企业的经济效益最终是要用货币形式来表达的。也就是说,企业希望财会部门能同步地从 MRP 系统获得货币信息。例如,把产品销售计划用金额来表示,说明销售收入;对物料赋以货币属性,以计算成本并方便报价;用金额表示能力和采购计划,以编制预算;用金额表示库存量,以反映资金占用情况;等等。此外,这样的货币信息反映的情况,还必须符合企业长远经营目标,满足销售和利润计划的要求,也就是说,在系统的执行层要反映成本发生,同时又要把企业的经营规划和销售与生产规划作为系统的宏观层纳入系统中。这样,闭环的 MRP 进一步发展,把物料流动同资金流动结合起来,形成了一个完整的生产经营计划管理系统。在这个系统中,人们还把计算机模拟功能纳入进来,使管理人员能够通过对计划、工艺、成本等功能的模拟,预见到"如果怎样,将会怎样"(what-if),为管理者提出预见性和寻求合理解决方案的决策工具。这样的系统,实际上其功能与范围已远远超出了"物料需求计划"的范围,因此人们给它命名为"制造资源计划"(manufacturing resources planning),表明它实际上涵盖了进行生产制造活动的设备、物料、资金等多种资源。由于制造资源计划英文名称的头三个字母也是 MRP,为了与物料需求计划加以区别,也为了说明它实际上是 MRP 的第二代,是以 MRP 为中心发展起来的,人们将它命名为 MRPⅡ。

MRPⅡ的逻辑流程图如图 13.10 所示。从该图可以看出,MRPⅡ 的主线是生产计划与控制,图左侧各个框图是数据库。企业各个职能部门同 MRPⅡ各框格的关系见表 13.2。从该表可以看出,到了 MRPⅡ阶段,该系统已把企业主要生产职能和管理职能全部包括进来,成为一个完整的企业生产经营计划管理系统。

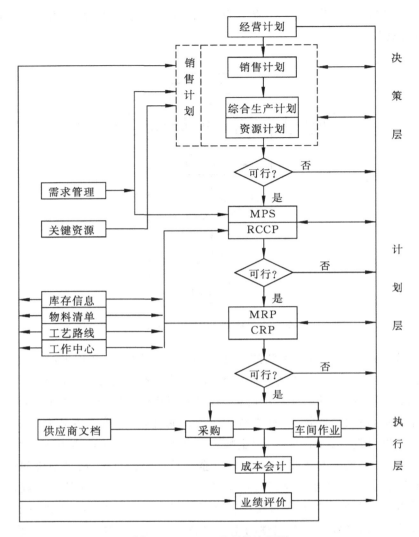

图 13.10　MRPⅡ逻辑流程图

表 13.2　MRPⅡ功能与企业各职能部门的关系

企业职能 MRPⅡ	市场开拓	经营销售	计划	生产	产品开发	供应	工艺	设备	劳资	车间	财会	质量
经营计划	✓	✓			✓						✓	
销售计划	✓	✓			✓							
综合生产计划		✓	✓	✓							✓	
资源计划		✓	✓			✓		✓			✓	
MPS			✓	✓								
MRP			✓	✓						✓		
CRP			✓	✓		✓		✓		✓		
需求管理	✓	✓	✓		✓					✓	✓	✓
库存信息			✓	✓	✓	✓				✓	✓	✓

续表

企业职能 MRP Ⅱ	市场开拓	经营销售	计划	生产	产品开发	供应	工艺	设备	劳资	车间	财会	质量
物料单		√	√	√	√	√	√			√	√	√
工艺路线			√	√	√		√			√	√	√
工作中心			√	√	√		√	√		√	√	√
车间作业			√	√			√			√	√	√
采购			√	√		√					√	√
供应商档案		√	√		√	√					√	√

二、MRP Ⅱ 的特点

MRP Ⅱ 的特点可从 6 个方面来说明，每一个特点都含有管理模式的变革和人员素质或行为规范的变革。

（1）计划的一贯性和可行性。MRP Ⅱ 是一种计划主导型的管理模式，计划层次从宏观到微观，从战略到战术，由粗到细逐层细化，但始终保持与企业经营战略目标一致。"一个计划"(one plan)是 MRP Ⅱ 的原则精神，它把通常的三级计划管理统一起来，编制计划集中在厂级职能部门，车间班组只是执行计划，调度和反馈信息。计划下达前反复进行能力平衡，并根据反馈信息及时调整，处理好供需矛盾，保证计划的一贯性、有效性与可执行性。

（2）管理系统性。MRP Ⅱ 是一种系统工程，它把企业与生产经营直接相关部门的所有工作联系成一个整体，每个部门都从系统整体出发做好本岗位工作，每个人都清楚自己的工作同其他职能的关系。只有在"一个计划"下才能成为系统，条框分割各行其是的局面将被团队精神所取代。

（3）数据共享性。MRP Ⅱ 是一种管理信息系统，企业各部门都依据同一数据库的信息进行管理，任何一种数据变动都能及时地反映给所有部门，做到数据共享（见图 13.11），在统一数据库支持下按照规范化的处理程序进行管理和决策，改变过去那种信息不通、情况不明、盲目决策、相互矛盾的现象。为此，要求企业员工用严肃的态度对待数据，专人负责维护，保证数据的及时、准确和完整。

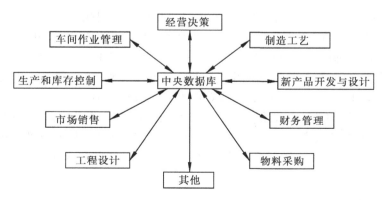

图 13.11 中央数据库支持下的 MRP Ⅱ

(4) 动态应变性。MRPⅡ是一个闭环系统,它要求跟踪、控制和反馈瞬息万变的实际情况,管理人员可随时根据企业内外部环境条件的变化迅速做出响应,及时调整决策,保证生产计划正常进行。它可以保持较低的库存水平,缩短生产周期,及时掌握各种动态信息,因而有较强的应变能力。为了做到这一点,必须树立全员的信息意识,及时准确地把变动了的情况输入系统。

(5) 模拟预见性。MRPⅡ是生产经营管理客观规律的反映,按照规律建立的信息逻辑必然具有模拟功能。它可以解决"如果怎样……将会怎样"的问题,可以预见相当长的计划期内可能发生的问题,事先采取措施消除隐患,而不是等问题已经发生了再花几倍的精力去处理。这将使管理人员从忙忙碌碌的事务堆里解脱出来,致力于实质性的分析研究和改进管理工作。

(6) 物流、资金流的统一。MRPⅡ包罗了成本会计和财务功能,可以由生产经营活动直接产生财务数字,把实物形态的物料流动直接转换为价值形态的资金流动,保证生产和财会数据一致。财会部门及时得到资金信息用来控制成本,通过资金流动状况反映物流和生产作业情况,随时分析企业的经济效益,参与决策,指导经营和生产活动,真正起到会计师和经济师的作用。同时要求全体员工牢牢树立成本意识,把降低成本作为一项经常性的任务。

三、MRPⅡ的集成管理模式

企业作为社会经济的细胞,是一个有机整体,它的各项活动相互关联、相互依存、相互作用,应该建立一个统一的系统,使企业有效地运行。在以往,一个企业内往往有多个系统,如生产系统、财务系统、销售系统、供应系统、技术系统等。它们各自独立运行,缺乏协调,相互关系并不密切。在各个系统发生联系时,常常相互扯皮,出了问题又相互埋怨。由于MRPⅡ能够提供一个完整而详细的计划,使企业内部各个子系统协调一致,形成一个整体,这就使得MRPⅡ不仅是生产和库存的控制系统,而且成为企业的整体管理系统,使得各部门的关系更加密切,消除了重复工作和不一致性,提高了整体的效率。从这个意义上说,MRPⅡ统一了企业的生产经营活动,为企业进行集成化管理提供了有力的手段。下面我们来看一下MRPⅡ如何改变了企业各个部门的生产经营活动。

(一) 市场销售

MRPⅡ是企业的总体计划,它为市场部门和生产部门提供了前所未有的联合机会。市场部门不但负有向MRPⅡ系统提供输入的责任,而且可以把MRPⅡ系统作为极好的工具。只有当市场部门了解生产部门能够生产什么和正在生产什么,而生产部门也了解市场需要生产什么的时候,企业才能生产出更多适销对路的产品,投放到市场上。

市场部门对于保持主生产计划的有效性有着直接的责任。在制订主生产计划的时候,由市场部门提供的预测数据和客户订单是首先要考虑的信息。在对主生产计划进行维护的常规活动中,市场部门的工作也非常重要。这里的关键是通过及时的信息交流,保持主生产计划的有效性,从而确保主生产计划作为市场部门和生产部门协调工作的基础。

(二) 生产管理

过去,生产部门没有科学的管理工具,经常受到市场销售部门、财务会计、技术等部门的批评。反过来,生产部门也对其他部门不满。这些抱怨主要起因于企业内部条件和外部环境的不断变化,生产难以按预定的生产作业计划进行。因此,一方面,生产计划部门无法提供给其他职能部门所需的准确信息;另一方面,第一线的生产管理人员也不相信计划,认为计划只是"理想化"的东西,永远跟不上变化。有了 MRP II 以后,计划的完整性、周密性和应变性大大加强,使调度工作大为简化,工作质量得到提高。总之,从 MRP II 得到的最大好处在于从经验管理走向科学管理,使生产部门的工作走向正规化。

(三) 采购管理

采购人员有一个最难处理的问题,被称为"提前期综合征"。一方面是供方要求提早订货;另一方面是本企业不能提早确定所需物料的数量和交货期。这种情况促使他们早订货和多订货。有了 MRP II,采购部门有可能做到按时、按量地供应各种物料。而且,由于 MRP II 的计划期可以长达 1~2 年,能提前很长时间通知采购部门产品所需的外购物料,并能准确地提供各种物料的"期"和"量"方面的要求,避免了盲目多订和早订。同时,由于 MRP II 不是笼统地提供一个需求的总量,而是要求按计划分期分批地交货,也为供方组织均衡生产创造了条件。

(四) 财务管理

实行 MRP II 可使不同部门采用共同的数据。事实上,一些财务报告在生产报告的基础上是很容易作出的。例如,只要将生产计划中的产品单位转化为货币单位,就构成了经营计划。将实际销售、生产、库存与计划数相比较就会得出控制报告。当生产计划发生变更时,马上就可以反映到经营计划上,可以使决策者迅速了解这种变更在财务上造成的影响。

(五) 技术管理

过去,技术部门并未从企业整体经营的角度考虑自己的工作,似乎超脱于生产活动以外。但是,对于 MRP II 这样的正规系统来讲,技术部门提供的却是该系统赖以运行的基本数据。它不再是一种参考性的信息,而是一种用于控制的信息。这就要求产品的物料清单必须正确,加工路线必须正确,不能有含糊之处。同时,修改设计和工艺文件也要经过严格的手续,避免造成混乱。

第四节 从 MRP II 到 ERP

一、MRP II 系统的实施环境

如上所述,MRP II 作为一种新型的、基于计算机信息管理系统的集成管理模式,对于众多的企业提高管理水平,从而提高企业的竞争力具有非常重要的作用,因此这种模式出现以后,在发达国家的制造业企业迅速得到了应用。但是,从另一个方面来说,MRP II 并不是万能的。诚然,MRP II 的系统思想,致力于企业生产经营一体化的观念,重信息共享、信息技术使用的基本方法等,对于任何企业都适用,但到目前为止开发出来的 MRP II 的计划和库存管理模式,主要适用于具有下列特点的企业:

- 产品的 BOM 层次较多;

- 有较大的批量规模；
- 需求量、生产工艺、生产能力，以及供应商有一定的稳定性和可靠性。

如前两节所述，MRP Ⅱ 最独特的优势在于它的相关需求物料的管理方法。当产品的 BOM 层次较多时，相关需求物料的种类和数量将是非常庞大的，它们的采购、加工、库存是企业管理中最复杂的一部分，也是最影响企业产品竞争力的因素。由于 MRP Ⅱ 系统很好地解决了相关需求物料的管理问题，因此 MRP Ⅱ 首先在机械、电子等行业得到了应用，这些行业产品 BOM 层次一般较多。曾经有统计数字表明，在 MRP Ⅱ 的使用企业，BOM 的平均层次是 6 层以上。此外，当各种产品有一定批量时，MRP Ⅱ 系统可发挥较大威力，而如果属于单件生产或极小批量生产，MRP Ⅱ 就不一定能带来很好的效果。

MRP Ⅱ 系统中的逻辑计算的另一个前提是，计算所用到的粗需求、预计入库量、计划发出订货量等数据是现实的、可靠的，否则计算出来的东西就无任何意义。这就要求对需求的预测有一定的可靠性(如果主要是以订单生产，这一点就很容易保证)，同时，也要求生产工艺和生产能力有一定的稳定性，要求供应商的交货时间比较可靠。如果生产现场经常出废品、如果生产能力经常出现卡壳的瓶颈环节、如果外购件经常不能按时交货，或经常出现质量问题，都会影响 MRP Ⅱ 系统的正常运行。从这个意义上说，企业要想实施 MRP Ⅱ，首先需要建立企业的科学管理基础。

总之，MRP Ⅱ 的思想和管理观念具有广泛的适用性，但在具体方法的应用上，必须结合产品的工艺特点和需求特点来考虑，否则就会事倍功半。如上节所述，随着 MRP Ⅱ 系统的继续发展，它将会克服到目前为止的许多约束，在更大范围内发挥其优势。但在任何情况下，MRP Ⅱ 的实施都离不开对具体应用环境的仔细考虑和科学管理基础的建立。

二、从 MRP Ⅱ 到 ERP

一切有生命力的事物都是在不断发展的，MRP Ⅱ 也不例外。当前世界范围内的竞争越来越激烈，各国企业都在不断寻求新方法，改善现有方法，提高企业在国际市场中的竞争地位。在这种形势下，MRP Ⅱ 也在不断发展，主要体现在以下几个方面。

(1) 融合其他现代管理的思想和方法，来完善自身系统。特别是与 JIT 生产方式、全面质量管理(TQM)及同步生产等管理哲理和方法进行融合。

(2) 根据现代企业管理发展的需要，为生产厂同分销配送网点信息集成而开发的配送资源计划(distribution resources planning，DRP)，为主机厂同配套厂信息集成而开发的多工厂管理系统(multiplant system)，为建立供需双方业务联系的电子数据交换系统(EDI)等，都与 MRP Ⅱ 计划系统集成。

(3) 运用计算机技术发展的最新成果，改善 MRP Ⅱ 的系统功能和用户界面。如扩大用户自行定义和设置系统的应用范围；提供计算机辅助软件工程和报表生成等手段，便于用户二次开发；广泛应用窗口技术、图形技术改善屏幕操作和显示功能；等等。此外，人们还在研究引入人工智能技术、增强决策支持和方案优化的功能。

在这些发展的基础上，形成了企业资源计划(enterprise resources planning，ERP)。它致力于在企业管理的各个活动环节中，充分利用现代信息技术建立信息网络系统，对企业经营管理活动中的物流、信息流、资金流、工作流加以集成和综合，实现资源的优化配置,加快对市场的反应速度,从而提高企业管理的效率和水平,并最终提高企业的经济效益和竞争能力。这是一种范围更广的、基于计算机信息管理系统的现代企业集成管理模式。同时,ERP 突破了 MRPⅡ主要适用于多品种混合生产的加工装配型企业的应用范围,可以为各行各业的企业实现计算机信息管理基础上的集成化管理提供一个强有力的手段。图 13.12 是 SAP 公司的 ERP 产品 R/3 的示意图,从该图可以看出 ERP 所囊括的范围。

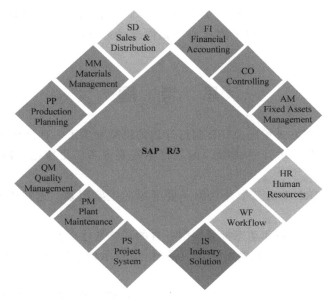

图 13.12　ERP 的模块结构示例

三、MRPⅡ/ERP 的使用条件

　　成功运用 MRPⅡ/ERP 系统的首要条件是有效、规范地输入数据。MRPⅡ/ERP 系统的运行思想是通过计划—执行—反馈与评估来获得最佳控制和企业可行条件下最大的经济效益。其正确的计划与控制是建立在正确的基础信息及全面、及时地执行反馈的基础上,因此,MRPⅡ/ERP 系统的先进性与效益,是由基础信息是否正确、完整,实时信息是否及时、全面决定的。有一句名言:"三分技术、七分管理、十二分数据",最好地说明了数据的重要性。准确、及时的数据是成功实施 MRPⅡ/ERP 系统的关键。

　　成功实施 MRPⅡ/ERP 系统的另一个重要条件是企业管理层的支持。如上所述,MRPⅡ/ERP 不只是一种计划和控制的方法,而且是一种全新的管理模式,它从多个方面、多个部门改变了企业的生产经营活动。这种新模式的实施必然要求各个管理部门、各层管理人员改变长期形成的工作习惯,还有可能对某些部门和某些管理人员的既有权力、地位和既得利益提出挑战,因此,可能会遭到这些部门和人员的反对。例如,在手工编制生产计划的情况下,计划人员长期积累起来的经验是非常宝贵的,他们是企业的重要人才。而 MRPⅡ/ERP 的引入,意味着他们的经验不再重要。因此,这部分人往往不支持或变相抵制 MRPⅡ/ERP 的实施。此外,MRPⅡ/ERP 的实施与企业的各个部门都相关，因此还必须有最高管理层的理解和支持，从企业最高管理层进行协调和推动。

第三个条件是一般员工对 MRP II/ERP 的理解与有关知识的培训和掌握。这一问题的重要意义在于，这是保证数据的及时性和准确性的主要条件。MRP II/ERP 系统的运行需要来自技术、生产、库存、销售、财务等多个部门的多种数据，这些数据需要随时更新，而数据的输入与更新，需要靠各个部门的广大员工。为此，必须使广大员工认识到及时、正确的数据对整个系统运行的重要意义，必须使他们具有相应的技能，能够胜任工作。更重要的是，还必须使他们提高工作责任心。否则，由于员工在输入数据时的漫不经心而导致输入错误的数据，由于责任心不强而拖延数据的更新，就有可能引起整个系统计算结果的错误。

思 考 题

1. 与传统的计划方式相比，MRP 制订计划的思路发生了一种什么样的本质性改变？
2. 为什么说物料需求计划（MRP）的制订不需要参考历史数据？制订 MRP 的关键信息要素是什么？
3. 简述确定 MRP 中的三个计划因子要考虑的主要因素。这些因素之间是否还具有相互作用？
4. 采取静态批量规则和动态批量规则各自的利弊是什么？
5. 为什么说 MRP 系统的输出结果只是"措施提示信息"？能不能将其直接作为生产指令来执行？
6. 为什么说 MRP II 不只是一个计算机信息管理系统，而是一种新型的集成管理模式？
7. 为什么说 MRP II/ERP 模式的引入是一场管理变革？
8. 用你所了解的企业事例，说明 MRP II/ERP 项目实施成功的关键要素。

作业排序

运用 MRP 确定各项物料的生产、采购计划之后,还需要把企业自加工工件的生产计划转变为每个班组、人员以及每台设备的工作任务。即具体地确定每台设备、每个人员每天的工作任务和工件在每台设备上的加工顺序,这一过程就称为作业排序。作业排序要解决先加工哪个工件、后加工哪个工件的加工顺序问题,还要解决同一设备上不同工件的加工顺序问题。在很多情况下,可选择的方案有很多,而不同的加工顺序得出的结果差别很大。为此,需要采用一些方法和技术,尽量得出最优或令人满意的加工顺序。本章介绍作业排序的基本概念、分类和主要方法,最后还将涉及服务业领域的作业排序问题。

第一节 作业排序的基本概念

一、作业计划与排序

一般来说,作业计划(scheduling)与排序(sequencing)不是同义词。排序只是确定工件在机器上的加工顺序,而作业计划不仅包括确定工件的加工顺序,还包括确定机器加工每个工件的开始时间和完成时间。因此,只有作业计划才能指导每个工人及其生产活动。

在编制作业计划时,有时一个工件的某道工序完成之后,执行下一道工序的机器还在加工其他工件,这时,工件要等待一段时间才能开始加工,这种情况称为"工件等待"。有时,一台机器已经完成对某个工件的加工,但随后要加工的工件还未到达,这种情况称为"机器空闲"。

由于编制作业计划的关键是要解决各台机器上工件的加工顺序问题,而且,在通常情况下都是按最早可能开(完)工时间来编制作业计划。因此,当工件的加工顺序确定之后,作业计划也就确定了。所以,人们常常不加区别地使用排序与编制作业计划这两个术语。在本章,只有在需要的情况下,才将这两个术语区别使用。在一般情况下,只使用排序这个术语。同时,本章中所用的"工作地""机器""人员"等均抽象地表示"提供服务者";而"工作""工件""顾客"等均抽象地表示"接受服务者",这些名词不过是应用的场合不同而已。

二、作业排序问题的分类

排序问题有不同的分类方法。在制造业领域和服务业领域中,有两种基本形式的作业排序:①劳动力作业排序,主要是确定人员何时工作;②生产作业排序,主要是将不同工件安排到不同设备上,或安排不同的人做不同的工作。在制造业和服务业企业中,有时两种作业排序问题都存在。在这种情况下,应该集中精力注意其主要的、占统治地位的方面。在制造业中,生产作业排序是主要的,因为要加工的工件是注意的焦点。许多绩效度量标准,如按时交货率、库存水平、制造周期、成本和质量都直接与排序方法有关。除非企业雇用了大量的非全时工人或是企业一周七天都要运营,否则劳动力作业排序问题就是次要的。反过来,在服务业中,劳动力作业排序是主要的,因为服务的及时性是影响公司竞争力的主要因素。很多绩效标准,如顾客等待时间、排队长度、设备(或人员)利用情况、成本和服务质量等,都与服务的及时性有关。

在制造业的生产作业排序中,还可进一步按机器、工件和目标函数的特征分类。按照机器的种类和数量,可以分为单台机器的排序问题和多台机器的排序问题。对于多台机器的排序问题,按工件加工路线的特征,可以分成单件车间(job-shop)排序问题和流水车间(flow-shop)排序问题。工件的加工路线不同,是单件车间排序问题的基本特征;而所有工件的加工路线完全相同,则是流水车间排序问题的基本特征。

按工件到达车间的情况,可以分成静态排序问题和动态排序问题。当进行排序时,所有工件都已到达,可以一次对它们进行排序,这是静态排序问题;若工件是陆续到达,要随时安排它们的加工顺序,这是动态排序问题。

按目标函数的性质,也可划分不同的排序问题。例如,同是单台机器的排序,目标是使平均流程时间最短和目标是使误期完工的工件数最少,实质上是两种不同的排序问题。按目标函数的情况,还可以划分为单目标排序问题和多目标排序问题。

由此可见,由机器、工件和目标函数的不同特征以及其他因素的差别,构成了多种多样的排序问题及相应的排序方法。本章只介绍几种有代表性的排序方法。

三、作业排序的任务和目标

企业应该有一个行之有效的作业排序系统,这样才能保证生产计划的顺利执行。因此,在作业排序系统的设计中,必须满足各种不同功能活动的要求。有效的作业排序系统应该能够做到:

(1) 对将要做的工作进行优先权设定,以使工作任务按最有效的顺序排列;

(2) 针对具体设备分配任务及人力,通常以可利用和所需的能力为基础;

(3) 以实施为目标分配工作,以使工作任务如期完成;

(4) 不断监督以确保任务的完成,周期性检查是保证已分配的工作如期完成的最常用方法;

(5) 对实施过程中出现的问题或异常情况进行辨识,这些问题或异常情况有可能改变已排序工作的状况,需要探索、运用其他解决问题的方法;

(6) 基于现存状况或订单变化情况对目前的作业排序进行回顾和修改。

作业排序系统的设计必须反映企业及运用该系统的工作过程的需要。许多组织运用各种作业排序技术的组合来管理所要进行的工作。如果一种作业排序系统没有监督跟踪体制,以确保所计划事件如期发生,以及一旦事件偏离了计划,可立即采取行动,该系统将是无效的。作业排序系统的设计应当能够处理计划的偏离、纠正操作中的问题,并尽快返回原计划状态,以便维护计划和作业排序过程的有效性。

第二节 制造业中的生产作业排序

本节对生产作业排序的讨论集中在下面的情况——许多项工作(如零件生产)要在一个或几个工作地加工,每个工作地都安置有不同的机器和工人。一般来说,每一个工作地都可以执行多种任务,因此有可能造成排队等待。

一、甘特图

甘特图是作业排序中最常用的一种工具,最早由亨利·L.甘特(Henry L. Gantt)于1917年提出。这种方法是基于作业排序的目的,将活动与时间联系起来的最早尝试之一。有两种基本形式的甘特图:作业进度图和机器图。作业进度图表示一项工作的计划开始日期、计划完成日期以及现在的进度。例如,假设某汽车零件制造公司有三项工作在进行中,它们分别是加工三种汽车零件 A、B 和 C。这些工作的预定计划和现在的完成情况如图 14.1 所示。

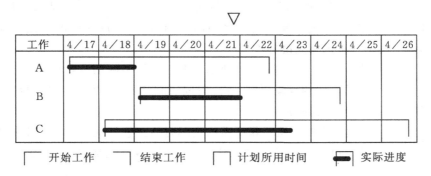

图 14.1 汽车零件公司的作业进度甘特图

在当前日期(以记号标出的 4 月 21 日),这张甘特图显示,A 的完成情况滞后于计划,B 在按计划完成,C 的完成情况则超前于计划。假设如果截至 4 月 26 日,需要零件 A 的公司仍不能收到订货,其装配线就要停工,那么这种情况就需要新的作业计划并更新甘特图。如果这三项工作都在等待进行磨削加工,之后要进行抛光才能最后交货,则图 14.2 表示三种工作在两种不同设备上的所需时间、时间安排和现在的进度。这种形式的甘特图就称为机器图,它描述不同工作在每一台机器上的工作次序,也可用来管理生产进度。该图中各个符号的含义与图 14.1 相同。如图所示,在 4 月 23 日当天,A 刚好按计划完成,因为实际进度与当今的日期一致,而抛光机是空闲的。与图 14.1 所示的当初的计划交货期相比,图 14.2 显示,三项工作都将超期才能完成,但需要 A 的公司其装配线却不必停工。这样,生产管理者能很容易地从甘特机器图中看到错综复杂的计划的结果。

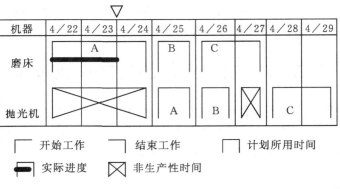

图14.2 汽车零件公司的机器甘特图

二、作业排序方案的评价标准

一般来讲,对于 n 种工作,每一种需要在 m 台机器上加工,则可能的排序方案共有 $(n!)m$ 种。例如,在上例中,三种零件在两台机器上加工,共有 36 种可能的排序方法。由于工艺上的限制以及零件间的相互关系,有些排序方案是不可行的。但即使如此,仍然有相当数量的可能方案。而如前所述,不同方案可导致相当不同的结果,因此必须慎重选择。但在选择之前,首先需要确定选择、评价的标准。有许多标准可以用来评价作业排序方案,下面是一些最常用的标准。

(1) 工件流程时间。从工件可以开始加工(不一定是实际的开始时间)至完工的时间。它包括在各个机器之间的移动时间、等待时间、加工时间以及由于机器故障、部件无法得到等问题引起的延迟时间等。

(2) 全部完工时间。完成一组工作所需的全部时间。它是从第一个工件在第一台机器上开始加工时算起,到最后一个工件在最后一台机器上完成加工时为止所经过的时间。

(3) 延迟。可以用比预定完工时间延迟了的时间部分来表示,也可以用未按预定时间完工的工件数占总工件数的百分比来表示。

(4) 在制品库存(WIP)。一个工件正从一个工作地移向另一个,由于一些原因被拖延加工,正在被加工或放置于零件库中,都可被看作在制品库存。它是在途库存的一个例子,但其物料项目是制造出来的,而不是购买来的。这种度量标准可以用工件个数、其货币价值或可供应的周数来表示。

(5) 总库存。计划入库量和现有库存量的总和为总库存量。

(6) 利用率。用一台机器或一个工人的有效生产时间占总工作时间的百分比来表示。

上述标准都能用具有平均值和偏差的统计分布来表示。但这些标准彼此之间并不完全独立。例如,使工件流程时间的平均值较小,也就是要减少在制品库存和提高利用率。在流水车间(所有工件的加工路线都一致),使一组工作的全部完工时间最小也意味着要提高设备利用率。

三、优先调度规则

正如在一组机器上有多种可能的排序方案来加工一组工件,排序方法也有多种,从简单的手工方法(如甘特图),直至完全计算机化的求最优的数学模型。这里介绍一类用于单件车间的启发式排序方法,称为调度方法(dispatching),这是实际中使用最多的一类方法。这类方法的基本描述是:对于某一工作地,在给定的一段时间内,顺次决定下一个被加工的工件。一般来说,一个工作地可选择的下一个工件会有多种,因此,按什么样的准则来选择,对排序方案的优劣有很大影响。为了得到所希望的排序方案,需要借助一些优先顺序规则。当几项工作在一个工作地等待时,运用这些优先规则可以决定下一项应进行的工作。所以,所谓调度方法,就是运用若干预先规定的优先顺序规则,顺次决定下一个应被加工的工件的排序方法。这种方法的一个最主要优点是,可以根据最新的实际运作情况信息来决定下一步要做的工作。优先顺序规则也可以预先存入计算机化的排序系统,利用它自动产生工作的调度清单和工件加工的优先顺序,以便管理者用来为工作地分配工作。下面是在实际中常用的优先顺序规则。

(1) FCFS(first come first served)规则。优先选择最早进入可排序集合的工件。

(2) EDD(earliest due date)规则。优先选择完工期限最紧的工件。

(3) SPT(shortest processing time)规则。优先选择加工时间最短的工件。

(4) SCR(smallest critical ratio)规则。优先选择临界比最小的工件。临界比为工作允许停留时间和工件余下加工时间之比。

(5) MWKR(most work remaining)规则。优先选择余下加工时间最长的工件。

(6) LWKR(least work remaining)规则。优先选择余下加工时间最短的工件。

(7) MOPNR(most operations remaining)规则。优先选择余下工序数最多的工件。

(8) RANDOM 规则。随机地挑选下一个工件。

迄今为止,人们已提出了100多个优先调度规则,上面介绍了其中主要的8种。这8种优先规则各有特色。例如,SPT 规则可使工件的平均流程时间最短,从而减少在制品数量;FCFS 规则来自排队论,它对工件较公平;EDD 规则和 SCR 规则可使工件延误时间最小;MWKR 规则使不同工作量的工件完工时间尽量接近;LWKR 规则使工作量小的工件尽快完成;等等。有时运用一个优先规则还不能唯一地确定下一个应选择的工件,这时可使用多个优先规则的组合,例如,SPT+MWKR+RANDOM。它的含义是,首先按 SPT 规则选择下一个工件,若有多个工件具有相同的优先级,则运用 MWKR 规则再选择。如仍有多个工件满足条件,再运用 RANDOM 规则随机地选择一个。

按照这样的优先调度方法,可赋予不同工件不同的优先权,可以使生成的排序方案按预定目标优化。

以上这些优先调度规则的简单性掩饰了排序工作的复杂性。实际上,要将数以百计的工件在数以百计的工作地(机器)的加工顺序决定下来,是一件非常复杂的工作,需要有大量的信息和熟练的排序技巧。对于每一个准备排序的工件,计划人员都需要两大类信息:有关加工要求和现在的状况。加工要求信息包括预定的完工期、工艺路线、标准的作业交换时间、加工时间、各工序的预计等待时间、各工序的可替代设备以及各工序所需的原材料和零件等。现状信息包括工件的现在位置(在某台设备前排队等待或正在被加工),现在完成了多少工序(如果已开始加工),在每一工序的实际到达时间和离去时间,实际加工时间和作业交换时间,各工序所产生的废品(它可以用来估计重新加工量)以及其他有关信息。优先顺序规则就是利用这些信息的一部分为每个工作地决定工件的加工顺序,其余的信息可以用来估计工件按照其加工路线到达下一个工作地的时间、当最初计划使用的机器正在工作时是否可使用替代机器以及是否需要物料搬运设备等。这些信息的大部分在一天中是随时改变的,所以用手工获取这些信息几乎是不可能的或效率极低的。从这个意义上说,计算机是用来进行有效的、优化的作业排序的必要工具。

四、局部与整体优先规则及其事例

优先调度规则可以分为局部优先规则和整体优先规则两类。局部优先规则决定工作的优先分配顺序仅以在单个工作地队列中的工作所代表的信息为依据。例如,EDD、FCFS 和 SPT 都是局部优先规则。相比之下,整体优先规则决定工作的优先分配顺序不仅根据正在排序的工作地,而且要考虑其他工作地的信息。SCR、MWKR、LWKR 以及 MOPNR 都是整体优先规则的例子。整体优先规则可以看作更好的选择,但由于需要较多的信息,而信息的获取也是要付出成本的,因此在某些情况下不一定能够提供足够的优势。下面通过几个例子来说明这两种规则的应用。

(一) 局部优先规则

一个加工车间负责加工发动机机壳,现在共有 5 个机壳等待加工,只有一名技工在岗,做此项工作。现在已经估算出各个机壳的标准加工时间,顾客也已经明确提出了他们所希望的完工时间。表 14.1 显示了周一上午的情况,顾客的取货时间通过从周一上午开始,还有多少工作小时来计算。现在,让我们来看一下分别使用 SPT 和 EDD 规则时得到的排序方案,并计算这两个方案的平均提前时间、延迟时间、在制品库存和总库存。

表 14.1　发动机机壳的加工与取货信息　　　　　　　　单位:h

发动机机壳	所需标准加工时间 (包括机器调整)	预计顾客取货时间 (从现在开始算起的所需工作时间)
机壳 1	8	10
机壳 2	6	12
机壳 3	15	20
机壳 4	3	18
机壳 5	12	22

表 14.2 显示了用 SPT 规则得出的作业排序,每一项作业的流程时间等于等待时间加上加工时间。例如,机壳 1 要等待 9h 后,才开始被加工。由于标准加工时间是 8h,它的流程时间是 17h。

表 14.2 SPT 规则排序结果　　　　　　　　　　　　　　　　　　　单位：h

机壳加工次序	开始工作	加工时间	结束工作	流程时间	预计顾客取货时间	顾客实际取货时间*	提前小时数	拖延小时数
机壳 4	0	3	3	3	18	18	15	
机壳 2	3	6	9	9	12	12	3	
机壳 1	9	8	17	17	10	17		7
机壳 5	17	12	29	29	22	29		7
机壳 3	29	15	44	44	20	44		24
总　数				102		120	18	38
平均数				20.4			3.6	7.6
平均在制品库存＝102/44＝2.32 个　　　　　平均总库存＝120/44＝2.73 个								

* 该时间基于以下假设：顾客不会在预定取货时间之前来取货；如果有拖延发生，他们将在加工结束时马上取走。

平均在制品库存可用各工件流程时间之和除以全部完工时间（第一件工件开始加工直至最后一个工件加工结束的时间）来得到。平均总库存应是全部在制品库存再加上已完成、正等待顾客取货的完成品库存。这样，类似于平均在制品库存的计算，平均总库存应等于各工件实际取货时间之和除以全部完工时间。其中各工件的实际取货时间等于等待加工时间、加工时间和等待取货时间之和。例如，第一个被取走的是机壳 2，它在生产系统中花费了 12h 后被取走。任何在系统中所花费的时间仅仅是实际的顾客取货时间，这是由于在时间为 0 时，所有的各项工作都可开始进行。当我们用这个总和除以总的消耗时间（即全部完工时间）时，则可得到平均总库存。在这个排序方案中，平均在制品库存为 2.32，平均总库存为 2.73，这意味着平均有 0.41（＝2.73－2.32）个完成品库存在等待顾客来取。下面的表 14.3 是用 EDD 规则排序的结果。

表 14.3 EDD 规则排序结果　　　　　　　　　　　　　　　　　　　单位：h

机壳加工次序	开始工作	加工时间	结束工作	流程时间	预计顾客取货时间	顾客实际取货时间*	提前小时数	拖延小时数
机壳 1	0	8	8	8	10	10	2	
机壳 2	8	6	14	14	12	14		2
机壳 4	14	3	17	17	18	18	1	
机壳 3	17	15	32	32	20	32		12
机壳 5	32	12	44	44	22	44		22
总　数				115		118	3	36
平均数				23.0			0.6	7.2
平均在制品库存＝115/44＝2.61 个　　　　　平均总库存＝118/44＝2.68 个								

* 该时间基于以下假设：顾客不会在预定取货时间之前来取货；如果有拖延发生，他们将在加工结束时马上取走。

比较表 14.2 和表 14.3，可以看出，用 SPT 规则排序，其平均流程时间更短，在制品库存更少。而用 EDD 规则排序，可以给顾客提供更好的服务（其平均延迟时间和总延迟时间均较少）。它也提供了更低的总库存水平，这是由于工件加工完后等待顾客取货的时间较短。与其他规则相比，SPT 规则能更快地推动工作完成，但是只有在工件可以提前交货、可提前得到货款的情况下，速度快才能算是优点，否则完成的工件必须放在完成品库存中，会抵消使平均在制品库存减少的优点。因此，优先规则以及在此基础之上制订的生产作业计划会极大地影响管理绩效。还应注意的是，两种排序方案均有相同的完工时间：44 小时。在单工作地、固定工件数的排序问题中，无论采用什么优先规则，这个结果都成立，因为在任何两个工件之间，工作地（机器）都没有空闲。

局部优先规则也可用于多工作地的排序问题，每一个工作地被看作独立于其他工作地。当工作地空闲时，优先规则被应用于那些在此等待加工的工件，其中具有最高优先权的首先被加工。当加工结束后，该工件会按照工艺路线转向下一个工作地，在那里要等到它又具有了该工作地的最高优先权时才能被加工。在任何一个工作地，随着时间的推移，等待行列中的工件会发生改变，所以优先规则的选择会使加工次序十分不同。

（二）整体优先规则

整体优先规则可以用来解决多个工件在多个工作地的作业排序问题。在设定一项工作的优先权之前，整体优先规则要考虑关于在下一个工作地操作的有关信息，因此这些规则适用于两个或两个以上工作地的作业排序。我们在这里主要讨论多个工件、两台机器的流水车间作业排序问题。

假设有许多工件要经过两台机器的加工来完成，并且所有工件的加工路线都相同。在这种情况下，全部完工时间是一个重要的评价标准。前面曾谈到，在一组工件、单一机器的排序问题中，无论选择何种次序，全部完工时间都是相同的。但这个结论对于两种或两种以上机器的作业排序问题不再适用。

S. M. Johnson 于 1954 年提出了一个有效算法，用于解决一组工件经两台机器加工的流水车间排序问题，其目标函数就是使全部完工时间最短。这就是著名的 Johnson 方法。该方法假设工件在两台机器上的加工顺序是相同的，所有的工件在第一台机器开始加工时都可以得到。在这种情况下，调度过程实际是以在两台机器上的运行时间为基础对各工件赋予优先权的过程。

当每种工件在每台机器上的加工时间均已知时，Johnson 方法的步骤如下。

（1）设 a_{ij} 为工件 $i(i=1,2,\cdots,n)$ 在机器 $j(j=1,2)$ 上的加工时间。在 a_{ij} 矩阵中找出最小的 a_{ij} 值。如果有两个相同的最小值，则任选一个。

（2）如最短加工时间（最小的 a_{ij}）出现在机器 1 上，则对应的工件尽可能往前排；若最短加工时间出现在机器 2 上，则对应的工件尽可能往后排。

（3）从加工时间矩阵中划去已排序工件，然后重复步骤（1）和（2），直至全部工件被安排。若最短加工时间有多个，则任选一个。

下面来看一个事例。

【应用事例 14.1】

五台仪器修复作业排序

某公司在一次火灾中损坏了五台仪器，这些仪器的修复需要经过如下两道工序：
（1）将损坏的仪器运至修理车间，拆卸开；
（2）清洗仪器部件，更换报废部分，装配，测试，并送回原车间。
每台仪器在两个工序的各自所需时间如表 14.4 所示。两道工序分别由不同的人员负责。由于原车间没有这五台仪器就无法恢复正常生产,所以希望找到一个较好的排序方案,使全部修理时间尽可能短。

表 14.4 修理时间   单位:h

仪器	Y1	Y2	Y3	Y4	Y5
工序 1	12	4	5	15	10
工序 2	22	5	3	16	8

现在,让我们运用 Johnson 方法来得出使全部修理时间最短的作业排序方案。如表 14.4 所示,最短工序时间为 3h,它出现在仪器 Y3 的工序 2,所以,将仪器 Y3 排在最后。其次的最短工序时间为 4h,出现在仪器 Y2 的工序 1 中,故将仪器 Y2 排在最前面,依此类推。最后的排序结果如表 14.5 所示。这一排序加工可保证全部修理时间最短。为了求得全部修理时间,可画出如图 14.3 所示的甘特图,由该图可知,全部修理时间为 65h。

表 14.5 仪器修理的排序结果

步骤	工作次序					备注
1					Y3	将 Y3 排在第 5 位
2	Y2				Y3	将 Y2 排在第 1 位
3	Y2			Y5	Y3	将 Y5 排在第 4 位
4	Y2	Y1		Y5	Y3	将 Y1 排在第 2 位
5	Y2	Y1	Y4	Y5	Y3	将 Y4 排在第 3 位

| 工序1 | Y2 (4) | Y1 (12) | Y4 (15) | Y5 (10) | Y3 (5) | 空闲,等待新任务 |
| 工序2 | 空闲 | Y2 (5) | 空闲 | Y1 (22) | Y4 (16) | Y5 (8) | Y3 (3) |

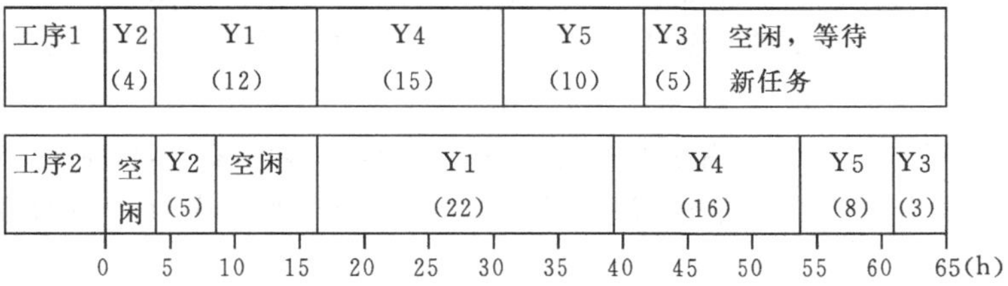

0 5 10 15 20 25 30 35 40 45 50 55 60 65(h)

图 14.3 仪器修理的甘特图

对于多个工件、两台以上机器的流水车间排序问题,到目前为止,只有几种多个工件、3 台机器的特殊类型的问题找到了有效算法。而对于一般的 n 个工件、m 台机器($m>3$)的流水车间排序问题,虽然可以用分支定界法保证得到最优解,但随着问题规模的扩大,计算量相当大,甚至连计算机也难以求解,因此无法应用于实际生产之中。此外,还需要考虑经济性,如果求最优解所付出的代价超过了这个最优解带来的好处,则得不偿失。为了做到求解的最优性与经济性的统一,人们提出了多种启发式算法,以便以较小的计算量得到足够好的结果,因而在生产实际中较实用。关于这些方法,读者可详见参考文献[3],这里不再详述。

五、作业排序中的两种不同约束环境

有两种不同约束环境会影响作业排序的复杂程度：一是设备数有限，人员无限。上述的局部和整体优先规则所做的假设都属于这种情况，即可利用的设备有限，但只要有空闲机器，工作不会因操作人员短缺而等待。但在实际中还有可能存在另外一种情况，即人员数有限、设备数无限，或者说人员数小于设备数。这种约束条件给作业排序增加了又一项决策内容。在这种作业排序中，当计划人员安排工作的下一设备时，必须同时安排相应的人员。计划人员可以用类似前面所讲的调度规则来制订人员安排决策，但应该注意，在人员有限的条件下，设备调度和人员调度政策以及调度优先规则的选择会同时影响生产进程和综合绩效。表14.6表示一些常用的人员调度规则。此外，在人员有限的情况下，还可通过培养"多面手"，使人员技能多样化来提高作业的灵活性。

表 14.6　常用的人员调度规则

1. 把人员优先安排到已排队等待时间最长的工作所在地
2. 把人员优先分配到等待工作数最多的工作地
3. 把人员优先分配到有最大标准工作量的工作地
4. 把人员优先分配到有需要最早完工的工作所在地

第三节　服务业中的服务作业排序

一、服务作业排序与生产作业排序的主要区别

在服务业与制造业中，给作业排序带来极大不同的根本原因是，服务不能储存，无法预先做出来，因此导致了安排方法上的根本不同。具体地说，这些不同主要由于以下几个因素。

（1）所提供产品的类型。由于服务生产过程中有顾客的参与，作业排序对他们有直接影响，并因此成为服务的一部分；而在制造业中，生产作业排序对产品的最终使用者或消费者无直接影响。

（2）排序内容。在服务业中，作业排序要定义服务交易的时间或消耗点；而在制造业中，作业排序仅仅定义产品生产的操作步骤。

（3）过程控制。在服务业中，用户参与服务过程，并且对全部操作时间施加影响；而在制造业中，用户仅与最终产品或交货时间相关。

（4）人员规模。在顾客化服务业中，服务的输出与劳动力的最佳规模之间的关系很难确定；而在制造业中，两者之间有紧密联系，因此最优的作业排序可被计算出来。

各种服务业组织所提供的服务又可以分为两大类：顾客化服务和标准化服务。大多数组织为客户提供顾客化服务。作业排序的方法包括从典型的"一次一个"的日常服务中的"先到先服务"方式，到基于操作时间或服务人员的可利用性的预约式作业排序。这些简单的方法对于小规模的作业排序是非常适宜的。而在大规模的问题中，如银行或医院，既要与其所服务的顾客直接接触，同时又有许多设备设施与顾客相分离，因此面临复

杂的作业排序问题。顾客化服务的作业排序实际上是一个顾客参与决策的过程，在某种程度上，顾客也是作业排序过程中的一部分，而且常常是作为驱动者。

与顾客化服务相比，标准化服务如交通运输和零售业等，更多的与设备、工具相连。在交通运输业中，到达与出发的时间表广为张贴，几乎不考虑个别顾客的要求。这种排序时间表一般按照已计划好的需求路线来设计，并根据乘客交通的方式、假期安排、惯用规则或所期望的方式作一些调整。对邮件分发、垃圾回收及清洁街道等服务的作业排序，是根据路径计划以及最大限度地有效使用工具设备的目的进行的。路径计划对于航班的作业排序来说也是非常重要的。此外，航班的作业排序还需要考虑维修、补充燃料、现有机组人员、容量以及顾客需求等问题。大多数航班作业排序通过仿真模型进行，这种模型运用实际情况下的所有变量来开发一个供决策用的场景。

在服务业中，由于无法利用库存来应对需求的不确定性，因此服务作业的组织和排序更困难，对于服务业组织运作绩效的影响也更大。一般来说，有两种基本的排序方式：将顾客需求分配到服务能力的不同时间段内；将服务人员安排到顾客需求的不同时间段内。下面分别讨论这两种方式。

二、服务作业排序方法之一——安排顾客需求

这种方式就是根据不同时间内可利用的服务能力为顾客排序。在这种方式下，服务能力保持一定，而顾客需求被适当安排，以提供准时服务和充分利用能力。通常有三种方法：预约、预订和排队等待。

（1）预约。一个预约系统给予顾客特定的服务时间。这种方法的优点在于及时的顾客服务和服务人员的高效率。医生、律师和汽车修理厂是使用预约系统提供服务的典型例子。采用这种方式容易出现的一个问题是：如果预约好的顾客由于排序出错而需等待较长时间，他们会变得很恼火。这个问题可以通过为每个顾客安排足够的时间，而不是仅仅用相等的时间间隔来安排。另一个可能出现的问题是：如果有很多顾客迟到，或约好不来，预约系统的运作绩效会受到很大影响。

（2）预订。预订系统类似于预约系统，但它通常被用于顾客接受服务时需占据或使用相关的服务设施的情况。例如，顾客预订旅馆房间、火车或飞机座位。购买音乐会门票实际上也是一种预订系统。预订系统的主要优点在于，它给予服务管理者一段提前期来计划设施的充分利用。而且这种方式通常要求预付一定款项，这样可减少约好不来的问题。例如，许多旅馆在预订房间时需要交一天的房租，会议通常有注册的最后期限等。

（3）排队等待。一种为顾客排序的不太准确的方法是允许需求积压，让顾客排队等待。例如，餐馆、银行、零售商店、理发店等通常使用这种方式。在这种方式中，顾客到达服务系统后不知道何时轮到为自己服务，提出服务要求后就等待着。各种优先规则可用来决定服务顺序，通常的规则是先到先服务。在一些特殊情况下，也允许某些顾客有特殊优先权。采用这种服务方式的一个重要问题是，应尽量使顾客等待时间缩短。例如，通过排队论等方法研究顾客的到达规律，采取相应的服务方法。

三、服务作业排序方法之二——安排服务人员

服务作业排序的另一种方法是将服务人员安排到顾客需求的不同时间段内。当需要快速响应顾客需求且需求总量大致可以预测时,通常使用这种方法。在这种情况下,可通过服务人员的适当安排来调整服务能力,以满足不同时间段内的不同服务负荷。采用这种方式的典型例子有:邮局营业员、护士、警察的工作日以及休息日的安排,一天营业 14 小时、一周 7 天都营业的商店的人员安排;有许多运行路线、日运行 20 小时、一年 365 天都运营的汽车公司的司机安排,等等。

一般来说,与制造业企业的生产计划类似,服务业企业也要首先制订全年、每个月以至于每周的人员需求计划,然后在此基础上通过作业排序方法把这样的人员计划转换成为每一个人的日常排班计划。例如,表 14.7 表示一个邮局的包裹服务部的人员排序计划(其中 X 表示工作日,空白表示休息日)。该服务部共有 10 名营业人员,每周 7 天都营业,人员排序方案需要确定每个人一周内的工作日和休息日。如果该部门每周工作 5 天、每天工作 8 小时,则几乎不存在排序问题。但现在这个部门的情况不是这样,它需要考虑每个人各自不同的工作日和休息日。例如,人员 A 在星期二和星期六休息,而人员 E 在星期六和星期日休息。进一步,人员排序计划并不仅仅是穿插安排每个人的工作日和休息日,这种安排还必须满足每天的不同需求。如表 14.7 所示,该服务部每天对人员的需求都不同,一周共需要 42 人·日。因此,每天安排的人员必须大于等于当天的需求,否则就会发生顾客长时间等待、顾客需求得不到满足等问题。此外,还需要根据需求的变化随时调整人员排序计划。例如,假定星期日将有一些特殊包裹到达,需要两个以上的人工作,而在表 14.7 中,有 3 天是富余两人的。因此可以调整安排 C 和 D 在星期日工作,在星期一休息。

表 14.7　邮局包裹服务部的人员排序计划

人员	周一	周二	周三	周四	周五	周六	周日	
A	×		×	×	×		×	
B	×		×	×	×	×		
C	×	×	×	×	×			
D	×	×	×	×	×			
E	×	×	×	×	×			
F		×	×	×	×	×		
G		×	×	×	×		×	
H	×		×	×	×	×		
I	×	×		×	×	×		
J	×		×	×	×	×		
								合计
能力(C)	8	6	9	10	10	5	2	50
需求(R)	6	4	8	9	10	3	2	42
差($C-R$)	2	2	1	1	0	2	0	8

如前所述,制订人员排序计划的主要约束条件是企业的人员计划和顾客需求。但是,有时还需要考虑其他一些约束,包括法律和行为上的约束。例如,一个医院可能需要在所有时间中每一层楼至少有一定数量的正式护士值班。类似地,消防队必须始终有一定数量的消防人员值班。这些约束条件限制了人员排序计划的灵活性。同时,人员的精神需求也会使排序工作复杂化,尤其是这些需求在劳动合同中有明确规定的情况下。例如,员工可能要求每周有连续的休息日,或至少连续休息日不得少于一定的百分比,可能要求每年有一定天数的轮休,要求法定休息日全休等。管理者解决这类要求的方法之一是采用轮换排序计划,使每一个人都轮流适用不同的排班计划,这样经过一段时间后,所有人员都会得到均等的上班、下班和休假时间。例如,在表 14.7 中,可采取每隔一周,表中的 A 用 B 的工作时间、B 用 C 的工作时间,依此类推的方法。这样 10 周以后,A 又一次回到现有的安排表中。而如果固定使用现有的安排表,则 A、B、H、I 和 J 都不会有两日连休的机会。

读者可能会进一步问:在表 14.7 所示的例子中,有没有可能制订一种排序计划,使每个人都能得到两日连休,同时又满足每日的需求?这样的排序方法是有的。下面介绍一种排序方法,它可以保证每人都有两日连休,还可以做到使人员的富余能力最小。这种方法的具体步骤如下。

(1) 从每周的人员日需求量中,找出全部具有最少人员需求量的两个连续日,再从中找出两日需求量总和最小者。例如,如果一周内各日的人员需求如表 14.8 所示,则最少人员需求量是 2,发生在周三和周日。全部具有最少人员需求量的两个连续日是周六至周日,周日至周一,周二至周三和周三至周四。其中两日需求量总和最小者是周六~周日,这两日的需求量分别是 4 和 2。如有相同的两个最小总需求量,则可任选其一,或按照预先约定好的方法选择其一,如优先选择周六至周日。

(2) 指定 1 名人员在上述找出的两日需求量总和最小的日期休息,即在周六和周日休息。在其余准备安排该人员工作的各日的人员需求量中减去一人的需求量。例如,在上例中,周一至周五的各日人员需求量分别变成 7、8、1、11 和 6。

(3) 重复步骤(1)和(2),直至全部需求被满足,或所有人员的工作都被分配。

表 14.8 一周内各日的人员需求量

日期	周一	周二	周三	周四	周五	周六	周日
人员需求量	8	9	2	12	7	4	2

【应用事例 14.2】

在表 14.7 所示的邮局包裹服务部的例子中,试为 10 名员工制订一个每人都保证两日连休的排序计划。

首先,我们发现周六和周日这两天的人员需求量最小,安排人员 A 在这两天休息。从 A 工作的周一至周五减去一人的需求量,具有最少需求量的连续两天仍为周六和周日,则可再安排人员 B 在这两天休息。依次计算下去,计算过程和结果见表 14.9。

表 14.9 人员排序过程及其结果

人员	人员需要量(人)							说明
	周一	周二	周三	周四	周五	周六	周日	
A	6	4	8	9	10	3 ×	2 ×	安排具有最少总需求量的周六、日两天休息
B	5	3	7	8	9	3 ×	2 ×	安排具有最少总需求量的周六、日两天休息
C	4	2	6	7	8	3 ×	2 ×	安排具有最少总需求量的周六、日两天休息
D	3 ×	1 ×	5	6	7	3	2	安排具有最少总需求量的周一、二两天休息
E	3	1	4	5	6	2 ×	1 ×	安排具有最少总需求量的周六、日两天休息
F	2 ×	0 ×	3	4	5	2	1	安排具有最少总需求量的周一、二两天休息
G	2	0	2	3	4	1 ×	0 ×	安排具有最少总需求量的周六、日两天休息
H	1	0	1	2	3	1 ×	0 ×	按照预定规则,安排周六、日休息
I	0 ×	0	0	1	2	1	0 ×	任意安排具有最少总需求的两天
J	0	0	0	0	1	0 ×	0 ×	按照预定规则,安排周六、日休息
在岗人员数	7	8	10	10	10	3	2	合计 50
实际需要人员数	6	4	8	9	10	3	2	42
空闲人员数	1	4	2	1	0	0	0	8

×:表示所在行的员工休息日。

表 14.9 所示的并不是既保证每人都有两日连休,又使人员的富余能力最小的唯一排序结果。例如,人员 I 可以任意安排在周日至周一,周一至周二或周二至周三休息,都不会引起能力短缺。此外还应注意的是,实际上,由于富余能力是 8 人·日,该部门只有 9 人也应该够用。只有周五一天,所需人数是 10 人。那么如果经理在周五工作一天,或轮流让一人在那天加班,就不需要人员 J。如表 14.9 所示,一般来说,J 只在周五被需要。但当有人休假或生病时,也可把 J 用作临时替补人员。

思 考 题

1. 在什么样的生产运作流程中,作业排序问题很重要?在什么样的生产运作流程中,作业排序问题并不重要?举例说明。

2. 利用甘特图进行作业排序的主要优点是什么？主要局限性是什么？

3. 在本章第二节中给出了一些评价作业排序方案的常用标准，这些标准之间是否存在相悖关系？举例说明。

4. 作业排序中的优先调度规则的选用与企业所选择的竞争重点之间是否有关？举例说明。

5. 服务作业排序与生产作业排序的最大区别是什么？

6. 提供顾客化服务和提供标准化服务的企业，在服务作业排序上有什么不同考虑？举例说明。

项目管理

项目是一种一次性的工作,必须在明确规定的时间内,由为此专门组织起来的人员完成。因此,可以把项目看作一种特殊的生产类型,为此也需要用到特殊的管理方法——项目管理(project management)方法。项目管理是第二次世界大战后期发展起来的新管理技术之一。虽然在此之前项目管理已广泛应用于许多事业领域(如工程建设项目和新产品开发),但直到第二次世界大战期间以及战后,它作为管理技术复杂的活动,或需要多学科协作的活动的一种特殊工具的价值,才完全被认识,其结果使项目管理成为一种相对来说较新的管理方法,得到迅速发展和不断完善。但是,项目管理也并非万能管理,项目以及项目管理有其明确的范围和特点。开始一项新的事业之前,首先需要判断是否适于使用项目管理,项目开始后,在项目管理中的组织、计划以及控制等诸多方面也只有遵循项目管理的基本原则以及基本方法,才有可能取得项目的成功。本章将分别阐明项目管理中的这些基本问题。

第一节　项目管理的基本特点

一、项目的基本概念及其特点

什么是项目?项目是这样一种一次性的工作:它应当在规定的时间内,由为此专门组织起来的人员完成;它应有一个明确的预期目标,还要有明确的可利用资源范围;它需要运用多种学科的知识来解决问题;没有或很少有以往的经验可以借鉴。

项目可以是建造一栋大楼、一座工厂或一座大水坝,也可以是解决某个研究课题,例如研制一种新药,设计、制造一种新型设备或产品,如一种新型计算机。这些都是一次性的,都要求在一定的期限内完成,不得超过一定的费用,并有一定的性能要求等。所以,有人说项目是新企业、新产品、新工程、新系统和新技术的总称。

由此可见,在各种不同的项目中,项目内容可以说是千差万别。但项目本身有其共同的特点,这些特点可以概括如下:

(1) 项目是一个单一的、可辨认的任务;
(2) 项目由多个部分组成,跨越多个组织,因此需要多方合作才能完成;
(3) 可利用资源预先要有明确的预算,且一经约定,不再接受其他支援;
(4) 有严格的时间期限,并公之于众;
(5) 项目任务的完成需要多个职能部门的人员的协作配合;

(6) 项目产物的保全或扩展通常由项目参加者以外的人员进行。

二、项目管理的特点

与项目的概念相对应,项目管理可以说是在一个确定的时间范围内,为了完成一个既定的目标,并通过特殊形式的临时性组织运行机制,通过有效的计划、组织、领导与控制,充分利用既定有限资源的一种系统管理方法。

上述定义中的"确定的时间范围"应该是相对短期的,但在不同项目中,所谓"相对短期"的概念并不完全相同。例如,一种新产品的研制开发可能是半年至两三年,工业建设项目可能是三至五年,而一座发电厂的建设期可能更长。

项目管理具有以下基本特点。

(1) 项目管理是一项复杂的工作。项目管理一般由多个部分组成,工作跨越多个组织,需要运用多种学科的知识来解决问题;项目工作通常没有或很少有以往的经验可以借鉴,执行中有许多未知因素,每个因素又常常带有不确定性;还需要将具有不同经历、来自不同组织的人员有机地组织在一个临时性的组织内,在技术性能、成本、进度等较为严格的约束条件下实现项目目标,等等。这些因素都决定了项目管理是一项很复杂的工作,而且复杂性与一般的生产管理有很大不同。

(2) 项目管理具有创造性。由于项目具有一次性的特点,因而既要承担风险又必须发挥创造性。这也是与一般重复性管理的主要区别。

创造总是带有探索性的,会有较高的失败概率。有时为了加快进度和提高成功的概率,需要有多个试验方案并进。例如,在新产品、新技术开发项目中,为了提高新产品、新技术的质量和水平,希望新构思越多越好,然后再严格地审查、筛选和淘汰,以确保最终产品和技术的优良性能或质量。而筛选淘汰下来的方案也并不完全是没用的,它们可以成为企业内部的技术储备。这种储备越多,企业就越能应付外界条件的变化和具有应变能力。

(3) 项目有其生命周期。项目管理的本质是计划和控制一次性的工作,在规定期限内达到预定目标。一旦目标满足,项目就因失去其存在的意义而解体。因此项目具有一种可预知的生命周期。

项目在其生命周期中,通常有一个较明确的阶段顺序。这些阶段可通过任务的类型或关键的决策点来加以区分。根据项目内容的不同,阶段的划分和定义也有所区别,但一般认为项目的每个阶段应涉及管理上的不同特点并提出需完成的不同任务。表 15.1 提出了一种项目阶段的划分方法并说明了每个阶段应采取的行动。无论如何划分,对每个阶段开始和完成的条件与时间要有明确的定义,以便审查其完成程度。

表 15.1 项目阶段的划分

阶段Ⅰ——概念	阶段Ⅱ——计划	阶段Ⅲ——执行	阶段Ⅳ——完成
·确定项目需要 ·建立目标 ·估计所需投入的资源和组织 ·按需要构成项目组织 ·指定关键人员	·确认项目组织方法 ·制定基本预算和进度 ·为执行阶段做准备 ·进行研究与分析	·项目的实施(设计、建设、生产、建立场地、试验,交货等)	·帮助项目产品转移 ·转移人力和非人力资源到其他组织 ·培训职能人员 ·转移或完成承诺 ·项目终止

(4) 项目管理需要集权领导和建立专门的项目组织。项目的复杂性随其范围不同变化很大。项目越大越复杂，其所包括或涉及的学科、技术种类也越多。项目进行过程中可能出现的各种问题多半是贯穿各组织部门的，它们要求这些不同的部门做出迅速而且相互关联、相互依存的反应。但传统的职能组织不能尽快与横向协调的需求相配合，因此需要建立围绕专一任务进行决策的机制和相应的专门组织。这样的组织不受现存组织的约束，由来自不同部门的各种专业人员所构成。因此，复杂而包含多种学科的项目，大都以矩阵方式来组织，这是一种着眼于取得项目和职能组织形式两者好处的组织方式。

(5) 项目负责人（或称项目经理）在项目管理中起着非常重要的作用。项目管理的主要原理之一是把一个时间和预算有限的事业委托给一个人，即项目负责人，他有权独立进行计划、资源分配、指挥和控制。项目负责人的位置是因特殊需要形成的，他行使着大部分传统职能组织以外的职能。项目负责人必须能够了解、利用和管理项目的技术逻辑方面的复杂性，必须能够综合各种不同专业观点来考虑问题。但只有这些技术知识和专业知识仍是不够的，成功的管理还取决于预测和控制人的行为的能力。因此，项目负责人还必须通过人的因素来熟练地运用技术因素，以达到其项目目标。也就是说，项目负责人必须使他的组织成员成为一支真正的队伍，一个配合默契、具有积极性和责任心的高效率群体。

三、项目管理在企业中的应用

项目管理主要是从开发和生产大型、费用高昂、进度要求严格的复杂系统的需要中发展起来的。美国在 20 世纪 60 年代只有航空、航天、国防和建筑工业采用项目管理。70 年代，项目管理在新产品开发领域中扩展到了复杂性略低、变化迅速、环境比较稳定的中型企业。到 70 年代后期和 80 年代，越来越多的中小企业也开始注重项目管理，将其灵活地运用于企业活动的管理中，项目管理技术及其方法本身也在此过程中逐步发展和完善。今天，项目管理已经被公认为是一种有生命力并能实现复杂的企业目标的良好方法，例如，在以下几个方面均有应用。

(1) 新产品开发。项目管理本身不能开发新产品，但它能为开发新产品工作创造更好的条件，使其更容易、更快地取得成功。企业要开发新产品，首先要挑选一名负责人领导开发工作，制订一个工作计划，确定目标，估算出大概的期限和费用等，这些都可以按照项目管理的原则和方法来做。

(2) 软件系统开发。例如，一个制造企业在引进或开发 MIS 系统或 CIM 系统时，单就其所需的软件部分而言，也需要生产、设计、财务等不同方面的专业人员来协作进行。为了有效地协调这些横向联系，可以采用项目管理的原理和方法。

(3) 设备大修工程。企业的设备大修工程可以说与基建项目有类似之处。有些工厂，如化工厂，生产一定的时间后，就有必要进行停产大修。显然停产的时间越短越好。为了缩短这个工期，使用项目管理就是最好的方法。

(4) 单件生产。某些特殊的大型产品是一次性单件生产，例如，超大型计算机、专用成套设备等。这些产品通常是由用户提出详细的订货要求，有具体的交货时间和预算费用,这类产品一旦成功利润很高,一旦失败风险也很大,因此经常用项目管理的方式来进行。

总而言之,在各种企业中,项目管理都能有广泛的应用。关键是在决定是否采用项目管理时,应考虑到前面所述的各项主要因素,以及保证由于项目计划、控制和执行所获得的好处,在价值上超过采用项目管理所需增加的费用。

第二节 项目计划

一、项目计划的特点和主要内容

项目管理的首要目标是制订一个构思良好的项目计划,以确定项目的范围、进度和费用。在整个项目生命周期中,特别是在做出影响整个过程的主要决策的初始阶段,最基本也可以说最重要的功能之一就是项目计划。但从另一方面来说,由于项目管理是一个带有创造性的工程,项目早期的不确定性很大,所以项目计划不可能在项目一开始就全部一次完成,而必须逐步展开和不断修正。这又取决于能适当地对计划的执行情况进行反馈和控制以及不间断地交流信息。从这里也可看出项目进行过程中控制的重要性。

在制订一个综合的项目计划之前,需要首先做好以下工作:

(1) 将整个项目按照工作内容详细地分解,分成独立的可衡量的活动。

(2) 根据工作组合关系、产品结构、拥有的资源(设备与人员等)以及管理目标等,确定组成项目的各项活动的先后顺序。

(3) 估计每项任务或活动的时间、成本和特性,并尽可能详细。

在进行上述工作时,可采用"工作分解结构"(work breakdown structure,WBS)方法。这一方法不仅可用在项目管理中,还可用在一些大型复杂产品上,如汽车制造和飞机制造等。WBS 的结构形式如表 15.2 所示。

例如,如果是制造汽车,1.0 总工作就是汽车,1.1 分工作可能是车身,1.2 分工作可能是发动机,1.3 分工作是底盘,等等。这样依次往下排列,各个分工作又分为主任务Ⅰ,主任务Ⅱ等,各个主任务又可细分为子任务。表 15.3 是建造一座楼房时的 WBS 表。

这样把工作分得越细,制订计划时就越容易。在以下将要谈到

表 15.2 WBS 的结构形式

WBS 的结构形式
1.0 总工作
1.1 分工作 A
1.1.1 主任务Ⅰ
1.1.1.1 子任务 a
1.1.1.2 子任务 b
1.1.1.3 子任务 c
1.1.2 主任务Ⅱ
1.1.2.1 子任务 a
1.1.2.2 子任务 b
1.1.2.3 子任务 c
1.2 分工作 B
1.2.1 主任务Ⅰ
1.2.1.1 子任务 a
……

表 15.3 WBS 表的例子

WBS 表
1.0 建办公楼
1.1 基础
1.1.1 挖沟
1.1.2 混凝土
1.1.3 回填
1.2 墙
1.2.1 砌砖
1.2.2 装窗
1.2.3 装门
1.2.4 抹灰
1.3 屋顶
1.3.1 安梁
1.3.2 装檩
1.3.3 上瓦
1.4 照明
1.4.1 配线
1.4.2 装照明灯
1.4.3 配电盘

的成本估算中,WBS也是很有用的。WBS还可以作为项目所有有关信息沟通的共同基础,用WBS对项目的所有信息进行统一的定义,在此基础上展开全面的项目控制。

项目计划以及控制的基本要素是项目进度计划和成本估算,以下就这两方面进行讨论。

二、项目进度计划方法

安排进度计划的目的是控制时间和节约时间。而项目的主要特点之一,就是有严格的时间期限要求,由此决定了进度计划在项目管理中的重要性。

基本进度计划要说明哪些工作必须于何时完成以及完成每一项任务所需要的时间,但最好同时也能表示出每项活动所需要的人数。常用的制订进度计划的方法有以下几种:

(1) 关键日期表。这是最简单的一种进度计划表,它只列出一些关键活动和进行的日期。

(2) 甘特图。甘特图在第十四章已做了较详细的介绍。由于其简单、明了、直观,易于编制,因此不仅在作业排序中经常使用,在项目管理中也是小型项目中常用的工具。即使在大型工程项目中,它也是高级管理层了解全局、基层安排进度时有用的工具。但是,由于甘特图不表示各项活动之间的关系,也不指出影响项目周期的关键所在,因此对于复杂的项目来说,甘特图就显得不足以适应。

(3) 关键路线法(critical path method,CPM)。

(4) 计划评审技术(program evaluation and review technique,PERT)。

CPM和PERT是20世纪50年代后期几乎同时出现的两种计划方法。随着科学技术和生产的迅速发展,出现了许多庞大而复杂的科研和工程项目,它们工序繁多,协作面广,常常需要动用大量人力、物力和财力。因此,如何合理而有效地把它们组织起来,使之相互协调,在有限资源下,以最短的时间和最低费用,最好地完成整个项目,就成为一个突出的问题。CMP和PERT就是在这种背景下出现的。这两种计划方法是分别独立发展起来的,但其基本原理一致,即用网络图来表达项目中各项活动的进度和它们之间的相互关系,并在此基础上进行网络分析,计算网络中的各项时间参数,确定关键活动与关键路线,利用时差不断地调整与优化网络,以求得最短周期。然后,还可将成本与资源问题考虑进去,以求得综合优化的项目计划方案。因为这两种方法都是通过网络图和相应的计算来反映整个项目的全貌,所以又被称为网络计划技术。这两种方法因技术性较强,其具体内容将在下面专门介绍。

此外,后来还陆续提出了一些新的网络技术,如图示评审技术(graphical evaluation and review technique,GERT)、风险评审技术(venture evaluation and review technique,VERT)等,这里不再一一介绍。

很显然,采用以上几种不同的进度计划方法,其本身所需的时间和费用是不同的。关键日期表编制时间最短、费用最低。甘特图所需时间要长一些,费用也高一些。CMP要把每个活动都加以分析,如活动数目较多,还需用计算机求出总工期和关键路线,因此花费的时间和费用将更多。PERT法可以说是制订项目进度计划方法中最复杂的一种,所以花费时间和费用也最多。

应该采用哪一种进度计划方法，主要应考虑下列因素：

（1）项目的规模。很显然，小项目应采用简单的进度计划方法，大项目为了保证按期、按质达到项目目标，则需考虑采用较复杂的进度计划方法。

（2）项目的复杂程度。这里应该注意到，项目的规模并不一定总是与项目的复杂程度成正比的。例如，修一条公路，规模虽然不小，但并不太复杂，可以用较简单的进度计划方法。而研制一个小型的电子仪器，需要很复杂的步骤和很多专业知识，可能就需要较复杂的进度计划方法。

（3）项目的紧迫性。在项目急需进行阶段，特别是在开始阶段，需要对各项工作发布指示，以便尽早开始工作，此时，如果用很长时间去编制进度计划，就会延误时间。

（4）对项目细节掌握的程度。如果在开始阶段项目的细节无法解明，CPM和PERT法就无法应用。

（5）总进度是否由一两项关键事项决定。如果项目进行过程中有一两项活动需要花费很长时间，而这期间可把其他准备工作都安排好，那么对其他工作就不必编制详细复杂的进度计划了。

（6）有无相应的技术力量和设备。例如，没有计算机，CPM和PERT进度计划方法有时就难以应用；而如果没有受过良好训练的合格的技术人员，也无法胜任用复杂的方法编制进度计划。

此外，根据情况不同，还需考虑客户的要求，能够用在进度计划上的预算等因素。到底采用哪种方法来编制进度计划，要全面考虑以上各个因素。

三、项目成本估算

进度计划是从时间的角度对项目进行规划，而成本估算则是从费用的角度对项目进行规划。这里的费用应理解为一个抽象概念，它可以是工时、材料或人员等。

成本估算是对完成项目所需费用的估计和计划，是项目计划中的一个重要组成部分。要实行成本控制，首先要进行成本估算。理想的情况是，完成某项任务所需费用可根据历史标准估算。但在许多情况下，由于项目和计划变化多端，把以前的活动与现实对比几乎是不可能的。费用的信息，不管是否根据历史标准，都只能将其作为一种估算。而且，在费时较长的大型项目中，还应考虑今后几年的职工工资结构是否会发生变化，今后几年原材料费用的上涨情况，经营基础以及管理费用在整个项目生命周期内会不会变化等问题。所以，成本估算显然是在一个无法以高度可靠性预计的环境下进行的。在项目管理过程中，为了使时间、费用和工作范围内的资源得到最佳利用，人们开发出了不少成本估算方法，以尽量得到较好的估算。这里简要介绍两种。

（一）因素估算法

这是比较科学的一种传统估算方法。它以过去为根据，利用数学知识来预测未来。它的基本方法是利用规模—成本图。如图15.1所示，图上的线表示规模和成本的关系，点是根据过去类似项目的资料描绘的，根据这些点描绘的线体现了规模和成本之间的基本关系。这里画的是直线，但实际上也有可能是曲线。成本包括不同的组成部分，如材料、人工和运费等。这些都可以有不同的曲线。知道项目规模以后，就可以利用这些线找出成本各个不同组成部分的近似值。

这里要注意的是，找这些点要有一个"基准年度"，目的是消除通货膨胀的影响。画在图上的点应该是经过调整的数字。例如，以 1980 年为基准年，其他年份的数字都以 1980 年为准进行调整，然后才能描点画线。项目规模确定之后，从线上找出相应的点，但这个点是以 1980 年为基准的，还需要再调整到当年，才是估算出的成本数字。

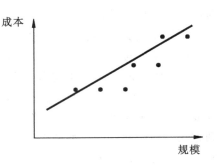

图 15.1　规模—成本图

此外，如果项目周期较长，还应考虑今后几年可能发生的通货膨胀、材料涨价等因素。

做这种成本估算，前提是有过去类似项目的资料，而且这些资料应在同一基础上，具有可比性。

(二) WBS 基础上的全面详细估算

利用 WBS 方法，先把项目任务进行合理的细分，分到可以确认的程度，如某种材料、某种设备、某一活动单元等，然后估算每个 WBS 要素的费用。采用这一方法的前提条件或先决步骤如下。

(1) 对项目需求做出完整限定。它包括工作报告书、规格书和总进度表。工作报告书是指实施项目所需的各项工作的叙述性说明，它应确认必须达到的目标。如果有资金等限制，该信息也包括在内。规格书是对工时、设备以及材料标价的根据。它应该能使项目人员和用户了解工时、设备以及材料估价的依据。总进度表应明确项目实施的主要阶段和分界点，其中应包括长期订货、原型试验、设计评审会议以及其他任何关键的决策点。如果可能，用来指导成本估算的总进度表应含有项目开始和结束的日历时间。

(2) 制定完成项目所必需的逻辑步骤。在现代大型复杂项目中，通常是用箭头图来表明项目任务的逻辑程序，并以此作为下一步绘制 CPM 或 PERT 图以及 WBS 表的根据。

(3) 编制 WBS 表。编制 WBS 表的最简单方法是依据箭头图。把箭头图上的每一项活动当作一项工作任务，在此基础上再描绘分工作任务。

进度表和 WBS 表完成之后，就可以进行成本估算了。在大型项目中，成本估算的结果最后应以下述的报告形式表述出来。

(1) 对每个 WBS 要素的详细费用估算。还应有一个各项分工作、分任务的费用汇总表，以及项目和整个计划的累积报表。

(2) 每个部门的计划工时曲线。如果部门工时曲线含有"峰"和"谷"，应考虑对进度表作若干改变，以得到工时的均衡性。

(3) 逐月的工时费用总结。以便项目费用必须削减时，项目负责人能够利用此表和工时曲线作权衡性研究。

(4) 逐年费用分配表。此表以 WBS 要素来划分，表明每年（或每季度）所需费用。此表实质上是每项活动的项目现金流量的总结。

(5) 原料及支出预测。它表明供货商的供货时间、支付方式、承担义务以及支付原料的现金流量等。

采用这种方法估算成本需要进行大量的计算,工作量较大,所以计算本身也需要花费一定的时间和费用。但这种方法的准确度较高,用这种方法作出的报表不仅仅是成本估算的表述,还可以用作项目控制的依据。最高管理层可以用这些报表来选择和批准项目,评定项目的优先性。

四、项目控制方法

由于项目所具有的早期不确定性,在初始阶段确定了项目计划之后,在实施过程中有效的项目控制就成为项目成功的关键。特别是在现代大型复杂项目中,项目管理要支配多个组织、复杂的工作和昂贵的资源,要达到在预定期限内、用有限资源完成任务的目的,就需要有能对项目活动进行有效控制的系统和方法,其中最主要的一是信息管理系统,二是会议管理。

传统的项目控制是以各种文件、报表、图表为主要工具,以定期或不定期地召开各类会议为主要方法,再加上沟通各方面信息的通信联系制度。而在信息技术高度发达的今天,通常会用一个有效的项目管理系统。要注意诸如 ERP 等典型的企业管理信息系统并不能直接应用于项目管理。因为就项目管理的本质而言,项目负责人必须超越职能部门界限指挥各个部门的特有资源,才能完成项目目标。而典型的企业管理信息系统是为使职能部门有效实施其职责而设计的,它不能直接产生项目经理和其他项目参加人员需要的具体信息,也不具备综合协调不同职能的功能。大多数情况下企业可以选用现成的项目管理软件,如企业本身的项目比较特殊,就有必要专门开发独特的项目管理系统。

项目开始以后,要有效地控制项目,需要定期或不定期地召开各种会议,以协调项目进行过程中的诸多事项。会议有多种,首先,一般需要在各个关键时刻召开关键会议。这是项目管理与通常的直线职能管理的主要不同点之一。例如,以一个企业新建一条电冰箱生产线为例,这个项目进行中的不同阶段以及各个阶段开始时的关键会议如图 15.2 所示。

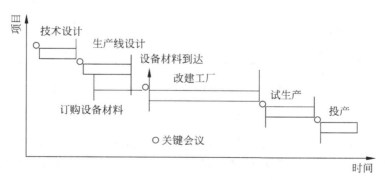

图 15.2 项目进行中的关键会议

关键会议的主要内容是总结上一阶段的工作,分析出现的问题,提出解决方案,并布置下一阶段的主要任务和目标,使各有关人员都能做到心中有数,明确努力方向。关键会议也是协调各不同专业、不同职能部门之间的人员以及工作任务的重要手段。

除关键会议外,在项目进行的全过程中应定期召开例会,如每月一次。会上主要介绍项目进展情况,检查有无拖期、是否存在问题等,以便及时发现和解决问题。还有些非定期的特别会议,在有必要时随时召开。比如要订购大型设备、有重要的分承包要进行、某一活动出现了意外重大变化等,都需要召开会议。因此,项目管理中的会议较多,控制不当有可能陷入会海之中,所以控制和管理会议是项目负责人的主要职责之一。

第三节　项目管理组织

项目管理组织是指为了完成某个特定的项目任务而由不同部门、不同专业的人员所组成的一个特别工作组织,它不受既存的职能组织构造的束缚,但也不能代替各种职能组织的职能活动。根据项目活动的集中程度,它的机构可以很小,也可以很庞大。

项目管理组织有多种形式,如团队、矩阵结构(matrix structure)组织、计划结构(program structure)组织与产品结构(product structure)组织。项目管理组织的形式应当随项目的需要而变化。例如,在复杂与多变化的项目中,需要采用矩阵结构的组织,而在不太复杂多变的中小型项目中,团队就能解决问题。

关于团队,在本书第七章已做过介绍,以下着重介绍矩阵组织。

一、矩阵组织

矩阵组织是一种项目—职能混合结构。一个矩阵组织相当于一个具有水平关系、对角线关系和垂直关系的网,而不是传统的垂直职能关系。其典型结构如图15.3所示。

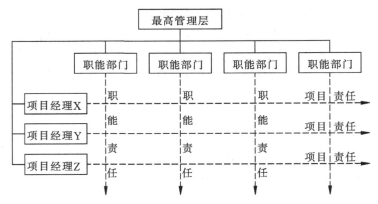

图15.3　矩阵组织

当很多项目对有限资源的竞争引起对职能部门资源的广泛需求时,矩阵管理就是一种有效的组织形式。在这种情况下,传统的职能组织无法适应的主要原因在于,职能组织无力对包含大量职能之间相互影响的工作任务提供集中、持续和综合的关注与协调。因为在职能组织中,组织结构的基本设计是职能专业化和按职能分工的,不可能期望一个职能部门的主管人会不顾自己职能部门的利益和责任,或者完全打消职能中心主义的念头,使自己能够把项目作为一个整体,对职能之外的项目各方面也加以专心致志的关注。

在矩阵组织中,项目经理在项目活动的"什么"和"何时"方面,即内容和时间方面对职能部门行使权力,而各职能部门负责人决定"如何"支持。每个项目经理要直接向最高管理层负责,并由最高管理层授权。而职能部门则从另一方面来控制,对各种资源作出合理分配和有效的控制调度。职能部门负责人既要对他们的直线上司负责,也要对项目经理负责。

二、矩阵组织的基本原则

矩阵组织的基本原则是:

(1) 必须有一个人花费全部的时间和精力用于项目,有明确的责任制,这个人通常就是项目经理。

(2) 必须允许项目作为一个独立的实体来运行。

(3) 必须同时存在纵向和横向两条通信渠道。无论项目经理之间,还是项目经理与职能部门负责人之间,要有确切的通信渠道和自由交流的机会。

(4) 要从组织上保证有迅速有效的办法来解决矛盾。

(5) 各个经理都必须服从统一的计划。

(6) 无论是纵向或横向的经理(或负责人)都要为合理利用资源而进行谈判和磋商。

矩阵组织中的职权以纵向、横向和斜向在一个公司里流动,因此在任何一个项目的管理中,都需要有项目经理与职能部门负责人的共同协作,需要二者很好地结合起来。要使矩阵组织有效地运转,必须考虑和处理好以下几个问题:

(1) 如何创造一种能将各种职能综合协调起来的环境?由于存在每个职能部门从其职能出发,只考虑项目某一方面的倾向,考虑和处理好这个问题是很必要的。

(2) 一个项目中哪个要素比其他要素更重要?是由谁决定的?考虑这个问题可使主要矛盾迎刃而解。

(3) 纵向的职能系统应该怎样运转才能保证实现项目的目标,而不与其他项目发生矛盾?

要处理好这些问题,项目经理与职能部门负责人要相互理解对方的立场、权力以及职责,并经常进行磋商。

三、矩阵组织的优劣分析

矩阵组织有许多优点:

(1) 强调项目组织是所有有关项目活动的焦点。

(2) 项目经理拥有对人力、资金等资源的最大控制权,每个项目都可独立地制定自己的策略和方法。

(3) 职能组织中专家的储备提供了人力利用的灵活性,对所有计划可按需要的相对重要性使用专门人才。

(4) 由于交流渠道的建立和决策点的集中,对环境变化以及项目需要能迅速地做出反应。

(5) 当不再需要项目时,项目人员有其职能归宿,大都返回原来的职能部门。由于关键技术人员能够为各个项目所共用,充分利用了人才资源,使项目费用降低,并有利于项目人员的成长和提高。

(6) 矛盾最少,并能通过组织体系容易地解决。

(7) 通过内部检查和平衡,以及项目组织与职能组织间的经常性协调,可以得到时间、费用以及运行的较好平衡。

但矩阵组织也有一些缺点:

(1) 需要对职能组织与项目组织间的平衡持续地进行监视,以防止双方互相削弱对方。

(2) 在开始制定政策和方法时,需要花费较多的时间和劳动量。

(3) 每个项目是独立进行的,容易产生重复性劳动。

任何一种组织形式都有其优缺点,没有一种形式是能适用一切场合的,哪怕是在同一个项目的生命周期内。所以,项目管理组织在项目生命周期内,为适应不同发展阶段的不同突出要求而加以改变,也是很自然的。项目应环绕工作来组织,工作变了,项目组织的范围也应跟着改变。在实际工作中,必须注意这一点。

第四节 网络计划技术

一、网络计划技术概述

前面提到了网络计划技术的产生背景及其基本原理,并提到,网络计划技术中的 CPM 和 PERT 是两种独立发展起来的技术。其中 CPM 是美国杜邦公司和兰德公司于 1957 年联合研究提出的,而 PERT 则是 1958 年由美国海军特种计划局和洛克希德航空公司在规划和研究在核潜艇上发射"北极星"导弹的计划中首先提出的。这两种方法在初期发展阶段的主要区别是:

(1) CPM 假设每项活动的作业时间是确定值;而 PERT 中作业时间是不确定的,是用概率方法进行估计的估算值。

(2) CPM 不仅考虑时间,还考虑费用,重点在于费用和成本的控制;而 PERT 主要用于含有大量不确定因素的大规模开发研究项目,重点在于时间控制。

到后来,两者有一致的发展趋势,常常被结合使用,以求得对时间和费用的最佳控制。

网络计划技术最初是作为大规模开发研究项目的计划、管理方法被开发出来的,但现在已应用到世界军用、民用等各种规模的项目中。美国规定承包与军用有关的项目时,必须以 PERT 为基础提出预算和进度计划并取得批准。我国对网络计划技术的推广与应用也比较早。1965 年,著名数学家华罗庚教授首先在我国推广和应用了这些新的计划管理方法,他把这种网络计划技术称为"统筹法"。

应用网络计划技术于项目进度计划,主要包括以下三个阶段。

(1) 计划阶段。将整个项目分解成若干个活动,确定各项活动所需的时间、人力、物力,明确各项活动之间的先后逻辑关系,列出活动表或作业表,建立整个项目的网络图以表示各项活动之间的相互关系。网络图可以分为总图(粗略图)、分图、局部图(详细图)等几种,视需要而定。

(2)进度安排阶段。这一阶段的目的是编制一张表明每项活动开始和完成时间的时间进度表,进度表上应明确为了保证整个项目按时完成必须重点管理的关键活动。对于非关键活动,应提出其时差(富余时间),以便在资源限定的条件下进行资源的处理分配和平衡。为有效利用资源,可适当调整一些活动的开始和完成日期。

(3)控制阶段。应用网络图和时间进度表,定期对实际进展情况作出报告和分析,必要时可修改和更新网络图,决定新的措施和行动方案。

二、网络图的组成及绘制规则

网络计划技术的一个显著特点是借助网络图对项目的进行过程及其内在逻辑关系进行综合描述,这是进行计划和计算的基础。因此,研究和应用网络计划技术首先要从网络图入手。

网络图由圆圈、箭头线与箭头线连成的路线组成。圆圈是两条或两条以上箭头线的交结点,称为节点。网络图分为节点式(以节点表示活动)和箭头线式(以箭头线表示活动)两大类。这里仅介绍后者。

网络图的箭头线和圆圈分别代表项目的活动和事项。所以,也可以说网络图是由"活动""事项"和"路线"三个部分组成的。图 15.4 是一个网络图的例子。

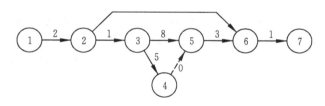

图 15.4　网络图示例(1)

网络图中的"活动"是指一项需要消耗一定的资源(人力、物力、财力)、经过一定时间才能完成的具体工作。活动用箭头线表示,如箭头线的箭尾节点编号和箭头节点编号分别为 i,j,则该项活动可用 (i,j) 表示,i,j 分别表示活动的开始和完成。箭头线上的数字表示该活动所需的时间。在不附设时间坐标的网络图中,箭头线的长短与活动所需时间无关。

图中虚箭头线表示一种虚活动,它是一种作业时间为零的活动。它不消耗资源,也不占用时间。其作用是表示前后活动之间的逻辑关系,便于人或计算机进行识别计算。

网络图中的"事项"是指活动开始或完成的时刻,用节点表示。它不消耗资源,也不占用时间和空间。每个网络图中必定有一个始节点和终节点,分别表示项目的开始和结束。介于始点和终点之间的事项称为中间事项,所有中间事项都既表示前一项活动的结束,又表示后一项活动的开始。

网络图的第三个组成部分——"路线",是指从网络始点事项开始,顺着箭头线方向连续不断地到终点事项为止的一个序列。在一个网络图中,可能有很多条路线,如图 15.4 所示,①—②—③—⑤—⑥—⑦是一条路线,①—②—⑥—⑦也是一条路线。路线中各项活动的作业时间之和就是该路线的作业时间,其中作业时间最长的路线叫作"关键路线",它决定着完成网络图上所有工作必需的时间,即该项目的完工周期。

绘制网络图需要遵守下列规则:

(1) 网络图是有向图,图中不能出现回路。

(2) 活动与箭头线一一对应,每项活动在网络图上必须用,也只能用连接两节点的一条箭头线表示。

(3) 两个相邻节点间只允许有一条箭头线直接相连。平行活动可引入虚线,以保证这一规则不被破坏(见图 15.5)。

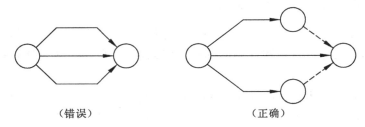

图 15.5　平行活动的表示法

(4) 箭头线必须从一个节点开始,到另一个节点结束,不能从一条箭头线中间引出其他箭头线。

(5) 每个网络图必须也只能有一个始点事项(源)和一个终点事项(汇)。不允许出现没有先行事项或没有后续事项的中间事项。如果在实际工作中发生这种情况,应将没有先行事项的节点用虚箭头线与网络始点事项连接起来,将没有后续事项的结点用虚箭头线与终点事项连接起来,如图 15.6 所示。

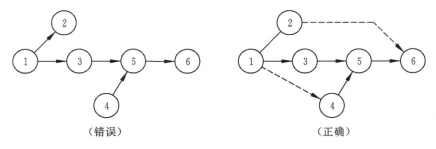

图 15.6　网络图中保证只有一个源一个汇的绘图方法

三、网络的时间计算

网络的时间计算主要包括作业时间、节点时间和活动时间的计算,此外还需要考虑时差,并求出关键路线。

(一) 作业时间计算

作业时间是指完成一项活动所需的时间,也就是一项活动的延续时间。作业时间具

体采用什么单位,应随任务的性质而定。一般来说,作业时间就是这些活动所需的工时定额。估计确定作业时间一般有以下两种方法:

(1) 单一时间估计法(又称单点估计法)。对各项活动的作业时间,仅确定一个时间值。估计时,应以完成各项活动可能性最大的作业时间为准。这种方法适用于在有类似的工时资料或经验数据可借鉴,且完成活动的各有关因素比较确定的情况。

(2) 三种时间估计法(又称三点估计法)。对于不确定性较大的问题,可预先估计三个时间值,然后应用概率的方法计算各项活动作业时间的平均值和方差。

这三个时间值为:

① 最乐观时间,用 a 表示,指在顺利情况下的最快可能完成时间;
② 最保守时间,用 b 表示,指在不利情况下的最慢可能完成时间;
③ 最可能时间,用 m 表示,指在一般正常情况下的最大可能完成时间。

在 PERT 中,通常假设作业时间服从 β 分布。作业时间的平均值和方差计算如下:

平均时间
$$t_m = \frac{a + 4m + b}{6} \tag{15.1}$$

方差
$$\sigma^2 = \left(\frac{b - a}{6}\right)^2 \tag{15.2}$$

(二) 节点时间计算

节点本身并不占用时间,它只是表示某项活动应在某一时刻开始或结束。因此节点时间有两个,即节点最早实现时间和节点最迟实现时间,又称节点最早时间和节点最迟时间。

(1) 节点最早实现时间。这是指从该节点出发的各项活动最早可能开工时间。它等于从始点到该节点的各条路线中最长先行路线上的作业之和。

设以 $t_E(j)$ 表示节点 j 的最早实现时间,一般假设 $t_E(1)=0$,即始点的最早实现时间等于零。

如果所讨论的节点前面只有一条箭头线进入,则该节点的最早实现时间即该箭头线所代表的活动的最早完工时间,或该箭头线箭尾节点最早实现时间与其作业之和。如节点有许多条箭头线进入,则对每条箭头线都作如上计算之后,取其中最大值作为该节点的最早实现时间,其计算式为

$$t_E(j) = \max_{(i,j) \in I} \{t_E(i) + t(i,j)\} \tag{15.3}$$

式中,$t(i,j)$——活动(i,j)的作业时间;

I——构成项目的全部活动集合;

$t_E(i)$——活动$(i,j) \in I$ 的箭尾节点(i)的最早实现时间。

这是一个递推关系式,通常应用前进计算法,从网络始点事件开始自左至右逐个计算。例如,设图 15.4 所示网络中各项活动的作业时间如箭头线上所标数字,则其中几个节点的最早实现时间可计算如下:

$$t_E(3) = t_E(2) + t(2,3)$$
$$= t_E(1) + t(1,2) + t(2,3)$$

$$= 0 + 2 + 1$$
$$= 3$$
$$t_E(4) = t_E(3) + t(3,4)$$
$$= 3 + 5$$
$$= 8$$
$$t_E(5) = \max\{t_E(3) + t(3,5), t_E(4) + t(4,5)\}$$
$$= \max\{3 + 8, 8 + 0\}$$
$$= 11$$

其他节点读者可自行计算。最后一个节点的计算结果是 $t_E(7) = 15$。

(2) 节点最迟实现时间。这是指进入该节点的各个事项必须最迟完工的时间,若不完工将影响后续活动的按时开工,使整个项目不能按期完成。

设以 $t_L(i)$ 表示节点 i 的最迟实现时间,通常终点 n 的最迟实现时间等于它的最早实现时间,即 $t_E(n) = t_L(n)$,也就是整个项目的总工期。如节点有一条箭头线发出,该节点的最迟实现时间即该箭头线所代表的活动的最迟开工时间,或该箭头线箭头节点的实现时间减去其作业时间。

如节点有多条箭头线发出,则对每一条箭头线都做上述运算之后,取其中最小者作为该节点的最迟节点实现时间,其计算式为

$$t_L(i) = \max_{(i,j) \in I}\{t_L(j) - t(i,j)\} \tag{15.4}$$

式中有关符号的定义与式(15.3)相同。

通常应用后退计算法,即从网络的终点开始,自右至左逐个计算。例如,图15.4中几个节点的最迟实现时间为

$$t_L(5) = t_L(6) - t(5,6)$$
$$= t_L(7) - t(6,7) - t(5,6)$$
$$= 15 - 1 - 3$$
$$= 11$$
$$t_L(4) = t_L(5) - t(4,5)$$
$$= 11 - 0$$
$$= 11$$
$$t_L(3) = \min\{t_L(5) - t(3,5), t_L(4) - t(3,4)\}$$
$$= \min\{11 - 8, 11 - 5\}$$
$$= 3$$

其他节点读者可自行计算。显然,$t_L(1) = 0$。

(三) 活动时间计算

(1) 活动的最早开工时间。指该活动最早可能开始的时间。它等于代表该活动的箭头线的箭尾节点的最早实现时间。如果设 $t_{ES}(i,j)$ 为活动 (i,j) 的最早开工时间,则

$$t_{ES}(i,j) = t_E(j)$$

(2) 活动的最早完工时间。指该活动可能完工的最早时间。显然,最早完工时间是指该活动的最早开工时间加上其作业时间。设 $t_{EF}(i,j)$ 为活动的最早完工时间,其计算式为

$$t_{EF}(i,j) = t_{ES}(i,j) + t(i,j) \tag{15.5}$$

$$t_{EF}(i,j) = t_E(i) + t(i,j) \tag{15.6}$$

(3) 活动的最迟开工时间。指为了不影响紧后作业的如期开工,最迟必须开工的时间,可通过箭头节点的最迟实现时间减去该作业时间而得到。设 $t_{LS}(i,j)$ 为活动 (i,j) 的最迟开工时间,则

$$t_{LS}(i,j) = t_L(j) - t(i,j) \tag{15.7}$$

(4) 活动的最迟完工时间。即该活动的最迟开工时间与其作业之和,也就是该活动箭头节点的最迟实现时间。以 $t_{LF}(i,j)$ 表示活动 (i,j) 的最迟完工时间,则其计算式为

$$t_{LF}(i,j) = t_L(i,j) \tag{15.8}$$

$$t_{LF}(i,j) = t_{LS}(i,j) + t(i,j) \tag{15.9}$$

计算各项活动的最早开工与完工时间、最迟开工与完工时间,其主要目的是分析和找出各项活动在时间和衔接上是否合理,是否有潜力可挖。这一问题的判断取决于时差的计算。

(四) 时差与关键路线

(1) 活动总时差。活动总时差是指在不影响整个项目完工时间的条件下,某项活动最迟开工时间与最早开工时间的差。它表明该项活动开工时间允许推迟的最大限度,也称为"宽裕时间"或"富余时间"。设活动 (i,j) 的总时差为 $S(i,j)$,则其计算式为

$$\begin{aligned} S(i,j) &= t_{LS}(i,j) - t_{ES}(i,j) \\ &= t_{LF}(i,j) - t_{EF}(i,j) \\ &= t_L(j) - t_E(i) - t(i,j) \end{aligned} \tag{15.10}$$

(2) 活动单时差。活动单时差是指在不影响下一个活动的最早开工时间的前提下,该活动的完工期可能有的机动时间,又称为"自由富余时间"。设活动 (i,j) 的单时差为 $r(i,j)$,则其计算式为

$$\begin{aligned} r(i,j) &= t_{ES}(j,k) - t_{EF}(i,j) \\ &= t_E(j) - [t_{ES}(i,j) + t(i,j)] \\ &= t_E(j) - t_E(i) - t(i,j) \end{aligned} \tag{15.11}$$

其中, $t_{ES}(j,k)$ 表示紧后作业的最早开工时间。

时差表明各项活动的机动时间,即有时间潜力可以利用。时差越大,说明时间潜力也越大。网络图的精髓就在于利用时差来规定和调整整个项目的进度,以求提高效率。

(3) 关键路线。在一个网络图中,总时差为零的活动称为关键活动,时差为零的节点称为关键节点。

一个从始点到终点,沿箭头方向由时差为零的关键活动所组成的路线,称为关键路线。因此,一个活动 (i,j) 在关键路线上的必要条件为:① $t_E(i) = t_L(i)$;② $t_E(j) = t_L(j)$;③ $t_E(j) - t_E(i) = t_L(j) - t_L(i) = t(i,j)$。

关键路线通常是从始点到终点时间最长的路线,要想缩短整个项目的工期,必须在关键路线上想办法,即缩短关键路线上的作业时间。反之,若关键路线工期延长,则整个项目完工期将拖长。

(五) 网络时间的计算方法

网络图上时间参数的计算在节点数不太多时，可采用下列两种方法：

(1) 图上计算法。这种方法就是在网络图上直接计算，并把计算的结果标在图上。

(2) 表上计算法，又称表格法。就是先制定一个表格，把各项活动的有关资料，如节点编号、作业时间等填入表内，然后在表上计算参数。例如，图15.4所示网络的表格制定以及表上计算结果如表15.4所示。读者可自行进行验算。

表 15.4 用表格法计算网络参数

作业		作业时间 $t(i,j)$	最早开工时间 $t_{ES}(i,j)$	最早完工时间 $t_{EF}(i,j)$	最迟开工时间 $t_{LS}(i,j)$	最迟完工时间 $t_{LF}(i,j)$	总时差 $S(i,j)$	单时差 $r(i,j)$	关键作业
i	j								
1	2	3	4	5	6	7	8	9	10
①	②	2	0	2	0	2	0	0	①→②
②	③	1	2	3	2	3	0	0	②→③
②	⑥	3	2	5	11	14	9	9	
③	④	5	3	8	6	11	3	0	
③	⑤	8	3	11	3	11	0	0	③→⑤
④	⑤	0	8	8	11	11	3	3	
⑤	⑥	3	11	14	11	14	0	0	⑤→⑥
⑥	⑦	1	14	15	14	15	0	0	⑥→⑦

如果网络的规模很大且复杂，用人工计算不仅费时还容易出错，这时就有必要用计算机进行计算。

四、网络计划的调整与优化

通过绘制网络图、计算时间参数和确定关键路线，可以得到一个初始的计划方案。但一般不可能在最初的方案中就得到最经济合理的指标。为此，在初始计划方案制定以后，通常需要进行调整与改善，使方案不断优化。而最优化方案的标准，应根据编制计划的要求，综合考虑进度、费用和资源等目标，寻求一个工期短、质量好、资源消耗少、成本低的计划方案。

下面从两个方面介绍网络计划的优化，即时间—资源优化和时间—费用优化。

(一) 时间—资源优化

这里所说的资源包括人力、物力和财力。资源常常是影响项目进度的主要因素。在一定条件下，增加投入的资源，可以加快项目进度，缩短工期；减少资源，则会延缓项目进度，拉长工期。资源有保证，网络计划才能落实。资源利用得好，分配合理，就能带来好的经济效益。所以制订网络计划时必须把时间进度与资源情况很好地结合起来。要达到时间—资源优化，应考虑两种情况。

第一种情况是，在资源一定的条件下，寻求最短工期。其主要途径有：

(1) 抓住关键路线。缩短关键活动的作业时间。例如，采取改进作业方法或改进工艺方案、合理划分工作任务、改进工艺装备等技术措施。

(2) 采取组织措施。在作业方法或工艺流程允许的条件下，对关键路线上的各项关键活动组织平行或交叉作业。合理调配工程技术人员或生产工人,尽量缩短各项活动的作业时间。

(3) 利用时差。从非关键活动上抽调部分人力、物力,集中于关键活动,缩短关键活动的时间。

第二种情况是,在工期一定的条件下,通过平衡资源,求得工期与资源的最佳结合。在这种情况下,通常是按照每天的需要量,根据资源对完成项目计划的重要性,对不同资源分别进行安排与调配。下面以某项目所需人力的安排与调整为例,说明有限资源合理安排的一般方法。

某项目各项活动的作业时间及每天所需的人力资源如图 15.7 所示。图中箭头线上方所示数字为作业时间,下方所示数字为所需人数。粗线箭头表示关键路线,项目完工时间为 15 天。

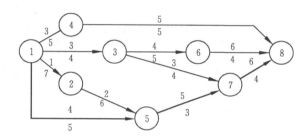

图 15.7 网络图示例(2)

假定人力资源的限制为每天工作人数不超过 15 人。如果按各项活动的最早开工时间(读者可自行计算)安排进度,每天所需人数如表 15.5 所示。从该表可以看出,如按各项活动的最早开工时间安排人数,则项目前期所需人数过多,超过限制;而后期则较少,整个周期内人力分配很不均匀。因此,要考虑总人数的限制,并要在保证项目完工时间不变的条件下,调整各项活动的时间安排,使每天的使用人数尽量均匀。

调整原则是:①首先要保证各项关键活动的需要量;②利用非关键路线上各项活动的总时差,调整各项非关键活动的开工时间与完工时间。

在表 15.5 中,项目后期所需人数很少,对能够推迟开工的活动,可适当向后推迟。经过调整与平衡,可以得到一个比较均匀的人力分配方案,并使每天所需总人数不超过所限制的数量。调整后的项目进度及每天所需人数如表 15.6 所示。

表 15.5 网络图示例(图 15.7)的人力资源分配表(1)

相关活动	作业时间	工程进度(日次)													
		1	2	3	4	5	6	7	8	9	10	11	12	13	14	15
①→②	1	7														
①→③	3	4	4	4												
①→④	3	5	5	5												
①→⑤	4	5	5	5	5											

续表

相关活动	作业时间	1	2	3	4	5	6	7	8	9	10	11	12	13	14	15
②→⑤	2		6	6												
③→⑥	4				5	5	5	5								
③→⑦	3				4	4	4									
⑤→⑦	5					3	3	3	3	3						
④→⑧	5				5	5	5	5	5							
⑥→⑧	6								4	4	4	4	4	4		
⑦→⑧	6										4	4	4	4	4	4
每日用人合计		21	20	20	19	17	17	13	12	7	8	8	8	8	4	4

表15.6　网络图示例(图15.7)的人力资源分配表(2)

相关活动	作业时间	1	2	3	4	5	6	7	8	9	10	11	12	13	14	15
①→②	1	7														
①→③	3			4	4	4										
①→④	3															
①→⑤	4	5	5	5	5											
②→⑤	2		6	6												
③→⑥	4							5	5	5						
③→⑦	3						4	4	4							
⑤→⑦	5						3	3	3	3						
④→⑧	5											5	5	5	5	5
⑥→⑧	6										4	4	4	4	4	4
⑦→⑧	6										4	4	4	4	4	4
每日用人合计		12	11	15	9	11	12	12	13	13	13	13	13	13	13	13

以上简要说明了在总人数受到限制时，如何在保证项目完工时间不变的条件下，合理安排各项活动的进度，使人力分配均匀且不超过允许数量的方法。这种方法同样适用于有限的能源、材料、设备能力等资源的安排与调配问题。

上述事例是一个简单项目的例子，在大型复杂项目中，时间—资源优化问题中的变量和约束条件的量会变得很大，需要有更专门的数学方法并借助计算机来求解。

(二) 时间—费用优化

这是综合考虑工期与费用两者之间的关系，寻求以最低的项目总费用获得最佳工期的一种方法。

项目费用可分为直接费用和间接费用。直接费用是指人工、材料、能源等与各项活动直接有关的费用。间接费用是指管理费用、销售费用等其他费用。一般来说，缩短工期会引起直接费用的增加和间接费用的减少，而延长工期会引起直接费用的减少和间接费用的增加。图15.8表示费用与工期之间的一般关系。这种关系在实际中也可能呈曲线形式。

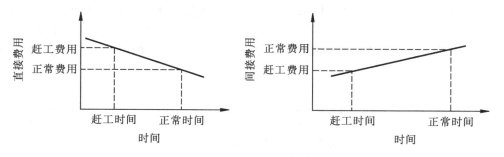

图 15.8　工期与费用的关系

编制网络计划时,需要计算项目的不同完工时间所对应的项目费用。使得项目费用最低的完工时间,称为最低费用日程。编制网络计划时,如何设法找出一个缩短项目周期的方案,使得为完成项目任务所需的总费用最低,就是寻求最低费用日程的思路。为了找到这样一个使总费用最低的项目计划方案,通常是从网络计划的关键路线着手,所以也把这一方法称为 CPM 方法。

为了解决时间—费用优化问题,已经提出了多种方法,如手算法、线性规划法等。手算法的基本思路是通过压缩关键活动的作业时间来取得不同方案的总费用、总工期,从中进行比较,选出最优方案。其基本步骤是:

(1) 找出关键路线。

(2) 如果沿此路线不能找出缩短作业时间而费用增加比较少的作业,则得到解;否则进行下一步骤。

(3) 缩短作业所需时间,计算费用增加量。其缩短的极限是出现下面任何一种情况:其他路线成为关键路线;缩短的作业达到其最小所需时间。返回步骤(1)。

这些解法的更详细内容及事例可参考其他文献。

思　考　题

1. 请解释以下活动是否适用项目管理的方法:
   (1) 新产品上市前的市场策划;
   (2) 产品总装完成后的最终质量检验;
   (3) 顾客投诉的处理;
   (4) 质量难题的解决;
   (5) 价格听证会的组织。
2. 举例说明你所在的组织可以采用项目管理方法的工作。
3. 为什么说项目管理中进度控制是最重要的?这种说法是否片面?为什么?
4. 项目管理为什么需要专门的项目经理?由职能部门的负责人担任项目经理是否可行?为什么?
5. 工作分解结构(WBS)在项目管理中的作用是什么?它在项目控制中有无作用?

请具体说明。

6. 某企业随着新产品开发活动的日益增多，准备把原来的产品研发部门、工艺设计部门合并起来，扩建成为一个产品研究院，为此要建造一个研究院大楼，并配置相应的设备。下表是该研究院建设项目包括的各项活动、每项活动所需的时间以及各项活动之间的前后关系。

研究院建设项目

活动名称	活动描述	前活动	所需时间/月
A	选择设施负责人和管理人员		3
B	设施选址调查和确定		1
C	道路铺设		6
D	设备选择和购买	A	2
E	建筑工程方案制定	B	3
F	人员招聘	A	3
G	设备到货验收	D	9
H	建筑施工	E	11
I	设施布置	D,E	1
J	管理系统设计	A	4
K	员工培训	F,G,H	2
L	设备与管理系统安装	G,H,I,J	1

(1) 绘制该项目的网络图，并找出关键路线。

(2) 项目的全部完工期是多长？

(3) 分别按照各项活动的最早开工时间和最迟开工时间绘制甘特图。从中你可以得到什么启发？

第十六章 质量管理

如第一章所述,质量是生产与运作管理的基本问题之一,也是企业竞争力的主要来源之一。尤其是在当今时代,顾客有时宁愿花更多的钱,得到更好的产品和服务。同时,企业也已经认识到,产品的质量保证是打开国内外市场的通行证。因此,质量管理对于企业有更重要的意义。本章首先描述质量与质量管理的基本概念,并详细讨论质量成本问题;接下来介绍质量管理的主要方法,包括统计控制方法和全面质量管理方法;最后介绍 ISO 9000 质量管理与质量保证标准以及 6σ,并讨论 ISO 9000、6σ 与全面质量管理的关系。

第一节 质量与质量管理的基本概念

一、质量的含义

什么是质量?世界著名的质量管理专家朱兰(Joseph M. Juran)从用户的使用角度出发,曾把质量概括为产品的"适用性"(fitness for use)。美国的另一位质量管理专家克劳斯比,从生产者的角度出发,曾把质量概括为产品符合规定要求的程度。在国际标准化组织 1994 年颁布的 ISO 8402-94《质量管理和质量保证——术语》中,把质量定义为:"反映实体满足明确和隐含需要的能力的特性总和。"这里的实体是指可以单独描述和研究的事物,可以是活动或过程、产品、组织、体系、人或它们的任何组合。这个定义非常广泛,可以说包括了产品的适用性和符合性的全部内涵。

还应说明的是,第一,质量定义中的"需要",在合同环境或法规环境下,如在核安全性领域中,是明确规定的,而在其他环境中,隐含的需要则应加以识别和规定;第二,需要通常可转化成用指标表示的特性。因此,产品质量的好坏与高低是根据产品所具备的质量特性能否满足人们的需要及其满足的程度来衡量的。一般有形产品的质量特性主要有以下几方面:

(1) 性能。指产品满足使用目的所具备的技术特性,如钟表的走时准确、电视机的图像清晰度等。

(2) 寿命。指产品在规定的使用条件下完成规定功能的工作总时间,如轮胎行驶磨损的里程数、电冰箱的使用年数等。

(3) 可靠性。指产品在规定的时间内,在规定的条件下,完成规定功能的能力,如电视机平均无故障工作时间、机床的精度稳定期限等。

（4）安全性。指产品在制造、储存和使用过程中保证人身与环境免遭危害的程度，如各种家用电器在故障状态下不自燃起火。

（5）经济性。指产品从设计、制造到整个产品使用生命周期的成本，具体表现为用户购买产品的售价和使用成本，如电冰箱的耗电量、维护保养费用等。

无形产品，即服务的质量特性一般包括功能性、经济性、安全性、时间性、舒适性和文明性等，它强调及时、圆满、准确与友好。显然，确定无形产品质量的好坏比确定有形产品质量的好坏要困难得多。原因如下：首先，在很多情况下，服务质量是一个比较模糊的、难以量化的概念，同一服务，不同的人对它会有不同的感知和评价；其次，对有形产品来说，用户一般只是对最终产品的好坏进行评价，而对于服务来说，顾客不但要对最终得到的服务内容进行评价，还要对服务的"生产"流程进行评价。例如，一名去餐馆就餐的顾客，不但要对饭菜的质量进行评价，而且对餐馆服务人员的服务态度、服务方式等也会比较敏感。

二、生产者与用户对质量的不同定义

在第二章，我们曾讲过，质量作为一种竞争武器，包括高设计质量和恒定的质量两个方面。但实际上，生产者和用户对质量的定义是不同的，所以从什么角度看待质量，对进行质量管理有重要的决定性作用。因此，有必要考虑如何将生产者对质量的定义和用户对质量的认识统一起来，以便进行有效的质量管理。

（一）生产者对质量的定义

对于生产者来说，质量一般意味着"同技术要求的一致性"。例如，在制造业，公差被用来限定一个零件的尺寸。一个零件的质量好坏经常是看其尺寸同技术要求上规定的尺寸的接近程度。对于那些不符合标准尺寸的零件，不是进行重新加工就是当成废品处理掉。尽管这样会增加成本，但同时也使最终产品具有了恒定质量。另外，技术要求也可以限定产品设计水平。例如，某光盘驱动器制造商宣布其产品的平均使用寿命为3万小时，以此来突出其较高的产品设计质量。实际上，恒定的质量和高设计质量均可以通过技术要求来表达，并且在制造流程的每道工序均予以检验。同样，对于服务业来说，服务质量水平的高低也可以通过一定的服务标准来衡量。例如，著名的麦当劳公司对其分布在全球各地的麦当劳快餐分店规定了统一的服务标准。统一的服务标准包括尽量使所有顾客均获得相同的满意度，所有分店的各种食品具有统一的质量、价格，所有分店的设备均要达到同样的卫生标准等多个方面。

（二）用户对质量的定义

用户经常将质量定义为"价值"。也就是说，他们所购买的产品或得到的服务是否达到了当初他们购买这种产品或服务时的目的。用户对质量的另一种定义是"适用性"。或者说，用户购买的产品和服务的功能。这些定义都是类似的，它们都包含了用户对产品或服务的期望。用户对"价值"或"适用性"的评价因素有很多，而且对于制造业和服务业来说，这些因素又有所不同，如表16.1所示。

表 16.1 用户对质量的评价因素

质量评价因素	服 务 业	制 造 业
硬件	饭店中的布局以及餐桌等的样式、外观等 牙医所用的医疗设备的新旧程度等	产品的外观 产品安装和使用的难易程度等
产品或服务支持	银行业务中的数据记录错误 对应直接或间接承担的责任的态度等	付款手续的准确性以及改正错误的难易程度 广告的可信度等
心理影响	旅馆中服务员的服务态度 商店的顾客投诉办公室中的工作人员热情与否等	产品销售人员对所售产品的了解程度 品牌的信誉等

我们可以进一步分析表 16.1 中列举的用户对质量的评价因素。

(1) 硬件。在服务业中，硬件的质量与服务提供地点的美学内涵以及所使用的服务设备的情况有关。在制造业中，硬件质量则是指外观、样式、平均寿命、可靠性、加工技艺以及售后服务等产品特性。所以用户对厂商的产品生产能力以及产品设计水平等都要予以评价和考虑。

(2) 产品或服务支持。公司提供的产品或服务支持的完善程度往往与产品或服务本身的质量一样重要。用户对于公司的财务记录不准确、保修延误或广告欺骗等相当反感。好的产品支持可以部分地弥补硬件质量的某些不足。例如，一个用户买了一台冰箱，一个星期后发现制冷系统坏了。通常情况下用户会对冰箱生产厂商相当不满。如果冰箱厂商在接到用户的电话后立即派人到用户家中免费维修或给用户换一台新冰箱，则用户的怨气会得到相当程度的缓解。

(3) 心理影响。人们心理上对质量的感觉也是十分重要的。在服务业中，当顾客和服务人员的直接接触机会比较多时，服务人员的外貌和动作是相当重要的。如果服务人员穿戴整洁，彬彬有礼，友善、热情，顾客会认为服务质量比较好。而假如某个饭店服务人员服装不整洁，无礼貌或缺乏耐心，他的这种表现足以使饭店在其他许多方面所做的提高服务质量的努力付诸东流。见到这种服务人员的顾客会在很长一段时间内对这个饭店的服务有反感心理。在制造业中，用户同产品销售人员的接触或者用户对产品宣传的接受程度通常会影响用户对产品质量的看法。销售人员关于所售产品的了解程度，销售人员的个性、品质以及广告中所展现的产品形象，在很大程度上会在心理上影响用户对产品质量的定位。

另外，用户对质量的评价因素往往会随着时间的推移而发生变化，这给企业的生产与运作管理不断带来新的挑战。以美国的汽车业为例，20 世纪 70 年代初，美国国内汽车用户对汽车的关注已从汽车马力转移到汽车造型；到了 70 年代中期，又转移到耗油量；而到了 80 年代初，汽车用户更看重的是汽车的设计风格和行驶情况。随着经济情况的变化，用户的生活方式和价值观也在相应变化，这些都使他们对汽车产品有了新的要求，现在，他们更倾向于购买耐久、安全的产品，即使价格较高也不介意。由于没有及时认识到用户这种心理上的变化并迅速做出反应，20 世纪 80 年代，美国汽车公司丧失了在美国国内汽车市场上保持或增加市场份额的大量机会，从而使许多外国公司夺得了更多的市场份额。总体上讲,商业经营成功与否在很大程度上取决于企业能否准确地把握用户对产品的期望,以及能否消除或基本消除用户与产品生产厂商之间在质量观念上的差别。

三、服务质量的特殊性

服务质量的特殊性主要来自服务本身所具有的特点。表16.1从用户的角度对制造业和服务业不同环境下质量的评价因素进行了分析,下面进一步从服务的特点来分析服务质量管理的特殊性。

首先,服务的无形性使得它不像有形产品那样容易精确地用数量来描述和定义,从而导致服务质量难以用精确的数量来描述和定义。对于制造业来说,产品的质量可以用产品符合规定要求的程度来定义,这种要求通常是企业的内部标准,可以用精确的数值来表示。例如,一台空调,其质量可以用制冷能力、耗电量、噪声水平等精确的数值指标来衡量。而对于服务来说,服务质量往往取决于顾客的评价而不是企业的内部标准,服务场所的气氛、服务人员的态度、环境条件等都会给服务质量带来影响。因此,服务质量的好坏取决于顾客所期待的服务与实际所感受到的服务的一致性。

其次,对于制造业企业来说,产品的生产与使用是在两个不同的时间段、不同的地点发生的,生产系统与顾客相隔离,因此产品质量可以在"出厂前把关",检验合格的产品才允许出厂;一旦不合格的产品出厂、被顾客发现了,也可以采用"三包"(包退、包换、包修)的方法来挽回产品质量给顾客和企业带来的损失。而许多服务只能在顾客到达的同时才开始"生产",生产的同时顾客也就将其消费掉了。一项服务的不可触性越强,生产和消费越同时发生。服务的这种特性使得服务质量不可能预先"把关",使得服务中所发生的质量问题难以"返修",因此要求企业在服务过程中必须"第一次就把事情做好",这些都使得服务质量的控制管理方法与制造业不同。

再次,服务的不同质性导致服务质量的评价方法也有很大不同。对于服务质量来说,只有一部分可由服务提供者来评定,其余的只能通过顾客的体验、感受来评价;好的产品大家会众口一词地称赞,而对于服务来说,同一服务,不同的顾客会有不同的评价;顾客对产品质量的评价可通过"试用"等方式来确定,而顾客对服务质量的评价不完全取决于一次体验,往往需要很长一段时间,甚至是在接受竞争对手的服务之后。

最后,对于制造业企业来说,由于产品的生产过程与顾客是隔离的,因此顾客只对出厂后的最终产品的好坏进行比较和评价;而在很多服务过程中,顾客自始至终是参与其中的,顾客不仅对得到的最终服务进行评价,而且对服务的"生产"过程进行评价,甚至在排队等待的过程中,还对他所观察到的对别人的服务进行评价。所有这些评价的综合,才构成一个顾客对服务企业质量的总体评价。此外,由于顾客个人的偏好差异很大,使得服务质量的标准难以设定,也给服务质量监管人员采集质量数据、采取有效的质量控制措施带来了一定困难。

四、质量管理的发展过程

质量管理是一门科学,它是随着整个社会生产的发展而发展的,同时,它与科学技术的进步、管理科学的发展也密切相关。考察质量管理的发展过程,有助于我们有效地利用各种质量管理的思想和方法。目前,一般把质量管理的发展过程分为以下三个阶段。

(一) 质量检验阶段

质量检验阶段也称为传统质量管理阶段,其主要特征是按照规定的技术要求,对已完成的产品进行质量检验。从大工业生产方式出现直至 20 世纪 40 年代,基本上属于这一阶段。在这一阶段,质量管理的中心内容是通过事后把关性质的质量检查,对已生产出来的产品进行筛选,把不合格品和合格品分开。这对于保证不使不合格品流入下一工序或出厂送到用户手中,是必要的和有效的,至今在工厂中仍不可缺少,但它缺乏对检验费用和质量保证问题的研究,对预防废品的出现等管理方面的作用较薄弱。这是质量管理发展中的初始阶段。

(二) 统计质量控制(SQC)阶段

由于上述的把合格品和不合格品分开的事后把关检查是基于废品已经出现,而废品既已出现,即使被检查出来也已经造成了损失,因此它不是一种积极的方式。积极的方式应该是把废品消灭在发生之前,防止出现废品而带来损失。随着生产规模的迅速扩大和生产效率的不断提高,每分钟都可能产生大量废品,其带来的经济损失将大得难以忍受。这样,统计质量控制的方法(statistical quality control,SQC)产生了。它应用数理统计的方法,对生产过程进行控制。也就是说,它不是等一个工序整批工件加工完了,才去进行事后检查,而是在生产过程中,定期地进行抽查,并把抽查结果当成一个反馈的信号,通过控制图发现或检定生产过程是否出现了不正常情况,以便及时发现和消除不正常的原因,防止废品的产生。

数理统计方法在质量管理中应用的另一方面,是验收抽样检查。在第二次世界大战期间,军工产品的生产任务重、时间紧,很多产品又不能实行全检,因为检查带有破坏性,所以必须进行抽样检查。此外,有的产品的检验工作量很大、检验费用很高,进行全数检验有时是很不经济的,或者时间上是不允许的。所以,基于数理统计理论的抽样检查方法得到了迅速的推广应用。

统计质量控制是质量管理发展过程中的一个重要阶段,它是 20 世纪 40 年代到 60 年代初得到发展和推广应用的。它的主要特点是,从质量管理的指导思想上看,由事后把关变为事前预防;从质量管理的方法上看,广泛深入地应用了统计的思考方法和统计的检查方法。

(三) 全面质量管理(TQM)阶段

最早提出全面质量管理(total quality management,TQM)概念的,是美国的费根鲍姆(Armand V. Feigenbaum),但是由日本人首先将这一概念真正用于企业管理之中。费根鲍姆提出:"全面质量管理是为了能够在最经济的水平上,并在考虑到充分满足顾客要求的条件下进行生产和提供服务,并把企业各部门研制质量、维持质量和提高质量的活动构成一体的一种有效体系。"

全面质量管理的出现,始于 20 世纪 50 年代末 60 年代初。这不是偶然的,而是现代科学技术和现代工业发展的必然产物。进入 20 世纪后半期以后,随着科学技术的迅速发展和市场竞争的日趋激烈,新技术、新工艺、新设备、新材料大量涌现,工业产品的技术水平迅速提高,产品更新换代的速度大大加快,新产品层出不穷。特别是对于许多综合多种门类技术成果的大型、精密、复杂的现代工业产品来说,影响质量的因素已不是几十、几百个,而是成千上万个。对一个细节的忽略,也会造成全局的失误。这种情况必然对质量管理提出新的更高的要求,那种单纯依靠事后把关或主要依靠生产过程控制的质量管理,显然已不能适应工业发展的需要。因此,全面质量管理作为现代企业管理的一个重要组成部分,也就应运而生,并且迅速得到推广。

关于全面质量管理,在本章第四节还要展开详细讨论。总的来说,以上质量管理发展的三个阶段的质的区别是,质量检验阶段靠的是事后把关,是一种防守型的质量管理;统计质量控制阶段主要靠在生产过程中实施控制,把可能发生的问题消灭在生产过程之中,是一种预防型的质量管理;而全面质量管理,则保留了前两者的长处,对整个系统采取措施,不断提高质量,可以说是一种进攻型或者是全攻全守型的质量管理。

第二节 质 量 成 本

我们在第二章曾谈到质量和成本是企业可选择的不同竞争重点,但实际上,这二者是密切相关的。朱兰和美国另一位著名的质量管理专家戴明(W. Edwards Deming)早就提出,低质量会给公司带来更多的成本,但这一点一直未受到人们的重视。随着人们对质量问题重视程度的增加,现在人们逐渐认识到了低质量往往意味着高成本。为此,我们在本节专门分析质量成本问题。

一、质量成本的定义与构成

质量成本是企业为确保达到满意的质量而导致的费用以及没有获得满意的质量而导致的损失。质量成本的构成如图16.1所示。

图16.1 质量成本的构成

其中,预防成本是指为预防质量缺陷的发生所支付的费用;鉴定成本是指为评定产品是否具有规定的质量而进行试验、检验和检查所支付的费用;内部缺陷成本是指交货前因产品未能满足规定的质量要求所造成的损失(全过程中);外部缺陷成本是指交货后因产品未能满足规定的质量要求所造成的损失;外部质量保证成本是指为满足合同规定的质量保证要求提供客观证据、演示和证明所发生的费用。

二、质量成本的一般分析

质量成本主要是由上述四种运行成本构成的,接下来对这四种成本进行一些分析。

(1)预防成本。当产品质量或服务质量及其可靠性提高时,预防成本通常是增加的。因为提高产品或服务质量通常需要更多的时间、努力和资金等的投入,这包括流程设计费用、产品设计费用、人员培训费用等。

(2) 鉴定成本。当产品或服务的质量及其可靠性提高时,鉴定成本通常会降低。质量鉴定可以帮助管理人员发现质量问题的所在,从而可以立即采取措施解决存在的问题,保证质量能够持续得到改善,从而减少质量问题带来的成本。例如,在日本企业中,每名员工都不放过任何一个已发现的质量问题,绝对不让有质量问题的加工零件进入生产线的下一工位。这种做法有利于企业迅速发现质量问题,并找到引起质量问题的根源,这是一种降低质量管理中鉴定成本的有效方法。

(3) 内部缺陷成本。当产品或服务的质量及其可靠性提高时,内部缺陷成本会降低。有很多预防措施可以用来减少不合格品的产生,从而降低材料报废、再加工、延期交货、设备故障、库存积压等带来的成本。

(4) 外部缺陷成本。同内部缺陷成本一样,当产品或服务的质量及其可靠性提高时,外部缺陷成本会降低。质量及可靠性的提高不仅会减少售后保修费用,保持市场份额,而且会避免由于产品或服务质量低劣而导致的人身损害、环境污染等重大事故的发生。

从以上分析可以看出,在预防措施上进行一定投入使质量得到提高,对于一个组织来说是很有益的。当然,这也取决于管理的注意力是否集中在质量和可靠性上。例如,如果公司希望通过更好的产品设计和流程设计来提高质量水平,而不是通过解决原有产品设计和流程设计中的质量问题来提高质量,则生产管理人员要做的主要工作是在产品的质量、反应时间和灵活性等竞争因素上下工夫,以期在市场竞争中取得优势。在这种情况下,有关质量的其他成本的减少并不能弥补预防成本的增加。所以,管理人员通常不得不提高产品或服务的价格,从而采取以质量取胜而不是以价格取胜的生产与运作战略。奔驰车比福特车贵,四星级宾馆的住宿费比普通旅馆的住宿费高就是这个道理。

一般说来,如果管理人员提高了质量可靠性水平,则由此增加的预防成本就会较高。但是与此同时,由于质量提高而使各种浪费减少所带来的收益也是巨大的,下面对内部缺陷成本和外部缺陷成本的详细分析说明了这一点。这也是众多公司投入大量人力、物力、财力来提高产品质量或服务质量的原因所在。

三、内部缺陷成本

内部缺陷成本是在生产不合格产品或服务的过程中产生的。它主要包括两个方面:生产损失和再加工成本。一件产品或一次服务由于质量太差,不能满足标准要求而不得不予以弃除时,会给企业造成一定的损失,这种损失就称为生产损失。当一件产品或一次服务由于质量问题而不得不通过对其进行重新加工或改善来弥补时,所带来的成本就称为再加工成本。在服务业,再加工成本还指顾客对服务不满意时,公司需要再次免费或优惠服务而增加的成本。

(一) 生产损失

很多人看到生产损失这个术语时,首先想到的往往是材料损失。实际上这仅仅是全部生产损失中的一部分,但我们不妨从这里开始对生产损失进行讨论。假定一个企业的管理人员需要确定最终生产 m 件合格产品所需投入的原材料数。我们使用如下符号。

d_i:加工件在第 i 个工序的平均加工损坏比例;

n：产品所需经过的工序数目；

m：最终合格产品需求量；

x：生产开始时需要投入的原材料数（决策变量）。

每一工序的合格产出是下道工序的投入。例如，第 1 道工序的合格产出是 $x(1-d_1)$ 单位，这就是第 2 道工序的投入，其余的 xd_1 单位的加工件由于第 1 道工序的加工问题已经成为废品。同理，经过第 2 道工序后的合格率为 $x(1-d_1)(1-d_2)$。依此类推，则我们有

$$x(1-d_1)(1-d_2)\cdots(1-d_n) = m \tag{16.1}$$

也就是，所需投入的原材料数 x 为

$$x = \frac{m}{(1-d_1)(1-d_2)\cdots(1-d_n)} \tag{16.2}$$

显然 x 比 m 大。每个工序的平均加工损坏比例越大，说明工厂加工质量越低，需要最初投入的原材料单位数 x 比需求量 m 越大。

【应用事例 16.1】

某种产品的生产流程由四道工序组成，每个工序的平均加工损坏比例见表 16.2。

表 16.2 四工序生产流程加工损坏比例表

工 序 号	平均加工损坏比例 d_i
1	0.01
2	0.04
3	0.02
4	0.06

加工流程示意图见图 16.2。

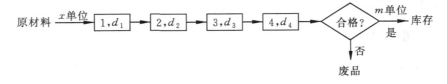

图 16.2 四工序加工流程示意图

如果要求 $m=100$ 个/天，即希望每天得到 100 个合格成品，则每天需要投入多少单位的原材料？

解：将上述加工损坏比例的数值代入式(16.1)，得

$$x(1-0.01)(1-0.04)(1-0.02)(1-0.06) = 100$$

解得：$x=114$（个）

即每天需要投入的原材料单位数是 114 个。

从上例可以看出，最初投入的原材料单位数目比最终合格产品数目多 14 个，即由于质量问题而增加的原材料成本比例为 14%。除此之外，还包括其他潜在成本。例如，假

定只在最后一道加工工序之后设立一道质量检验工序(如图16.2所示),这实际上是很多企业的实际做法。这种做法存在潜在成本。首先,由于生产损失而不得不多付出14%的劳动力成本和设备成本。其次,由于设备运转时间的增加又会使设备发生故障的概率上升,从而导致停工次数和停工时间增多。再次,由于需要多投入14%的原材料,平均加工时间也会增加,这意味着不能按时交货的可能性增大,从而导致用户的不满,进而影响公司未来的销售额。最后,无论是在各工序之间进行质量检验还是在最后一道工序进行检验,我们都是基于检验员可以百分之百地将不合格零件或产品检验出来这一假设。但实际上,再好的检验员也会有失误,所以由于检验员失误而带来的一系列问题也会给企业造成损失。

(二)再加工成本

有些时候,可以对一些不合格产品进行再加工以弥补其缺陷,使之成为合格产品。假定产品的批量固定,一旦发现有缺陷,则其中的每个产品都要被再加工。现在让我们来确定平均每天需要再加工的产品数量。我们使用以下符号。

P_j:第j批产品有缺陷,需要再加工的概率;
L_j:产品j的批量大小;
N_j:每天所需的合格产品j的批量数目;
Q_j:每天需要再加工的产品j的平均数量。

考虑如图16.3所示的生产流程。假定容易产生质量缺陷的是工序3,其后紧接着检查工序。当某批产品第一次经过工序3的加工后,由于不合格而返回的概率是P_j。当它经过第二次加工后,仍有可能再次返回,再次返回的概率是P_j^2。从理论上说,这批产品有可能一次又一次地返回,在该工序的平均加工次数是$(1+P_j+P_j^2+P_j^3+\cdots)=1/(1-P_j)$。这样每批产品的平均加工数量是$L_j[1/(1-P_j)]$。因此,有

$$Q_j = \frac{L_j N_i}{1 - P_j} \tag{16.3}$$

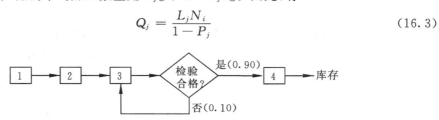

图16.3 四工序流程中的检验和再加工示意图

为了更好地理解再加工成本,让我们再来看一个应用事例。

【应用事例16.2】

让我们再来看【应用事例16.1】中的四工序流程。假设这次没有废品产生,所有质量问题均可以通过再加工解决。设产品生产批量是10,有可能整批产品都需要再加工。每天下班前对合格产品的需求数目仍是100。在工序3结束后将对产品进行检验。假设经过工序3,一批产品出现质量问题的概率是10%。在这种情况下,这批产品必须全部退回予以再加工,如图16.3所示。请问由工序3导致的每天必须进行再加工的不合格产品数量是多少?

解：四工序流程中的再加工情况见表 16.3。

表 16.3 四工序生产流程再加工示意表

工 序	每批产品需要再加工的概率	需返回工序	每批的平均数量	每天需要加工的产品平均数
1	0	—	10	100
2	0	—	10	100
3	0	—	11.1*	111**
检验	0.10	3	11.1	111
4	0	—	10	100

* 工序 3（和检验）对每批产品需要加工（和检验）的平均数量是 $10\times[1.0+0.1+(0.1)^2+\cdots]\cong11.1$；

** 由于每天需要的产品批量数是 10，所以工序 3（和检验）每天加工（和检验）的产品平均数目是 $11.1\times10=111$。

从表 16.3 可以看出产品的再加工情况。每天生产 10 批产品，平均大约有 1 批产品需要进行再加工。这就意味着工序 3 和检验部门每天至少要生产或检验 110 单位产品。同时，这批必须予以再加工的产品又有 10% 的概率被进行再一次再加工，如果每次再加工之间是独立的，则每批产品有 1%（＝10%×10%）的可能性被两次再加工。依此类推，可以得到工序 3 和检验部门对每批产品的工作量是 $10[1.0+0.1+(0.1)^2+\cdots]=10/(1-0.1)\cong11.1$ 单位。所以工序 3 和检验部门每日工作量将会是 $10\times11.1=111$（单位）。

现在让我们讨论一下与再加工有关的各种成本。首先，再加工显然会带来更高的劳动力成本、更多的设备损耗并消耗更多的检验时间。在上例中，需要在正常成本之上再加 11% 的这种成本。其次，再加工通常也会增加作业交换时间，即使一批产品中只有一部分需要再加工。再次，由于需要再加工的产品在各工序间的流动时间增加，所以在制品库存量会增加，这就意味着库存成本的增加。另外，由于需要再加工，每批产品的平均加工时间会有所增加。更严重的是，平均加工时间的增加有可能使公司无法及时满足用户需求，出现延迟交货或提前期增加等现象，使公司的市场竞争力下降。

再加工问题不仅仅局限于制造业企业。例如，一些汽车商的售后服务部门经常需要对售出汽车付出相当大的保修成本。汽车商售后服务的再加工成本不仅包括增加的劳动力成本、材料成本、维修设备损耗，而且包括再加工（维修）对用户心理上的负面影响。对于服务上门的企业来说，再加工成本还包括维修人员的往返费用等。如果用户处于偏远地区，则这种费用可能在再加工成本中占相当大的比例。

四、外部缺陷成本

企业生产的产品或提供的服务在到达用户手中后才发现有质量问题，就会导致外部缺陷成本的增加。将它与内部缺陷成本区分开是因为，当企业为那些逃脱了检验员或监督员眼睛的不合格产品或服务采取弥补措施时，才会导致外部缺陷成本。一个用户发现了一件不合格产品或一次不合格的服务可能会给企业带来诸多影响。最明显的影响是企业可能会由此而丢失一部分市场份额，因为不利于企业的信息可能会从这个用户口中传播开来。这个不满的用户会将企业的产品或服务有质量问题的信息告诉自己的朋友，而这些朋友可能又会告诉其他更多的人。最后如果情况严重的话，媒体上会有不利于企业的报道出现。这对企业今后的影响是无法估计的。但有一点是可以肯定的，那就是企业的市场份额、企业形象、企业利润等均会受到或多或少的冲击。这样，问题的结果将不仅仅是产生外部缺陷成本，还有可能带来保证成本和诉讼成本。

（一）保证成本

所谓保证，往往是企业以书面形式（保修单等）保证所提供产品或服务的质量，当产品或服务的质量出现问题时，顾客有权依据保证书上的条款要求企业退换或者维修有质量问题的产品，或者要求补偿性服务，以保护顾客的正当权益。通常情况下，保修单均有时间期限。例如，有的汽车厂家的保修期限是3年或是汽车行驶路程少于50 000km等。

当产品到达用户手中后，才发现产品质量有问题并试图解决所发现的质量问题时，往往要付出更大的成本代价。图16.4给出了在不同时期发现并解决产品质量问题的成本曲线。质量问题发现得越早，相应成本就越低。如果产品已经到达用户手中才发现有质量问题，此时的维修成本可能会直线上升。试想IBM的大型计算机在新加坡出了故障，需要从美国本土派人去维修所发生的成本该有多高。

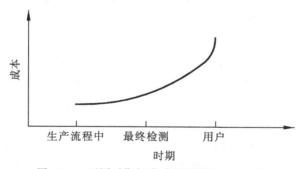

图16.4　不同时期解决质量问题的成本曲线

（二）诉讼成本

更为严重的是，有质量问题的产品有可能使用户人身安全受到伤害。这些质量问题往往是由产品设计不合理或产品加工质量太差造成的。只要是因为产品质量问题而使用户人身受到伤害，企业往往必须对受害人及受害人家属做出赔偿，而且赔偿金额一般都很高。

另外，公司经常要为此付出高额的诉讼费用。以美国福特汽车公司为例，福特公司1968—1980年制造的汽车的传动部件中，有些由于有质量问题，停止行驶却未熄火的汽车往往会自动向后倒车。福特公司为这一问题所导致的1 000多起伤亡事故付出了5亿多美元的法庭诉讼费用和赔偿金。

质量问题引起用户人身伤害不仅会使企业付出大笔赔偿金，更严重的是企业的信誉会一落千丈。新闻媒介会对企业的质量问题以及由此引起的人身安全事故进行报道，这给企业带来的负面效应是不言而喻的。企业如果不能及时采取相当有效的补救措施，则将会被市场淘汰。

第三节　质量管理方法

一、质量管理的两大类方法

质量管理的方法可以分为两大类：一类是以数理统计方法为基础的质量控制方法；另一类是建立在全面质量管理思想之上的组织性的质量管理方法。

（一）统计质量控制方法

统计质量控制方法以1924年美国的休哈特（W. A. Shewhart）提出的控制图为起点，近一个世纪以来有了很大发展，现在包括很多种方法。这些方法可大致分为以下三类。

（1）常用的统计管理方法。又称为初级统计管理方法。它主要包括控制图、因果图、相关图、排列图、直方图等所谓的"QC七种工具"。运用这些工具，可以从经常变化的生产或业务过程中，系统地收集与产品质量有关的各种数据，并用统计方法对数据进行整理、加工和分析，进而画出各种图表，计算某些数据指标，从中找出质量变化的规律，实现对质量的控制。日本著名的质量管理专家石川馨曾说过，企业内95%的质量管理问题可通过企业上上下下全体人员活用这七种工具而得到解决[①]。从全面质量管理的推行，到ISO 9000质量标准体系的建立和实施，直至6σ质量管理方法，都离不开对这些工具的使用。

（2）中级统计管理方法。包括抽样调查方法、抽样检验方法、实验计划法等。这些方法不一定要企业全体人员都掌握，主要是有关技术人员和质量管理部门的人使用。

（3）高级统计管理方法。包括高级实验计划法、多变量解析法。这些方法主要用于复杂的工程解析和质量解析，而且要借助计算机手段，通常仅由专业人员使用。

统计管理方法是进行质量控制的有效工具，但在应用中必须注意以下几个问题，否则得不到应有的效果。这些问题主要是：①数据有误。数据有误可能是两种原因造成的，一是人为地使用有误数据，二是由于未真正掌握统计方法。②数据的采集方法不正确。如果抽样方法本身有误，则其后的分析方法再正确也是无用的。③数据的记录、抄写有误。④异常值的处理。通常生产过程取得的数据中总是含有一些异常值，它们会导致分析结果有误。

（二）组织性质量管理方法

组织性质量管理方法是指从组织结构、业务流程和人员工作方式的角度进行质量管理的方法，主要内容有制定质量方针、建立质量保证体系、开展QC小组活动、各部门质量责任的分担、进行质量诊断、开展质量改进活动等。以下介绍的PDCA循环可以说是一种典型的组织性质量管理方法。从更广的意义上说，TQM、ISO 9000质量保证体系以及近年来开始迅速推广的6σ质量管理方法可以说都是组织性质量管理方法。

---

① 详见参考文献[28]。

二、常用的质量管理统计方法——"QC 七种工具"

常用的质量管理统计方法主要包括所谓的"QC 七种工具",下面分别介绍七种方法。

(一) 统计分析表

统计分析表是利用统计表对数据进行整理和初步分析原因的一种工具,其格式可多种多样,表 16.4 是其中的一种格式。这种方法虽然较简单,但实用有效。

表 16.4 统计分析表

项 目	统 计	频 数	排 序
A	////	4	3
B	///// ///// //	12	1
C	//	2	4
D	///// //	7	2
合 计		25	

(二) 数据分层法

数据分层就是把性质相同的、在同一条件下收集的数据归纳在一起,以便进行比较分析。因为在实际生产中,影响质量变动的因素有很多,如果不把这些因素区别开来,难以得出变化的规律。数据分层可根据实际情况按多种方式进行。例如,按不同时间、不同班次进行分层,按使用设备的种类进行分层,按原材料的进料时间、原材料成分进行分层,按检查手段、使用条件进行分层,按不同缺陷项目进行分层,等等。数据分层法经常与上述的统计分析表结合使用。

(三) 排列图

排列图又称为帕累托图,由此图的发明者意大利经济学家帕累托(Pareto)而得名。帕累托最早用排列图分析社会财富分布的状况,后来美国质量管理专家朱兰将其用于质量管理。排列图是分析和寻找影响质量主要因素的一种工具,其形式见图 16.5。图中的左边纵坐标表示频数(如件数、金额等),右边纵坐标表示频率(以百分比表示),图中的折线表示累积频率。横坐标表示影响质量的各项因素,按影响程度的大小(即出现频数多少)从左向右排列。通过对排列图的观察分析,可抓住影响质量的主要因素。这种方法实际上不仅在质量管理中,在其他许多管理工作中,如在库存管理中,都是十分有用的。

(四) 因果分析图

因果分析图是以结果作为特性,以原因作为因素,在它们之间用箭头联系表示因果关系,图 16.6 是一个示例。因果分析图是一种充分发动员工动脑筋、查原因、集思广益的好办法,也特别适合工作小组中实行质量的民主管理。当出现了某种质量问题,但未搞清楚原因时,可针对问题发动大家寻找可能的原因,使每个人都畅所欲言,把所有可能的原因都列出来。图 16.6 是某铸造企业的流程中存在的某一问题的因果图。该企业铸出的某种产品表面有明显裂纹,其原因可能有四大类:浇铸温度、铸模、金属成分和铸模

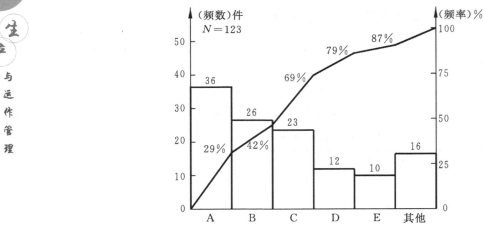

图 16.5 排列图

温度。每一类原因可能又是由若干个因素造成的。与每一因素有关的更深入的考虑因素还可以作为下一级分支。当所有可能的原因都找出来以后,就完成了第一步工作,下一步就是要从其中找出主要原因。

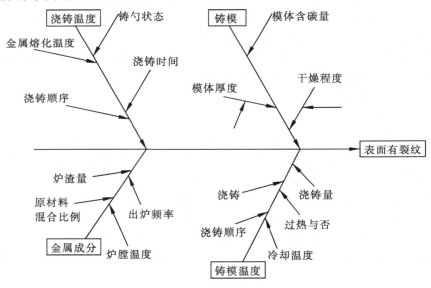

图 16.6 因果分析图

(五) 直方图

直方图的形式如图 16.7 所示,它是表示数据变化情况的一种主要工具。用直方图可以比较直观地看出产品质量特性的分布状态,可以判断工序是否处于受控状态,还可以对总体进行推断,判断其总体质量分布情况。在制作直方图时,首先要对数据进行分组,因此如何合理分组是其中的关键问题。分组通常是按组距相等的原则进行的,两个关键数字是分组数和组距。如图 16.7 所示,分为 9 组,组距为 3。

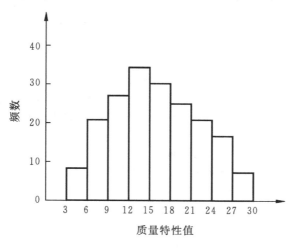

图 16.7 直方图

(六) 散布图

散布图又称相关图,它是将两个可能相关的变量数据用点画在坐标图上,通过对其观察分析,来判断两个变量之间的相关关系。这种问题在实际生产中也是常见的,例如,热处理时淬火温度与工件硬度之间的关系,某种元素在材料中的含量与材料强度的关系等。这种关系虽然存在,但难以用精确的公式或函数关系表示,在这种情况下用相关图来分析是很方便的。假定有一对变量 x 和 y,x 表示某一种影响因素,y 表示某一质量特征值,通过实验或收集到的 x 和 y 的数据可以在坐标图上用点表示出来,根据点的分布特点,即可判断 x 和 y 的相关情况。表 16.5 表示六种典型的相关形式。

表 16.5 散布图的典型形式与说明

图 形	x 与 y 的关系	说 明
(散点图，呈上升趋势)	强正相关 x 变化大时,y 也变化大	x、y 之间可以用直线表示。对此,一般控制住 x,y 也将得到相应的控制
(散点图，呈下降趋势)	强负相关 x 变化大时,y 变化小 x 变化小时,y 变化小	

续表

图　形	x 与 y 的关系	说　明
（散点图）	弱正相关 x 变化大时，y 大致变大	除 x 因素影响 y 外，还要考虑其他因素（一般可进行分层处理，寻找 x 以外的因素）
（散点图）	弱负相关 x 变化大时，y 大致变小	
（散点图）	不相关 x 与 y 无任何关系	
（散点图）	x 与 y 不是纯性关系	

（七）控制图

控制图又称为管理图。如图 16.8 所示，它是一种有控制界限的图，用来区分引起质量波动的原因是偶然的还是系统的，可以提供系统原因存在的信息，从而判断生产过程是否处于受控状态。控制图按其用途可分为两类：一类是供分析用的控制图，用于分析生产过程中有关质量特性值的变化情况，看工序是否处于稳定受控状态；另一类是供管理用的控制图，主要用于发现生产过程是否出现了异常情况，以预防产生不合格品。

以上概要介绍了七种常用的质量管理统计方法，这些方法集中体现了质量管理的"以事实和数据为基础进行判断和管理"的特点。最后还需指出的是，这些方法看起来都比较简单，但能够在实际工作中正确、灵活地应用并不是一件简单的事情。

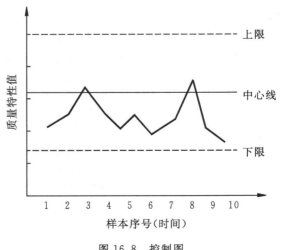

图 16.8　控制图

三、PDCA 循环

PDCA 循环的概念最早是由美国质量管理专家戴明提出来的,所以又称"戴明环"。PDCA 四个英文字母及其在 PDCA 循环中所代表的含义如下。

(1) P(plan)——计划,确定方针和目标,确定活动计划。

(2) D(do)——执行,实地去做,实现计划中的内容。

(3) C(check)——检查,总结执行计划的结果,注意效果,找出问题。

(4) A(action)——行动,对总结检查的结果进行处理,对成功的经验加以肯定并适当推广、标准化;对失败的教训加以总结,以免重蹈覆辙,未解决的问题放到下一个 PDCA 循环。

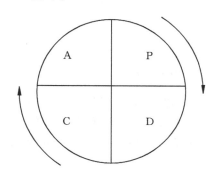

PDCA 循环实际上是有效进行任何一项工作的合乎逻辑的工作程序。在质量管理中,PDCA 循环得到了广泛的应用,并取得了很好的效果,因此有人称 PDCA 循环是质量管理的基本方法。之所以将其称为 PDCA 循环,是因为这四个过程不是运行一次就完结,而是要周而复始地进行。一个循环完了,解决了一部分问题,可能还有其他问题尚未解决,或者又出现了新的问题,再进行下一次循环,其基本模型如图 16.9 所示。

图 16.9 PDCA 循环的基本模型

PDCA 循环有如下三个特点。

(1) 大环带小环。如图 16.10 所示,如果把整个企业的工作作为一个大的 PDCA 循环,那么各个部门、小组还有各自小的 PDCA 循环,就像一个行星轮系一样,大环带动小环,一级带一级,有机地构成一个运转的体系。

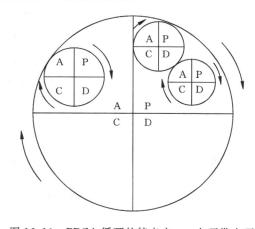

图 16.10 PDCA 循环的特点之一:大环带小环

(2) 阶梯式上升。PDCA 循环不是在同一水平上循环,而是每循环一次,就解决一部分问题,取得一部分成果,工作就前进一步,水平就提高一步。到了下一次循环,又有了新的目标和内容,更上一层楼。图 16.11 反映了这个阶梯式上升的过程。

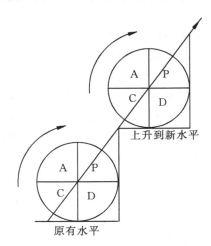

图 16.11　PDCA 循环的特点之二:阶梯式上升

(3) 科学管理方法的综合应用。PDCA 循环应用以"QC 七种工具"为主的统计处理方法以及工业工程(IE)中工作研究的方法,作为开展工作和发现、解决问题的工具。PDCA 循环的四个阶段又可细分为八个步骤,每个步骤的具体内容和所用的方法如表 16.6 所示。

表 16.6　PDCA 循环的步骤和方法

阶　段	步　　骤	主　要　方　法
P	1. 分析现状,找出问题	排列图,直方图,控制图
P	2. 分析各种影响因素或原因	因果图
P	3. 找出主要影响因素	排列图,相关图
P	4. 针对主要原因,制订措施计划	回答"5W1H" 为什么制定该措施(Why)? 达到什么目标(What)? 在何处执行(Where)? 由谁负责完成(Who)? 什么时间完成(When)? 如何完成(How)?
D	5. 执行、实施计划	
C	6. 检查计划执行结果	排列图,直方图,控制图
A	7. 总结成功经验,制定相应标准	制定或修改工作规程、检查规程及其他有关规章制度
A	8. 把未解决或新出现问题转入下一个 PDCA 循环	

第四节　全面质量管理

美国著名质量管理专家戴明曾提出：在生产过程中，造成质量问题的原因只有10%～15%来自工人，而85%～90%是企业内部在管理系统上有问题。由此可见，质量不仅仅取决于加工这一环节，也不只是局限于加工产品的工人，而是涉及企业各个部门、各类人员。所以说，质量的保证要通过全面质量管理（TQM）来实现。

一、全面质量管理的基本思想

所谓全面质量管理，就是企业全体人员及各个部门同心协力，把经营管理、专业技术、数量统计方法和思想教育结合起来，建立产品的研究与开发、设计、生产（作业）、服务等全过程的质量体系，从而有效地利用人力、物力、财力、信息等资源，提供符合规定要求和用户期望的产品和服务。全面质量管理的基本思想可以用以下几点概括。

(1) 全面的质量概念。质量不光是产品的技术性能，还包括服务质量和成本质量（价格要低廉）；质量由设计质量、制造质量、使用质量、维护质量等多种因素构成；质量是设计、制造出来的，而不是检验出来的。

(2) 全过程质量管理。其范围是产品质量产生、形成和实现的全过程，包括市场调查、研究、开发、设计、制造、检验、运输、储存、销售、安装、使用和维修等多个环节和整个过程的质量管理。

(3) 全员参与的质量管理。调动企业所有人员的积极性和创造性，使每一个人都参加到质量管理工作中来。

(4) 全企业质量管理。企业各管理层次都有明确的质量管理活动内容，产品质量职能分散在企业各有关部门，形成一个有机体系。

(5) 运用一切现代管理技术和管理方法。

下面就其中的全过程质量管理、全员参与的质量管理和全企业质量管理再做一些详细的讨论。

二、全员参与的质量管理

产品质量是企业活动的各个环节、各个部门全部工作的综合反映。企业中任何一个环节、任何一个人的工作质量都会不同程度地、直接或间接地影响产品质量。因此必须把企业所有人员的积极性和创造性充分调动起来，不断提高人的素质，上自厂长，下至工人，人人关心质量问题，人人做好本职工作，才能生产出用户满意的产品。这就是全员参与质量管理的含义。

具体而言，全员参与质量管理可通过下面几种方法实现。

(一) QC 小组

QC 小组的概念是日本质量管理专家石川馨提出来的。QC 小组是由一些基层管理人员及一般员工组成的，能够发现、分析并最终解决生产和质量问题。石川馨之所以提出 QC 小组的概念是因为他发现，许多员工如果被允许参与改进他们所进行的工作，这些员工往往会表现出更大的兴趣和成就感。一般说来,QC 小组成员都是自愿加入这一小组,并且小组的讨论、研究一般都是在小组成员的业余时间内进行的。QC 小组的人数比较少,一般在 6~10 人的范围内,这样便于所有成员相互间进行自由交流。因此,一个公司内可能会有许多 QC 小组。例如,IBM 公司的某工厂有 800 个 QC 小组。建立 QC 小组的方式有多种,可以在一个班组内建立,也可以跨班组建立。同样,QC 小组的活动方式也可以多种多样,除了经常性的小组内的活动外,还可以组织车间、公司直至全国性的成果发表会、经验交流会、QC 小组代表大会等。

一个 QC 小组每年可能提出上百条质量改进意见。这些意见中有很多是很有价值的,也有一些可能是次要问题,有些甚至根本不可行。但是,公司管理人员对所有这些改进意见都应给予足够的重视。因为往往众多意见中的某一条可行建议,就可以使公司通过质量改进提高生产率或削减成本,从而获得巨大收益。

QC 小组起源于日本,对于提高日本企业的产品质量,从而提高日本企业的国际竞争力起了重要作用。因此,自 20 世纪 80 年代以来,其他国家的许多企业也开始尝试建立 QC 小组。在今天,QC 小组已经不仅是一种质量管理的方法,而且成为开发人力资源、调动广大员工积极性和创造性的一种重要途径。

(二) 全员把关

TQM 要求每一个人都对产品质量负有责任,及时发现质量问题,并把问题解决于发源地。也就是说,生产线上的每名员工均有责任及时发现质量问题并寻找其根源,不让任何有质量缺陷的加工件进入下一工序。在很多日本企业,员工甚至有权力在发现质量问题时将生产线停下来。因为全面质量管理的观念之一是,质量的恒定比高产出量更重要。

也就是说,在 TQM 中,与强调通过检验员严把质量关相比,更强调全员把关,即每一个员工保证不让任何有质量缺陷的加工件进入下一工序。在对这种管理方式的优点进行讨论以前,让我们先来看一下表 16.7 所示的一个例子。假设每名工人能够百分之百地保证只有质量合格的加工件进入下一道工序,也就是说,工序 1 的工人加工完成后能够百分之百地找到不合格加工件(这里假设有 1 个不合格加工零件),并将其余的合格件(这里假设有 114−1=113 个合格件)送入工序 2;同理,工序 2 的工人在加工完成后只允许合格的 108 个加工件进入工序 3,而将 5 个不合格加工件拣出;依此类推,最后工序 4 的工人生产出的合格产品为 100 件。

表 16.7　一个四工序生产流程中的生产损失

工序	产品不合格率 /%	加工产品数	每道工序产生的不合格零件数	进入下一工序的合格零件数
1	1	114	1	113
2	4	113	5	108
3	2	108	2	106
4	6	106	6	100
总计	—	—	14	—

说明:每道工序加工产品数量等于上道工序送来的合格零件数;每道工序增加的不合格零件数等于本工序加工零件数和产品不合格百分率的乘积,如工序 2 增加的不合格零件数为 113×4%=5(个)。

与每道工序的工人对有质量问题的产品不予理睬,而仅仅依赖质量检验部门拣出不合格产品的情况相比,全员把关的方法会节约大量的劳动力成本和机器损耗成本。图 16.12 对这两者作了比较。

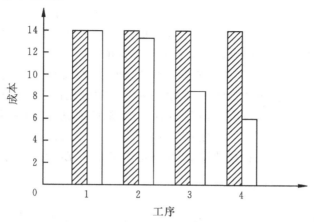

☒ 每道工序工人不对加工件质量进行检查
☐ 每道工序工人将有质量问题的加工零件拣出

图 16.12 两种质量检验方法的成本比较

同样,这种管理方法可以缩短制造提前期,因为在工序 2、3、4 中节约了不必要的用于加工已经成为不合格零件的时间。同时,机器设备的损耗也会减少,这也减少了设备故障引起的停工次数,从而减少了设备维修成本以及停工给企业造成的损失。虽然原材料成本并未得到节省,但在制品库存量下降了。在初期工序就已是不合格的加工件直到最后一两道工序才被挑出来只会给企业造成损失而不会增加任何价值,这个道理是显而易见的。对于存在再加工问题的流程,也可以采用类似的管理方式。

显然,最理想的情况是只生产合格产品,这样能大量削减生产成本。但在很多情况下要想达到这种要求是不现实的,或不经济的。因此,全员把关的方法更具现实意义。无论各工序可能的质量问题有多少,这种方法都会使企业节约大量的成本。此外,这种方法还会减少检验员的数目,从而降低鉴定成本。

(三) 质量教育

既然产品的质量取决于企业全体人员,要求全员参与质量管理,就必须不断地对全体人员进行质量教育,使他们在思想上重视质量,在管理上能掌握与自己工作相适应的质量管理方法,并具有高度的技术操作水平。

在质量教育中,思想观念、管理方法和技术水平这三者是缺一不可的。首先,应当在每个员工的头脑中树立很强的质量意识,让他们每个人都认识到,自己有责任及时发现质量问题,并单独或和他人合作,及时解决质量问题。即使对一个临时工来说也应如此。其次,应该组织各级人员,根据工作需要,学习质量管理方法,如在工人中普及"QC 七种工具"的应用等。再次,要加强对员工的技术培训,这种培训能有效地提高生产率并减少不合格产品或服务的数量。一些企业让每位员工了解与他们各自工作内容相关的环节(如一条生产线的不同工位之间)的工作,以便使每位员工均认识到自己这一环节的工作如果出现问题,会在哪些方面影响相关环节的工作。也就是应该使每名员工都要找到自己的"顾客"。这里的"顾客"不是指公司的产品或服务的消费者(即外部顾客),而主要是指企业内部的"顾客"(即内部顾客)。例如,一条生产线上某一工序的工人应该把下一工序的工人看作自己的顾客,每个人都应尽量满足自己的"顾客"的需求。另外,还应注意对员工提高质量的行为进行物质上和精神上的激励。例如,可以将奖金和产品质量挂钩,质量好则奖金高,质量下降则奖金会受到明显影响。

应当意识到,当今市场的竞争是质量的竞争,而质量的竞争又是技术和人才的竞争。加强质量教育不仅可以促进质量的提高,也是人力资源开发的根本途径之一。还应注意的是,质量教育不是一劳永逸的事,需要不断地、经常性地进行,因为现代知识和技术更新的周期越来越短,只有不断学习,定期培训,才能适应发展的需要。这种学习本身,实际上也是现代企业员工的一种精神需求,是满足员工需求、激励员工的一种有效途径。

三、全过程的质量管理

产品的质量取决于设计质量、制造质量和使用质量(合理的使用和维护等)等全过程,因此必须在市场调查、研究开发、设计、制造、检验、运输、储存、销售、安装、使用和维修等各个环节中都把好质量关,这就是全过程质量管理的基本观念。要实施全过程质量管理,各个环节的配合和信息反馈是非常重要的。例如,制造过程可以反映出设计过程中的质量问题,使用过程又可以反映设计和制造过程中的质量问题。及时把这些信息反馈给有关部门和人员,是全面质量管理中的重要环节。

另外,正确的产品和服务设计以及流程设计对于全过程质量管理有着相当重要的作用。一个例子是,加拿大 Novatel 公司在生产一种蜂窝式电话时,因设计不精确以及在投产前未进行细致的全面测试而损失巨大。Novatel 公司是 20 世纪 80 年代中期加拿大唯一一家生产蜂窝式电话的企业。该公司设计了一种便携式轿车无线电话,用户可以将这种轿车电话带出车外使用。首先,产品测试使这种产品的上市时间延迟了 5 个月之久。随后发现的线路问题使得公司不得不在 1987 年 9 月将这种最新式的轿车电话回收。后来的分析证实,其实完全可以在产品设计和测试阶段通过更仔细的工作来避免这些问题的出现。

一般来说,产品和服务设计的变化次数越多,出现质量问题的概率就越大。所以,保持稳定的产品和服务设计有利于减少质量问题。但是,在现在越来越激烈的市场竞争中,如果用户的多样化需求要求不断改变设计,问题就不那么简单了。保持产品设计的稳定性和满足市场需求多样化这两者之间往往存在一定的矛盾。如何解决这一矛盾,是摆在管理人员面前的一个新课题。

此外,对生产和服务流程的设计也会在相当大的程度上决定产品或服务的质量。这一过程中的一个小小的疏忽往往会导致十分严重的后果。过去,对产品质量改善效果的评价主要集中在对产品本身的质量进行检测。近年来,产品质量管理则强调对生产流程本身质量的管理,以使生产流程能够"始终保持良好状态",并最终减少不合格产品。而得到好的生产流程的关键是要有正确的生产流程设计。在某些行业,如美国酿酒业,已通过精心设计流程把质量控制融入了流程本身,通过周期性的样本测试来检查质量水平。

四、全企业的质量管理

全企业的质量管理主要是从组织管理的角度考虑如何进行质量管理,其基本含义是要求企业各管理层次都有明确的质量管理活动内容。

每个企业中的质量管理都可以分为上层、中层和基层的质量管理,其中每个层次都应该有自己质量管理的重点内容。上层管理侧重于质量决策,制定企业的质量方针、质量目标、质量政策和质量计划,并统一组织、协调企业各部门、各环节、各类人员的质量管理活动,保证实现企业经营管理的最终目的;中层管理要实施领导层的质量决策,运用一定的方法找出各部门的关键、薄弱环节或必须解决的重要事项,再确定自己的目标和对策;基层管理则要求每个员工都严格地按标准、按规章制度进行生产,并积极组织员工开展 QC 小组活动,不断进行作业改善。这样,企业就组成了一个完整的质量管理体系:企业的质量方针目标是自上而下一级一级地层层展开,纵向到底,横向到边,展开到全企业的所有部门、环节;然后,每个环节、部门再根据自己的实际情况,努力完成各自的工作去实现方针目标,自下而上一级一级地保证。每一个基层部门都达到或超过各自的目标值,最后就保证了上层质量目标的实现。

全企业质量管理的另一个必要做法是,打破公司内各个职能部门之间的界限,各个不同职能领域的管理人员共同参与产品或服务设计,这样有利于设计出更可行、更有竞争力的产品或服务方式。有时候,公司不同部门之间存在严重的壁垒,这使得产品或服务的开发、设计几乎仅仅是设计人员闭门造车的结果,而且企业经常是在所生产产品或所提供的服务在市场竞争中遭到失败之后才认识到这一点。实际上,质量管理并不仅仅是企业所设的质量管理部门的职能,企业的质量管理职能可以说是分散在全企业的各个部门,虽然各部门的职责和在质量管理中的作用不同,但都是提高产品质量不可缺少的一部分,这就要求加强各部门之间的协调,形成真正的全企业的管理。为了从组织上、制度上保证企业长期稳定地生产出符合规定要求和用户期望的产品,最终必须建立全企业的质量体系,这是全面质量管理深化发展的重要标志。

第五节 ISO 9000 与 6σ 质量管理

ISO 9000 是国际标准化组织制定的质量管理和质量保证的一系列国际标准的简称。现在通行的一种说法是,取得 ISO 9000 系列标准的认证是取得进入国际市场的通行证,这从一个侧面反映了 ISO 9000 对企业的重要意义。而 6σ 是近几年传播越来越广的一种新型质量管理理念和方法。本节简要介绍 ISO 9000 的由来和主要内容,以及 6σ 质量管理理念和方法,并讨论全面质量管理、ISO 9000 与 6σ 的关系。

一、ISO 9000 的由来及其内容构成

任何标准都是为了适应科学、技术、社会、经济等客观因素发展变化的需要而产生的,ISO 9000 系列标准也不例外。随着科学技术的进步和社会生产力的发展,产品品种

越来越多,很多产品结构越来越复杂,其中相当一部分还具有高安全性、高可靠性和高价值的特性。人们一方面用自己创造的科学技术造就了各种各样的新产品,一方面却使越来越多的使用者无法凭借自己的能力来判断所采购产品的质量是否可靠,而对于产品制造者的"合格声明"又往往不能相信,因此,就希望有一个公正的、客观的第三者来证明产品的质量是没有问题的。产品制造者同样希望有这样一个公正的、客观的第三者来证明自己的产品是合格的,以便得到更多的用户,同时,一旦被用户追究责任,也能通过第三方提出足够的证据为自己辩护。而 ISO 9000 国际质量标准正是这样一个公正的、客观的第三方评价。

国际贸易的迅速发展也加速了国际质量管理和质量保证标准的产生。20 世纪 60 年代以来,国际贸易发展迅速,产品超越国界必然带来与之有直接关系的国际产品质量保证和产品责任问题。为了有效地开展国际贸易,一些国际性组织开始研究质量管理国际化的问题,以使不同的国家、企业之间在技术合作、经济交流和贸易往来上,在产品质量方面,具有共同的语言、统一的和共同遵守的规范。至 20 世纪 70 年代末,许多国家和地区性组织发布了一系列质量管理和质量保证标准,作为贸易往来供需双方评价的依据和遵守的规范。与此同时,质量管理的发展也为质量管理标准的统一奠定了基础。特别是全面质量管理在企业中的广泛应用,为 ISO 9000 系列标准提供了实践基础。ISO 9000 系列标准就是在这样的多方面背景之下、在质量管理理论和实践的基础上,最后由国际标准化组织正式发布的。

1994 年版的 ISO 9000 系列标准主要包括如下"三种质量保证模式":

ISO 9001-94 《质量体系——设计、开发、生产、安装和服务的质量保证模式》;

ISO 9002-94 《质量体系——生产、安装和服务的质量保证模式》;

ISO 9003-94 《质量体系——最终检验和试验的质量保证模式》。

其中 ISO 9001-94 《质量体系——设计、开发、生产、安装和服务的质量保证模式》由 20 个体系要素组成,包括质量保证体系的全部要素,要求供应方提供具备产品质量产生、形成和实现全过程的质量保证能力;ISO 9002-94《质量体系——生产、安装和服务的质量保证模式》由 19 个体系要素组成,要求供应方建立生产制造和服务过程的质量保证体系;ISO 9003-94《质量体系——最终检验和试验的质量保证模式》由 16 个质量保证体系要素组成,要求保证对产品最终质量的检验和试验能力,以保证出厂产品质量符合规定的要求。三种质量保证模式虽然在内容上逐次包容,但并无好坏与高低之分,在适宜的情况下分别使用三种质量保证模式标准,其使用价值是等同的。三种模式的差别主要在于所涉及的质量体系要素的数量不同,针对每一要素所提出的要求不同,进而所要求提供的证据有多有少,以适应不同情况的质量保证要求。三种质量保证模式标准并不代表质量保证程度的强弱,更不反映质量管理水平的高低。因此,这三种模式分别适用于不同的企业。

2000 年,国际标准化组织对 1994 年版的 ISO 9000 质量标准做了全面修订,重新公布了 2000 版的 ISO 9000 系列标准,将三种模式合为一种。改版的主要目的有两个:一是制定一套简化的、既适用于小型组织又适用于大型组织的标准;二是使文件从数量到详略程度上都与组织的过程活动所要达到的结果有更强的关联性。新标准的主要特点如下。

(1) 指导思想的改进。明确提出了八项质量管理原则：以顾客为中心、领导作用、全员参与、过程方法、管理的系统方法、持续改进、基于事实的决策方法，以及与供应方互利的关系。

(2) 采用单一认证标准。新的认证标准只有 ISO 9001:2000《质量管理体系要求》，改变了 1994 年版中有 ISO 9001、ISO 9002 和 ISO 9003 三个认证模式标准的情况。

(3) 淡化了对质量体系文件化的要求。新标准减少了强制性的"形成文件的程序"要求，只明确要求建立 6 个形成文件的程序，给予组织更多结合实际决定文件化程度的自由度。

(4) 4 个板块取代要素。新版以管理职责、资源管理、产品实现，以及测量、分析和改进 4 个板块取代 1994 年版的 20 个要素作为对质量管理体系的要求，解决了原先的要素间相关性不好的问题，概念上更加提炼，脉络上更加清晰，管理上也更加方便。

(5) 引入过程方法模式。1994 年版中的"过程控制"仅用于产品的形成或服务过程，并未在质量体系的所有方面展开。而新版中的"过程方法"模式覆盖了新标准的所有方面要求，强调识别和确定过程、监视过程、控制过程、测量过程、改进过程，一切围绕"过程"转。

(6) 增加和强化了质量业绩的持续改进要求。新标准有多处提到持续改进要求，强调"必须策划和管理持续改进质量管理体系所必要的过程"，通过质量方针、目标、审核结果、数据分析、纠正和预防措施以及管理评审等促进质量管理体系的持续改进。

二、6σ 质量管理

(一) 6σ 的含义

σ 在统计学上的含义是标准差。假设某生产流程的产出服从正态分布，在一定的规格界限（设计值＋公差）之下，如果企业实现了 $\pm 3\sigma$ 质量控制，按照 $\pm 3\sigma$（即 3 倍标准差）的定义，意味着将有 99.73% 的产出的实际规格落在规格界限以内，即此时的产品合格率为 99.73%（图 16.13 中的上图），缺陷率为 0.27%。换句话说，每百万个产品中有 2 700 个产品为不合格品。如果企业认为这种缺陷率太高，可以考虑的一种思路是，在原规格界限不变的前提下，让实际产出的变动减小，就会有更多的产品落在规格界限之内，从而使合格品更多。如果产出的变动能够减小到这样一个水平，即产品实际规格落在 $\pm 3\sigma$ 范围内的间隔正好是规格界限间隔的一半，则 $\pm 6\sigma$ 范围内的产品仍然处于规格界限之内（图 16.13 中的下图）。这样 $\pm 6\sigma$ 以内的产品都是合格品，此时每百万个产品中的缺陷数只有大约 2 个。[①] 换句话说，如果一个产品的实际产出能够实现 6σ 质量控制，产品几乎是零缺陷，这无疑对生产者和消费者都是非常有益的。而要想实现这一点，需要通过各种方法持续改进，使产品在生产过程中的变动不断减小。这就是 6σ 质量管理的含义。

---

① 图 16.13 描述的是流程结果的均值与设计值一致的情况。在实际操作中，流程结果的均值也有可能偏离设计值，其最大偏移量通常取 $\pm 1.5\sigma$，在这种情况下，6σ 质量标准实际上达到的是 4.5σ 的标准；此时的产品缺陷率是百万分之 3.4（与此相对应，3σ 质量标准实际上达到的是 1.5σ 的标准；此时的产品缺陷率是百万分之 67 000）。

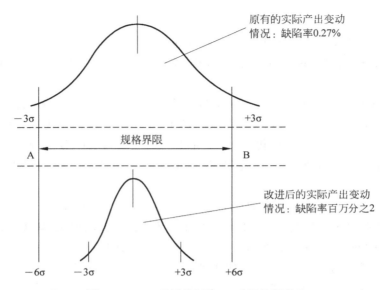

图 16.13 3σ 质量控制与 6σ 质量控制的比

进一步,假设企业通过努力已经实现了 6σ 质量水平,但如果产出的规格要求提高了(例如,竞争对手推出了质量精度更高的产品,要求企业也相应改进;或者企业率先提高了自己产品的精度),从原来的 AB 提高到了 A′B′(见图 16.14),则意味着此时的产品合格率又掉到了 ±3σ 的水平,需要企业进一步通过改进来提高产品合格率,达到新的 6σ 质量水平。由此可见,通过 6σ 这样的手段,可以不断地追求更高的管理目标。长此以往,还可以通过企业上上下下、各个环节的不断努力,形成一种持续改进的企业文化,从而使企业长久立于不败之地。这正是 6σ 管理思想的实质。

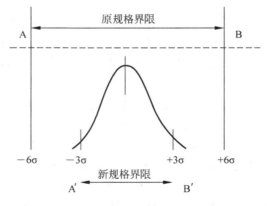

图 16.14 6σ 与持续改进

6σ 质量管理的概念最初起源于摩托罗拉公司。20 世纪 70 年代,一家日本公司在美国收购摩托罗拉的一个电子设备工厂后,通过改变原有的运作流程管理模式,使该工厂产品的不合格率迅速下降。日本企业用的是同样的设备、员工、技术和设计,但运作绩效却截然不同,显而易见问题出在摩托罗拉的管理方式上。20 世纪 80 年代中期,为了飞跃性地改进产品质量,摩托罗拉提出了 6σ 质量管理的概念,并制定了明确的目标,规定了实现目标的工具和方法,探索用一种系统性的方法来实现质量的飞跃。随后,波音、GE、IBM等公司也开始采用6σ方法来改进质量。到90年代中期,6σ不仅被用于企业的产品质量控制,而且开始应用于服务质量、流程时间等"任何可以量化的绩效指标"的改进,从一种质量管理方法演变为一种在企业产品、服务以及其他业务流程中不断减少缺陷、去除浪费的流程设计、改造乃至优化的技术,甚至成为很多企业追求卓越运营、卓越管理的战略举措。例如,著名的GE公司从1995年以来就一直把6σ作为其四大战略举措之一,不遗余力地将6σ理念和方法贯彻、渗透到公司庞大组织的每一个角落,为这个"百年老店"注入了前所未有的活力,最终带来了巨大的经济效益。

(二) 6σ的实现方法

6σ不仅是一种理念,而且有一套严密的实现方法和组织架构作为支撑。6σ实现方法可以概括为DMAIC(define-measure-analyze-improve-control)循环和必要的统计分析工具。其中统计分析工具与前面所述的"QC七种工具"基本一样,但在6σ中,强调这些工具应该通过DMAIC循环以一种系统的模式被应用。DMAIC循环的含义如下。

(1) 定义(define)。识别顾客的需求,并从顾客的角度定义最重要的质量特性(critical-to-quality characteristics, CTQs),在此基础上确定6σ改进项目。

(2) 测量(measure)。决定如何衡量流程,界定影响CTQs的关键流程,测量现在的缺陷水平。

(3) 分析(analyze)。界定引起流程变动的关键变量,从中找出产生缺陷的最主要原因。

(4) 改进(improve)。针对上述原因采取消灭缺陷的措施,界定关键变量的最大允许值范围,改进流程,使流程变动范围保持在允许范围内,确认实施结果是否达到了目标。

(5) 控制(control)。总结经验,使改进了的流程规范化,以便保持成果。

由此可见,DMAIC循环可以说是PDCA循环的更详细版本,其背后隐含的思想都是通过反复循环来实现持续改进。

除了DMAIC循环和必要的统计分析工具之外,6σ的另一个特色是建立了一套组织架构作为支撑,这一点与TQM有很大不同。6σ管理要求企业内从兼职人员到专职人员(虽然是少数),从部门负责人到高层领导,有一个明确的组织架构确保6σ管理能够以一个项目、一个项目的方式不断地加以推进,还要求其中的一部分人员,尤其是专职人员必须取得某种资格,表明其对6σ管理思想以及相应的实现方法、统计工具有足够的知识。为了表达需要这些人员或主要负责人斗志昂扬地去发现问题、解决问题的思想,这些不同级别的资格还借用了柔道、空手道等武术中不同段位所配腰带不同的方法来命名。这些资格从低到高包括:"绿带"(green belts):在基层领导或参与6σ项目的人,非专职,经过简单培训掌握一定的统计工具和流程分析技能。"黑带"(black belts):经过更专业的培训,具有更高程度的6σ知识,能够在更大范围内组织和领导(多个)6σ实施项目,兼职或专职。"黑带大师"(master black belts):6σ项目中的教练级人物,在6σ知识和相关统计分析工具上接受过高度训练,能够在企业内为其他员工进行6σ培训,是企业内执行和传播6σ理念、确认6σ项目,并指导和协调不同部门开展6σ项目的主要执行人员。冠军和领导者(champions and executive leader):前者是企业主持和领导6σ的人,通常是企业的执行副总。后者是在整个企业具有权威和影响力的人,代表企业的最高领导,传达企业在6σ上的坚定信念。这种层层构成的组织架构保证了6σ项目能够以一种有组织、有方法的方式,从上而下、从下而上地反复循环。

三、TQM、ISO 9000 以及 6σ 之间的关系

TQM、ISO 9000 以及 6σ 可以说都是企业为了加强质量管理所采用的组织性管理方法。纵观近二三十年以来企业在质量管理上所走过的历程,企业似乎在不同时期分别对不同方法给予了更多的关注,因此有人质疑这几种方法之间是否存在替代关系。但实际上,这几种方法在本质上并不矛盾,它们有着共同的理论基础——质量管理学。这种一致性可以从以下几个方面来看。

(1) 目的一样。ISO 9000 的目的可以说是通过贯彻标准,使企业的质量体系有效运行,使其具有持续提供符合要求的产品的能力,而且在质量保证活动中向顾客提供具有这种能力的证实;TQM 的目的可以说是通过企业全体人员及有关部门同心协力,建立产品的研究与开发、设计、生产(作业)、服务等全过程的质量体系,并通过全员参与来实现质量保证和质量的不断提高;6σ的目的则可以说是通过一套严密的组织架构、定量化的分析和考核方法在各项业务中追求完美,精益求精。虽然目标的表达方法有细微区别,但最终目的都是要最大限度地提供符合规定要求和用户期望的产品和服务。

(2) 系统管理的思想一样。ISO 9000 规定,建立质量体系应将与产品质量有关的组织机构、职责、程序、活动、能力和资源等构成为一个有机整体,以求得供需双方在考虑风险、成本、利益等基础上的最佳质量,使供需双方都得到好处;TQM 则要求全员、全过程、全企业开展质量管理活动,用最经济的手段生产用户满意的产品;6σ更强调从流程而不是个别环节、个别问题的角度去实施改进。因此,系统管理的思想都是一致的。

(3) 预防为主的出发点一样。ISO 9000 是一个组织落实、有物质保证、有具体工作内容的有机体,目的在于使与质量有关的各项活动处于受控状态,预防和避免发生质量问题;TQM 则要求把事后把关变为事先预防,把控制结果变为控制过程,实行超前管理和早期报警;同样,6σ强调通过减少流程的波动和偏差来实现防患于未然。虽然具体控制途径不同,但都是强调预防为主。

(4) 用事实与数据说话的思想一样。ISO 9000 强调以客观事实为依据,为了证实建立质量体系的适用性和运行的有效性,要求每个要素都必须以质量文件、质量记录为凭证,有文字依据;TQM 和 6σ 则都是以统计分析为基础,一切用数据说话,实现质量管理科学化。

可见,TQM、ISO 9000 以及 6σ 在目标上是一致的,在采用方法上是相通的,在具体做法上也是相近的。其差别主要体现在一些细微之处。例如,ISO 9000 与 TQM 虽然都讲全面质量,但 ISO 9000 的质量含义比 TQM 所讲的质量含义更广。如本章第一节所述,ISO 9000 对质量的定义是"反映实体满足明确和隐含需要的能力的特性总和",这里的实体是指可以单独描述和研究的事物,可以是活动或过程、产品、组织、体系、人或它们的任何组合,可见 ISO 9000 所指的质量的对象非常广泛。TQM 所指的全面质量则是产品的设计质量、制造质量、使用质量、维护质量等,其对象不如 ISO 9000 的领域宽。而 6σ 所关注

的,可以说不仅是质量,而是"任何可以量化的绩效指标"。又如,TQM、ISO 9000 以及 6σ 都强调全过程控制,但 ISO 9000 强调文件化,TQM 更重视方法、工具和全员参与,6σ 则更强调有一套完整的组织架构来支持。此外,ISO 9000 是通用的标准,能够进行国际通用的认证,TQM 和 6σ 则不能。这些差别都不是什么关键问题,不影响三者之间相容、相通、相同和相近的主流。

从 20 世纪六七十年代开始,很多企业就在推行 TQM 上做了大量的工作,如建立了质量管理机构,形成了质量管理队伍,推广了统计质量管理方法等。这些都为其后实施 ISO 9000 打下了基础。近 20 年来很多成功企业实施 ISO 9000 的历程表明,实施 ISO 9000 并不是要把在推行全面质量管理中建立起来的质量体系"推倒",一切从头开始创建一个新的体系,而是根据 ISO 9000 的要求,对现行的质量体系进行更新、改造和完善,使其更加规范化、制度化。因此,实施 ISO 9000 系列标准有利于把企业的质量管理纳入国际规范化的轨道,促进全面质量管理的深化,向国际标准看齐。此外,ISO 9000 是一个系列标准,标准从本质上看是协商一致的结果,具有系统性和一致性,并在一定时期内保持相对稳定,是最起码、最基本的要求;而全面质量管理要始终不断地寻求改进的机会,是更高的要求。二者之间具有一种静态和动态、基础和发展的关系,是相互补充、相互促进的。因此,实施 ISO 9000 与推行全面质量管理并不矛盾。在质量管理的实际工作中,完全可以把实施 ISO 9000 与推行全面质量管理结合起来,在推行全面质量管理中实施 ISO 9000,在实施该系列标准中深化全面质量管理。而随后发展起来的 6σ 质量管理的思想和方法,一方面完全秉承了 TQM 的持续改进的思想,另一方面又克服了 TQM 体系化、规范化不足的弱点,通过一套完整的组织架构、明确的量化目标、完善的方法体系来不断推进质量管理活动,可以说又吸收了 ISO 9000 的体系化的长处。总而言之,TQM、ISO 9000 以及 6σ 就如同一个工具箱中的扳手和钳子,相互之间并不存在替代关系。从顾客的角度来说,也并不关心企业采用哪一种或哪几种方法,他们关心的只是结果——高质量的产品和服务。而 TQM、ISO 9000 以及 6σ 几种方法实际上是殊途同归,最终都是要实现这一目的。

思 考 题

1. 为什么生产者和用户对质量有不同的定义?这两种定义对企业的质量管理有何意义?

2. 有一种说法是,要想降低质量缺陷带来的成本,就必须增加用于预防和鉴定的成本,这两种成本的关系如右图所示,是相悖的。你认为这种说法有道理吗?为什么?有没有可能在不增加预防和鉴定成本的前提下不断降低缺陷成本?

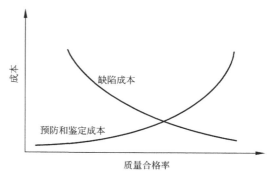

3. 有人认为,如果强调让全员参与

质量改进的活动,员工的生产率会下降。你如何看待这种说法?

4. 你所在的组织是否运用 PDCA 循环解决质量问题？通常一个循环的时间周期有多长？举例说明。

5. 你认为"QC 七种工具"中哪几种最有用？几种工具如何组合使用？试结合你的日常工作或日常生活中常见的质量问题现象,举一个运用"QC 七种工具"解决质量问题的例子。

6. 有些企业虽然取得了 ISO 9000 质量保证体系的认证,但顾客对其产品质量仍然有很多意见甚至投诉。你认为发生这种现象的原因是什么？你如何看待这种情况下 ISO 9000 质量保证体系的作用？

7. 2000 版 ISO 9000 质量标准强调了"过程方法",这有何意义?

8. 2000 版 ISO 9000 质量标准强调了"持续改进",这有何意义?

9. 6σ 质量管理方法是否可以用于服务业？举例说明。

10. 调查一个实施 6σ 质量管理不成功的例子,试分析其原因。

第十七章 JIT 与精益生产方式

生产方式是指生产者对所投入资源要素、生产过程以及产出物的有机组合和运营方式的总称,是对前面各章所叙述的生产与运作管理中的战略决策、系统设计和系统运行管理问题的全面综合。到目前为止,制造业的生产方式经历了一个手工生产方式、大量生产方式、精益生产方式的演变过程。人们最初把精益生产方式称为 JIT 生产方式,它实际上是精益生产方式最核心的一部分。本章首先概述生产方式的演变过程;然后介绍精益生产方式中的核心部分——JIT 生产方式的主要内容,其中详细展开了 JIT 生产方式在生产系统布置、工作设计、生产计划方法、质量控制等方面的具体做法;最后,介绍精益生产方式的整体内容并讨论其重要意义。

第一节 生产方式的演变过程

一、现代化大生产的开始——大量生产方式

制造业的生产方式经历了一个手工生产方式→大量生产方式→精益生产方式的过程。在手工生产方式时代,各种产品主要靠具有高度手工技艺的工匠一件一件地制作。这种方式的最大弊端是产量低、成本高,且缺乏一贯性、可靠性。20 世纪初,美国福特汽车公司的创始人亨利·福特(Henry Ford)创立了以零部件互换原理、作业单纯化原理以及移动装配法为核心的大量生产方式,引起了制造业的一个根本变革,由此揭开了现代化大生产的序幕。近百年来,随着制造业产品复杂程度的提高,自动化技术、自控技术以及各种加工技术的发展,这种生产方式在形式和内容上都在不断地增添新的内容和变化,但至今仍然是一种主要的生产方式,尤其是对于很多需求量大、个性化程度要求不高的产品来说[①]。它的基本发展模式是"单一品种(或少数品种)大批量生产→以批量降低成本→成本降低刺激需求扩大→进一步带来批量的扩大"。

这种生产方式的主要优点是实现了产品的大量、快速生产,并且成本随着生产量的扩大而降低,从而满足了日益增长的社会需要。但是,这种生产方式也有一定弊病,主要体现在生产过程较烦琐和缓慢,劳动分工极细,而且每个工人的专业技能狭窄,缺乏灵活

---

① 关于大量生产方式,在本书第二章第四节也有描述。

性。此外,脑力劳动与体力劳动脱节,产品的设计和投产以及工艺制定等由工程技术人员负责,工人没有参与设计和管理的权利,只被要求按图纸生产,按命令干活儿,成了一种单纯的"机器的延伸"。因此,工人缺乏主动性和积极性,不关心产品质量,劳动生产率难以提高。在市场需求日益多样化、多变化的今天,这种生产方式也日渐显露出了其缺乏柔性、不能迅速适应市场变化灵活变换生产的弱点。

二、JIT 生产方式的诞生

JIT 生产方式起源于日本丰田汽车公司。20 世纪 50 年代初,日本汽车工业开始起步。从一开始的技术、设备引进阶段,日本汽车工业就没有完全照搬美国的汽车生产方式。这其中除了当时日本国内的市场环境、劳动力状况以及战后的日本资金短缺等原因以外,以丰田的大野耐一等人为代表的 JIT 生产方式的创始者们从一开始就考虑到,市场需求已经发生变化,需要采取一种更能灵活适应市场需求的、多品种、小批量,同时不失成本优势的生产方式。以福特制为代表的大量生产方式的最大特点在于以单一品种的规模生产来降低成本,这与当时(20 世纪初)美国的经济环境是相吻合的。但到 20 世纪后半期,时代进入了一个市场需求多样化的新阶段,而且对质量的要求也越来越高,随之给制造业提出的新课题是,如何有效地按照多样化的市场需求灵活组织多品种小批量生产,如何在多品种小批量生产环境下仍然保持成本优势。

JIT 生产方式就是顺应这样的时代要求,作为一种在多品种小批量混合生产条件下高质量、低消耗地进行生产的方式,在实践中摸索、创造出来的。它的基本思想可以用广为流传的一句话来概括,即"只在需要的时候,按需要的量,生产所需的产品",这也是 Just In Time(JIT)一词所要表达的本来含义。这种生产方式的核心是追求一种使库存极小化的生产系统,为此开发了包括"看板"在内的一系列具体方法,并逐渐扩展到产品研发以及整个供应链系统,形成了一套独具特色的生产经营体系。

JIT 生产方式在形成独具特色的日本式生产管理系统中也起了很大作用。随着市场环境向多样化方向的变化和竞争的加剧,JIT 生产方式的应变能力以及对质量、成本、时间的有效控制方法越来越多地影响了汽车工业,以及包括其他行业在内的众多制造业。JIT 生产方式的核心,即关于生产计划和控制以及库存管理的基本思想一反生产管理中历来的若干观念和做法,对丰富和发展现代生产管理理论也起到了重要作用。

三、JIT 生产方式的进一步扩展——精益生产方式

20 世纪 80 年代以后,在世界范围内,一方面资源价格继续飞涨,另一方面市场需求更加迅速地朝着多样化、个性化的方向发展;市场对产品的质量要求变得更高,产品的生命周期变得更短。这种状况更加促使各个国家、各行各业的企业探索新的经营方式、管理方式和工作方法,因此能够顺应这种变化的 JIT 生产方式引起了世界企业界和学术界的重视。但是,它到底是日本独特的社会、经济、文化背景下的一种产物,还是在全球范围内具有普遍意义?带着这样的疑问,从 1985 年开始,以美国 MIT 和英国剑桥大学的教授为首,有多国 50 多位专家参加的一个研究小组,对 JIT 生产方式作了详尽的实证考察和理论研究。该研究用了 5 年时间,耗费了 500 万美元,调查了全世界 15 个国家的 90

个汽车制造企业,对大量生产方式和 JIT 生产方式在各个国家的应用作了详尽的实证性比较,对 JIT 生产方式做了全面的提炼和理论总结,并将其总结的结果命名为"精益生产方式"(Lean Production)。

之所以用"Lean"这样一个词来命名这种生产方式,是想表明这种生产方式的突出特点是在生产过程中对各种资源的尽量节约:不使用任何多余的设备、多余的材料、多余的人工,不拥有任何多余的库存,不存在任何冗余的流程,等等。而这样的效果,是在长期的生产经营过程中,通过不断寻找和排除各个业务环节中的非效率因素才达到的,也就是说,这是一个精益求精、持续改进的过程。在中文中把"Lean"翻译成"精益",正是取其这一含义。该研究虽然把这种方式用精益生产方式来命名,但其内容范围其实并不仅是"生产方式",即生产系统内部的运营、管理方法,而是包括从市场预测、产品研发、生产制造管理(其中又包括生产计划与控制、生产组织、质量管理、设备保全、库存管理、成本控制等多项内容)、零部件供应系统直至营销与售后服务等企业的一系列价值创造活动,还包括人力资源管理、组织管理等其他一些管理方法。这也是它后来又被称为"精益管理"的原因之一。这一研究是对 JIT 生产方式的全面总结和提炼,由此使精益生产方式不再只是"日本式管理"的一种,而成为企业管理理论中的一个新分支。

第二节 JIT 生产方式的基本思想和主要方法

生产或制造物品所需的制造技术由两大部分组成:一部分是制造物品所需要的固有的生产工艺技术,可以把它称为"固有技术";另一部分是为了有效地、高效率地使用和组织企业所拥有的设备、人员、材料等生产要素而需要的技术,可以称之为"生产管理技术"。在产品从原材料到成品的转变过程中,固有技术与生产管理技术二者是相辅相成、缺一不可的。但是,在当今技术交流发达的时代,各个企业所拥有的固有技术并没有太大的差别,即使有差别也比较容易消除,因此,能使企业与企业之间的制造成本拉开距离,从而带来产品竞争力不同的主要因素在于生产管理技术。也就是说,即使使用相同的固有技术生产相同的产品,如果生产管理技术不同,即设备、人员、材料以及零部件等的使用和组织方法不同,企业的生产经营结果将会大为不同。JIT 生产方式正是这样的生产管理技术。本节将从这个角度叙述 JIT 生产方式的基本思想和主要实施方法。

一、JIT 生产方式的目标和方法体系

JIT 生产方式作为一种生产管理技术,是各种思想和方法的集合,并且这些思想和方法都是从各个方面来实现其基本目标的。因此 JIT 生产方式具有一种反映其目标↔方法关系的体系。这个体系包括 JIT 生产方式的基本目标以及实现这些目标的多种方法,也包括这些目标与各种方法之间的相互内在联系。这一构造体系可以如图 17.1 所示。这里首先按照该图概述 JIT 生产方式的目标及其方法的构成。

(一)JIT 生产方式的目标

JIT 生产方式的最终目标即企业的经营目的是获取利润。为了实现这个最终目标,"降低成本"就成为基本目标。如前所述,在福特时代,降低成本主要是依靠单一品种的

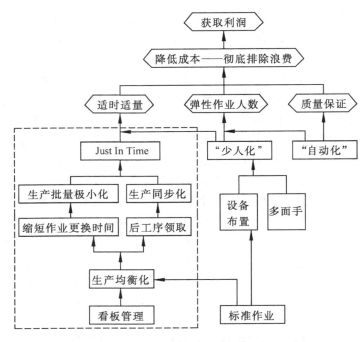

图 17.1 JIT 的构造体系

规模生产来实现的。日本在 20 世纪 60 年代以及 70 年代初的经济高度成长期,由于需求不断增加,采取大批量生产也取得了良好的效果。在这样的情况下,实际上不需要太严密的生产计划和细致的管理,即使出现生产日程频繁变动、工序间在制品库存不断增加、间接作业工时过大等问题,只要能保证质量,企业便尽可大量生产,就能确保企业利润。但是在多品种小批量生产的情况下,这一方法是行不通的。因此,JIT 生产方式力图通过"彻底排除浪费"来达到这一目标。

所谓浪费,在 JIT 生产方式的起源地丰田汽车公司,被定义为"只使成本增加的生产诸因素",也就是说,不会带来任何附加价值的诸因素。这其中,最主要的有生产过剩(即库存)所引起的浪费、人员利用上的浪费以及不合格产品所引起的浪费。因此,为了排除这些浪费,就相应地产生了适时适量生产、弹性配置作业人数以及保证质量这样的课题。这些课题成为降低成本这一基本目标的子目标。

(二) JIT 生产方式的基本方法

为了达到降低成本这一基本目标,对应上述这一基本目标的三个子目标,JIT 生产方式的基本方法也可以概括为下述三个方面。

(1) 适时适量生产。即"Just In Time"本来所要表达的含义——"在需要的时候,按需要的量生产所需的产品"。当今的时代已经从"只要生产得出来就卖得出去"进入了一个"只能生产能够卖得出去的产品"的时代,对于企业来说,各种产品的产量必须能够灵活地适应市场需求的变化。否则,生产过剩会引起人员、设备、库存费用等一系列的浪费。而避免这些浪费的方法就是实施适时适量生产,只在市场需要的时候生产市场需要的产品。JIT 的这种思想与历来的有关生产及库存的观念截然不同。

(2) 弹性配置作业人数。在劳动费用越来越高的今天,降低劳动费用是降低成本的一个重要方面。达到这一目的的方法是"少人化"。所谓少人化,是指根据生产量的变动,弹性地增减各生产线的作业人数,以及尽量用较少的人力完成较多的生产。这里的关键在于能否将生产量减少了的生产线上的作业人员数减下来。这种"少人化"技术一反历来生产系统中的"定员制",是一种全新的人员配置方法。

实现这种"少人化"的具体方法是实施独特的设备布置,以便能够将需求减少时各作业点减少的工作集中起来,以整数削减人员。但从作业人员的角度来看,这意味着标准作业时间、作业内容、范围、作业组合以及作业顺序等的一系列变更。因此,为了适应这种变更,作业人员必须是具有多种技能的"多面手"。

(3) 质量保证。历来认为,质量与成本之间是一种负相关关系,即要提高质量,就得花人力、物力来加以保证。但在JIT生产方式中,却一反这一常识,通过将质量管理贯穿每一工序之中来实现提高质量与降低成本的一致性,具体方法是"自动化"。这里所讲的"自动化",不是一般意义上的设备、监控系统的自动化,而是指融入生产组织中的这样两种机制:第一,使设备或生产线能够自动检测不良产品,一旦发现异常或不良产品,可以自动停止的设备运行机制。为此在设备上开发、安装了各种自动停止装置和加工状态检测装置。第二,生产第一线的设备操作工人发现产品或设备的问题时,有权自行停止生产的管理机制。依靠这样的机制,不良产品一出现马上就会被发现,防止了不良产品的重复出现或累积出现,从而避免了由此可能造成的大量浪费。而且,由于一旦发生异常,生产线或设备就立即停止运行,比较容易找到发生异常的原因,从而能够有针对性地采取措施,防止类似异常情况再发生,杜绝类似不良产品再产生。

这里还值得一提的是,通常的质量管理方法是在最后一道工序对产品进行检验,如有不合格进行返工或做其他处理,而尽量不让生产线或加工中途停止。但在JIT生产方式中,却认为这恰恰是使不良产品大量或重复出现的"元凶"。因为发现问题后如果不立即停止生产,问题得不到暴露,以后难免还会出现类似的问题。而一旦发现问题就使其停止,并立即对其进行分析、改善,久而久之,生产中存在的问题就会越来越少,企业生产系统的素质就会逐渐增强。

(三) 实现适时适量生产的具体方法

(1) 生产同步化。为了实现适时适量生产,首先需要致力于生产的同步化。即工序间不设置仓库,前一工序的加工结束后,使其立即转到下一工序,装配线与机加工几乎平行进行,产品被一件一件连续地生产出来。在铸造、锻造、冲压等必须成批生产的工序,则通过尽量缩短作业更换时间来减小生产批量。

生产的同步化通过"后工序领取"这样的方法来实现。即"后工序只在需要的时候到前工序领取所需的加工品;前工序只按照被领取走的数量和品种进行生产"。这样,制造工序的最后一道,即总装配线成为生产的出发点,生产计划只下达给总装配线,以装配为起点,在需要的时候,向前工序领取必要的工件,而前工序提供该工件后,为了补充生产被领取走的量,必然会向更前一道工序去领取所需的零部件。这样一层一层向前工序领取,直至粗加工以及原材料部门,把各个工序都连接起来,实现同步化生产。

这样的同步化生产还需要通过采取相应的设备配置方法和人员配置方法来实现。

即与通常机械工厂中所采用的按照车、铣、刨等工艺对象专业化的生产组织形式不同,采取产品对象专业化的组织形式,按照工件加工顺序来布置设备。这样也带来了人员配置上的不同做法。

(2) 生产均衡化。生产均衡化是实现适时适量生产的前提条件。所谓生产均衡化,是指总装配线在到前工序领取零部件时,应均衡地使用各种零部件,混合生产各种产品。为此在制订生产计划时就必须加以考虑,然后将其体现于产品投产顺序计划之中。在制造阶段,均衡化通过专用设备通用化和制定标准作业实现。所谓专业设备通用化,是指通过在专用设备上增加一些工夹具等方法,使之能够加工多种不同的产品。标准作业是指将作业节拍内一个作业人员所应负责的一系列作业内容标准化。

(3) 实现适时适量生产的管理工具。在实现适时适量生产中具有重要意义的是作为其管理工具的看板。看板管理可以说是 JIT 生产方式中最独特的部分,因此也有人将 JIT 生产方式称为"看板方式"。但是严格地讲,这种概念是不正确的。因为如前所述,JIT 生产方式的本质,是一种生产管理技术,而看板只不过是一种管理工具。

看板的主要功能是传递生产和运送的指令。在 JIT 生产方式中,生产的月度计划是集中制订的,同时传达到各个工厂以及协作企业。而与此相对应的日生产指令只下达到最后一道工序或总装配线,对其他工序的生产指令均通过看板来实现。即后工序"在需要的时候"用看板到前工序去领取"所需的量"时,同时就向前工序发出了生产指令。由于生产是不可能完全按照计划进行的,日生产量的不均衡以及日生产计划的修改都通过看板进行微调。看板就相当于工序之间、部门之间以及物流之间的联络神经而发挥着作用。

以上按照如图 17.1 所示的体系图大致介绍了 JIT 生产方式的基本思想、原则以及一些主要实施方法,使读者对 JIT 生产方式有一个全面、概括的了解。下面将进一步以适时适量生产的实现方法为中心进行详细叙述。此外,考虑到在多品种小批量生产的环境下,关于如何弹性增减作业人员的问题会变得越来越重要,而到目前为止许多生产管理的书中对此涉及很少,所以也将就这一问题做些详细介绍。

二、JIT 生产方式中的生产计划与控制

(一) JIT 生产方式中生产计划的特点

对 JIT 生产方式有这样一种误解,即认为既然是"只在需要的时候,按需要的量生产所需的产品",那生产计划就无足轻重了。但实际上恰恰相反,以看板为其主要管理工具的 JIT 生产方式,从生产管理理论的角度来看,是一种计划主导型的管理方式,但它又在很多方面打破了历来生产管理中被认为是常识的观念。

在 JIT 生产方式中,同样根据企业的经营方针和市场预测制订年度计划、季度计划以及月度计划。然后再以此为基础制订日程计划,并根据日程计划制订投产顺序计划。但是,其最独特的特点是,只向最后一道工序以外的各个工序出示每月大致的生产品种和数量计划,作为其安排作业的一个参考基准,而真正作为生产指令的投产顺序计划只下达到最后一道工序,具体到汽车生产中,就是只下达到总装配线。其余所有的机械加工工序以及粗加工工序等的作业现场,没有任何生产计划表或生产指令书,而是在需要的时候通过"看板"由后工序顺次向前工序传递生产指令。这一特点与历来生产管理中

的生产指令下达方式的差异,可用图 17.2 来概括地表示。

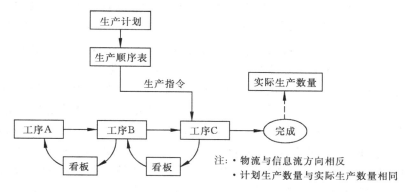

(a) JIT 的生产指令

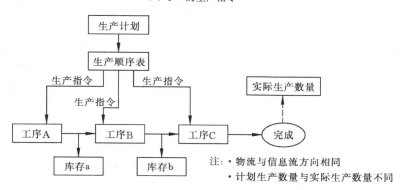

(b) 历来生产管理中的生产指令

图 17.2　生产指令下达方式的特点对比

在历来的生产计划方式中,生产指令同时下达给各个工序,即使前后工序出现变化或异常,也与本工序无关,仍按原指令不断地生产,其结果会造成工序间生产量的不平衡,因此会造成工序间的在制品库存。而在 JIT 生产方式中,由于生产指令只下达到最后一道工序,其余各前工序的生产指令是由看板在需要的时候向前工序传递,这就使得:第一,各工序只生产后工序所需要的产品,避免了生产不必要的产品;第二,因为只在后工序需要时才生产,避免和减少了不急需品的库存量;第三,因为生产指令只下达给最后一道工序,最后的生产成品数量与生产指令所指示的数量是一致的,而在传统的生产计划下,最后这二者往往是不同的,并且该生产顺序指令是以天为单位,可以做到在生产开始的前一两天才下达,从而能够反映最新的订货和最新市场需求,大大缩短了从订货或市场预测到产品投放市场的距离,这对于提高产品的市场竞争力无疑是大有益处的。总而言之,既然是适时适量生产,那么生产指令发出的时间就变得格外重要。因此,生产指令也应该"只在需要的时候发出"。这就是 JIT 生产方式中关于生产计划的基本思想。

(二) 生产计划的制订程序

现在很多企业都采用 JIT 生产方式,这些企业在实施 JIT 生产方式的过程中,对生产计划的制订和控制方式当然不可能完全一样,但其基本思想是相同的。以下以丰田汽车公司的生产计划方法为例来说明。

丰田汽车公司的生产计划由公司总部的生产管理部制订。生产管理部下设生产规划课,以及生产计划一课、二课和三课。生产规划课的主要任务是制订长期生产计划。这里长期生产计划是指年度生产计划以及明后两年的生产计划。这样的计划一年制订两次,主要是规划大致准备生产的车型和数量,不把它具体化。

真正准备实行的是即将到来的3个月的月度生产计划。在第 $N-1$ 月制订第 N 月、第 $N+1$ 月以及第 $N+2$ 月的生产计划。这样制订出来的第 N 月生产计划为确定了的计划,第 $N+1$ 月以及第 $N+2$ 月的计划只作为"内定"计划,等第 $N+1$ 变为第 N 月时,再确定。

关于生产品种和生产数量的具体计划,按照面向日本国内市场的产品和出口产品分别制订。出口车的生产计划主要依据订货来制订。订货情况由当地的负责部门汇总并提出方案,然后将情报全部汇总到设置在东京的海外规划部,由海外规划部进行调整后,送交生产管理部。各国的负责部门与海外规划部通过计算机网络联结,情报可以得到迅速的传递。内销车的生产计划同时根据订货和市场预测分别进行。

第 N 月的生产计划在第 $N-1$ 月的中旬开始时确定,到第 $N-1$ 月的中旬结束时再根据订货进行数量调整。在第 $N-1$ 月的下旬,进行所需零部件数量的计算,并决定各种产品每天的生产量、生产工序的组织以及作业节拍等。这些计算都使用计算机进行。

以上的工作完成后,开始制订真正作为日生产指令的投产顺序计划,即决定混合装配线上各种车型的投入顺序。顺序计划每天制订,然后只下达给装配线以及几个主要的部件组装线和主要协作厂家,其他绝大多数的工序都通过看板进行产量和品种的日生产管理。

在丰田,从车体加工到整车完成的生产周期大约为一天,投产顺序计划每天制订、每天下达,下达时间最早在生产开始前两天,最晚不少于一天半。因此顺序计划可以准确地反映市场的最新情况和顾客的实际订货,根据顾客的实际订货及其变更来安排实际生产。

这种生产计划制订方法是实现适时适量生产的第一步。通过这种方式,能够迅速捕捉市场动向,把握市场最新情况,做到只在必要的时候对必要的产品进行必要的计划。现在丰田汽车公司能够做到:对国外的订货,在顾客订货之后的4个月内将产品交到顾客手里,国内的订货则只需5天到半个月。

(三) 投产顺序计划的制订方法

投产顺序计划要决定混合装配线上不同产品的投入顺序,这在不同情况下必须做不同的考虑。如果各工序的作业速度不一样,就有全线停工的可能。为了避免这种情况,必须制订使各工序的作业速度差保持最小的投入顺序计划。很多投入顺序制订方法都是基于这种思想的。

但是,在制订投入顺序计划时,如果也注意到混合装配线之前的各工序的生产均衡化,就应该考虑设法减少供应零部件的各工序产量以及运送量的变化,减少在制品的储存量。为了达到这个目的,混合装配线所需要的各种零部件的单位时间使用量(使用速度)就应尽可能保持不变,即在产品的投产顺序计划中,尽可能使各种零部件出现的概率(出现率)保持不变。像这样的以保持各种零部件的出现概率为目标的顺序计划制订方法,要想求其最优解是非常困难的,关于这方面的研究并不多。丰田汽车公司研究出了几种近似解法,并实际应用于投产顺序计划制订中。由于篇幅有限,本书不再介绍这些方法,详见参考文献[1]。

三、生产同步化的实现

JIT 生产方式的核心思想之一是要尽量使工序间在制品的库存接近零。因此,前工序的加工一结束,就应该能够立即转到下一工序。也就是说,生产同步化是实现 JIT 生产的一个基本原则。它与历来的各个作业工序之间相互独立,各工序的作业人员在加工出来的产品积累到一定数量后一次运送到下一工序的做法完全不同,是使装配线和机加工的生产几乎同步进行,使产品实行单件生产、单件流动的一种方法。为了实现这一点,JIT 生产方式在设备布置和作业人员的配置上采取了一种全新的方法。

(一) 设备布置

机械工厂通常的设备布置方法是采用机群式布置,即把同一类型的机床设备布置在一起,如按车床组、铣床组等分区进行布置。在这种布置方式下,工序与工序之间没有什么联结,各个工位加工出来的产品堆积在机床旁,容易产生生产过剩现象,并且使工序间的生产联系和管理工作复杂化。此外,从 JIT 生产的角度来看,后工序所需要的产品在前工序其他产品的批量加工结束之前就不可能开始,必定造成等待,致使生产周期拉长。所以在 JIT 生产方式下,设备不是按机床类型布置,而是根据加工工件的工序顺序布置,即形成相互衔接的生产线。

采取这种设备布置时很重要的一点是注意工序间的平衡,否则同样会出现某些工序在制品堆积、某些工序等待的问题。这些问题可以通过开发小型简易设备、缩短作业更换时间、使集中工序分散化等方法来解决。

从作业人员的角度来考虑,由于实行一人多机、多工序操作,布置设备时应该考虑使作业人员的步行时间合理。此外,还应注意场地利用的合理性。

(二) 缩短作业更换时间

生产同步化的理想状态是工件在各工序间一件一件生产、一件一件往下工序传递,直至总装配线,即单件生产单件运送。这在装配线以及机加工工序是比较容易实现的,但在铸造、锻造、冲压等工序,就不得不以批量进行。为了实现全部生产过程的 JIT 化,需要根据这些工序的特点,使批量尽量缩小。但这样一来,作业更换就会变得很频繁。因此,在这些工序中,作业更换时间的缩短就成了实现生产同步化的关键问题。

作业更换时间由三个部分组成:

(1) 内部时间——必须停机才能进行的作业更换时间;

(2) 外部时间——即使不停机也可进行的作业更换时间,如模具、工夹具的准备、整理时间;

(3) 调整时间——作业更换完毕后为保证质量进行调整、检查等所需的时间。

作业更换时间的缩短可以主要依靠改善作业方法、改善工夹具、提高作业人员的作业更换速度以及开发小型、简易设备等方法。有以下具体做法可供参考:模具、工夹具的准备工作预先全部完成,在内部时间内,只集中进行只有停机时才能进行的工作;把需要使用的工具和材料按照使用顺序预先准备妥当,使更换作业简单化;制定标准的作业更换表,按照标准的作业更换方法反复训练作业人员,以逐步加快作业速度;等等。在丰田汽车公司,仅通过这样的方法,在过去的几十年间就把作业更换时间缩短到了原来的1/10～1/5。

作业更换时间的缩短所带来的生产批量的缩小,不仅可以使工序间的在制品库存量减小,使生产周期缩短,而且对降低资金占用率、节省保管空间、降低成本、减少次品都有很大的作用。如上所述,达到这样的目的并不一定必须引进最先进的高性能设备或花费其他大量的资金,而只要在作业现场想办法、下功夫即可实现。而且这些具体做法也并不是JIT生产方式的首创,而是历来的生产管理学早就总结过的一些方法。所以,要使生产线具有能够实现JIT生产的高度柔性,并不一定主要取决于类似于FMS那样的高性能设备,首先应致力于作业水平的改善。"虽然能实现柔性生产,但如果设备费用也随之增高",几乎是没有任何意义的。这也是JIT生产方式的重要基本思想之一。

(三) 生产节拍的制定

同步化生产中的另一个重要概念是生产节拍(tact time)。所谓生产节拍,是指生产一个产品所需要的时间,即

$$生产节拍＝一天的工作时间/一天的所需生产数量$$

这里一天的所需生产数量是根据生产计划决定的,而生产计划是基于市场预测和订货情况制订的,所以每天的生产数量不是一定的,而是变动的。以往在生产管理中有一种观念,即由于机器设备的造价越高,成本折旧费也越高,所以为了避免损失,应尽量使设备的开工率接近100%,即想方设法使生产量去适应生产能力。而在JIT生产方式中,则认为如果为了提高机器利用率而生产现在并不需要的产品,这些过剩产品所带来的损失更大。所以,重要的是"只生产必要的产品",而绝不能因为有高速设备和为了提高设备利用率就生产现在并不需要的产品。归根结底,机器设备的利用率应以必要的生产量为基准,即恰恰与上述的传统观念相反,应使生产能力适应生产量的要求。为此,生产节拍不是固定不变的,而总是随着生产量的变化而变化。在装配流水线上,生产节拍是与传送带的速度相一致的,所以可以很容易地随着生产量的改变而改变。在机械加工工序,则主要通过作业人员所看管的设备台数或操作的工序数来改变生产节拍。一般来说,由于设备能力、作业人数以及作业能力的限制,生产节拍的变动范围是±(10%～20%),而且需要从生产能力的弹性以及有效利用两方面来适应这种变动。这种变动的控制,通过"看板"就可以实现。

四、弹性作业人数的实现方法——少人化

JIT生产方式中实行弹性作业人数的思路和方法也是很值得一提的。在历来的生产系统中,通常实行"定员制",相对于某一设备群,即使生产量减少了,也必须有相同的作业人员才能使这些设备全部运转,进行生产。但在市场需求变化多、变化快的今天,生产量的变化是很频繁的,人工费用也越来越高。因此,在劳动集约型的产业,通过削减人员来提高生产率、降低成本是一个重要的课题。JIT生产方式就是基于这样的基本思想打破历来的"定员制"观念,创出了一种全新的少人化技术,来实现随生产量而变化的弹性作业人数。

少人化技术作为降低成本的手段之一,具有两个意义:一是按照每月生产量的变动弹性增减各生产线以及作业工序的作业人数,保持合理的作业人数,从而通过排除多余人员来实现成本的降低;二是通过不断地减少原有的作业人数来实现成本降低。后者也

可称为"省人化"。

这里有两个观念很重要。一个是关于人工与人数的观念。在人工的计算上,有0.1、0.5这样的算法,但实际上,即使是0.1个人工的工作,也需要1个人,而不可能是0.1个人来做。因此,即使工作量从1个人工减少到了0.1个人工,其结果也带不来所需人数的减少,达不到降低人工费用的目的。所以,只有将"人数",而不是"人工"降低下来,才有可能降低成本。另一个是关于作业改善与设备改善的观念。少人化需要通过不断地改善来实现,首先应该考虑的是彻底进行作业改善,下一步才应该是设备改善。如果为了节省人工,从一开始就致力于购买自动化设备或进行设备改善,其结果将不仅不会带来成本的降低,反而会由此增加成本或招致生产资金的无效投入。

(一) 实现少人化的前提条件

少人化是通过对人力资源的调整或重新安排来提高生产率。当生产量增加时,当然也要增加作业人员,但具有更重要意义的是在生产量减少时能够将作业人数减少。例如,假定某条生产线有5名作业人员,进行一定量的工作。如果这条生产线的生产量减为80%,那么作业人数应相应地减为4人(5×0.8);若生产量减到20%,作业人数应减少到1人。即使生产量没有变化,如通过改善作业能减少作业人员,就能够提高劳动生产率,从而达到降低成本的目的。

为了实现这种意义上的少人化,需要满足三个前提条件:

(1) 要有适当的设备布置;
(2) 要有训练有素、具有多种技艺的作业人员,即"多面手";
(3) 要经常审核和定期修改标准作业组合。

上述的设备布置是指联合U形布置,这点将在下面介绍。在这种布置中,每个作业人员的工作范围可以简单地扩大或缩小,但前提是必须有多面手的存在。

培养多面手的方法很多,"职务定期轮换"(job rotation)是其中的一种方法。标准作业组合的改变可以通过不断改善作业方法和设备来实现。这种改善活动的目的在于,即使生产量不变或增加,也要尽可能使作业人数保持最少。

这三个前提条件之间的相互关系,可以表示为图17.3。

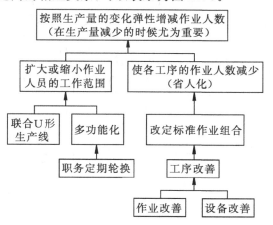

图17.3 实现少人化的前提条件

（二）设备的联合 U 形布置

这里首先介绍一下什么是 U 形布置。U 形布置的模型如图 17.4 所示。U 形布置的本质在于生产线的入口和出口在同一个位置，灵活增减作业现场的作业人员主要靠此实现。

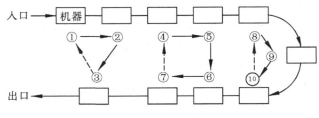

图 17.4　U 形布置

JIT 生产方式的基本思想之一，即按后工序领取的数量进行生产的基本思想，也可以通过这种设备布置得到实现。因为在这种布置中，当一个加工完了的产品从出口出来时，一个单位的原材料也被从入口投入，两方的作业是由同一作业人员按同一生产节拍进行的，既实现了生产线的平衡，也使生产线内待加工产品数保持恒定。而且，通过明确规定各工序可持有的标准待加工产品数，即使出现不平衡现象，也能很快发现，有利于对各工序进行改善。

在利用 U 形布置增减作业人员时，遇到的最主要的问题是，在按照生产量重新分配各作业人员的工作时，如何处理节省下来的非整数工时。例如，即使可能减少半个人的工时，因实际上不可能抽掉 1 人，所以在某个工序就会产生等待时间或生产过剩。这种问题在生产增加的情况下同样会发生。解决这个问题的方法是把几条 U 形生产线作为一条统一的生产线连接起来，使原先各条生产线的非整数工时互相吸收或化零为整，实现以整数形式增减作业人员。这就是所谓的联合 U 形布置。

下面用一个事例来说明如何运用联合 U 形布置来达到灵活增减人数的目的。图 17.5 所示的是一个由 6 条不同的生产线（从 A 到 F）组成的联合生产线，各生产线分别生产不同的产品。根据第 N 月的产品需要量，这条联合生产线的生产节拍为每分钟 1 个。按照这样的节拍，需要 8 名作业人员操作，其分工及步行路线如图 17.6 所示。

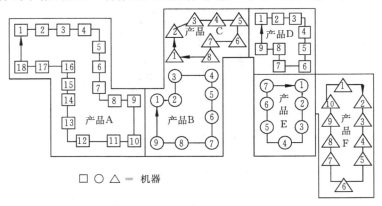

图 17.5　生产 6 种产品的联合生产线

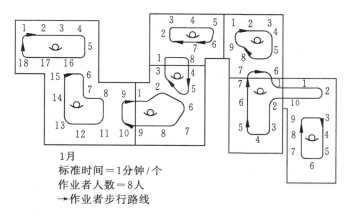

图 17.6　第 N 月份作业分配情况

到第 $N+1$ 月时,假定产品的生产量减少,生产节拍改为 1.2 分钟一个,那么作业人数也应相应地减少。具体做法是,这条联合生产线上的所有作业都在作业人员中进行重新分配,使每个作业人员所分担的作业都比第 N 月份增加。图 17.7 表示了在新的作业分配下各作业人员所分担的作业以及步行路线。在这种情况下,追加给作业人员 1 的作业是作业人员 2 在第 N 月份所负责作业的一部分,追加给作业人员 2 的工作又是作业人员 3 在第 N 月份所负责作业的一部分。由于各个作业人员的分担作业都扩大,使作业人员 7 和作业人员 8 从这条联合生产线上减了下来。这样,在设备以直线排列的线性布置情况下可能产生的非整数工时,在联合 U 形布置中被吸收到了各条生产线中,使以整数减少人员成为可能。

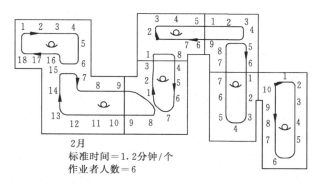

图 17.7　第 $N+1$ 月份作业分配情况

(三) 职务定期轮换

从作业人员的角度来说,实现少人化意味着生产节拍、作业内容、范围、作业组合以及作业顺序等的变更。为了使作业人员能够适应这样的变更,必须根据可能变更的工作内容使他们接受教育和训练,最理想的是使全体作业人员都成为熟悉各个工序的多面手。这样的作业人员的职务扩大也被称为"作业人员多能化"。这种多能化主要是通过职务定期轮换来实现的。关于职务定期轮换的具体方法和具体事例在本书第七章的"工作设计"一节中已有叙述,这里不再赘述。

五、实现 JIT 生产的重要工具——看板

综上所述，JIT 生产方式是以降低成本为基本目标，在生产系统的各个环节、各个方面全面展开的一种使生产能同步化、准时进行的方法。为了实现同步化生产，开发了后工序领取、单件小批量生产、生产均衡化等多种方法。而为了使这些方法能够有效地实行，JIT 生产方式又采用了被称为"看板"的管理工具。看板作为管理工具，犹如联结工序的神经而发挥着作用。

看板方式作为一种进行生产管理的方式，在生产管理史上是非常独特的，看板方式也可以说是 JIT 生产方式最显著的特点。但是这里需要再次强调的是，绝不能把 JIT 生产方式与看板方式等同起来。JIT 生产方式说到底是一种生产管理技术，而看板只不过是一种管理工具。看板只有在工序一体化、生产均衡化、生产同步化的前提下，才有可能发挥作用。如果错误地认为 JIT 生产方式就是看板方式，不对现有的生产管理方法做任何变动就单纯地引进看板方式，是不会起到任何作用的。

（一）看板的功能

看板最初是丰田汽车公司于 20 世纪 50 年代从超级市场的运行机制得到启示，作为一种生产、运送指令的传递工具而被创造出来的。经过 60 余年的发展和完善，现在在很多方面都发挥着重要的功能。其主要功能可概括如下。

（1）生产以及运送的工作指令。这是看板最基本的功能。如前所述，公司总部的生产管理部根据市场预测以及订货而制定的生产指令只下达到总装配线，各个前工序的生产均根据看板进行。看板中记载着生产量、时间、方法、顺序以及运送量、运送时间、运送目的地、放置场所、搬运工具等信息，从装配工序逐次向前工序追溯。在装配线将所使用的零部件上附带的看板取下，以此再去前工序领取；前工序则只生产被这些看板领走的量。"后工序领取"以及"适时适量生产"就是这样通过看板来实现的。

（2）防止过量生产和过量运送。看板必须按照既定的运用规则来使用。其中的一条规则是："没有看板不能生产，也不能运送。"根据这一规则，各工序如果没有看板，就既不进行生产，也不进行运送；看板数量减少，则生产量也相应减少。由于看板所表示的只是必要的量，因此通过看板的运用能够做到自动防止过量生产以及过量运送。

（3）进行"目视管理"的工具。看板的另一条运用规则是，"看板必须附在实物上存放""前工序按照看板取下的顺序进行生产"。根据这一规则，作业现场的管理人员对生产的优先顺序能够一目了然，很易于管理。并且只要一看看板所表示的信息，就可知道后工序的作业进展情况、本工序的生产能力利用情况、库存情况以及人员的配置情况等。

（4）改善的工具。以上所述的可以说都是看板的生产管理机能。除此以外，看板的另一个重要功能是改善功能。这一功能主要通过减少看板的数量来实现。看板数量的减少意味着工序间在制品库存量的减少。在一般情况下，如果在制品库存量较高，即使设备出现故障、不良产品数目增加，也不会影响后工序的生产，所以容易掩盖这些问题。而且，即使有人员过剩，也不易察觉。其结局是高库存，带来人员、时间以及材料的浪费。而在 JIT 生产方式中，通过不断减少看板数量来减少在制品库存，就使上述问题不可能被忽视。在运用看板的情况下，如果某一工序设备出故障，生产出不合格产品，根据看板

的运用规则之一"不能把不合格品送往后工序",后工序所需得不到满足,就会造成全线停工,由此可立即暴露问题,从而必须立即采取改善措施来解决问题。这样通过实施改善活动不仅使问题得到了解决,也使生产线的"体质"不断增强,带来了生产率的提高。JIT 生产方式的目标是最终实现无库存生产系统,而看板则提供了一个朝着这个方向迈进的工具。

(二) 看板的种类及用途

看板的分类如图 17.8 所示。

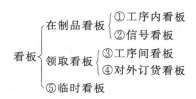

图 17.8 看板的分类

(1) 工序内看板。指某工序进行加工时所用的看板。这种看板用于装配线以及即使生产多种产品也不需要实质性的作业更换时间(作业更换时间近于零)的工序,如机加工工序。

所谓看板,也有人把它称为卡片,但实际上看板的形式并不局限于记载各种信息的某种卡片形式。看板的本质是在需要的时间、按需要的量对所需零部件发出生产指令的一种信息媒介体,而实现这一功能的形式可以是多种多样的。例如,在丰田的工厂中,小圆球、圆轮、台车等均被用作看板。近年来随着计算机的普及,越来越多地引入了在各工序设置计算机终端,在计算机屏幕上显示看板信息的做法。

(2) 信号看板。信号看板是在不得不进行成批生产的工序所使用的看板,如冲压工序、树脂成形工序、模锻工序等。与上述的工序内看板不同,信号看板中必须记载的特殊事项是加工批量和基准数。加工批量是指信号看板摘下时一次所应加工的数量。基准数是表示从看板摘下时算起还有几个小时的库存,也就是说,是从看板取下时算起,必须在多少小时内开始生产的指示。

(3) 工序间看板。工厂内部后工序到前工序领取所需的零部件时使用的看板。

(4) 对外订货看板。这种看板与工序间看板类似,只是"前工序"不是在本厂内,而是外部的协作厂家。对外订货看板上需记载进货单位的名称和进货时间。

(5) 临时看板。进行设备保全、设备修理、临时任务或需要加班生产时所使用的看板。

(三) 看板的使用方法

看板有若干种类,因而看板的使用方法也不尽相同。如果不周密地制定看板的使用方法,生产就无法正常进行。所以从看板的使用方法中可以进一步领会 JIT 生产方式的独特性。

看板的使用方法主要有以下几种。

(1) 工序内看板。工序内看板的使用方法中最重要的一点是看板必须随实物,即与产品一起移动。后工序来领取时摘下挂在产品上的工序内看板,然后挂上领取用的工序间看板运走;该工序然后按照看板被摘下的顺序以及这些看板所表示的数量进行生产;如果摘下的看板数量变为零,则停止生产。在一条生产线上,无论是生产单一品种还是多品种,均按这种方法规定的顺序和数量进行生产,既不会延误也不会产生过多的储存。由此也可看出,为什么说适时适量生产的前提条件是生产的均衡化。

(2) 信号看板。信号看板挂在成批制作出的产品上。当该批产量的数量减到基准数时摘下看板,送回生产工序,然后生产工序按该看板的指示开始生产。

(3) 工序间看板。工序间看板挂在从前工序领来的零部件的箱子上,当该零部件被使用后,取下看板,放到设置在作业场地中的看板回收箱内。看板回收箱中的工序间看板所表示的意思是"该零件已被使用,请补充"。现场管理人员定时来回收看板,集中起来后再分送到各个相应的前工序,以便领取补充的零部件。

(4) 对外订货看板。对外订货看板的摘下和回收与工序间看板基本相同。回收以后按各协作厂家分开,等各协作厂家来送货时由它们带回去,成为该厂下次进行生产的生产指示。所以在这种情况下,看板被摘下以后,该批产品的进货将会延迟至少一回以上。因此,需要按照延迟的回数发行相应的看板数量。这样,虽然产品的运送时间、使用时间、看板的回收时间以及下次的生产开始时间之间均有一些时间差,但只要严格遵守时间间隔,就能够做到按照"Just In Time"进行循环。

使用过的看板(即工序间看板和对外订货看板)回收后,按工序或按协作厂家的再分发,其工作量有时会很大,因此丰田汽车公司的一些工厂设有专门的看板分发室,将看板上的有关信息用条形码来表示,然后用计算机来区分。

第三节 精益生产方式的主要内容及其重要意义

一、精益生产方式的主要内容

精益生产方式是对 JIT 生产方式的进一步提炼和扩展,是一种扩大了的生产经营理论。精益思想的核心是在企业价值创造流程的各项活动中尽力排除各种各样的浪费,为此,需要有识别浪费、排除浪费的具体方法,这就构成了如下的精益生产方式主要内容。

(一) 生产制造系统

精益生产方式的核心内容是其对生产制造过程的管理思想和管理方法,即 JIT 生产方式。JIT 生产改变了以往以自有资源最佳利用方式为出发点的推动式计划与控制方法,引入了以市场需求为出发点的拉动式计划与控制方法。在生产活动的具体控制上,开发了独具特色的看板控制方法。JIT 生产还通过订单生产、售后服务和需求预测的有机结合尽量提前掌握订单,保证了生产的平准化,通过独特的生产组织方式和灵活的人员调整方式保证了生产的均衡化。JIT 生产方式所体现的这些思想与历来有关生产组织、计划管理的思想截然不同。JIT 生产方式中的 U 形设备布置形成了一种独特的单元生产模式和成组技术应用范例,与之配套的"一人多机"的设岗方式打破了历来生产系统中的"定员制",所形成的动态班组是一种组织创新。到今天,很多需要经过多个环节处理文件、信息的服务业企业（如银行、保险公司等），也在使用这种方式来改造业务流程。

（二）零部件供应系统与销售系统

企业产品在最终市场上的竞争力，不仅取决于企业内部的质量、时间和成本等因素的控制能力，还取决于与企业所处供应链的上下游——零部件供应商和产品销售商的密切配合。在这一点上，精益生产方式在运用竞争原理的同时，强调与零部件供应商以及产品销售商保持长期稳定的全面合作关系，包括资金合作、技术合作以及人员合作（如派遣、培训等），形成一种"命运共同体"。在零部件供应环节，注重培养和提高零部件供应商的技术能力和产品开发能力，使零部件供应系统也能够灵活敏捷地适应产品的设计变更以及产品变换，此外，通过看板系统向供应商的延伸以及管理信息系统的支持，使零部件供应商也共享企业的生产计划信息，从而保证及时、准确地供货；在产品销售环节，与顾客以及批发、零售等销售商建立一种长期关系，使来自顾客和销售商的订货与工厂的生产系统直接挂钩，销售成为生产活动的起点，极力减少流通环节的库存，并使销售和售后服务紧密结合，以迅速、周到的服务来最大限度地满足顾客需要。精益生产方式这种致力于与供应商、销售商双赢的策略对后来的供应链管理、企业战略联盟等理论都产生了重要影响。

（三）产品研究与开发

在产品的研究与开发方面，以各部门同时参与和团队工作方式为主要工作方式和组织形式，在一系列开发过程中，强调产品开发、设计、工艺、制造等部门之间的信息沟通和同时并行开发。这种并行开发还扩大至零部件供应商，充分利用他们的开发能力，促使他们早期参加开发，由此防止了串行开发所造成的重复修改，大大缩短了开发周期并降低了成本（参见本书第三章【应用事例3.1】）。精益生产方式的这种产品开发模式也是当今并行工程理论的核心内容，现在借助IT工具已经广泛应用于各行各业的产品研发以及其他领域中。

（四）人力资源管理

在人力资源的利用上，精益生产方式强调形成一套劳资互惠的管理体制，并一改传统管理方式中把工人只看作一种"机器的延伸"的机械式管理方法，通过QC小组、提案制度、工作岗位轮换、团队工作方式、目标管理等一系列具体方法，调动员工进行"创造性思考"的积极性，并注重培养"多面手"，最大限度地发挥和利用企业组织中每一个人的潜在能力，由此提高员工的工作热情和兴趣。在生产现场管理、质量管理以及产品研发管理中，精益生产方式通过团队工作方式重新分配员工在各项业务过程中的责任和权利，将权利充分授予一线员工，甚至赋予普通员工在发现问题时停止整条生产线的权力。这些做法形成了精益生产方式中人力资源管理的特色。

（五）管理理念

从管理理念上说，精益生产方式总是把现有的生产系统、业务流程、管理方式看作改进的对象，不断追求进一步降低成本、降低库存、减少缺陷、实现产品多样化等。这种对极限目标的无穷逼近和不懈追求可以产生深刻的波及效果，即改变企业上上下下每个部门、每个小组、每个员工的思维方式和行为方式，从安于现状、按部就班变为总是在工作过程中不断寻找问题、思考问题、解决问题。而这种持续改进的思维和行为方式最终会形成企业的DNA,即独特的企业文化,使得企业无论经营环境如何变化,总能在变化后的环境中迅速改进、迅速适应,从而使企业立于不败之地。

二、精益生产方式与大量生产方式的结果对比

采用精益生产方式的企业与采用大量生产方式的企业相比,其生产经营的结果究竟有多大差距?根据MIT研究小组的调查研究,这种对比结果可表述如下。

在精益生产方式下:①所需人力资源——无论是在产品开发、生产系统还是工厂的其他部门,与大量生产方式下的工厂相比,均能减至1/2;②新产品开发周期——可减至1/2或2/3;③生产过程中的在制品库存——可减至大量生产方式下一般水平的1/10;④工厂占用空间——可减至采用大量生产方式工厂的1/2;⑤完成品库存——可减至大量生产方式下工厂平均库存的1/4;⑥产品质量——可提高3倍。

三、精益生产方式的重要意义

精益生产方式的重要意义首先在于,它不仅仅是一种基于日本特殊的社会、文化及政治背景的产物,而是顺应当今市场需求日益多变、技术进步日新月异、世界范围内的竞争日趋激烈的环境应运而生的。这种环境背景无论对于日本还是其他国家的企业都相同,对于中国企业也一样。这样的环境特点要求工业生产向多品种小批量的方向前进,迫使企业在激烈的竞争中寻求更有效、效率更高的生产经营方式。因此,生产方式的转变已是历史的必然。

精益生产方式的核心是具有高度灵活性、高效率的生产系统。但是,企业经营的成功并不仅仅取决于优秀的生产作业及管理系统,还必须从市场预测、产品开发以至零部件供应系统、流通、销售等一系列企业活动的整体上去追求高效率、低成本、高质量,同时必须通过企业组织、人力资源等企业行为追求经营效果的综合提高。精益生产方式所采用的"Lean Production"这样一个名词也许容易使人立即联想到生产系统内部的组织方式、生产管理方法等,但恰恰相反,这是一种用系统观点来分析、阐述的,包括经营全过程在内的全面的生产经营方式。

四、从精益生产方式到精益服务和精益管理

精益生产理论发表之后,在全世界引起了很大轰动,各个国家、各行各业的企业都掀起了一股引入精益生产、应用精益生产理念和方法的热潮。特别是随着全球范围内市场竞争的加剧,企业为了生存与发展,更加注重练内功,从管理中要效益,而这正是精益管理思想的精髓。因此,时至今日,精益管理的理念和方法在各行各业得到了广泛应用,从制造业企业扩展到服务业企业,从专注于改进企业的产品制造系统扩展到企业方方面面的管理工作。"精益生产"的名称也开始逐渐变化,产生了精益思维、精益流程、精益服务、精益企业等一系列新名词。到今天,这一系列不同的叫法也被统称为"精益管理"。

这其中,值得一提的还有"精益服务"。从20世纪末期开始,几种因素促进了精益理念和方法在服务业的应用:一是随着世界经济的发展和20世纪末21世纪初的信息革命浪潮,推动了服务业的迅速发展,服务业在一国国民经济中所占的比重日益提高,众多的

服务业企业也需要有更好的经营理念和管理方法,而精益管理所提倡的排除各种浪费、减少非价值活动等思想以及相应的方法,对众多服务业企业都有直接的借鉴意义;二是随着技术的不断进步、各种产品的知识和技术密集程度不断提高,以及产品生命周期日益缩短,制造业企业的生产经营活动也在发生变化:不仅需要高质量、低成本地生产产品,还必须提供与产品相关的一系列售前、售中和售后服务,企业的价值链构成开始发生变化,管理的重心不仅是生产制造,还包括众多的服务活动,这些都需要有新的管理思想、管理方法来支持,而精益管理为企业的这些价值链活动提供了有力的武器。由于这些原因,精益服务也已经成为精益管理理论中的一个重要组成部分。

思 考 题

1. 为什么丰田生产方式后来被称为 JIT 生产方式,再后来又被称为精益生产方式?从其名称的变化上,可以看出什么?

2. 有人把 JIT 生产方式称为"零库存生产方式"。你如何看待这种说法?在 JIT 生产方式下,库存是零吗?

3. JIT 生产方式把过量生产出来的产品看作一种浪费。你认为这种看法有道理吗?为什么?

4. 在 JIT 生产方式下,生产第一线的设备操作工人发现产品或设备问题时,有权自行停止生产。有人认为这种做法给予了工人太大的权力,容易引起"乱套"。你如何看待这个问题?

5. 设备的 U 形布置在什么条件下比较适用?有无可能应用于服务业?举例说明。

6. 你如何看待 JIT 生产方式下的"少人化"方法?你认为这种方法对你所在的企业有用吗?为什么?

7. 试比较 JIT 生产方式下的生产计划制订和生产运行方式与本书第十三章所描述的 MRP 方法的异同。JIT 和 MRP 有无结合使用的可能?

8. 看板为什么可以作为改善的工具?请解释。

9. 在 ERP 等管理信息系统已经得到极大普及的今天,你认为看板是否还有存在的必要?为什么?看板的哪些功能可以由信息系统替代,哪些不可以?

10. 以保险业为例,如果将精益生产方式的思想和方法用于该行业,除了精益管理思想以外,精益生产方式下的哪些具体方法可以被保险业借鉴?为什么?

11. 供应链管理的一个重要思想是"双赢"。精益生产方式的哪些方法体现了这一思想?请具体说明。

12. 2009 年年末 2010 年年初,由于油门踏板和脚垫等原因,丰田在全球召回了多达 1 200 万辆的各种车型,遭遇了严重的信任危机。有人说精益生产方式的神话就此破灭。请就这一问题给出你的看法。

附录 标准正态分布函数表

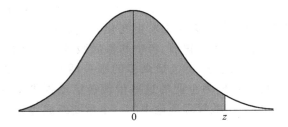

标准正态曲线下的面积,从 $-\infty$ 到 $+z$

z	0.00	0.01	0.02	0.03	0.04	0.05	0.06	0.07	0.08	0.09
0.0	0.5000	0.5040	0.5080	0.5120	0.5160	0.5199	0.5239	0.5279	0.5319	0.5359
0.1	0.5398	0.5438	0.5478	0.5517	0.5557	0.5596	0.5636	0.5675	0.5714	0.5753
0.2	0.5793	0.5832	0.5871	0.5910	0.5948	0.5987	0.6026	0.6064	0.6103	0.6141
0.3	0.6179	0.6217	0.6255	0.6293	0.6331	0.6368	0.6406	0.6443	0.6480	0.6517
0.4	0.6554	0.6591	0.6628	0.6664	0.6700	0.6736	0.6772	0.6808	0.6844	0.6879
0.5	0.6915	0.6950	0.6985	0.7019	0.7054	0.7088	0.7123	0.7157	0.7190	0.7224
0.6	0.7257	0.7291	0.7324	0.7357	0.7389	0.7422	0.7454	0.7486	0.7517	0.7549
0.7	0.7580	0.7611	0.7642	0.7673	0.7703	0.7734	0.7764	0.7794	0.7823	0.7852
0.8	0.7881	0.7910	0.7939	0.7967	0.7995	0.8023	0.8051	0.8078	0.8106	0.8133
0.9	0.8159	0.8186	0.8212	0.8238	0.8264	0.8289	0.8315	0.8340	0.8365	0.8389
1.0	0.8413	0.8438	0.8461	0.8485	0.8508	0.8531	0.8554	0.8577	0.8599	0.8621
1.1	0.8643	0.8665	0.8686	0.8708	0.8729	0.8749	0.8770	0.8790	0.8810	0.8830
1.2	0.8849	0.8869	0.8888	0.8907	0.8925	0.8944	0.8962	0.8980	0.8997	0.9015
1.3	0.9032	0.9049	0.9066	0.9082	0.9099	0.9115	0.9131	0.9147	0.9162	0.9177
1.4	0.9192	0.9207	0.9222	0.9236	0.9251	0.9265	0.9278	0.9292	0.9306	0.9319
1.5	0.9332	0.9345	0.9357	0.9370	0.9382	0.9394	0.9406	0.9418	0.9429	0.9441
1.6	0.9452	0.9463	0.9474	0.9484	0.9495	0.9505	0.9515	0.9525	0.9535	0.9545
1.7	0.9554	0.9564	0.9573	0.9582	0.9591	0.9599	0.9608	0.9616	0.9625	0.9633
1.8	0.9641	0.9648	0.9656	0.9664	0.9671	0.9678	0.9686	0.9693	0.9700	0.9706
1.9	0.9713	0.9719	0.9726	0.9732	0.9738	0.9744	0.9750	0.9756	0.9761	0.9767
2.0	0.9772	0.9778	0.9783	0.9788	0.9793	0.9798	0.9803	0.9808	0.9812	0.9817
2.1	0.9821	0.9826	0.9830	0.9834	0.9838	0.9842	0.9846	0.9850	0.9854	0.9857
2.2	0.9861	0.9864	0.9868	0.9871	0.9875	0.9878	0.9881	0.9884	0.9887	0.9890
2.3	0.9893	0.9896	0.9898	0.9901	0.9904	0.9906	0.9909	0.9911	0.9913	0.9916
2.4	0.9918	0.9920	0.9922	0.9925	0.9927	0.9929	0.9931	0.9932	0.9934	0.9936
2.5	0.9938	0.9940	0.9941	0.9943	0.9945	0.9946	0.9948	0.9949	0.9951	0.9952
2.6	0.9953	0.9955	0.9956	0.9957	0.9959	0.9960	0.9961	0.9962	0.9963	0.9964
2.7	0.9965	0.9966	0.9967	0.9968	0.9969	0.9970	0.9971	0.9972	0.9973	0.9974
2.8	0.9974	0.9975	0.9976	0.9977	0.9977	0.9978	0.9979	0.9979	0.9980	0.9981
2.9	0.9981	0.9982	0.9982	0.9983	0.9984	0.9984	0.9985	0.9985	0.9986	0.9986
3.0	0.9987	0.9987	0.9987	0.9988	0.9988	0.9989	0.9989	0.9989	0.9990	0.9990
3.1	0.9990	0.9991	0.9991	0.9991	0.9992	0.9992	0.9992	0.9992	0.9993	0.9993
3.2	0.9993	0.9993	0.9994	0.9994	0.9994	0.9994	0.9994	0.9995	0.9995	0.9995
3.3	0.9995	0.9995	0.9995	0.9996	0.9996	0.9996	0.9996	0.9996	0.9996	0.9997
3.4	0.9997	0.9997	0.9997	0.9997	0.9997	0.9997	0.9997	0.9997	0.9997	0.9998

参 考 文 献

[1] 陈启申. MRPⅡ——制造资源计划概论[M]. 北京:北京农业大学出版社,1993.
[2] 陈荣秋,马士华. 生产与运作管理[M]. 北京:高等教育出版社,1999.
[3] 机械工程手册——综合技术与管理[M]. 第二版. 北京:机械工业出版社,1996.
[4] 刘光庭. 质量管理[M]. 北京:清华大学出版社,1986.
[5] 刘丽文. 服务运营管理[M]. 北京:清华大学出版社,2004.
[6] 刘丽文,杨军. 服务业营运管理[M]. 台北:五南图书出版公司,2001.
[7] [美]迈克尔·波特著. 竞争优势[M]. 陈小悦,译. 北京:华夏出版社,1997.
[8] [日]门田安弘编集. 丰田生产方式的新发展[M]. 史世民,刘丽文,等,译. 西安:西安交通大学出版社,1985.
[9] 潘家轺,刘丽文等. 现代生产管理学[M]. 北京:清华大学出版社,1994.
[10] [美] Roger W. Schmenner 著. 服务运作管理[M]. 刘丽文,译. 北京:清华大学出版社,2001.
[11] [日]远藤健儿著. 生产管理实务[M]. 刘丽文,等,译. 台北:五南图书出版公司,1996.
[12] G. Cachon and C. Terwiesch, *Matching Supply with Demand: An Introduction to Operations Management* [M]. Boston:McGraw-Hill, 2006.
[13] Lee J. Krajewski, Larry P. Ritzman and Manoj K. Malhotra, *Operations management: Processes and Supply Chains* [M]. 10e. New Jersey:Pearson, 2013.
[14] James A. Fitzsimmons and Mona J. Fitzsimmons, *Service Management: Operations, Strategy, Information Technology* [M]. 7e. Boston:McGraw-Hill, 2011.
[15] Richard B. Chase, F. Robert Jacobs, Nicholas J. Aquilano. *Operations Management for Competitive Advantage* [M]. 10e. Boston:McGraw-Hill, 2004.
[16] Sunil Chopra, Peter Meindl. *Supply Chain Management: Strategy, Planning, and Operation* [M]. New Jersey:Prentice Hall, 2001.
[17] J. A. Fitzsimmons, et al. *Service Management for Competitive Advantage* [M]. Boston:McGraw-Hill, 1994.
[18] Ann E. Gray, James Leonard. *Capacity Analysis: Sample Problems* [D]. Boston:Harvard Business School, 1997.
[19] Haksever, Cengiz et al. *Service Management and Operations* [M]. 2e. New Jersey:Prentice Hall, 2000.
[20] Michael Hammer, James Champy. *Reengineering the Corporation—A Manifesto for Business Revolution* [M]. New York:Harper Business, 1993.
[21] J. Haywood-Farmer, J. Nollet. *Service Plus Effective Service Management* [M]. Quebec:Morin, 1991.
[22] Jay Heizer, Barry Render. *Operations Management* [M]. New Jersey:Prentice Hall, 2001.
[23] James Leonard, Ann E. Gray. *Process Fundamentals* [D]. Boston:Harvard Business School, 1999.
[24] John O. McClain, L. Joseph Thomas. *Operations Management—Production of Goods and Services* [M]. 3e. New Jersey:Prentice Hall, 1992.
[25] Edward A. Silver, David F. Pyke, Rein Peterson. *Inventory Management and Production Planning and Scheduling* [M]. New York:John Wiley & Sons, 1998.

[26] M. Therese, Flaherty. *Global Operations Management*[M]. Boston: McGraw-Hill, 1996.
[27] J. P. Womack, D. Y. Jones, D. Roos. *The Machine That Changed the World*[M]. New York: Rawson Associates, 1990.
[28] 石川馨. 日本的品质管理[M]. 增补版. 日本东京:日科技连,1984.
[29] 熊谷智德. 生产经营论[M]. 日本东京:放送大学教育振兴会,1997.
[30] 大野耐一. トヨタ生产方式[M]. 日本东京:ディャモンド社, 1978.
[31] 油井兄朝. CIM——生販统合の实现[M]. 日本东京:日本经济新闻社,1990.

教学支持说明

▶▶ **课件申请**

尊敬的老师：

您好！感谢您选用清华大学出版社的教材！为更好地服务教学，我们为采用本书作为教材的老师提供教学辅助资源。鉴于部分资源仅提供给授课教师使用，请您直接手机扫描下方二维码实时申请教学资源。

任课教师扫描二维码
可获取教学辅助资源

▶▶ **样书申请**

为方便教师选用教材，我们为您提供免费赠送样书服务。授课教师扫描下方二维码即可获取清华大学出版社教材电子书目。在线填写个人信息，经审核认证后即可获取所选教材。我们会第一时间为您寄送样书。

任课教师扫描二维码
可获取教材电子书目

 清华大学出版社

E-mail: tupfuwu@163.com　　　　　　　　网址：http://www.tup.com.cn/
电话：8610-83470158/83470142　　　　　　传真：8610-83470142
地址：北京市海淀区双清路学研大厦B座509室　邮编：100084